총신 신대원 입시 철학 완벽 대비

개정판

철학, 쉽게 풀자!

윤병운 지음

리빙북

추 천 사

'추천사'는 저자가 평상시 존경하는 분이나 스승에게 부탁을 하는 것이 보통입니다. 그러므로 추천사를 자원해서 쓴다는 것은 좀 이상해 보일 수 있습니다. 하지만 저는 이 추천사를 자원하여 썼습니다. 거기에는 그만한 이유가 있습니다.

저는 한국항공대학교를 졸업했습니다. 고등학교 시절 '국민윤리' 시간에 들은 철학자들의 이름 빼고는 철학의 근처에 가 본 적이 없습니다. 물론 대학 4년 동안도 철학을 공부할 기회를 전혀 갖지 못했습니다. 그런 저에게도 철학을 공부하지 않을 수 없는 상황이 생겼습니다. 대학을 졸업한 지 14년 만에 총신대학교 신학대학원에 입학하기로 결심했기 때문입니다. 막상 입시를 준비하자니 무엇을 어떻게 어디서부터 해야 할지 막막하기만 했습니다. 다른 과목이야 열심히 하면 되겠다고 생각했지만, 배운 적도 공부한 적도 없는 철학만 생각하면 자신이 없었습니다. 어떻게 할까 고민하다가 평소부터 가까이 지내던 윤병운 교수님께 염치를 무릅쓰고 철학을 지도해줄 것을 부탁했습니다. 윤 교수님은 기쁜 마음으로 허락해주셨습니다. 여러 경로를 통해 윤 교수님의 강의가 탁월하다는 이야기를 수없이 들었지만 실제로 약 3일 정도의 집중적인 지도를 받으면서 '과연 철학박사구나,' '어쩌면 이렇게 쉽게 가르쳐줄까' 하면서 감탄하지 않을 수 없었습니다. 그 동안 끙끙대고 헤매며 막혀 있던 철학을 뻥 뚫어주셨습니다. 그렇게 핵심적인 부분을 짚어가면서 너무도 간단하고도 쉽게 설명해주시는 윤 교수님의 지도를 3일간 받고 입시에 응했습니다. 그리고 그 결과 신대원에 합격할 수 있었습니다. 그 후 저는 신대원을 졸업하고 총신대학교 일반대학원에서 Th.M. 과정을 마치고 2008년 2학기부터 박사 과정을 시작합니다. Th.M. 과정을 공부하면서도 윤 교수님께 배운 철학이 큰 도움이 되었습니다. 미국 유학을 가시기 직전의 초판 때도 그랬지만 이번에 새로이 개정판을 내신다고 하셔서 제가 추천사를 다시 쓰겠다고 자원했던 이유가 바로 거기에 있습니다. 다른 어떤 유명한 분들의 추천보다는 윤 교수님으로부터 직접 강의를 들어보고 또 윤 교수님의 『신학도를 위한 서양철학사』로 공부해본 사람의 실제적인 경험이 더 중요하다고 생각했기 때문입니다.

신대원을 준비하시는 여러분!

신대원 입시추천도서인 윤병운 교수님의 『신학도를 위한 서양철학사』로 공부하신 후에 이 문제집으로 마무리하십시오. 여러분에게 좋은 결과가 있을 것을 확신합니다.

총신대학교 일반대학원 박사과정 조직신학 전공
이 병 일 목사

3

책머리에…

우리 주변에는 여러 가지 다양한 방법과 과정으로 복음과 하나님 나라를 위해 주님의 부르심을 받아 헌신한 사람들이 많습니다. 그러나 헌신만 했다고 해서 무조건 사역이 주어지는 것은 아닙니다. 그들을 위한 기본적인 교육이 필요합니다. 그래서 각 교단마다 목회자 양성을 위한 일정한 교육기관이 존재합니다. 바로 이 책은 대한예수교장로회(합동)가 목회자로 양성하기 위해 그 후보생들을 선발하는 입학시험 중의 하나인 철학 과목의 준비서로 만들어졌습니다.

저자는 학부 시절부터 철학을 전공하며 공부하는 동안 항상 철학적 질문과 함께 신앙적 사색을 병행하면서 한 번도 기독교철학적인 관심에서 벗어난 적이 없습니다. 그리고 많은 사색적 고민과 갈등 속에서도 주님의 인도하심으로 불상용(不相容)의 관계인 신앙과 이성의 문제를 잘 해결할 수 있게 되었습니다. 무엇보다 어거스틴을 전공하면서 학문의 필요성과 더불어 양보할 수 없는 성경의 권위에 대한 확신을 동시에 가지게 되었습니다. 모두가 오직 주님의 은혜였음을 고백하지 않을 수 없습니다. 그리고 오랜 동안 기독교적 세계관 위에서 철학을 하면서 신학을 하기 위해서는 반드시 철학적 사고와 훈련이 필요하다는 사실을 절실하게 느꼈습니다. 이렇게 평생 동안 대한예수교장로회 합동측에서 신앙생활을 하면서 교회를 섬겨오다가 지난 2000년에는 늦은 나이에도 불구하고 총신대학교 신학대학원에 입학하여 3년간의 훈련 과정도 마치고 2004년에는 목사안수도 받았습니다. 평소에도 교회 지도자들에게는 지성과 영성의 조화가 필요하며 신학에서의 철학적 사유의 중요성을 인식하고 있었는데, 신대원 3년의 과정은 그것을 분명하게 확인시켜 주었습니다. 더구나 미국 칼빈 세미나리(Calvin Theological Seminary)에서 유학을 하면서 얼마나 철학이 신학을 위해 중요한 역할을 하는지를 더 구체적으로 확인하게 되었습니다.

여기저기에서, 그리고 이런저런 이유로, 사적으로 또 공적으로 신대원 입시생들을 위해 오랜 동안 철학사를 가르쳐 왔습니다. 그런데 아이러니하게도 저자가 신대원에 입학할 때는 철학 시험이 없었습니다. 그리고 그 이듬해부터 다시 입시과목에 철학이 포함되었습니다. 그러나 총신대학교 내의 여러 사정으로 지난 2003학년부터는 철학이 논술형에서 선다형 객관식으로 전환되었습니다. 따라서 수험생들은 철학 시험을 준비하는 방식이 달라질 수밖에 없었습니다. 논술 시험 형태일 때는 중요한 철학 사조에 대해 분명하고 깊이 있는 이해가 요구되었으나, 선다형으로 바뀐 지금은 얕더라도 넓은 지식이 요구된다고 할 수 있습니다.

이 책은 바로 이러한 필요성에서 만들어졌습니다. 특히 저자가 이 일에 뛰어든 것은 현재

마땅한 철학 문제집이 없기 때문이요, 많은 수험생들이 바뀐 입시 유형에 따라 어떻게 대처하여 공부해야 할지 막막해하고 있음을 보았기 때문입니다. 평소에 "배워서 남 줘야 한다"는 생각을 갖고 있어서인지 저자에게는 수험생들의 요구를 채워주어야 한다는 것이 나의 책임이요 의무라고 여겨졌습니다. 그리고 일을 미루고 있다가 미국으로 유학을 떠나기 전에 모든 일을 옆으로 제쳐두고 작업에 몰두하여 이렇게 세상에 내놓게 되었습니다.

이 책은 몇 가지 점에서 특징이 있습니다.

첫째, 모든 문제에 대해 충분한 해설과 참고자료를 통해 단순암기식의 공부에 빠지지 않도록 배려했습니다. 즉 각 문제마다 해설이 덧붙여져 있는데, 이는 단순한 문제에 대한 설명 차원에서 그치지 않고 다른 각도로 출제될 수 있는 문제에 대해 대처할 수 있도록 관련된 내용을 실어 참고자료의 역할을 하게 했습니다.

둘째, 서양철학뿐 아니라 중국철학, 한국철학, 인도 및 불교철학에 이르기까지 동양과 서양철학의 모든 내용들이 문제화되어 총망라했습니다. 실제로 입시에서 동양철학에 관해서도 많지는 않지만 출제되고 있기 때문입니다.

셋째, 다양한 형태의 질문으로 문제를 풍부하게 다루었습니다. 본서에는 반드시 알아야 할 기본적이고 기초적이며 중요한 철학적 내용들이 문제로 구성되어 있습니다. 문제를 풀어가다 보면 반복된 듯한 문제를 발견하게 될 텐데 그것은 저자의 실수가 아니라는 점을 미리 말씀드립니다. 그것은 묻는 물음의 형태가 달라질 수 있다는 것을 구체적으로 보여주기 위해 문제의 유형이나 묻는 각도를 달리한 것입니다. 따라서 오히려 독자들은 다양한 문제를 접함으로써 철학사 전반에 관한 이해를 높일 수 있을 것입니다.

넷째, 문제들이 철학사적인 면에서 연대기적으로 출제하여 철학사의 흐름을 파악할 수 있게 했습니다. 따라서 문제를 푸는 과정에서 독자는 자신이 어느 부분, 어떤 사상과 철학에 대해 잘 알고 있는지 또는 그렇지 못한지를 파악할 수 있을 것이고, 또 그것을 기초로 자신의 부족한 부분을 보완할 수 있을 것입니다.

다섯째, 이 책의 모든 문제들은 전공자의 검증을 거쳐서 이루어졌습니다. 서양철학 부분은 저자의 책임 아래 수차례 검증했고, 동양철학 문제들은 저자의 전공이 아니기 때문에 저자가 문제를 출제한 후에 그 부분을 전공한 중앙대학교 선배들에게 검토를 부탁하여 검증을 거친 문제들입니다. 지면을 통해 중국과 한국철학을 검토해주신 박승현 선생님, 그리고 인도와 불교철학을 검토해주신 김형준 선생님께 진심으로 감사를 드립니다. 아마도 두 분의 도움이 없었다면 동양철학에 관한 문제들 자체가 문제가 될 뻔했는데, 좋은 지적과 교정 그리고 해설까지 덧붙여 주셔서 얼마나 감사한지 모릅니다.

마지막으로 이 책을 사용하는 독자들에게 저자로서 부탁을 한다면, 결코 문제 중심의 공부를 하지 말라는 점입니다. 철학사에 대한 전반적인 공부를 통해 기본적인 개념과 철학적 내용들을 어느 정도 이해하고 나서 자신의 이해도가 어느 정도 되는지 확인하기 위해 이 책을 사용하기 바랍니다. 가장 좋은 공부 요령은 철학사 전반에 관해 충분히 공부한 후에, 이해도를 자가진단하고 또 취약점이 무엇인지 확인하기 위해서 문제를 풀어보는 것입니다. 이를 위해 서양철학에 관한 문제는 저자의 졸저 『신학도를 위한 서양철학사』를 정독하면 많은 도움을 받을 수 있을 것입니다.

　　아무쪼록 위에서 부르신 부름에 순종하여 종의 길을 가고자 하는 수험생들의 힘찬 발걸음 위에 주님의 선하신 도우심과 인도하심이 함께하기를 바랍니다.

Soli Deo Gloria!

2008년 8월 10일
I aM Sinner Saved by Grace in Jesus Christ
지은이　윤 병 운

일러두기

서양철학을 공부하다 보면 서양의 인명이나 지명 또는 철학적 용어 등이 번역자에 따라 다르게 번역되어 철학을 처음 대하는 초학도들은 적지 않은 혼동을 겪습니다. 특히 인명에 있어서는 발음을 달리한 동일인을 다른 사람으로 오해하기도 합니다. 따라서 수험생들은 번역자마다 달리 사용하는 인명이나 용어들로 인해 혼란을 겪어서는 안 됩니다. 특히 중세 철학자들의 인명은 라틴식, 그리스식, 영어식 발음들이 다르기 때문에 더욱 유의해야 합니다. 실예로 신학생조차도 아우구스티누스(Augustinus)가 어거스틴(Augustine)인 줄 모르는 경우도 있습니다.

총신 신대원은 인명의 경우에는 영어식 발음을 선호하고 있지만, 철학적 용어는 철학계에서 일반화된 용어와는 약간 차이를 보이고 있습니다. 따라서 이 책에서는 총신의 경향을 중심으로 현재 가장 보편화된 명칭이라고 생각되는 것으로 통일했습니다. 그러나 문제의 출제자는 예측할 수 없으며, 또 출제자는 자신이 선호하는 인명과 용어를 사용할 수 있으므로 아래의 표를 참조하여 알아두시기 바랍니다.

이 책에서 사용한 명칭	다르게 사용되는 명칭
그리스 Greece	희랍, 헬라
플로티노스 Plotinos	플로티누스
필론 Philon	필로
오리겐 Origen	오리게네스
터툴리안 Tertullian	터툴리아누스, 테르툴리아누스, 테르툴리안
암브로스 Ambrose	암브로시우스
어거스틴 Augustine	아우구스티누스
에리우게나 Eriugena	에리우게네스
안셀무스 Anselmus	안셀름, 안셈
아벨라르 Abelard	아벨라르두스, 아벨라드
로스켈리누스 Roscellinus	로셀리누스
(칸트) 준칙 Maxime	격률, 수칙
포이어바흐 Feuerbach	포이에르바하
마르크스 Marx	맑스
키르케고르 Kierkegaard	킬케골, 키엘케골, 키에르케고르
(실용주의자) 퍼스 Pierce	피어스

목 차

추천사   3

책머리에⋯   4

일러두기   7

서양 고대철학 ⋯⋯⋯⋯⋯⋯⋯⋯⋯⋯⋯⋯⋯⋯⋯⋯⋯⋯⋯⋯⋯⋯⋯ 11

서양 중세철학 ⋯⋯⋯⋯⋯⋯⋯⋯⋯⋯⋯⋯⋯⋯⋯⋯⋯⋯⋯⋯⋯⋯⋯ 65

서양 근세철학 ⋯⋯⋯⋯⋯⋯⋯⋯⋯⋯⋯⋯⋯⋯⋯⋯⋯⋯⋯⋯⋯ 107

서양 현대철학 ⋯⋯⋯⋯⋯⋯⋯⋯⋯⋯⋯⋯⋯⋯⋯⋯⋯⋯⋯⋯⋯ 183

중국철학 ⋯⋯⋯⋯⋯⋯⋯⋯⋯⋯⋯⋯⋯⋯⋯⋯⋯⋯⋯⋯⋯⋯⋯⋯⋯ 235

인도 및 불교철학 ⋯⋯⋯⋯⋯⋯⋯⋯⋯⋯⋯⋯⋯⋯⋯⋯⋯⋯⋯⋯ 255

한국철학 ⋯⋯⋯⋯⋯⋯⋯⋯⋯⋯⋯⋯⋯⋯⋯⋯⋯⋯⋯⋯⋯⋯⋯⋯ 265

서양 고대철학

0001. 철학의 학문적 성격과 본질에 대한 설명으로 옳지 않은 것은?

① 신화적 사고로부터의 탈피이다.

② 비판과 반성을 토대로 하는 합리적 정신이다.

③ 본래적 의미로 볼 때 학문 자체요 과학으로서 모든 학문의 기초를 이룬다.

④ 무조건적인 신앙에 반대하는 반(反)신앙적인 학문이다.

해설·정답 합리적 사유를 토대로 한 반성과 비판을 특징으로 하는 철학은 이전 시대의 신화적 사유 방식과는 달리 이성적 사고를 통해 진리를 찾아내고자 하는 모든 활동을 가리킨다. 어원적으로는 지혜와 지식에 대한 사랑이라는 의미로서 그 본래적 의미로 볼 때 철학은 학문 자체요 과학으로서 모든 학문의 기초를 이룬다. 또한 철학은 신학의 체계화를 위한 그 기초적 토대를 형성하기도 하지만, 그 반대로 반(反)신앙적인 이론의 기초가 되기도 한다. ❹

0002. 철학의 주된 탐구 분야에 속하지 않은 것은?

① 인식론(認識論) ② 존재론(存在論) ③ 수사론(修辭論) ④ 가치론(價值論)

해설·정답 철학의 3대 분과는 존재론(형이상학), 인식론(진리학), 가치론(윤리학)인데, 기본적으로 논리학이 그 토대를 이룬다. 과학은 어떤 특수한 영역의 존재자(存在者)를 구성하는 원리를 탐구한다. 예컨대 경제학은 경제사상(經濟事象)을 성립시키는 경제법칙을 연구하고, 물리학은 물리사상을 성립시키는 물리법칙을 연구한다. 이에 대해 일체의 존재자(세계)의 궁극적 근거를 연구하는 것이 바로 형이상학이다. 그리고 인식론은 인식과 지식의 기원, 구조, 범위, 방법 등을 탐구하며, 가치론은 인간의 행위에 관한 여러 가지 문제와 규범을 연구한다. ❸

0003. 연구 대상적인 측면에서의 철학의 특징이라고 볼 수 없는 것은?

① 개별과학의 전제 및 성과에 대한 총체적 비판

② 인간에 대한 자기 자신의 주체적 물음과 답변

③ 존재자에 대한 사실 과학적 분석 및 기술

④ 존재자 전체에 대한 전체적 파악

해설·정답 철학은 일정한 영역을 탐구하는 개별과학의 전제 및 성과에 대한 총체적인 비판을 통해 존재자 전체에 대한 총체적이고 전체적인 파악을 목적으로 한다. 또한 철학은 인간 자신에 대한 주체적 물음과 답변을 허용한다. 존재 세계에 대한 사실 과학적 분석과 기술은 경험과학의 연구 대상이다. ❸

0004. 고대 그리스 철학에 관한 설명으로 적절하지 못한 것은?

① 비합리적인 신화적 사고방식으로부터의 탈피이다.

② 신화적 사고에서 합리적 사고로의 전환이다.

③ 비합리적 신화적 사고방식을 배격하여 종교적 성격을 전혀 갖지 않았다.

④ 자연에 관한 탐구가 일차적 관심사였다.

해설·정답 고대 그리스의 철학의 일차적인 철학적 관심사는 자연이었는데, 그들이 신화적 사고에서 탈피하여 합리적 사고로 전환했다고 해서 그들의 철학적 내용 안에 종교적 성격이 완전히 사라진 것은 아니었다. ❸

철학, 쉽게 풀자!

0005. 고대 그리스 초기에 제기한 최초의 철학적 주제는?

① 자연   ② 인간   ③ 윤리   ④ 종교

[해설·정답] 최초의 철학자들은 자연(physis)에 대해 깊은 관심을 가지고 인간을 둘러싼 우주 만물을 기초 지우는 단일한 근본 실체로서의 만물의 원질(原質)인 아르케(arche)가 무엇인지를 추적하였다. 그리고 그것을 통해 자연과 우주의 변화, 존재와 비존재, 생성과 소멸, 정지와 운동 등의 문제를 설명하려 했다. 그들의 철학을 자연철학이라고 하는 이유가 바로 여기에 있다. ❶

0006. 고대 그리스의 자연철학의 특징과 가장 거리가 먼 것은?

① 우주론적   ② 범심론적   ③ 범신론적   ④ 물활론적

[해설·정답] 자연철학은 물활론(物活論)과 범심론(汎心論)적인 사고 외에도 우주 만물을 기초 지우는 단일한 근본 실체로서의 만물의 원질(原質)인 아르케(arche)가 무엇인지를 추적하였다는 점에서 우주론적 성격을 띠고 있었다. ❸

0007. 고대 그리스 자연철학자들의 주된 탐구 분야는 무엇이었는가?

① 인식론(認識論) ② 존재론(存在論) ③ 수사론(修辭論) ④ 가치론(價値論)

[해설·정답] 소크라테스 이전의 철학인 이오니아 철학은 자연철학이라 불리지만 변화하는 자연물 배후에 그 존재 근거로서 영원불멸의 실재(實在)를 탐구하여 존재 전체의 원리에 대해 설명하려 했다는 점에서 고대 그리스의 자연철학은 존재론적이고 형이상학적이었다고 할 수 있다. ❷

0008. 고대 그리스의 밀레토스학파에 대한 설명으로 옳지 않은 것은?

① 최초의 철학학파로서 이오니아학파라고도 한다.

② 주로 본토 아테네에서 철학적 탐구를 시작했다.

③ 자연을 주된 관심사로 하는 자연학이나 우주론적 성격이었다.

④ 신화적 사고에서 탈피하여 이성적이고 합리적인 사고를 시작했다는 데에 철학사적 의의가 있다.

[해설·정답] 최초의 철학은 그리스 본토의 아테네를 중심으로 시작된 것이 아니라 본토 주변의 시칠리아, 이탈리아 남부의 크로톤, 엘레아, 소아시아의 에페소스, 밀레토스, 클라조메나 등의 식민도시를 중심으로 발달하기 시작했으며, 본토로 무대가 옮겨진 것은 아테네가 페르시아전쟁을 승리한 후, 소피스트들과 소크라테스가 활동한 인간 중심의 철학 시대이다. ❷

0009. 고대 그리스의 밀레토스학파의 특징이라고 할 수 없는 것은?

① 물활론적(物活論的)   ② 범심론적(汎心論的)

③ 유물론적(唯物論的)   ④ 관념론적(觀念論的)

[해설·정답] 고대 그리스의 밀레토스학파는 자연을 살아 있는 것으로 여기는 물활론(物活論)과 모든 물질에 혼이 있다는 범심론(汎心論)적인 사고를 가지고 있었으며, 아낙사고라스나 피타고라스와 같은 예외자도 있지만, 만물의 근원인 아르케를 대부분이 물질적인 것으로 보았다는 점에서 유물론적인 측면이 있다. ❹

0010. 이오니아학파에 속하지 않은 사람은?

① 탈레스 　　　② 아낙시만드로스 　③ 아낙시메네스 　④ 아낙사고라스

[해설·정답] 이오니아의 밀레토스를 중심으로 활약했던 탈레스와 아낙시만드로스, 아낙시메네스의 세 이오니아인들을 철학의 선구자요 최초의 철학자들이라고 부른다. 그리고 그들이 이오니아인이어서 그들의 철학을 이오니아학파라고 부르는데 그들이 활동했던 지역의 이름을 따서 밀레토스학파라고도 부른다. 아낙사고라스는 후기의 다원론자이다. ❹

0011. 그리스 초기 자연철학자에게 있어 자연과 우주의 모든 변화의 밑바탕에 있어서 스스로는 변화하지 않지만 모든 변화하는 현상의 원인이며 또 모든 변화를 가져오게 하는 원리와 근원을 가리키는 말은?

① 아르케(arche) 　② 로고스(logos) 　③ 누스(nous) 　④ 피지카(physica)

[해설·정답] 아르케란 자연(physis)과 만물의 원질(原質)이라는 뜻으로서 인간을 둘러싼 우주 만물을 기초 지우는 단일한 근본 실체(實體)를 가리킨다. ❶

0012. 고대 그리스의 7현인 중의 한 사람으로서 일식을 예언하고 '물'로써 우주의 삼라만상을 설명하려 했던 최초의 철학자는?

① 탈레스 　　　② 아낙시만드로스 　③ 아낙시메네스 　④ 아낙사고라스

[해설·정답] 탈레스는 철학의 시조 또는 철학의 아버지라 불린다. 탈레스가 물로서 세계를 완전히 파악할 수 있다고 생각한 것은 물은 모든 사물들이 움직이고 살아가기 위한 필수적 요소이며 다양한 형태로 변화하지만 공통의 것으로서 자연현상을 설명하는 데에 아주 적절한 것으로 보였기 때문이다. ❶

0013. 처음으로 아르케(arche)란 개념을 사용하면서 그것을 규정할 수 없는 무규정적인 것이라 하여 아르케를 무한정자, 무규정자라는 뜻인 영원하고 불멸하는 아페이론(apeiron)이라고 주장한 사람은?

① 탈레스 　　　② 아낙시만드로스 　③ 아낙시메네스 　④ 아낙사고라스

[해설·정답] 아낙시만드로스는 탈레스의 제자로서 풍부한 과학적 자질로 해시계를 고안했고, 최초로 그리스의 지도와 천구도(天球圖)를 만들었으며, 천체의 모형도를 만들어 지구를 그 중앙에 위치하도록 함으로써 최초로 지구 중심적 우주관을 세우기도 했다. ❷

0014. 무한정하면서도 일정한 성질을 가지고 있어야 한다는 조건을 충족시키는 만물의 아르케로서의 실체를 공기(air)라고 제시하고, 세계의 변화와 운동을 공기의 응축과 희박이라는 운동으로 설명한 철학자는?

① 탈레스 　　　② 아낙시만드로스 　③ 아낙사고라스 　④ 아낙시메네스

[해설·정답] 아낙시메네스는 공기가 무한정하게 확산될 수 있고, 끊임없는 운동과 변화의 상태에 있으며, 인간과 동물이 공기 없이는 살 수 없고, 생명이 끊어질 때 나가는 것이 바로 공기요 숨이라는 이유로 공기를 신성하고 또 운동과 모든 생명의 근원이라고 생각했다. ❹

0015. 철학자와 그가 주장한 아르케가 잘못 연결된 것은?

① 탈레스－물　　　　　　　　　② 아낙시만드로스－무한자
③ 아낙시메네스－공기　　　　　　④ 헤라클레이토스－로고스

[해설·정답] 헤라클레이토스는 아르케를 불이라고 보았다. ❹

0016. 영혼의 윤회를 믿었으며, 죄의 정화(淨化)를 가르치고 세계를 수적(數的)인 조화에 의해 이해했던 사람으로서 후에 플라톤의 이데아 개념과 영혼론에 커다란 영향을 준 철학자는?

① 탈레스　　② 헤라클레이토스　　③ 피타고라스　　④ 크세노파네스

[해설·정답] 피타고라스는 수적인 비례와 조화라는 인식에 의해 세계의 궁극 원리를 파악함에 있어 이전 자연철학자들의 주장처럼 질료 속에 내재되어 있는 물질적 원리로서의 아르케가 아니라 '수'라는 추상적이고 초감각적인 원리에로 나아갔다. 이러한 피타고라스의 수의 개념은 플라톤에게 형상, 곧 이데아(idea)의 개념을 형성하게 했고, 그의 영혼론 역시 플라톤에게 큰 영향을 미쳤다. ❸

0017. 피타고라스학파에 대한 설명으로 잘못된 것은?

① 인간 영혼의 불멸성과 윤회, 환생을 광적으로 신봉하였다.
② 금욕, 절제, 종교적 예식을 통해 자신들의 죄를 정화시키고자 했다.
③ 관조(觀照)의 생활, 즉 음악과 철학에 의한 정화를 중요하게 생각했으며, 수학에 큰 비중을 두고 탐구하였다.
④ 영혼의 구제에는 전혀 관심이 없었다.

[해설·정답] 피타고라스학파는 정치적 조직이 아니라 종교적이고 윤리적인 단체로서 영혼의 구제에 매우 큰 관심을 가지고 있었다. 즉 영혼은 본래 다른 세계에서 온 것이며 죄를 지어 지금은 육체에 사로잡히게 되었는데 이 육체의 감옥에서 풀려나 순수한 영혼이 되기 위해서는 속죄의 생활을 하지 않으면 안 된다고 했다. ❹

0018. 피타고라스학파의 사상이 아닌 것은?

① 세계는 수로 설명할 수 있다.　　② 영혼은 불멸, 전생(轉生)한다.
③ 음악은 영혼 정화에 좋다.　　　④ 우주는 복잡, 무질서하다.

[해설·정답] 피타고라스는 수를 세계의 원리로 정립하고 자연도 수의 원리에 입각해서 탐구했는데, 우주와 세계를 아름답고 조화를 이룬 질서 체계인 코스모스(kosmos)로 보았다. 그는 또한 영혼의 정화를 통해 영생을 추구했으며, 인간 영혼의 불멸과 그 혼의 윤회를 가르쳤다. ❹

0019. 피타고라스의 사상과 관계가 없는 것은?

① 수(數)가 모든 사물의 본성과 원형이다.
② 음악적 조화가 수적인 비례 관계로 설명되듯이 모든 만물도 수적 혹은 산술적 비율로 설명이 가능하다.

③ 우주와 세계는 아름답고 조화를 이룬 수적인 질서 체계인 코스모스(kosmos)이다.

④ 인간의 영혼은 결코 윤회에서 벗어날 수 없다.

해설·정답 피타고라스에 따르면 인간은 원래 다른 모든 동물들과 마찬가지로 불멸의 신적 존재였으나 탐욕으로 오염되어 육체라는 감옥에 갇히게 되었으며, 죽음과 더불어 영혼은 육체로부터 분리되어 다시 아무 육체에나 전생(轉生)하는데, 이러한 윤회와 전생의 괴로움에서 벗어나 신적 세계로 돌아가려면 영혼을 정화(淨化, katharsis)시켜야 한다고 주장했다. ❹

0020. 피타고라스가 세계를 파악하는 원리로 삼았던 것은?

① 신(神)　　　　　② 수(數)　　　　　③ 영혼(靈魂)　　　　　④ 정신(情神)

해설·정답 피타고라스는 물질적 요소가 아니라 수(數)라는 추상적 원리로 세계를 파악했다. ❷

0021. 피타고라스의 사상과 거리가 먼 것은?

① 영혼 불멸과 윤회를 믿었다.　　　　　② 상대적으로 육체를 경시했다.

③ 형상보다는 질료를 중시했다.　　　　　④ 플라톤에게 큰 영향을 미쳤다.

해설·정답 피타고라스 사상의 중심은 영혼의 정화를 통한 영생의 추구에 있었다. 그는 영혼이 불멸하며 전생(轉生)한다고 믿었으며, 인간 영혼의 불멸과 그 혼의 윤회를 가르쳤다. 따라서 육체는 영혼에 비해 경시되었다. 피타고라스가 수를 세계의 원리로 정립하고 자연도 수의 원리에 입각해서 탐구했으며, 그것은 후에 플라톤의 이데아론에 큰 영향을 미쳤다는 점에서 질료보다는 형상을 중시한 셈이다. ❸

0022. 피타고라스학파의 철학은 무엇과 깊은 연관 속에서 탐구되었는가?

① 음악과 물리학　　② 수학과 천문학　　③ 수학과 음악　　④ 천문학과 음악

해설·정답 피타고라스의 교설에 의하면 영혼의 정화는 학문의 연구, 특히 수학과 음악을 통해서 가능하다고 한다. 그래서 피타고라스는 이오니아의 철학자들과는 달리 인간의 생명과 이성적 능력에 관심을 둠으로써 영혼의 구제와 수학에 큰 비중을 두었다. 철학은 영혼의 구제를 위해 올바른 인생관을 확립하는 것이며, 수학은 여기에서 인간과 세계의 합리적 이해를 위한 수단이 되었다. ❸

0023. 수학의 중요성, 형상의 개념, 영혼불멸설, 영혼의 세 분류 등을 통해 피타고라스가 가장 큰 영향을 주었다고 평가되는 사람은?

① 플라톤　　　　　② 소크라테스　　　　　③ 아리스토텔레스　　④ 플로티노스

해설·정답 피타고라스의 수의 개념은 플라톤에게 이데아의 개념을 형성하게 했고, 이데아와 관련된 수학의 중요성, 상기설 등에도 그 기본적인 이론적 근거를 마련해 주었다. 더구나 플라톤의 영혼불멸설과 영혼의 세 분류는 피타고라스 철학에게 영향을 받은 바가 크다. 피타고라스에 따르면 올림픽 경기장에는 세 부류의 사람이 있는데, 첫째는 돈만 벌려는 상인(商人)이요, 둘째는 경기에서 이기기 위해 애쓰는 경기자요, 셋째는 오직 관람을 위해 찾아온 관객이다. 이것은 사람을 세 종류, 즉 상인과 같이 이익을 추구하는 자, 운동선수와 같이 명예를 추구하는 자, 그리고 관객과 같이 지혜를 사랑하는 자(철학자)로 분류한 비유인데, 이것은 플라톤이 인간 영혼에 관해 말한 세 가지 기능, 즉 이성(理性), 기개(氣槪), 욕망(慾望)에 대칭된다. ❶

0024. 세계를 대립과 모순, 갈등과 투쟁에 의한 변화와 유동(流動)의 모습으로 파악했을 뿐 아니라 그 유전(流轉)하는 현상의 원리로서 로고스(logos)를 제시한 에페소스 출신의 철학자는?

① 피타고라스　　② 크세노파네스　　③ 헤라클레이토스　④ 파르메니데스

[해설·정답] 헤라클레이토스는 우주와 세계 속에서 만물들이 모순 대립으로 인한 투쟁을 통해 끊임없이 유전하고 변화하고 있음을 보고, 사물과 사물 사이의 모순, 대립, 갈등에서 유래하는 생성과 변화를 자연의 참모습으로 인식하여 "만물은 유전(流轉)한다"는 만물유전설을 주장했다. 그리고 이러한 변화와 투쟁 속에서도 결코 변치 않는 항구적인 질서를 로고스(logos)라고 불렀다. ❸

0025. 우리는 동일한 강물에 두 번 들어갈 수 없다는 말로 만물의 생성과 변화를 강조한 철학자는?

① 파르메니데스　　② 헤라클레이토스　　③ 제논　　　　④ 엠페도클레스

[해설·정답] 헤라클레이토스의 만물유전설은 "인간은 동일한 강에 두 번 들어갈 수 없다"는 말로 표현된다. ❷

0026. 헤라클레이토스는 유동의 세계가 질서와 조화를 유지하는 유일불변의 통일적 법칙인 로고스를 무엇에 비유했는가?

① 흙　　　　　　② 물　　　　　　③ 불　　　　　　④ 공기

[해설·정답] 헤라클레이토스는 이오니아 철학자들처럼 세계 이성인 로고스를 불과 깊이 관련되어 있다고 생각했다. 그래서 모든 물질들은 불꽃과 같은 것으로 보고, 사물이라기보다는 과정이라는 뜻에서 로고스의 작용 방식을 불에 비유했다. 그러나 그가 비유한 불은 변화하는 세계의 진행에 내재하는 법칙인 로고스로 구체화하는 능력을 가진 물질이다. 불은 물질적인 원소가 아니라 끊임없이 타고 꺼지는 영원한 움직임을 상징하는 것이다. ❸

0027. 불에서 물, 물에서 흙으로 가는 내려가는 길과 흙이 물이 되고 물이 다시 불로 되는 올라가는 길을 통해 만물의 생성, 변화를 강조한 헤라클레이토스의 사상을 무엇이라 하는가?

① 윤회설　　　　② 유출설　　　　③ 만물유전설　　④ 만물생성설

[해설·정답] 헤라클레이토스는 만물은 고정적이지 않고 생성, 변화, 운동, 소멸한다고 했는데, 이러한 만물유전설을 설명하기 위해 불로 비유하여 불, 물, 흙으로의 오르내림으로 설명했다. ❸

0028. 헤라클레이토스가 파악한 세계의 내면적 본질은 무엇인가?

① 변화　　　　　② 영원　　　　　③ 불변성　　　　④ 시간

[해설·정답] "만물은 투쟁한다," "만물은 유전한다," "동일한 강물 속에 두 번 들어가는 것은 불가능하다"는 헤라클레이토스의 단편들은 생성과 변화를 세계의 본질과 자연의 참모습으로 인식한 만물유전설을 잘 말해준다. ❶

0029. 높음과 낮음, 딱딱함과 부드러움과 같은 대립은 대립자간의 투쟁을 일으키지만 오히려 그것이 만물의 생성과 변화를 통한 균형과 조화를 이루어간다고 한 사람은?

① 헤라클레이토스　② 엠페도클레스　③ 아낙사고라스　④ 파르메니데스

해설·정답 헬라클레이토스에 따르면 모든 것은 대립자들의 투쟁에 의해 생겨난다. 따라서 모순과 대립에 의한 싸움이나 다툼은 우주적 생성의 긍정적 원리로 이해된다. 만물들이 대립 상태에 있어야 투쟁을 하게 되고, 그 투쟁에 의해 만물이 생성하고 변화하기 때문이다. "투쟁은 만물의 아버지요 왕이다"는 말은 바로 이런 뜻이다. 그러므로 투쟁과 변화는 만물을 생성, 변화, 운동, 소멸하게 하는 우주적 생성의 공통된 원리로서 세계에 질서를 부여하고 우주로 하여금 균형과 조화를 이루게 하는 원동력이다. ❶

0030. 헤라클레이토스의 철학에서 대립과 갈등 속에서 유전(流轉)하는 만물과는 달리 결코 변화하지 않으면서 이 대립자들의 질서와 조화를 유지하는 공통의 척도로서의 법칙을 무엇이라 하는가?

① 아르케(arche)　② 로고스(logos)　③ 누스(nous)　④ 피지카(physica)

해설·정답 헤라클레이토스에게의 로고스는 우주의 변화와 투쟁 속에서도 결코 변치 않는 항구적인 질서로서 모든 존재들을 대립적인 것들까지도 하나로 결합시키는 사물들 속에 내재해 있는 공통의 척도를 말한다. 즉 모든 대립적인 것들은 로고스에 의해서 하나의 것으로 포섭되고 통일된다고 주장했다. ❷

0031. 만물의 생성과 소멸은 대립물의 통일과 투쟁에 근거한다는 변증법 이론이 발견되는 사람은?

① 피타고라스　② 헤라클레이토스　③ 크세노파네스　④ 파르메니데스

해설·정답 헤라클레이토스가 일체의 자연 현상을 모순에 의한 대립물의 투쟁이라고 한 점, 자연의 대립물이 통일되면서 자연을 조화, 발전시킨다고 한 점, 대립물의 상호 침투에 의해서 사물이 생성하고 발전한다고 한 점, 그리고 그것들이 하나의 절대적 법칙에 의해 이루어진다고 한 점은 훗날 헤겔(Hegel)의 변증법의 기본적인 틀과 내용을 형성하게 되었다. 그래서 헤겔도 그를 변증법의 창시자요 아버지라고 했다. ❷

0032. 엘레아학파의 주된 철학적 주제와 관심사는 무엇이었는가?

① 형이상학　② 과학적 사실　③ 윤리와 도덕　④ 불변의 존재

해설·정답 파르메니데스로 대표되는 엘레아학파의 사람들은 아르케보다는 생성하고 소멸하는 자연의 운동과 변화의 문제, 즉 변화와 운동의 실상은 과연 무엇이며, 또 변화와 운동은 실제로 존재하는가 하는 문제에 더 많은 관심을 기울이면서 불변의 존재에 관심을 보였다. ❹

0033. 다음 중 엘레아학파에 속하지 않은 사람은?

① 파르메니데스　② 제논　③ 크세노파네스　④ 헤라클레이토스

해설·정답 엘레아학파의 대표자는 파르메니데스이고 그의 제자는 제논이다. 크세노파네스도 엘레아학파에 속한다. 헤라클레이토스는 엘레아학파와 정반대의 사상을 취했다. ❹

0034. '이디오피아 사람들의 신은 들창코를 하고 있으며, 동물들이 그림을 그릴 줄 안다면 그들과 동일한 신을 그렸을 것'이라며, 그리스의 신인동형동성설적(神人同形同性說的)인 신관(神觀)을 신랄하게 비판했던 철학자는?

① 제논　　　　② 크세노파네스　　③ 파르메니데스　　④ 헤라클레이토스

해설·정답 크세노파네스 철학의 의미와 중요성은 그의 비판정신, 특히 종교적 문제에 대한 비판적 견해에서 찾을 수 있다. 그는 모든 인간적인 것을 찬미하는 것이나 모든 신적인 것을 인간화하는 것, 즉 의인적인 다신관을 철저히 배격했다. 그는 그리스인들에게는 절대적인 권위였던 호메로스와 헤시오도스에 의해서 형성된 올림포스의 12신들에 대한 의인적 해석, 즉 신들이 모습은 물론이고 본성조차도 인간과 같으며, 간통이나 질투와 같은 비도덕적인 행동을 한다는 점에 대해 신랄하게 비판하고 냉소적인 공격을 가했다. ❷

0035. 생성 변화의 사실을 강조한 헤라클레이토스와는 정반대로 참된 실재의 불변성과 항구성을 강조한 사람은?

① 파르메니데스　　② 피타고라스　　③ 크세노파네스　　④ 탈레스

해설·정답 헤라클레이토스와 파르메니데스는 존재의 본성에 대해 서로 반대의 견해를 취했다. 헤라클레이토스는 변화를, 파르메니데스는 불변성을 주장했다. ❶

0036. 고대 그리스에서 변화와 운동에 대해 만물유전설과 만유부동론으로 서로 다른 반대의 생각을 가지고 논쟁을 벌인 사람은 누구인가?

① 탈레스와 아낙시만드로스　　　　② 헤라클레이토스와 파르메니데스
③ 소피스트와 소크라테스　　　　　④ 플라톤과 아리스토텔레스

해설·정답 헤라클레이토스는 변화와 운동을 자연의 참모습이라고 하여 만물유전설을 주장한 반면, 엘레아학파의 파르메니데스는 운동은 인간의 감각적 착각이라고 하면서 참된 존재는 결코 변화와 운동을 할 수 없다고 하여 만유부동론을 주장했다. 두 사람의 논쟁은 철학사적인 최초의 논쟁으로 알려져 있다. ❷

0037. 파르메니데스의 존재 개념에 대한 설명으로 옳지 않은 것은?

① 있는 것은 존재와 생성뿐이다.
② 존재는 불가분적인 불변의 고정적 일자이다.
③ 존재의 유일성은 존재에 대한 우리의 사유가 필연적으로 요구하는 것이다.
④ 존재는 감성적 인식이 아니라 이성적 인식을 통해서 도달될 수 있다.

해설·정답 파르메니데스는 있는 것은 "있는 것은 있고, 없는 것은 없다"고 하면서 있는 것은 존재뿐이며 존재는 감성적 인식을 통해서는 도달될 수 없으며 이성적 인식을 통해서만 도달될 수 있다고 했다. 따라서 존재만 인정하는 파르메니데스는 변화와 운동 및 생성을 부정한다. ❶

0038. 만물이 변한다는 생각과는 달리 '변화와 운동은 논리적 모순이다'는 이유로 '존재는 불변하고, 운동과 변화란 환상이며, 경험 세계는 기만이다'면서 일체의 변화를 부정

하고, "있는 것은 있고, 없는 것은 없다"고 주장했던 엘레아학파의 철학자는?

① 피타고라스　　② 크세노파네스　　③ 헤라클레이토스　④ 파르메니데스

해설·정답 파르메니데스는 생성과 소멸을 의미하는 변화란 논리적으로 모순을 내포하는 것으로 생각하고 생성과 소멸을 부정하였다. 왜냐하면 생성이란 엄밀하게 말해서 없는 것에서 있는 것이 나오게 되는 것이며, 소멸은 있는 것이 없게 되는 것을 의미하기 때문이다. ❹

0039. 존재는 불변이므로 운동과 변화란 환상이며 감각적 오류라고 생각한 사람은?

① 파르메니데스　　② 제논　　　　③ 딜타이　　　　④ 플라톤

해설·정답 파르메니데스는 생성과 소멸을 의미하는 변화란 논리적으로 모순을 내포하는 것으로 생각하고 생성과 소멸을 부정하였다. 왜냐하면 생성이란 엄밀하게 말해서 없는 것에서 있는 것이 나오게 되는 것이며, 소멸은 있는 것이 없게 되는 것을 의미하기 때문이다. 파르메니데스는 오직 존재만을 인정하고 생성과 소멸을 부정하였다. ❶

0040. 스승 파르메니데스의 사상을 옹호하기 위해 4가지 역설을 통해 운동부정론을 펼쳤던 사람은?

① 크세노파네스　　② 헤라클레이토스　③ 제논　　　④ 엠페도클레스

해설·정답 제논은 감각적으로 주어진 다수를 부정함으로써 불생불멸하는 파르메니데스의 존재를 옹호했는데, 제논의 역설은 상대방의 주장을 모순에 환원시켜 격파하므로 귀류법(歸謬法)이라고도 한다. 그의 논증은 크게 다양성(plurality)과 운동(motion)을 부정하는 논증이다. ❸

0041. 제논이 그의 역설을 통해 반박하려고 했던 것이 아닌 것은?

① 공간　　　　② 다수성　　　③ 운동　　　④ 존재

해설·정답 변증법이란 먼저 반대 입장을 승인하고 그럴 경우에 그것이 어떤 모순에 빠지는가를 보여줌으로써 상대방의 주장이 잘못되었음을 밝히고 결국은 자신의 주장이 옳다는 것을 보이는 방식을 말하는데, 제논은 이러한 변증법 방식을 통해 운동이 불가능함을 논증하려고 시도했다. ❹

0042. 아리스토텔레스에 의해 변증법의 창시자라고 인정되었던 사람은?

① 크세노파네스　　② 파르메니데스　　③ 제논　　　④ 엠페도클레스

해설·정답 변증법이란 먼저 반대 입장을 승인하고 그럴 경우에 그것이 어떤 모순에 빠지는가를 보여줌으로써 상대방의 주장이 잘못되었음을 밝히고 자신의 주장이 옳다는 것을 보이는 방식이다. ❸

0043. 다음 중 공통성이 없는 사람은?

① 엠페도클레스　　② 아낙시만드로스　③ 레우키포스　④ 데모크리토스

해설·정답 자연철학은 아르케를 수적(數的)으로 하나로 보느냐 다수로 보느냐에 따라 전기의 단원론, 후기의 다원론으로 구분된다. 탈레스, 아낙시만드로스, 아낙시메네스는 단원론자이고, 엠페도클레스, 아낙사고라스, 데모크리토스, 레우키포스 등은 다원론자이다. ❷

0044. 다원론자가 아닌 사람은 누구인가?

① 엠페도클레스 ② 제논 ③ 아낙사고라스 ④ 데모크리토스

[해설·정답] 엠페도클레스는 4원소설을, 아낙사고라스는 무수한 스페르마타를, 데모크리토스는 무수한 원자를 아르케로 보는 다원론자들이다. ❷

0045. 탈레스 이래로 아르케로 주장되었던 물, 공기, 불에 흙을 첨가하여 4원소설을 주장한 철학자는?

① 피타고라스 ② 크세노파네스 ③ 헤라클레이토스 ④ 엠페도클레스

[해설·정답] 엠페도클레스는 변화하지 않는 기본적이고 영원한 물질로서 '모든 것들의 뿌리'인 4가지의 원소를 제시했다. 이 원소들은 변화 불가능한 궁극적인 입자들로서 단지 원소들끼리의 기계적인 혼합과 상호교환만이 있을 따름이지 궁극적 원소들의 질적 변화는 없다. ❹

0046. 엠페도클레스가 말한 4가지의 우주의 원질에 속하지 않은 것은?

① 불 ② 물 ③ 공기 ④ 원자

[해설·정답] 엠페도클레스는 탈레스의 물, 헤라클레이토스의 불, 아낙시메네스의 공기에 흙을 첨가하여 4원소설을 주장했는데, 이전 철학자들이 주장한 내용을 종합한 것이라 할 수 있다. ❹

0047. 이질적인 무한소의 파편인 스페르마타(spermata)의 이합집산(離合集散)에 의해 우주를 설명했던 다원론자는?

① 엠페도클레스 ② 아낙사고라스 ③ 아낙시메네스 ④ 데모크리토스

[해설·정답] 만물 속에 만물이 들어 있다고 생각한 아낙사고라스는 사물들 속에 들어 있는 모든 것들의 부분을 씨앗 또는 종자, 즉 스페르마타라고 불렀다. 스페르마타는 모양과 색깔, 맛이 다르며, 무한히 작은 무한소의 파편으로서 세계를 구성하는 기체(基體)인데, 아낙사고라스는 사물의 변화는 바로 이 스페르마타의 혼합과 분리로 일어난다고 생각했다. ❷

0048. 아낙사고라스가 주장한 우주의 궁극적인 존재는?

① 불 ② 4원질 ③ 종자 ④ 원자

[해설·정답] 아낙사고라스는 무수한 스페르마타, 즉 종자를 아르케로 보았다. ❸

0049. 스페르마타의 이합집산(離合集散)을 가능하게 하는 운동의 원인으로서 '누스'란 개념을 제시하여 철학사상 최초로 물질과 정신을 분리한 철학자는?

① 엠페도클레스 ② 아낙사고라스 ③ 아낙시메네스 ④ 데모크리토스

[해설·정답] 누스는 스페르마타 가운데 유일한 순수한 것으로 '절대적으로 단순하며,' '어떤 것과도 혼합되지 않으며,' '그 자신만으로 존재하며,' '모든 것들 중에 가장 미세하고 순수한 것'으로서 모든 것들에 대해 완전한 인식을 갖는, 사유하며 이성적인 존재이다. 이러한 누스의 성질은 비물질적이라는 사실을 말해 준다. 그래서 아낙사고라스는 정신과 물질을 구별한 최초의 이원론자로 평가된다. ❷

0050. 다원론자들과 그들이 주장한 우주의 원질을 연결한 것이다. 잘못된 것은?

① 엠페도클레스–흙·물·불·공기   ② 아낙사고라스–스페르마타

③ 아낙시메네스–공기   ④ 데모크리토스–원자

[해설·정답] 아낙시메네스가 공기를 우주의 원질이라 주장한 것은 사실이지만, 그는 다원론자가 아니라 단원론자이다. ❸

0051. 고대 그리스의 철학자들과 그들이 후대에 미친 영향을 짝지은 것이다. 적절하지 않은 것은?

① 피타고라스–키르케고르   ② 플라톤–어거스틴

③ 헤라클레이토스–헤겔   ④ 데모크리토스–마르크스

[해설·정답] 플라톤의 이원론은 중세의 교부철학자 어거스틴의 철학적 배경이 되었고, 헤라클레이토스의 만물유전설의 근거인 대립자들의 모순과 갈등은 헤겔의 변증법의 원시적 기초였고, 데모크리토스의 원자론은 마르크스의 유물변증법에 상당한 영향을 주었다. ❶

0052. 데모크리토스가 제시한 원자들의 운동 원인이 아닌 것은?

① 우연   ② 필연   ③ 이법   ④ 신의 섭리

[해설·정답] 원자론자들은 우주 자연이 신적인 섭리에 의해서 지배받지 않고, 물질 속에 내재하는 우연과 필연, 이법에 의해서 지배된다고 생각했다. 즉 원자들은 형태와 배열, 위치가 서로 다르며, 원자들이 결합하는 데에는 서로서로 같은 것끼리 모이는 원리에 따라서 다양한 종류의 사물들이 구성되는데, 원자들은 심연 속에서 무질서하게 움직이다가 필연의 법칙에 따라 사물을 구성하고 이법에 따라 존재하게 된다는 것이다. ❹

0053. 조잡하거나 세련된 원자의 운동에 따라 격정에 휘말리거나 고요의 행복을 느끼게 된다고 생각한 사람은?

① 아리스토텔레스   ② 데모크리토스   ③ 스토아학파   ④ 아낙사고라스

[해설·정답] 데모크리토스에 따르면 육체와 영혼의 차이는 그것들을 구성하는 원자들의 모양에 기인한다. 영혼은 얇은 조직으로 되어 있으며 가볍게 잘 활동할 수 있는 아주 미세하고 매끈한 둥근 불의 원자로 구성되어 육체를 움직이며 육체에 생명을 주는 육체 속의 육체요 육체의 주인이다. 영혼은 정신과 같으며 신체의 한 부분(뇌)에 자리잡고 있으며 인간의 행복과 불행에 책임을 지는 도덕적 주체이다. ❷

0054. 자연철학자들과 그들이 말한 만물의 원질(原質)을 잘못 짝지은 것은?

① 탈레스–물   ② 아낙시만드로스–무한자

③ 아낙시메네스–공기   ④ 아낙사고라스–원자

[해설·정답] 아낙사고라스는 스페르마타(종자)를 아르케로 제시했고, 아르케를 원자라고 한 사람은 데모크리토스와 레우키포스이다. ❹

0055. 운동의 원인과 원리에 대한 철학자들의 생각이 잘못 연결된 것은?

① 파르메니데스-온냉건습　　　　② 아낙사고라스-누스

③ 헤라클레이토스-로고스　　　　④ 엠페도클레스-사랑과 미움

해설·정답 아르케의 운동 원인으로서는 엠페도클레스는 사랑과 미움이라는 애증이동력설(愛憎二動力說)을 주장했고, 아낙사고라스는 스페르마타 가운데 가장 단순하고 순수한 누스(nous)를 제시했으며, 헤라클레이토스는 로고스(logos)가 만물의 유전(流轉)을 지배한다고 했다. ❶

0056. 소피스트들에 관한 설명으로 옳지 않은 것은?

① 철학의 관심사를 자연에서 인간으로 돌리고, 주로 청년들에게 수사학, 변론술, 문법 등을 가르쳤다.

② 경험적이고 실용적인 유용성을 강조하는 경향이었다.

③ 진리에 대한 상대적이고 주관적인 견해를 가지고 있어서 소크라테스와 대립되었다.

④ 당대의 궤변론자로서 사회로부터 비난과 질책을 받았다.

해설·정답 당대의 소피스트들은 높이 존경받는 인물들로서 자신의 조국 시민들에게 애국적인 사명을 부여받은 일을 많이 했다. B.C. 444년, 아테네 사람들은 프로타고라스에게 펠로폰네소스의 식민지인 투리아(Thouria)의 범그리스 식민지 헌법 제정을 요청하기까지 했다. ❹

0057. 다음 중 소피스트의 사상과 관련되는 것은?

① 윤리적 절대주의　　　　　　② 보편적 진리 존재

③ 상대주의적 진리관　　　　　④ 주지주의적 윤리관

해설·정답 소피스트는 절대적이고 보편적인 진리가 존재하지 않는다는 윤리적 상대주의, 진리는 알 수 없다는 윤리적 회의주의, 그리고 진리 판단의 기준으로 개인의 감각적 경험과 유용성을 중시한 실용주의적 사고를 가졌다. ❸

0058. 다음 중 소피스트의 계열에 들지 않은 사람은?

① 프로타고라스　　② 고르기아스　　③ 프로디코스　　④ 소크라테스

해설·정답 대표적인 소피스트로는 대부격인 프로타고라스를 위시하여 수사학을 가르친 고르기아스, 언어와 문법 일반을 가르친 프로디코스, 기억 훈련을 가르친 히피아스 등이 있다. ❹

0059. 소피스트의 철학적 관심사가 아닌 것은?

① 인간 문제　　② 법과 제도　　③ 윤리와 관습　　④ 우주의 본질

해설·정답 그리스는 페르시아 전쟁의 승리로 그 문화권이 확대됨에 따라 상당히 오랜 역사를 가진 사람들과도 접하게 되면서 그들의 다양한 습관과 생활양식을 자신의 것들과 비교하게 되었고 자신들을 반성하고 비판하는 의식이 싹트게 되었다. 그래서 자신들의 관습이나 문화 등의 발생 문제라든지 자신들의 제도만이 정말 권위 있고 항상 타당한 것인지 또는 문명이 자비로운 신들의 창조인지 인간 자신의 작품인지 하는 의문들이 제기되었다. 이런 문제에 관심을 가졌던 사람들이 소위 소피스트(sophist)들이다. ❹

0060. 다음 중 소피스트의 철학적 경향이 아닌 것은?

① 주관적 　　　② 상대적 　　　③ 개인적 　　　④ 절대적

해설·정답 소피스트들은 생활의 모든 영역에서 경험을 통해 거대한 지식을 축적하려는 경험적이고 귀납적인 토대 위에 주관적, 상대적, 개인적인 진리만을 인정했다. ❹

0061. "인간은 만물의 척도이다"라는 말을 통해 인간의 인식은 감각에 의존하기 때문에 결코 절대적인 인식에 도달할 수 없으며, 그렇기 때문에 각 개인의 감각을 통해 인식되는 것이면 무엇이나 그에게는 참이라고 해서 '확실한 진리를 가질 수 없다'는 의미의 상대주의와 주관주의를 주장했던 소피스트는?

① 프로타고라스 　　② 고르기아스 　　③ 프로디코스 　　④ 소크라테스

해설·정답 소피스트의 사상적 특색과 의미는 소피스트를 대변하는 프로타고라스의 사상 속에 잘 드러나 있다. 프로타고라스의 인간척도론은 소피스트의 상대적 주관주의의 대명사이다. ❶

0062. 프로타고라스의 "인간은 만물의 척도이다"라는 말이 주장하는 것은?

① 상대주의 　　② 절대주의 　　③ 객관주의 　　④ 인간주의

해설·정답 감각이란 개개인의 주관적인 상태나 조건 등에 의해서 동일한 지각의 대상을 서로 다르게 파악하게 되며 또 인간의 인식 대상 역시 한 순간도 변화하지 않는 것이 없으므로, 즉 고정 불변의 대상이 존재하지 않으므로 절대적으로 확실한 진리를 가질 수 없다는 주장이다. 그래서 그의 사상은 보통 주관주의, 상대주의, 감각주의 등으로 특징지어지고 있다. ❶

0063. "인간은 만물의 척도이다"에 대한 설명으로 옳지 못한 것은?

① 인간이 만물의 근원으로서 세계 창조의 주역이다.
② 인간의 인식은 절대적 진리를 인식할 수 없고 인식된 진리는 주관적이고 상대적인 진리일 따름이다.
③ 소피스트의 상대주의적 입장을 대변하는 주장이다.
④ 회의론에 빠질 수 있다.

해설·정답 프로타고라스의 인간척도론은 인간의 인식이란 전적으로 감각에 의존하므로 절대적인 인식을 얻을 수 없다는 것이다. ❶

0064. "인간은 만물의 척도이다"고 했을 때의 인간은 어떤 의미의 인간인가?

① 보편적 인간 　　② 절대적 인간 　　③ 실존적 인간 　　④ 개인적 인간

해설·정답 프로타고라스에게의 인간은 보편적, 절대적 인간이 아니라 개인적이고 경험적인 인간을 가리킨다. ❹

0065. 소피스트들의 윤리적 경향이라고 할 수 없는 것은?

① 주관주의　　　② 보편주의　　　③ 상대주의　　　④ 편의주의

[해설·정답] 소피스트들의 윤리관의 특징은 주관적, 상대적, 편의적, 실용적이라고 할 수 있다. ❷

0066. '어떤 것도 존재하지 않는다,' '존재한다 하더라도 알 수 없다,' '알 수 있다 하더라도 다른 이에게 전달할 수 없다'는 회의주의를 주장했던 소피스트는?

① 프로타고라스　　② 고르기아스　　③ 히피아스　　　④ 소크라테스

[해설·정답] 레온티니 출신의 고르기아스(Gorgias)의 회의주의는 『비존재 혹은 자연에 관하여』라는 책에 표현되어 있다. 고르기아스는 실재에 부합되는 관념과 일치되지 않는 관념 사이의 구별에 있어서 어려움이 있다는 점과 사물에 대한 용어가 결코 그 사물과 일치하지 않는다는 사실을 말하고 싶었다. 나아가 그는 진리에 대한 인식을 획득할 것에 대한 주장과 요구를 포기하고, 개연성에 머무는 것에 만족하였다. ❷

0067. 소피스트와 소크라테스의 철학적 공통점은 무엇인가?

① 경험주의적이고 실용주의적이다.
② 이성 존중의 그리스 철학의 전통을 이어갔다.
③ 자연보다는 인간을 주된 관심사로 삼았다.
④ 인간은 보편적 이성을 가진 존재임을 인정했다.

[해설·정답] 소피스트와 소크라테스 이전을 자연철학시대, 소피스트와 소크라테스가 활동했던 시대를 인간 중심의 철학시대 또는 인성론적 시대라고 한다. 이들은 모두 철학적 관심을 자연에서 인간으로, 객체에서 주체로 전환했다는 점에서 공통성을 가진다. ❸

0068. 소피스트와 소크라테스의 공통점은?

① 윤리적 회의주의와 상대주의적 입장을 가졌다.
② 보편적 이성에 의해 절대적 진리를 추구할 수 있다고 보았다.
③ 자연보다는 인간에 관심을 기울였다.
④ 인간의 감각적 경험과 유용성을 강조했다.

[해설·정답] 소피스트와 소크라테스 이전의 철학자들은 주로 자연에 대한 관심을 보인 반면 이후의 철학자들은 자연보다는 인간에 대해 관심을 기울다. ❸

0069 소크라테스의 철학적 특징을 표현한 말이 아닌 것은?

① 영혼을 돌보라　② 덕은 곧 지식이다　③ 아는 것이 힘이다　④ 너 자신을 알라

[해설·정답] 소크라테스는 올바른 삶, 음미되는 삶을 살기 위해서는 "자신의 영혼을 돌보라"고 했다. 그리고 사람들에게 이를 깨닫게 하기 위해 스파르타 사람 킬론(Kilon)이 말했던 "너 자신을 알라"는 경구를 철학적 삶을 사는 표어로 삼고 젊은이들이 교만과 편견에서 벗어나 자신의 무지(無知)를 깨닫도록 하였다. 소크라테스 철학의 중요한 특징은 지식과 행동, 이론과 실천을 분리하지 않았다는 점이다. 소크라테스에게는 안다는 것과 행동한다는 것은 다른 것이 아니다. 앎은 곧 행동이다. 지식과 실천은 하나이다. 즉 "덕은 곧 지식이다." "아는 것이 힘"이라고 말한 사람은 근세의 영국

경험론 철학자인 베이컨이다. ❸

0070. 소크라테스가 한 말이 아닌 것은?

① 너 자신을 알라.   ② 음미하지 않은 삶은 살 가치가 없다.

③ 보는 것은 믿는 것이다.   ④ 악법도 법이다.

[해설·정답] "악법도 법이다." "너 자신을 알라"가 대표적인 소크라테스의 명언으로 알려져 있지만 그 외에도 "음미되지 않은 인생은 살 가치가 없다"는 말도 그의 명언중의 하나이다. ❸

0071. 다음 중 소크라테스의 철학에 대한 설명이 잘못된 것은?

① 자신을 돌보는 것은 곧 지혜를 사랑하는 것이다.

② 지혜를 사랑하는 것은 무지하다는 것을 자각한 사람에게만 가능하다.

③ 따라서 무지의 자각은 진리에로 나아가는 출발점이다.

④ 아테네 사람들에게 무지하다는 사실을 직접 가르쳐서 깨닫게 해주었다.

[해설·정답] 소크라테스는 그 자신이 해답을 제시해 주거나 결론을 내리는 일은 없었다. 진리는 아무에게나 주어지는 것이 아니고 가르쳐지는 것도 아니며 애써 구하고 탐구함으로써 스스로 터득하는 것이라고 생각했기 때문이다. ❹

0072. 다음 중 소크라테스와 관계가 없는 것은?

① 주의주의   ② 산파술   ③ 문답법   ④ 지적 변증법

[해설·정답] 소크라테스가 사람들로 하여금 무지를 깨닫게 하는 방법을 "문답법"이라고 한다. 이는 자신의 무지를 핑계로 대화자에게 물어 대답하게 하고 또 그 대답의 모순을 지적하여 다시 묻는 과정을 되풀이함으로써 결국 대화자로 하여금 자신의 무지를 고백하게 하는 방법이다. 소크라테스는 이런 자연스런 대화를 통해 대화자가 문제의 핵심에 접근할 수 있게 하여 마침내 스스로가 자신의 무지를 자각할 수 있게 도와주었다. 이러한 소크라테스의 대화법적 방법을 "산파술"이라고 한다. 또한 문답법은 질문과 대답의 과정을 거치면서 변증법적으로 무지에 자각에 도달해가기 때문에 "지적 변증법"이라고도 한다. 소크라테스의 철학은 주의주의가 아니라 주지주의이다. ❶

0073. 소크라테스의 지행합일설(知行合一說)에 관해 잘못 설명한 것은?

① 아는 것은 행하는 것이다.

② 덕은 곧 지식이다.

③ 덕을 알지 못하면 행할 수 없다.

④ 알고도 행하지 않음은 수양(修養)이나 의지가 부족해서이다.

[해설·정답] 소크라테스의 지행합일에 관한 가장 중요한 내용은 지식과 행동, 이론과 실천을 분리하지 않고 동일한 것으로 본다는 점이다. 그는 인간의 모든 잘못된 행위는 알고도 행하지 못하는, 즉 인간의 수양 또는 실천 의지의 결여로부터 발생하는 것이 아니라 무지(無知)로부터 비롯된다고 생각하였다. ❹

0074. 소크라테스의 지행합일설을 도식화한 A와 B에 들어갈 가장 적당한 단어는?

$$(A) = 덕(德) \left[\begin{array}{l} 정\ 의 : 불\ 의 \\ 절\ 제 : 방\ 종 \\ 용\ 기 : 비\ 겁 \\ 경\ 건 : 불경건 \end{array} \right] 부덕(不德) = (B)$$

① 이성–감성 　② 지식–무지 　③ 지식–의지 　④ 의지–지식

[해설·정답] 소크라테스는 확실하고도 분명한 인식을 갖지 않으면 그 행위를 할 수 없다고 보았다. 정의, 절제, 용기, 경건 등의 덕(德)을 행함에 있어서도 그러한 덕들을 잘 알지 못하면 올바로 행할 수 없다. 다시 말해서 덕을 진짜로 알면 그 덕에 따라 행동하게 되어 있다. 알고도 행하지 않는다는 것은 있을 수 없다. 그것은 아는 것이 아니라 사실은 모르는 것이요, 그렇기 때문에 행동하지 않는 것이다. 결국 안다는 것과 행동한다는 것은 다른 것이 아니다. 앎은 곧 행동이다. 지식과 실천은 하나이다. 즉 "덕은 곧 지식이다." 그러므로 정의, 절제, 용기, 경건 등의 덕(德)에 반대되는 부덕(不德)은 불의, 방종, 비겁, 불손이 아니라 무지(無知)이다. 이것이 주지주의적 지행합일설이다. ❷

0075. 지식과 덕은 하나라는 지덕일체론을 주장한 고대 철학자는?

① 피타고라스 　② 스피노자 　③ 크세노파네스 　④ 소크라테스

[해설·정답] 소크라테스는 무지의 자각에서 출발하여 얻은 참된 지식은 덕스러운 행위로 이어지며, 바로 그런 자들이 행복을 누릴 수 있다는 지덕복일체를 주장했다. ❹

0076. 소크라테스의 윤리설을 올바로 설명한 것은?

① 윤리는 시대와 지역에 따라 다르다.

② 올바른 지식을 가지면 올바로 행하지 않을 수 없다.

③ 아는 것과 행하는 것은 별개의 것이다.

④ 올바로 알더라도 의지가 약하면 행할 수 없다.

[해설·정답] 소크라테스는 상대적 진리관을 주장하는 소피스트들과는 달리 합리적 이성에 근거한 절대적이고 보편적이며 객관적인 진리를 확신했다. 따라서 윤리도 보편타당한 지식을 얻는 것이 관건이라고 생각했다. 즉 소크라테스는 아는 것과 행하는 것은 별개의 것이 아니라고 보고 올바른 지식을 가지면 올바로 행하지 않을 수 없다고 했다. 올바른 행위는 의지의 문제가 아니라 올바른 지식의 문제라는 말이다. 올바른 행동을 하지 못하는 것도 의지가 약해서가 아니라 올바로 알지 못하기 때문이다. ❷

0077. 소피스트와 소크라테스의 철학을 비교한 것이다. 그 내용이 잘못된 것은?

① 주관적, 상대적 진리관 vs 객관적, 절대적 진리관

② 개별적, 경험적 인간관 vs 보편적, 이성적 인간관

③ 자연에 관한 관심 vs 인간에 관한 관심

④ 실용주의적 vs 이성주의적

[해설·정답] 소피스트의 사상이 주관적, 상대적, 개인적, 경험적, 실용적이라면 소크라테스의 철학은 객관적, 절대적, 보편적, 합리적, 이성적이라고 할 수 있다. 그러나 소크라테스가 소피스트들과 철

학적 입장에서 상반되기는 하지만 공통점 또한 가지고 있다. 전통에 기초를 둔 모든 것에 비판적인 태도를 취하고 있다는 점, 철학적 사고의 주요 대상이 인식하고 행동하는 사회적인 존재로서의 인간이었다는 점, 철학적인 반성은 항상 경험에서 출발한다는 점 등이 그것이다. 소크라테스의 철학은 소피스트들과 마찬가지로 인간의 삶의 문제로부터 시작하면서도 동시에 이들 철학에 대한 강렬한 비판과 함께 구체화된다. ❸

0078. 다음 중 소크라테스-플라톤의 사상이 아닌 것은?

① 주지주의　　　　② 4주덕　　　　③ 영혼 3분설　　　④ 윤리적 상대주의

[해설·정답] 절대적이고 객관적 진리가 존재한다고 본 소크라테스는 인간의 악행은 무지에서 오는 것으로 참된 지식을 가지면 그것을 행동으로 옮기게 되어 있다는 주지주의(主知主義)적 태도를 취했다. 그리고 그의 사상은 제자인 플라톤에게 이어져서 영혼 3분설, 4주덕과 철인 정치론 등으로 구체화되었다. 윤리적 상대주의는 소피스트의 특징이다. ❹

0079. 플라톤의 철학에 대한 설명으로 잘못된 것은?

① 이전 시대의 철학을 종합적으로 체계화하여 이원론적 구조로 완성했다.

② 후에 토마스 아퀴나스의 중세 스콜라철학의 이론적 토대가 되었다.

③ 기독교철학에도 상당한 영향을 미쳤다.

④ 교부 어거스틴의 사상적 지반이 되었다.

[해설·정답] 스승 소크라테스를 포함한 이전 시대의 모든 철학사상을 현상과 이데아의 이원론적 구조로 종합적인 체계를 완성한 플라톤의 철학은 교부철학, 특히 어거스틴의 철학에 사상적인 토대를 제공했으며, 기독교철학에도 상당한 영향을 미쳤다. 나아가 "서양철학의 역사는 플라톤과 그의 철학의 주석에 불과하다"고 할 정도로 철학사에 미친 영향이 지대하다. 스콜라철학의 이론적 토대는 아리스토텔레스의 철학이다. ❷

0080. 플라톤 철학의 내용으로 적절하지 않은 것은?

① 참다운 세계는 감각적 경험의 세계가 아니라 초월적 이상세계이다.

② 인간의 윤리적 목표는 쾌락에 의한 행복이다.

③ 국가는 이성적 존재자인 철인(哲人)이 통치해야 한다.

④ 실재의 세계인 이데아계는 이성에 의해서만 파악할 수 있다.

[해설·정답] ①과 ④는 플라톤의 이데아론의 핵심적 내용이며, ③은 그의 철인통치론(哲人統治論)을 진술한 내용이다. 플라톤의 윤리적 목표는 선과 행복의 획득이다. 이것은 엄밀히 선을 행하는 데에 있으며 선을 행하는 그 자체는 쾌락의 감정을 수반한다. 그러나 행복은 쾌락을 통해 얻어지는 것이 아니라 영혼의 질서를 통해 이루어진다고 했다. ②는 플라톤의 윤리사상이 아니라 에피쿠로스학파, 그리고 근세의 영국 공리주의의 윤리적 입장이다. ❷

0081. 다음 중 플라톤과 거리가 먼 것은?

① 이데아 사상　　　② 4주덕　　　　③ 주의주의　　　　④ 철인통치론

[해설·정답] 플라톤은 스승 소크라테스를 따라 주지주의적 경향이 더 강하다. 선의지를 강조하는 주

의주의는 아리스토텔레스와 관련된다. ❸

0082. 플라톤 철학의 사상적 기초라고 말하기 어려운 것은?

① 헤라클레이토스의 만물유전설 　　② 엘레아학파의 운동부정론

③ 동방의 신비주의 　　④ 소크라테스의 절대적 진리에 대한 확신

[해설·정답] 플라톤의 현상계와 이데아계라는 이원론적 세계관은 이전 철학자들의 종합적인 체계라고 할 수 있다. 그는 헤라클레이토스적인 변화하는 세계를 현상의 세계로 구축했고, 엘레아학파의 파르메니데스적인 세계를 이데아의 세계로 구축하여 거기에 피타고라스와 소크라테스의 철학을 수용했다. ❸

0083. 플라톤의 이데아론의 형성에 영향을 준 철학자라고 하기 어려운 사람은?

① 소크라테스　　② 피타고라스　　③ 파르메니데스　　④ 프로타고라스

[해설·정답] 플라톤 철학의 생성에는 주요 특징적인 네 가지 철학적인 경향들이 있었다. 헤라클레이토스, 소크라테스, 피타고라스, 엘레아학파가 바로 그것이다. 이와 함께 원자론자들도 적지 않게 영향을 미쳤다. 플라톤은 피타고라스의 수의 철학을 통해 궁극적인 것은 물질적이 아니라 관념적이라는 것을 배웠다. 또한 파르메니데스에게서는 실재는 불변의 영원한 것이요 변화하는 사물들은 우리의 감각의 불완전성에 기인하는 환상에 불과하다는 사실을 받아들였다. 그리고 헤라클레이토스에게서는 만물유전설, 즉 현상계의 모든 것은 부단히 변전한다는 것을 받아들였다. 마지막으로 스승 소크라테스에게서는 인간 행위의 준칙(準則)이 되는 지식은 상대적인 것이 아니라 절대적인 것이어야 함을 배웠다. 이러한 영향으로 플라톤은 우리의 감각이 불완전한 것이고 현상계의 모든 것이 변전(變轉)한다면 절대적인 인식의 대상은 현상계에 있을 수 없다고 생각하게 되었다. ❹

0084. 영혼에 대한 가르침으로 플라톤에게 영향을 준 학파는?

① 메가라학파　　② 키니코스학파　　③ 키레네학파　　④ 피타고라스학파

[해설·정답] 피타고라스의 수의 개념은 플라톤에게 형상(形相), 곧 이데아(idea)의 개념을 형성하게 했으며, 영혼에 관한 피타고라스의 가르침도 플라톤의 인간론에 상당한 영향을 끼쳤다. ❹

0085. 플라톤이 이데아를 상정하여 이원론적 세계를 구축하게 된 근거를 설명한 것이다. 잘못된 것은?

① 현상적으로 사물들을 이루기 위한 질료가 존재하지 않으면 안 되기에

② 인식론적으로 객관적인 실재가 존재해야 참된 지식이 가능하기에

③ 존재론적으로 변화하는 감각적 사물은 참된 존재일 수 없기에

④ 형이상학적으로 참된 존재의 근거가 존재해야 하기에

[해설·정답] 플라톤은 우리의 감각이 불완전한 것이고 현상계의 모든 것이 변전한다면 절대적인 인식의 대상은 현상계에 있을 수 없다고 생각하게 되었다. 결국 플라톤은 참다운 지식의 기원과 영역을 감각과 감성이 아니라 이성과 예지계에 둠으로써 감성과 이성, 감성계와 예지계라는 이원론을 세우기에 이르렀다. ❶

0086. 플라톤의 현상과 이데아에 관한 설명이다. 잘못된 것은?

① 현상이란 경험 가능한 현실적 실제요, 이데아란 경험계를 초월한 실재이다.

② 현상은 생성·변화·운동·소멸하지만, 이데아는 우리의 정신 속에 관념으로 있는 영원불변한 것이다.

③ 이데아는 현상을 초월해 있는 객관적 실재로서 사물의 본질적 형상을 의미한다.

④ 현상이 모형과 그림자라면, 이데아는 원형이요 실물이다.

[해설·정답] 플라톤이 말한 이데아는 우리의 마음이나 정신 가운데 있는, 즉 우리의 사고가 만들어낸 하나의 관념이나 개념에 그치는 단순한 사유물이 아니다. 그가 말하는 이데아란 머리 속에만 있고 실제로는 존재하지 않는 관념을 말하는 것이 아니라 참으로 존재하는 객관적 실재이다. ❷

0087. 다음 중 플라톤의 이데아에 대해 가장 잘 설명한 것은?

① 관념적 실체 ② 관념들의 묶음 ③ 본질적 실체 ④ 수학적 공리

[해설·정답] 플라톤은 사유를 통해 발견한 사물들 속에 있는 공통적인 성질, 즉 본질을 이데아 또는 형상(形相)이라고 했다. ❸

0088. 플라톤의 이데아에 관한 설명 중 잘못된 것은?

① 이데아는 가상적(假想的) 믿음의 실재(實在)이다.

② 이데아는 모든 존재를 그렇게 존재하게 하는 근거이다.

③ 이데아야말로 이성적 인식의 참다운 대상이다.

④ 이데아는 모든 사유 활동의 기준과 근거요 초월적 세계에 실재하는 모든 사물과 가치의 원인이다.

[해설·정답] 플라톤은 초경험적 실재인 사물의 형상 이데아는 가상의 믿음의 세계가 아니라 참된 존재의 세계라고 했다. ❶

0089. 플라톤의 이데아론과 거리가 먼 것은?

① 예지적 직관 ② 이성적 모사설 ③ 백지설 ④ 상기설

[해설·정답] 플라톤은 이데아가 감각이 아닌 이성을 통한 예지적 직관으로 인식될 수 있는 것이라고 하면서 이데아에 대한 인식을 이성적 모사에 의한 상기설로 설명했다. 백지설은 근세의 경험론자 로크의 이론으로 본래 인간의 정신은 백지(白紙)와 같으며 경험에 의해 글씨가 씌어지는 것이라는 주장이다. ❸

0090. 플라톤의 이데아에 대한 설명으로 옳지 않은 것은?

① 이성이 파악하는 대상으로 모사설이 적용된다.

② 가변적 존재로서의 현상은 본질로서의 이데아의 모방에 불과하다.

③ 이데아는 개별적인 사물의 추상화를 통해서 완전히 구현될 수 있다.

④ 이데아는 유일하게 실재하는 것이다.

철학, 쉽게 풀자!

[해설·정답] 이데아는 개별적 사물의 귀납적 일반화로 드러나는 것이 아니라 객관적 실재이다. 이데아가 개별적 사물의 추상화로 구현될 수 없는 것은 그림자를 아무리 추상한다 해도 실물이 나오지 않는 것과 마찬가지이다. ❸

0091. 플라톤의 이원론적 세계관의 구도라고 말하기 어려운 것은?

① 보이는 세계와 보이지 않는 세계

② 감각적 경험의 세계와 이성적 초감각의 세계

③ 신앙의 세계와 현상의 세계

④ 현상의 세계와 형상의 세계

[해설·정답] 플라톤은 참다운 지식의 기원과 영역을 감각과 감성이 아니라 이성과 예지계에 둠으로써 감성과 이성, 감성계와 예지계, 즉 보이는 현상적 세계와 보이지 않는 형상적 이데아의 세계라는 이원론을 세우기에 이르렀다. ❸

0092. 플라톤의 '동굴의 비유'에 대해 잘못 설명한 것은?

① 플라톤의 『국가』편에 나온다.

② 동굴 속은 상식적 현상의 세계를, 동굴 밖은 참된 진리의 이데아 세계를 말한다.

③ 인간은 묶여 있는 죄수처럼 무지와 편견으로부터 자유롭지 못하다.

④ 먼저 진리를 발견한 자가 다시 동굴 속으로 들어가 남은 동료들에게 환영을 받는 것은 철학자의 위대함을 보여준다.

[해설·정답] 플라톤의 비유에 따르면 인간은 동굴 속에 갇혀진 죄수로 묘사되는데, 태어날 때부터 다리와 목이 사슬에 묶여 뒤를 돌아볼 수 없이 항상 동굴 벽만을 바라보고 있다. 그리고 이들 뒤 높고 먼 곳에는 횃불이 타면서 그들을 비추고 있어서 스크린 역할을 하는 동굴 벽에 나타난 그림자만을 바라보면서 일생을 살고 있다. 그러므로 이들은 그림자를 만드는 실체를 파악치 못하고 그림자를 진짜 사물로 착각한다. 허상을 실재로 오인하고 자신이 무엇인가를 확실히 알고 있다고 고집을 하면서 착각의 삶을 살고 있다. 그런데 죄수 중 하나가 사슬을 풀고 뒤에 있는 횃불과 동굴 벽에 그림자를 만들게 하는 진짜 사물들을 보게 된다. 이윽고 그는 동굴 입구를 찾아서 동굴 밖으로 나오게 된다. 동굴 밖으로 나온 그는 눈이 부시어 아무것도 볼 수가 없다. 시간이 지남에 따라 차츰 빛에 익숙해진 그는 희미한 실재의 모습들을 보게 되고 이어서 보다 분명하게 실재하는 사물을 본다. 그리고 마지막으로 태양을 봄으로써 태양이 동굴 밖의 모든 존재하는 실재뿐만 아니라 동굴 세계에 존재하는 것들의 궁극적 원인이라는 진리를 알게 된다. 그는 자유인으로서 진리를 깨달은 자로서 동굴 속에 갇혀 있는 동료들에 대한 깊은 연민을 느끼고 동굴 속으로 들어가서 동굴 속의 세계가 참된 세계가 아님을 간절히 설득하지만 그들은 그의 말을 믿으려 하지 않는다. 그에게 돌아온 것은 미움과 멸시밖에 없었다. ❹

0093. 플라톤이 '사물은 이데아에 참여(參與)해 있으며,' '이데아는 사물들 속에 현현(顯現)해 있다'고 표현한 현상과 이데아와의 관계를 설명하는 이론을 무엇이라 하는가?

① 조명설(照明說)　② 분유론(分有論)　③ 상기설(想起說)　④ 가상론(假想論)

[해설·정답] 분유론(分有論)은 초월적 존재로서의 이데아와 경험계 내의 구체적 사물이 어떤 관계에 있는지를 설명해주는 이론으로서 참여와 분유라는 개념으로 설명된다. 즉 사물의 이데아에 대한 관계는 "사물은 이데아에 참여해 있다"고 표현할 수 있고, 이데아의 사물에 대한 관계는 "이데아는

32

사물들 속에 현현해 있다"고 표현할 수 있다. 즉 이데아란 사물의 원형이요 그 본질인 데 반해 사물이란 이데아를 모사한 모방이다. ❷

0094. 플라톤이 말하는 최고의 이데아인 '이데아의 이데아'는?

① 진(眞)　　　② 선(善)　　　③ 미(美)　　　④ 성(聖)

[해설·정답] 이데아들은 각기 본질적인 성질을 지니고 있는 개체이지만 그들은 서로 분리된 채 산재해 있는 것이 아니라 서로 관계를 맺고 있다. 즉 지각될 수 있는 가장 낮은 단계의 구체적인 사물의 이데아로부터 점점 추상적인 것의 이데아에 이르는 일련의 계층을 이루고 있다. 따라서 이데아들의 계층 구조의 최상층에는 모든 이데아들의 이데아가 자리잡게 된다. 이데아들로 구성된 계층의 최상위에 위치하는 이데아 가운데 최고의 이데아인 '이데아의 이데아'인데, 그것이 바로 선(善)의 이데아이다. ❷

0095. 플라톤이 그의 『티마이우스』에서 세계의 기원을 설명할 때 제작자의 의미로 말했던 신의 이름은?

① 데오스(Theos)　　　② 데미우르고스(Demiurgos)

③ 말둑(Marduk)　　　④ 아르테미스(Arthemis)

[해설·정답] 플라톤은 데미우르고스(Demiurgos)라는 신이 선의 이데아를 좇아 혼돈과 무질서의 세계를 질서 있는 세계로 창조했다고 한다. 따라서 데미우르고스는 선재하는 질료와 이데아에 종속되어 창조했다는 점에서 창조자라기보다는 제작자라 할 수 있다. 그래서 중세의 어거스틴이 플라톤의 이원론에 상당한 영향을 받았으나, 세계의 기원에 대해서는 플라톤의 형성설을 부정하고 성경의 진리에 따라 하나님에 의한 '무로부터의 창조'를 주장했다. ❷

0096. 무엇을 아는 것은 새롭게 깨닫거나 발견한 것이 아니며, 교육을 받는다는 것도 후천적 경험을 통해 새로운 지식을 얻는 것이 아니라 본래부터 가지고 있었던 이데아를 다시 기억해 내는 과정이라고 하는 플라톤의 인식론적 견해를 무엇이라 하는가?

① 조명설(照明說)　② 분유론(分有論)　③ 상기설(想起說)　④ 가상론(假想論)

[해설·정답] 플라톤은 우리가 무엇을 안다 함은 현상계에 있는 이데아계의 모형인 사물을 보고서 망각했던 것을 이성이 직관에 의해 다시 기억해 내는 것이라고 했다. 즉 앎은 알아내는 것이 아니라 망각했던 것을 기억해 내서 발견한다는 말이다. 그래서 그는 진리를 '망각'이란 뜻의 '레테'(lethe)의 부정어인 '아레테이아'(aletheia)라고 했다. ❸

0097. 플라톤의 인식론에 관한 설명이 잘못된 것은?

① 현상의 세계는 감각적 경험의 대상이요, 이데아계는 감각에 의해서는 인식되지 않는 이성 인식의 대상이다.

② 일상적으로 보이는 현상에 관한 것을 아는 것이 진지(眞知)가 아니요 보이지 않지만 항구 불변하는 존재인 이데아를 인식하는 것이 참된 앎이다.

③ 감각은 현상에 관한 것이기 때문에 우리를 미망으로 이끌 따름이다.

④ 현상을 통해 아는 것은 새로운 발견이나 깨우침이 아니라 이데아를 상기하여 다

시 기억해 내는 것일 뿐이다.

해설·정답 플라톤의 인식론도 그의 이원론적 구조를 따라 인식의 대상을 현상과 이데아로 구분한다. 즉 이데아는 영구불변의 참다운 것인 반면, 변화하는 구체적 사물들은 참다운 것이 아닌 가변적 현상에 불과하다. 그러므로 변화하는 사물에 대한 인식은 참된 인식이 아닌 억견(臆見), 속견(俗見)인 '독사'(δόξα, doxa)에 불과하고, 이데아에 관한 인식만이 참다운 진지(眞知, ἐπιστήμη, episteme)이다. 그리고 이데아는 감각이 아닌 이성적 사유에 의해 파악할 수 있으므로 참다운 인식은 오직 이성에 의해서만 가능하다. 이는 참된 인식의 영역이 감성계가 아니라 이데아계라는 사실을 말해준다. 주의할 점은 현상계의 불완전한 모형으로서 구체적인 사물은 우리를 진리가 아닌 미망으로 이끄는 부정적인 것만이 아니라 이데아를 상기하도록 이성을 일깨우는 역할을 한다는 점에서 매우 긍정적이다. ❸

0098. 플라톤의 상기설(想起說)에서 말하는 상기는 무엇에 대한 상기인가?

① 이데아　　　　② 천국　　　　③ 유토피아　　　　④ 영혼

해설·정답 플라톤에 따르면 우리의 영혼은 육체라는 감옥에 갇히기 이전에는 본래 천상계에서 이데아들을 모두 파악하고 있었다고 한다. 그런데 영혼이 지상계로 내려올 때, 망각의 강인 레테(lethe)강을 건너면서 이데아에 관한 지식을 모조리 잊어버리고 인간 육체에 갇히게 되었다는 것이다. 따라서 플라톤에게의 '안다'는 것은 전혀 몰랐던 것을 새롭게 아는 것이 아니라 잊어버린 이데아에 관한 기억을 되살리는 것 이외의 다른 것이 아니다. ❶

0099. 플라톤의 상기설에 합치되는 주장은?

① 진리는 발견되는 것이다.　　　　② 진리는 창조되는 것이다.

③ 진리는 되풀이되는 것이다.　　　　④ 진리는 구성되는 것이다.

해설·정답 상기설이란 우리가 무엇을 안다 함은 현상계에 있는 이데아계의 모형인 사물을 보고서 망각했던 것을 이성이 직관에 의해 다시 상기, 즉 기억해 내는 것이라는 것이다. 따라서 상기설에 따르면 진리는 잊혀진 것을 다시 기억해내서 발견하는 것이다. ❶

0100. 다음은 플라톤의 인간에 관한 설명이다. 옳지 않은 것은?

① 인간은 영혼과 육체로 구성되어 있다.

② 영혼이 불생불멸하며 윤회한다는 것은 신화이다.

③ 육체는 영혼의 짐이요, 감옥이요, 무덤이다.

④ 육체는 그림자요, 영혼이 참된 인간이다.

해설·정답 플라톤은 영혼이 참으로 존재하며 불생불멸하며 윤회한다는 주장이 신화처럼 들릴지 모르지만 그것은 분명한 사실이요 진리라고 주장했다. ❷

0101. 플라톤이 말한 국가의 계층 가운데 상인이나 서민과 같은 생산자 계급의 덕은 무엇인가?

① 지혜　　　　② 용기　　　　③ 절제　　　　④ 정의

해설·정답 플라톤은 영혼을 이성(理性), 기개(氣槪), 욕망(慾望)의 셋으로 나누고 그것을 각각 머리,

가슴, 배에 해당한다고 하면서 각각 지혜, 용기, 절제가 덕이라고 했다. 플라톤은 인간의 영혼을 셋으로 구분한 것처럼 국가를 이루는 시민계급도 셋으로 구분했다. 인간의 이성적 영혼에는 철학적으로 교육받은 통치자의 계급이 대응되고, 기개에는 국가를 수호하는 무사 계급이, 감각적이고 쾌락적인 욕망에는 농부와 상인의 생산자 계급이 대응하며 그들의 덕도 마찬가지로 대응한다. ❸

0102. 영혼불멸과 관계가 없는 사람은?

① 피타고라스   ② 소크라테스   ③ 플라톤   ④ 어거스틴

[해설·정답] 플라톤의 영혼불멸설은 피타고라스에게 받은 영향이다. ❷

0103. 국가를 통치하는 지배자들에 관한 플라톤의 정치철학은?

① 민주정치론   ② 철인통치론   ③ 카리스마론   ④ 여론정치론

[해설·정답] 플라톤 철학의 궁극 목표는 선과 정의의 이데아를 국가 안에서 실현하여 선과 행복을 획득하는 데에 있다. 그러나 이데아를 아는 사람만이 이데아를 실현할 수 있으므로 국가에 헌법을 부여하고 국가를 바르게 지배할 수 있는 사람은 지혜와 진리를 사랑하는 철학자들뿐이다. 그래서 "옳은 국가의 구성은 철학이 해야 할 과제이며 그 국가의 지배자는 반드시 철학자여야 한다"는 그의 철인통치론의 근본 명제가 성립한다. ❷

0104. 플라톤이 말하는 이상적인 인간과 국가가 가져야 할 덕은 무엇인가?

① 지혜   ② 용기   ③ 절제   ④ 정의

[해설·정답] 플라톤이 말하는 정의는 각자가 스스로의 것을 가지고 스스로의 의무를 다하는 것이다. 따라서 정의로운 인간이란 이성의 덕인 지혜, 기개의 덕인 용기, 욕망의 덕인 절제가 잘 가장 조화된 인간을 말하며, 정의로운 국가란 통치자인 지배 계급은 지혜로운 이성적인 인간들, 무사인 방위 계급은 용기 있는 기개적 인간들, 생산자인 영양 계급은 욕정적 노동자들로 구성되어 이 세 계급이 자기의 의무를 다하고 각각 지혜, 용기, 절제를 덕으로 삼아 서로가 잘 조화를 이룬 국가를 말한다. 결국 이상인간과 이상국가는 모두 정의를 그 덕으로 한다. ❹

0105. 한 인간에게는 내적 세계의 영혼이, 국가에 있어서는 각 계급이 잘 조화를 이루어 질서를 이룬 상태를 플라톤은 무엇이라고 하는가?

① 지혜   ② 용기   ③ 절제   ④ 정의

[해설·정답] 이성, 기개, 욕망의 영혼을 가진 인간이나, 지배계급, 무사계급, 생산계급으로 이루어진 국가 모두가 각각의 덕인 지혜, 용기, 절제에 의해 잘 조화된 상태를 정의라고 한다. ❹

0106. 플라톤의 4주덕 중 가장 종합적인 덕이라고 할 수 있는 것은?

① 지혜   ② 용기   ③ 절제   ④ 정의

[해설·정답] 지혜, 용기, 절제, 정의의 플라톤의 4주덕 가운데 정의는 한 인간이나 국가에 있어서 이성, 기개, 욕망 또는 지배계급, 무사계급, 생산계급이 각각 그들의 덕인 지혜와 용기와 절제를 조화롭게 이룬 상태를 말한다. 그런 점에서 정의는 지혜, 용기, 절제가 종합된 상태라고 말할 수 있다. ❹

0107. 다음 중 플라톤이 주장한 윤리사상은 어느 것인가?

① 이성의 기능을 지속적이고 습관적으로 발휘하는 덕의 본질은 중용이다.

② 인간 삶이 추구해야 할 최고선은 행복이다.

③ 인간 본성이 인간 및 자연 전체의 조화로서의 총체적 우주 질서에 참여하고 합일하는 것이 도덕적 선이다.

④ 인간은 신의 형상대로 창조되었으므로 신의 말씀에 따라 도덕적으로 행위해야 한다.

[해설·정답] ①과 ②는 아리스토텔레스의 윤리적 입장이고, ④는 중세적 윤리사상이다. 플라톤의 윤리학은 그의 이상인간론과 깊은 관련을 맺고 있다. ❸

0108. 다음은 플라톤의 국가철학에 대한 설명이다. 옳지 않은 것은?

① 국가의 지배자는 반드시 지혜를 사랑하는 철학자여야 한다는 철인통치론을 주장했다.

② 국가를 이루는 계급도 인간의 영혼을 이루는 요소처럼 셋으로 구분했다.

③ 영혼에 있어 이성, 기개, 욕망은 각각 국가의 지배계급, 방위계급, 생산계급에 대응된다.

④ 지혜를 덕으로 하는 철학자에 의한 철저한 민주정치가 실현되어야 한다고 주장했다.

[해설·정답] 철인들에 의한 통치를 주장하는 플라톤의 국가는 다수의 의견에 따르는 민주주의가 아니라 본질적으로 지식인들에 의해 통치되는 귀족국가라 할 수 있다. 그는 통치자에게는 단순한 박애 정신이나 약삭빠른 통치술이 아니라 선에 대한 지식과 대중 교육에 통치술을 적용하는 자질이 필요하다고 보고 통치자의 양육에 관심이 많았다. 그에 따르면 생산 계급은 사유 재산과 가정을 소유하는 것이 허락되었지만 통치자와 방위 계급은 모두를 포기해야만 했고, 위대한 업적을 달성할 수 있는 귀족을 산출하기 위해 그들의 자녀들은 국가의 감독 아래 건강한 남녀에게서 출생하도록 해야 함은 물론이고 국가 기구에 의해 공동적으로 길러져야 한다. 더구나 그는 자신의 마지막 작품인 「법률」에서는 부인과 아이들의 공유, 사유재산의 폐지, 철학자의 통치를 주장하는 급진적인 제안들을 내놓기도 했다. 사유재산을 인정하지 않으려고 했던 이유는 지배자의 부정부패를 방지하기 위해서였다. ❹

0109. 플라톤과 아리스토텔레스의 사상을 잘못 비교한 것은?

① 아리스토텔레스는 이데아계만이 실재하며 그것이 감각과 분리되어 있다는 플라톤의 이원론에 반대했다.

② 아리스토텔레스는 플라톤의 초월적 세계를 현실적 경험의 세계 안으로 내재화시켜 플라톤의 초월성을 현실화시켰다.

③ 플라톤은 논리학에서 나타나는 논리적 탐구를 중요시한 데 반해서, 아리스토텔레스는 자연세계에 대한 수학적 탐구를 중시하였다.

④ 플라톤은 감각계의 어떤 것도 실재적인 것으로 인정하려 하지 않았으나, 아리스토텔레스는 감성적 현상 세계 밖의 어떠한 실재도 인정치 않고 감각계가 진정한 탐구의 대상이요 실재라고 했다.

[해설·정답] 아리스토텔레스의 철학은 플라톤의 이원론적 세계관에 대한 반동에서 시작된다. 즉 감각계의 어떤 것도 실재적인 것으로 인정하려 하지 않고 이데아계만을 실재로 인정하며 그것을 감각

과 분리되어 있다고 주장한 플라톤의 이원론에 반대하여 아리스토텔레스는 감성적 현상 세계 밖의 어떠한 실재도 인정치 않고 감각계가 진정한 탐구의 대상이요 실재라고 주장했다. 다시 말하면 아리스토텔레스는 플라톤의 초월적 세계를 현실적 경험의 세계 안으로 내재화시켜 플라톤의 초월성을 현실화시켰던 것이다. 플라톤은 보편적이고 불변하는 사물의 본질을 파악하기 위해서는 수학적 훈련이 필요하다고 하여 그가 세운 아카데미 정문에 "수학(기하학)을 모르는 사람은 들어오지 말라"고 경고하기도 했다. 반면에 아리스토텔레스는 올바른 사유를 하기 위해서 논리학이 필수적이라고 하면서 자연세계에 대한 경험적 탐구를 중시했다. ❸

0110. 아리스토텔레스에 관한 설명이 잘못된 것은?

① 그의 철학의 출발은 플라톤의 이원론을 극복하여 일원화하려는 것이었다.

② 경험적 탐구를 중시하는 상식 옹호적 사상으로 현상에 더 의의를 두었다.

③ 올바른 사유 활동을 위해 수학을 중시했다.

④ 만물은 존재의 참된 궁극적 원인을 향해 변화, 발전해 간다는 발전적이고 목적론적인 세계관을 가지고 있었다.

[해설·정답] 아리스토텔레스는 플라톤과는 달리 인간의 경험을 가능하게 하는 감성 능력을 떠나서 올바른 인식이 가능하지 않다고 보았다. 그리고 감성 자체는 결코 기만적이 아니며 모든 오류는 우리의 사유가 감각을 통하여 전달되는 자료를 잘못 결합하거나 관계시켜 처리함으로써 발생한다고 생각했다. 그래서 아리스토텔레스는 올바른 사유를 하기 위해서는 논리학이 필수적이라고 했다. 실제로 아리스토텔레스는 분석론이라고 번역되는 『아날리티카』(Analytika)라는 독립된 학문을 만들었다. ❸

0111. 다음 중 아리스토텔레스에 대한 설명으로 옳지 않은 것은?

① 인간의 덕을, 진리를 인식하는 지성적인 덕과 정욕을 억제하는 품성적인 덕으로 나누었다.

② 행복한 삶이란 이성에 알맞은 덕스러운 활동이라고 보았다.

③ 알면 착하고 덕스러운 행동을 한다고 보는 주지주의적 입장을 강조했다.

④ 덕이란 자신의 기능을 탁월하게 수행하여 자신을 실현하는 것으로 보았다.

[해설·정답] 소크라테스와 플라톤은 행동의 근원적 원리로 지식을 강조하지만, 아리스토텔레스는 지식 이외에도 선한 행위를 실천하려는 선의지가 필요하다는 주의주의적 입장을 취했다. ❸

0112. 아리스토텔레스가 플라톤의 이원적인 사상을 극복하려고 했으면서도 동의하고 수용했던 플라톤 철학의 내용은?

① 초월성을 인정한 점   ② 존재의 근거로서의 형상을 인정한 점

③ 논리학을 중시한 점   ④ 현실적이라기보다는 이념적이었던 점

[해설·정답] 아리스토텔레스는 이데아계가 감각과 분리되어 전혀 다른 차원의 세계에 외재한다고 하는 플라톤의 이원론에 대해 강하게 반발했지만, 플라톤이 말한 이데아와 같은 존재의 근거는 인정했다. 아리스토텔레스의 형이상학에서 형상이라는 개념은 그것을 잘 말해준다. ❷

0113. 아리스토텔레스가 분류한 학문의 종류가 아닌 것은?

① 이론철학　　　② 실천철학　　　③ 시적인 철학　　④ 응용철학

[해설·정답] 아리스토텔레스는 학문을 크게 3가지로 구분했다. 첫째는 자연학, 수학, 제일철학(형이상학 또는 신학)과 같은 이론적인 철학이요, 둘째는 정치학, 윤리학과 같은 실천적인 철학이고, 셋째는 시적인 철학이다. ❹

0114. 아리스토텔레스가 올바른 사유를 하기 위해 전제하는 세 가지의 궁극적 요소에 해당되지 않은 것은?

① 개념　　　　② 판단　　　　③ 정의　　　　④ 추리

[해설·정답] 아리스토텔레스의 논리학은 인간의 사고와 언어를 분석하되 심리학에서처럼 사유과정이 실제적으로 어떻게 전개되는지를 묻지 않는다. 그는 우리의 정신도 일정한 구조를 가지고 있고 여러 가지 요소들과 기본적인 기능들로 이루어져 있어서 연구되고 기술될 수 있다고 생각하였으며, 그 궁극적인 요소로 개념(槪念), 판단(判斷), 추리(推理)를 들고 이것들을 기술하고 분류했다. ❸

0115. 판단을 종합하여 하나의 판단을 그보다 더 보편적인 판단에 예속시킴으로써 거기서 새로운 진리를 끄집어내는 연역적 방법을 통해 결론을 도출하는 추리 방식을 무엇이라고 하는가?

① 연역논법　　② 삼단논법　　③ 변증법　　　④ 귀납논법

[해설·정답] 아리스토텔레스는 여러 개의 판단들을 연결하여 사물이나 상황에 대해 갖는 사유 활동을 추리라고 하고 우리의 사유 활동으로서의 추리는 일정한 사유의 원리에 의해 가능하다고 생각했다. 그리고 그러한 전제하에 판단의 유형들을 자세히 구별했을 뿐만 아니라 판단을 종합하여 결론을 도출하는 추리 방식을 삼단논법이라고 했다. ❷

0116. 아리스토텔레스의 논리학에서 한 대상의 공통적 특성을 밝히거나 개별적 특성을 분리해 내서 類(류)와 종차(種差)를 지적함으로써 한 대상의 본질을 드러내는 것을 무엇이라 하는가?

① 개념　　　　② 판단　　　　③ 정의　　　　④ 추리

[해설·정답] 아리스토텔레스에 따르면 "한 가지 명제를 구성하고 있는 구성 요소들, 즉 명제의 대상[主辭]과 명제가 언표하는 것[賓辭]"을 개념이라고 하는데, 개념은 그것에 대한 분명한 정의에 의해서 가능하다. 정의란 올바로 형성된 개념, 즉 본질을 드러내는 말로서 정의를 내린다는 것은 한 대상의 공통적 특성을 밝히거나 또는 개별적 특성을 분리해 내는 일이다. 그것은 類(류)와 종차(種差)를 지적함으로써 가능하다. ❸

0117. 아리스토텔레스가 열거한 10개의 범주에 들지 않은 것은?

① 실체　　　　② 성질　　　　③ 관계　　　　④ 모양

[해설·정답] 아리스토텔레스가 정리한 10범주는 실체, 양, 성질, 관계, 장소, 시간, 위치, 상태, 능동, 수동 등이다. ❹

0118. 아리스토텔레스의 10 범주 중에서 다른 것의 술어가 될 수 없고 독립적으로 존재하는 최고의 범주는 무엇인가?

① 실체　　　　② 성질　　　　③ 관계　　　　④ 상태

해설·정답 아리스토텔레스는 열 가지 범주에 대해서 모두 동일한 가치를 부여하지는 않았다. 처음 네 가지 범주인 실체, 양, 성질, 관계에 중요성을 두었고, 그 중에서 우시아(ousia), 즉 실체를 가장 중시하여 나머지 9가지의 범주들과 구분했다. 그에 따르면 실체는 다른 것의 술어가 될 수 없고 독립적으로 존재한다는 데에 그 본질적 특성이 있다. 즉 실체를 포섭하는 유 개념은 있을 수 없으며, 실체를 제외한 성질, 관계 등은 개체에 의존해서 존재하며 모든 것은 실체라는 개념 속에 포섭되므로 실체는 최고의 범주이다. ❶

0119. 아리스토텔레스가 제시한 범주들의 목록이 아닌 것은?

① 실체　　　　② 심상　　　　③ 관계　　　　④ 시간

해설·정답 아리스토텔레스가 정리한 범주는 실체, 양, 성질, 관계, 장소, 시간, 위치, 상태, 능동, 수동 등의 10개이다. 그는 이들 열 가지 범주에 대해서 모두 동일한 가치를 부여하지는 않았다. 처음 네 가지 범주인 실체, 양, 성질, 관계에 중요성을 두었고, 그 중에서 우시아(οὐσία, ousia), 즉 실체를 가장 중시하여 나머지 9가지의 범주들과 구분했다. ❷

0120. 아리스토텔레스가 그의 형이상학을 위해 기본적으로 강조했던 학문은?

① 윤리학　　　　② 신학　　　　③ 논리학　　　　④ 수학

해설·정답 아리스토텔레스의 논리학은 항상 존재에 관련되어 있다. 개념은 본질을 밝혀내는 것이고, 판단은 사태를 묘사하는 것이고, 추리는 존재의 기초를 공고히 하는 것이다. 그런 점에서 그의 논리학은 존재론의 기초라고 할 수 있다. 그래서 아리스토텔레스는 형이상학의 기초로서 논리학을 강조했다. ❸

0121. 아리스토텔레스의 학문 분류에 있어서 이론철학에 보조적인 역할을 하는 예비철학이란 무엇을 가리키는가?

① 윤리학　　　　② 신학　　　　③ 논리학　　　　④ 수학

해설·정답 아리스토텔레스는 자연학, 수학, 제일철학(형이상학 또는 신학)과 같은 이론적인 철학을 위해서는 논리학이란 예비철학이 필수적이라고 했다. ❸

0122. 아리스토텔레스의 제일철학에 대한 설명으로 옳지 않은 것은?

① 존재자들을 존재자 되게 하는 가장 보편적인 존재를 다룬다.
② 학문들의 바탕과 근거인 제일원리와 제일원인을 찾아간다.
③ 존재와 존재의 원리들과 원인들에 관한 연구이다.
④ 존재의 개별적인 분야를 연구한다.

해설·정답 형이상학은 존재의 개별적인 분야를 연구하는 학문이 아니고 존재 자체와 이것에 본질적으로 속해 있는 모든 것을 고찰하는 학문이다. ❹

0123. 아리스토텔레스의 형이상학에 대한 설명으로 옳지 않은 것은?

① 존재의 개별적인 분야를 구체적으로 연구하는 학문이다.

② 모든 학문들의 주제를 넘어서서 그들의 바탕과 근거가 되는 제일원리와 제일원인을 찾아가는 제일철학이다.

③ 제일 첫 번째 것과 원인에 관한 학문이다.

④ 움직여지지 않으며 스스로 존재하는 신에 관한 학문이다.

[해설·정답] 형이상학은 존재의 개별적인 분야를 연구하는 학문이 아니고 존재자들을 존재자 되게 하는 가장 보편적인 존재를 고찰하는 학문이다. ❶

0124. 아리스토텔레스에 의해 조직화된 것으로 존재, 그리고 존재의 원리들과 원인들에 관한 연구로서 존재론이요, 제일철학이요, 신학이라고 말할 수 있는 학문은?

① 형이상학　　　② 윤리학　　　③ 시학　　　④ 정치학

[해설·정답] 아리스토텔레스는 『메타피지카』 4권 1장에서 "존재 자체와 이것에 본질적으로 속해 있는 모든 것을 고찰하는 학문이다"라고 정의했다. 또 1권 2장에서는 "제일 첫 번째 것과 원인에 관한 학문"이라고 말했다. 그리고 제일철학은 "움직여지지 않으며 스스로 존재하는 자, 즉 신에 관한 학문"이라고 말했다. ❶

0125. 아리스토텔레스 형이상학의 주요 주제가 아닌 것은?

① 특수자와 보편자　② 형상과 질료　　③ 신과 피조물　　④ 운동자와 피동자

[해설·정답] 아리스토텔레스의 형이상학은 여러 원리들로 존재를 해명하는 일반적인 형이상학과 그것의 세 가지의 주된 문제, 즉 영혼, 세계, 신에 관한 특수 형이상학으로 구성되어 있는데, 그의 형이상학의 주제는 모두 플라톤의 이원론적 세계관에 대한 반동이라 할 수 있다. ❸

0126. 아리스토텔레스가 현상 세계의 변화를 설명하기 위해 내세운 개념은?

① 현상과 질료　　② 형상과 질료　　③ 신과 질료　　④ 현상과 이데아

[해설·정답] 아리스토텔레스는 개별적 사물들의 변화를 설명하기 위해 형상(形相)과 질료(質料)의 개념들을 도입하고, 존재하는 모든 개물적 실체는 형상과 질료에 의하여 이루어졌다고 하여 그 두 요소로 생성 변화의 문제를 설명했다. ❷

0127. 아리스토텔레스가 말한 에이도스(edios)란 무엇인가?

① 잠재적 가능태　　② 질료　　　③ 영혼　　　④ 형상

[해설·정답] 아리스토텔레스가 스승인 플라톤으로부터 물려받은 가장 핵심적인 개념이 형상(形相)으로 번역되는 에이도스(eidos)이다. 그러나 아리스토텔레스는 그것을 플라톤과는 전혀 다른 방식으로 사용했다. 아리스토텔레스에게는 형상이 사물에 내재하며 사물이 자신을 나타내는 원인이며 사물에 모습을 주는 것이다. 즉 개념이자 사물이며 현실적이며 이념적인 원인이다. ❹

0128. 아리스토텔레스가 가능태와 현실태라는 개념을 끌어들여 자신의 형이상학 체계를 구축하게 된 이유로서 가장 타당한 것은?

① 자신의 목적론적인 형이상학 체계의 미비점을 보완하기 위해

② 생성하는 존재 세계의 변화와 운동을 효과적으로 설명하기 위해

③ 존재와 무 사이의 중간적 존재라는 개념은 논리적 모순이라서

④ 가능적 존재가 현실화되지 않고 가능한 채로 남아 있어야 세계의 존재 연관이 설명되기 때문에

[해설·정답] 아리스토텔레스는 구체적 경험 세계를 유일한 실재 세계로 인정함으로써 경험 세계에서 일어나는 변화의 문제를 효과적으로 설명하지 않을 수 없었으며 이를 위해 형상(形相)과 질료(質料)의 개념들을 도입했다. ❷

0129. 아리스토텔레스의 질료를 의미하는 것은 다음 중 어느 것인가?

① 운동의 궁극 원인　　② 잠재적 가능태

③ 형상적 완성태　　④ 사물의 규정적 요소

[해설·정답] 형상(eidos)은 만물에 그것이 존재하는 이유와 형식을 주는 것으로서 개체로 하여금 바로 그러한 개체가 되게 하는 원리로서 개물의 개념이며 본질일 뿐만 아니라 개물의 목적을 실현하는 궁극 목적이요 힘이다. 질료(hyle)는 그것으로써 개별물이 만들어진 물질적인 재료인 소재를 의미한다. 질료는 그 자체가 생성되지는 않지만 질료가 형상을 받아들일 때 생성의 목적이 도달된다. 그리고 질료는 생성시킬 수 있는 능력을 잠재적으로 가지고 있다는 점에서 가능적이고 잠재적이다. 따라서 질료는 가능태 또는 잠재태라고 말할 수 있다. 반면에 형상은 질료와 결합하여 그 사물을 현실적으로 실재하게 한다는 점에서 현실태(energeia)라고 말할 수 있다. ❷

0130. 아리스토텔레스의 형이상학에 관해 잘못 설명한 것은?

① 존재하는 사물의 실재나 보편적 원리는 개별 사물 안에 있다.

② 유일한 실재 세계는 경험계이며, 모든 사물은 형상과 질료의 복합체이다.

③ 질료는 형상과 결합하여 한 사물을 이루게 하는 무규정적 재료이다.

④ 형상은 질료로 하여금 구체적 개별자가 되게 하는 규정적 요소로서 참된 실체이다.

[해설·정답] 아리스토텔레스는 개물 속에 들어 있는 보편자를 본질이라고 하고, 본질을 자기 속에서 실현하면서 존재하는 구체적 개별자를 실체라고 했다. 즉 실체란 질료만도 형상만도 아니며 질료와 형상이 결합된 현실적 개체를 의미한다. ❹

0131. 현실의 세계는 질료(質料)가 형상(形相)과 부단히 결합하면서 생성, 발전, 진화한다고 생각한 철학자는?

① 소크라테스　　② 플라톤　　③ 아리스토텔레스　　④ 플로티노스

[해설·정답] 아리스토텔레스에 따르면 세계 내에 질료를 가진 모든 것은 형상과의 결합이라는 과정을 따르는데 이것이 바로 변화요 운동이다. 질료가 일정한 형상을 취하여 하나의 개별자로 되는 것이 운동이라는 말이다. 즉 운동이란 가능태의 현실화이다. 자연계의 운동 역시 질료가 형상을 향하는 운동으로서 우주의 생성 변화란 질료에서 형상으로 옮겨가는 과정을 의미한다. 그런 점에

서 아리스토텔레스는 진화론적이고 목적론적인 자연관을 가지고 있는 셈이다. ❸

0132. 아리스토텔레스의 신(theos)에 대한 설명이 잘못된 것은?

① 더 이상 다른 어떤 것의 형상이 되지 않는 완전태인 순수질료이다.

② 존재하는 모든 것의 궁극적 목적이요 변화하는 모든 생성 세계의 궁극적 원인이다.

③ 질료가 전혀 섞이지 않아 변화나 운동이 없는 완전한 현실태이다.

④ 자신은 운동하지 않으나 만물을 움직이게 하는 최초의 부동의 원동자이다.

[해설·정답] 어떠한 가능태도 갖지 않는 순수한 현실태로서의 최고 존재요 순수형상인 부동(不動)의 원동자(原動者)로서의 신(theos)은 순수형상 또는 제일형상이다. 반면에 형상이 전혀 섞이지 않은 하극의 질료로서 혼돈(chaos)과 같은 무규정적인 존재를 순수질료, 제일질료라 한다. ❶

0133. 아리스토텔레스의 철학에서 동일한 의미라고 할 수 없는 것은?

① 제일형상　　　② 순수질료　　　③ 부동의 원동자　　④ 신

[해설·정답] 아리스토텔레스의 형이상학에 의하면 신은 다른 것에 의해 움직여지지 않으면서 다른 모든 것들을 움직이게 하는 '부동의 원동자'(unmoved mover)로서 모든 존재가 질료에서 형상으로 되어 가는 과정의 맨 마지막 단계인 최후의 제일형상이다. ❷

0134. 아리스토텔레스의 운동의 개념으로 부적절한 것은?

① 질료가 형상과 결합하는 과정

② 질료가 형상을 취하여 일정한 개별자로 되는 것

③ 가능태가 현실화하는 것

④ 어떤 사물이 장소를 옮기는 것

[해설·정답] 아리스토텔레스는 형상과 질료의 관계로부터 운동이라는 개념을 끌어낸다. 세계 내에 질료를 가진 모든 것은 형상과의 결합이라는 과정을 따르는데 이것이 바로 변화요 운동이다. 질료가 일정한 형상을 취하여 하나의 개별자로 되는 것이 운동이라는 말이다. 즉 운동이란 가능태의 현실화이다. 자연계의 운동 역시 질료가 형상을 향하는 것으로서 우주의 생성 변화도 질료에서 형상으로 옮겨가는 과정이다. ❹

0135. 아리스토텔레스가 제시한 운동의 원인에 들지 않은 것은?

① 신의 의지　　　② 질료　　　　③ 형상　　　　④ 목적

[해설·정답] 아리스토텔레스는 『자연학』 3권 1장에서 "운동이란 가능태로서의 존재가 자체를 현실화하는 것이다"라고 말하고, 그 운동 원인으로서 네 가지를 들었다. 어떤 사물을 무엇인가로 결정해 주는 형상인, 사물을 구성하게 하는 질료인, 사물을 만들어 주는 작용인(동력인), 사물이 만들어진 목적인이 그것이다. ❶

0136. 조각가의 머리 속에 만들고자 하는 어떤 동상의 구상이 있다면, 그것은 아리스토텔레

스의 운동인 가운데에 무엇에 해당하는가?

① 형상인(形相因)　② 질료인(質料因)　③ 동력인(動力因)　④ 목적인(目的因)

[해설·정답] 동상을 예로 들면 재료인 동은 질료인이요, 조각가 머리 속의 구상은 형상인이고, 조각가의 손과 도구가 작용인(동력인)이며, 동상을 만든 목적이 목적인이다. 또 통나무집을 예로 든다면, 질료인은 목재요, 형상인은 집의 설계요, 작용인은 건축가요, 목적인은 완성된 통나무집이다. ❶

0137. 아리스토텔레스의 4가지 운동 원인은 궁극적으로 무엇으로 환원되는가?

① 질료인과 형상인　　　　② 형상인과 목적인
③ 목적인과 동력인　　　　④ 동력인과 질료인

[해설·정답] 질료의 동력인은 결국 형상이라 할 수 있고, 목적 역시 형상 안에 포함되어 있어서 완성된 사물로서의 현실태 속에는 동력인과 목적인이 다 들어 있기 때문에 결국은 네 가지의 운동 원인이 질료인과 형상인 두 가지로 환원되어 설명된다. ❶

0138. "존재하는 모든 것은 어떤 목적을 가지고 있으며, 그 목적의 실현은 그 존재의 이상이다"는 목적론적 세계관을 가진 철학자는?

① 소크라테스　　② 플라톤　　③ 아리스토텔레스　④ 플로티노스

[해설·정답] 아리스토텔레스는 운동을 가능태의 현실화라는 일반적인 변화로 이해하지만, 자연의 과정을 단순히 물리적인 활동으로만 생각하지 않고 오히려 일정한 목적을 지향하는 활동으로 간주했다. 모든 생성의 목적과 목표는 가능태의 현실태로의 발전, 즉 질료에 대한 형상의 결합이라는 뜻이다. 그래서 그는 "자연은 목적 없이 어떤 것도 하지 않는다," "그것은 모든 것을 가능한 한 아름답게 만든다"고 말했다. 다시 말해 그는 자연의 합목적성을 자연 자체에 내재한 목적론적인 활동으로 보았다. ❸

0139. 아리스토텔레스가 말한 행위의 궁극적인 목적이자 삶의 궁극적인 목적은?

① 구원　　　　② 행복　　　　③ 사랑　　　　④ 축재

[해설·정답] 아리스토텔레스에 따르면 인생의 궁극 목적은 다른 무엇의 수단이 될 수 없다는 의미에서 자기 목적성을 가져야 하며 그 이상의 아무것도 보탤 필요가 없다는 뜻에서의 자족성을 갖추어야 하는데, 그런 성격을 갖춘 것이 행복(eudaemonia)이라고 했다. ❷

0140. 아리스토텔레스가 말하는 행복이란 구체적으로 무엇인가?

① 쾌락　　　　② 명예　　　　③ 재산　　　　④ 이성의 기능발휘

[해설·정답] 아리스토텔레스는 사유를 본질로 삼는 이성의 기능을 유감없이 잘 발휘함이 인간으로서의 좋은 삶이요 그것이 곧 인간의 행복이며 궁극 목적이라고 한다. 즉 행복이란 인간이 지니고 있는 자신의 고유한 기능을 유감없이 발휘하는 것이다. ❹

0141. 아리스토텔레스에서 이성적 생활을 통해 얻게 되는 습관적인 덕은?

① 구원　　　　② 행복　　　　③ 중용　　　　④ 이성

[해설·정답] 아리스토텔레스는 이성의 일시적인 발휘로 행복하게 되는 것이 아니라 일생을 통해 이성이 한결같이 발휘될 때 비로소 행복이 실현된다고 강조한다. 그리고 이성이 한결같이 발휘되기 위해서는 그렇게 하는 경향이나 습성이 필요한데, 이러한 습관적인 실천적인 덕(德)을 중용(中庸)이라 했다. ❸

0142. 아리스토텔레스의 행복에 대한 설명으로 가장 적절한 것은?
① 인간의 본질적 기능, 즉 이성적 기능을 잘 발휘하는 것
② 인간이 성취해야 할 궁극적인 실체적 실재
③ 부동심
④ 도덕법칙의 준수에 따른 보상과 상관없는 도덕적 자기만족감

[해설·정답] 아리스토텔레스는 '행복하다' 함은 '잘 산다' 함이요, '잘 산다' 함은 '잘한다'는 뜻이라고 한다. 각 순간에 있어서 행동을 잘 하면 그것이 합하여 좋은 삶을 형성할 것이요, 유감 없이 잘 살면 그것이 곧 행복이라는 말이다. 여기서 잘한다 함은 행위자가 자기의 기능을 잘 발휘함을 가리킨다. 그러나 각자는 그 처지와 직책을 따라 기능이 다르므로 인간으로서 잘 살기 위해서는 어떤 특수한 기술을 잘 발휘하기보다는 인간으로서의 기능을 잘 발휘해야 하며 거기에 인간으로서의 행복이 있다고 한다. ❶

0143. 아리스토텔레스가 말한 인간의 목적이라고 할 수 없는 것은?
① 중용의 실현   ② 이상인간 실현   ③ 이성적 자아실현 ④ 이성의 기능발휘

[해설·정답] 아리스토텔레스는 이성적인 자아, 곧, 인간의 보편적 이성의 기능을 발휘하는 것이 바로 행복이라고 했다. 그리고 그것은 이성에 따르는 실천인 덕인 중용을 지켜 행함으로써 가능하다고 한다. 이상인간을 실현하는 것은 플라톤이 말하는 인간의 목적이다. ❷

0144. 아리스토텔레스의 '덕'에 대한 설명 중 가장 올바른 것은?
① 이성 기능의 지속적이고도 습관적인 발휘 능력
② 우주와 인간 행위 일반을 지배하는 초월적 원리
③ 영혼의 조화를 통한 우주와의 합일
④ 양극단을 피하는 타협의 태도

[해설·정답] 중용은 양적인 측면에서의 중간적, 회색적 태도를 의미하는 것이 아니라 선의 극대적 실현을 가져다주는 행위원리의 질적인 극대점을 간취하고 그에 따르는 덕목이다. ❶

0145. 아리스토텔레스의 사상이라 할 수 없는 것은?
① 행복주의적   ② 이원론적   ③ 진화론적   ④ 목적론적

[해설·정답] 아리스토텔레스 형이상학의 특징은 진화론적이고 목적론적이며, 그의 윤리학은 행복주의적 요소가 매우 강하게 나타나 있다. 플라톤의 이원론을 완전히 극복하지는 못했지만 그의 철학을 이원론적이라고 말할 수는 없다. ❷

0146. 인간을 정치적 동물로 규정한 아리스토텔레스가 분류한 국가의 정체에 해당하지 않은 것은?

① 군주정　　　　② 입헌정　　　　③ 민주정　　　　④ 귀족정

[해설·정답] 아리스토텔레스는 군주정, 귀족정, 민주정을 제시했다. ❷

0147. 아리스토텔레스가 나쁜 정체(政體)라고 한 국가형태가 아닌 것은?

① 군주제　　　　② 폭군제　　　　③ 과두제　　　　④ 민주제

[해설·정답] 아리스토텔레스는 통치가 백성들을 위해 행해질 때는 좋은 정체, 통치자를 위해 행해질 때는 악한 정체라고 했다. 그리고 통치자의 수를 중심으로 하여 국가의 형태를 구분했는데, 군주제는 1인 지배체제, 귀족주의는 소수 지배체제, 민주주의는 다수 지배체제로 보았다. ❶

0148. 인간을 사회적 동물로 규정하고, 사회 공동체 안에서의 행복을 강조한 사람은?

① 아리스토텔레스　② 소크라테스　　③ 플라톤　　　④ 스토아

[해설·정답] 아리스토텔레스는 "인간은 정치적 동물이다," "인간은 사회적 동물이다"고 하여 사회 공동체에서의 행복을 강조했다. ❶

0149. 아리스토텔레스의 정치학과 국가론에 대한 설명으로 옳지 않은 것은?

① "인간은 정치적 동물이다."

② 정치체제는 통치자가 누구를 위한 통치를 하느냐에 따라 달라진다.

③ 가장 이상적인 국가의 형태는 귀족정이다.

④ 국가는 국민들로 하여금 행복하고 아름다운 생활을 하도록 하는 것이 목적이다.

[해설·정답] 아리스토텔레스는 가장 좋은 이상적인 정체(政體)는 왕정이지만 현실적으로 불가능하다고 했다. ❸

0150. 소크라테스, 플라톤, 아리스토텔레스로 이어지는 그리스의 3대 철학자들의 공통적인 사상이라고 할 수 있는 것은?

① 이상주의보다 현실주의적이었다.

② 주지주의와 주의주의의 혼합적 형태를 보였다.

③ 이성적, 합리적 정신에 근거하여 최고선을 실현함으로써 행복을 추구하고 이성적인 자아를 실현하려고 했다.

④ 종교에 대해서는 부정적인 입장을 취했다.

[해설·정답] 플라톤과 아리스토텔레스는 이상주의적이고 현실주의적이라는 점에서 서로 다르지만 세 사람 모두 윤리적 행동의 문제에서는 주지적 경향이 강하게 드러난다. 그러나 이들은 종교에 대해 부정적인 입장을 취하지는 않았다. 고대 그리스철학의 전통은 이성적, 합리적 정신의 근거하여 최고선을 실현함으로써 행복을 추구하고 이성적인 자아를 실현하려고 했다는 점이다. ❸

0151. 헬레니즘 시대의 철학과 부합되지 않은 것은?

① 실용적이고, 실천적인 경향을 띠었다.

② 이전 시대보다는 훨씬 더 이론적, 체계적이었다.

③ 도덕적이거나 종교적인 문제들이 중심을 이루었다.

④ 철학은 생활에 관한 기술로 정의되었다.

[해설·정답] 알렉산더 대왕의 동방 원정으로 정치적 자립을 잃고 몰락한 그리스는 세계에 대한 자유롭고 순수한 학문적 탐구의 열의와 의욕이 사라지고 망국의 비운이라는 비극적 현실로부터 도피처를 제공하는 일에 철학의 가치를 두었다. 그리하여 헬레니즘 시대에는 이론철학에 만족하지 않고 오히려 현실적이고 실천적인 철학을 추구하였으며 개인주의적이고 현실주의적 실천 사상이 팽배하였다. 그래서 철학을 생활에 관한 기술이라고 정의하기도 했다. ❷

0152. 헬레니즘 시대의 윤리 사상의 특징은?

① 윤리적 회의주의와 상대주의를 강조했다.

② 개인의 이익과 사회 전체의 이익을 조화시키려 하였다.

③ 물질 문명 속에서 상실되어 가는 인간의 주체성 회복을 강조했다.

④ 개인적인 마음의 평정과 자유를 얻을 수 있는 방법을 찾는 데 관심을 기울였다.

[해설·정답] 헬레니즘 시대는 개인의 안심입명 추구, 세계시민주의를 그 특징으로 한다. 특히 개인적인 마음의 평정과 자유를 얻을 수 있는 방법을 찾는 데 관심을 기울였는데 그 가운데 등장한 사상이 스토아학파와 에피쿠로스학파이다. ❹

0153. 헬레니즘 시대의 철학에 대한 설명으로 옳지 않은 것은?

① 에피쿠로스는 데모크리토스와 같은 원자론적 유물론자이다.

② 플로티노스의 일자(一者)는 스스로 독립하여 있으며, 만물이 존재하기 전에 이미 존재한 초월적 존재이다.

③ 스토아학파는 이성이 물질 속에 내재하고 물질과 결합하여 있다는 범신론을 거부한다.

④ 에피쿠로스는 육체적 쾌락보다 정신적 쾌락을 추구하고 마음의 평정을 이상으로 삼았다는 점에서 스토아학파와 공통점이 있다.

[해설·정답] 스토아학파는 세계에 있는 모든 것을 이성의 작품으로 보고 절대 이성을 세계의 궁극적인 기초로 생각한다는 점에서 일원론적 범신론이라고 할 수 있다. ❸

0154. 스토아학파와 에피쿠로스학파로 대변되는 헬레니즘 시대의 윤리적 삶의 목표는 무엇이었는가?

① 덕   ② 평화   ③ 행복   ④ 구원

[해설·정답] 스토아학파와 에피쿠로스학파 모두 인간이 어떻게 하면 행복에 도달할 수 있느냐 하는 것이 가장 큰 철학적 관심사였다. 그러나 양자는 각각 금욕주의와 쾌락주의라는 서로 다른 방향에서 그것을 찾으려 했다. ❸

0155. 헬레니즘 시대의 스토아학파와 에피쿠로스학파가 가진 공통적인 특징은 무엇인가?

① 신앙과 이성의 조화를 중시하였다.

② 현실적인 쾌락 추구를 삶의 목표로 삼았다.

③ 금욕주의적 윤리 사상이 지배적이었다.

④ 개인주의적인 마음의 평정과 자유를 추구하였다.

[해설·정답] 헬레니즘 시대에는 공동체에 대한 관심보다는 개인의 안심입명(安心立命)을 추구했다. ❹

0156. 철학적 경향이 비슷한 사람끼리 짝지은 것이다. 그 관계가 가장 먼 것은?

① 탈레스−아낙시만드로스　　　② 세네카−마르쿠스 아우렐리우스

③ 피타고라스−프로타고라스　　④ 제논−세네카

[해설·정답] ①은 고대 그리스의 자연철학자, ②와 ④는 모두 스토아학파의 사람들이다. ❸

0157. 다음 중 에피쿠로스학파에 대한 설명으로 바르지 못한 것은?

① 쾌락은 유일한 선이고 고통은 유일한 악이라고 주장했다.

② 정념이 없는 마음의 상태를 '아파테이아'라고 불렀다.

③ 영국의 경험론과 공리주의 윤리설에 영향을 주었다.

④ 플라톤의 4주덕을 수용했다.

[해설·정답] 아파테이아는 스토아학파, 아타락시아는 에피쿠로스학파의 핵심어이다. ❷

0158. 에피쿠로스학파의 윤리관과 거리가 먼 것은?

① 정신적 쾌락　　② 역동적 쾌락　　③ 수동적 쾌락　　④ 윤리적 쾌락

[해설·정답] 에피쿠로스학파가 추구했던 쾌락은 동적, 육체적 쾌락보다는 정적, 정신적 쾌락이었다. ❷

0159. 헬레니즘 시대의 에피쿠로스학파의 철학적 경향이라고 할 수 없는 것은?

① 기계론적　　② 경험론적　　③ 감각주의적　　④ 현실적

[해설·정답] 에피쿠로스는 이 세계가 인간을 위하여 만들어진 것이 아니며 자연에는 아무런 목적이나 계획이 없고 만물이 생성하는 것은 물질의 일정한 법칙과 예측할 수 없는 맹목적인 우연 때문이라는 데모크리토스의 원자론을 따랐지만 데모크리토스의 기계적, 필연적 유물론을 그대로 따르지는 않았다. ❶

0160. 에피쿠로스학파에 관한 설명으로 잘못된 것은?

① 쾌락이 진정한 선이요 행복의 처음이요 끝이라는 철저한 쾌락주의적 윤리관이다.

② 쾌락을 육체적인 것과 정신적인 것으로 나누어 정신적 쾌락에 더 가치를 부여하고 그것의 최고 상태를 아타락시아라 했다.

③ "숨어서 살아라"는 것이 생활의 모토이다.

④ 아타락시아에 이르려면 이성에 따른다거나 욕망을 억제할 것이 아니라 무조건 쾌락에 충실해야 한다고 했다.

[해설•정답] 에피쿠로스는 부동심, 즉 아타락시아(ataraxia)에 이르려면 이성이 인도하고 규제하여 자기의 분수에 넘는 욕망을 지혜롭게 억제하여야 한다고 했다. 만일 이성에 따라 생활한다면 정신적인 동요 없이 살 수 있게 되며 큰 행복을 얻을 것이지만 그렇지 못하면 야심, 탐욕, 전쟁, 범죄, 그리고 수없이 많은 악한 일들이 생겨난다고 했다. 따라서 될 수 있는 대로 파란이나 정치의 소용돌이 속에 휩쓸리지 말고 소극적으로 자기의 분수를 알고 안빈낙도할 것을 주장했다. ❹

0161. 에피쿠로스학파가 말하는 아타락시아(ataraxia)와 관계되는 생활은?

① 정신적 쾌락을 추구하는 생활　　② 로고스를 따르는 생활

③ 자연법칙을 따르는 생활　　④ 합리적 이성 법칙을 따르는 생활

[해설•정답] 에피쿠로스는 쾌락을 육체적, 물질적인 쾌락을 의미하는 적극적이고 동적인 쾌락과 정신적인 쾌락을 의미하는 소극적이고 정적인 쾌락으로 나누었다. 육체적 쾌락은 일시적이며 그 뒤에 고통을 가져오지만 정신적 쾌락은 그보다 더 영속적이며 훨씬 더 가치 있는 것인데, 그 정신적 쾌락의 최고의 상태가 바로 아타락시아(ataraxia)이다. 로고스, 자연법칙, 합리적 이성에 따르는 생활은 스토아학파가 주장하는 삶이다. ❶

0162. 다음 중 스토아학파의 철학의 특징을 묘사한 것은?

① 영혼은 선천적으로 글씨가 쓰여 있는 칠판과도 같은 것이다.

② 세계의 근거는 세계를 초월해 있다.

③ 영혼은 단지 이성을 뜻할 뿐이다.

④ 자연법은 본성적으로 보편적인 이성이라는 개념에 뿌리를 두고 있다.

[해설•정답] 스토아학파의 생활 원칙은 "자연에 따라서 살아라"였는데, 여기서 말하는 자연은 모든 만물 속에 일관하고 있는 우주의 목적, 즉 로고스요 이성을 가리킨다. ❹

0163. 스토아학파에 속하지 않은 사람은?

① 에피쿠로스　　② 에피크테투스　　③ 아우렐리우스　　④ 세네카

[해설•정답] 스토아학파는 제논에 의해 창시되었는데, 전기의 스토아학파는 클레안테스(Kleanthes)를 거쳐 제2의 창립자라 할 수 있는 크리시포스(Chrysippos)에 계승되었고, 그의 철학은 제자인 디오게네스에게 전해졌다. 그 후 파나이티오스(Panaitios)와 그의 제자 포세이도니오스(Poseidonios)의 중기 스토아학파를 거쳐 로마에 전해졌다. 그리고 후기 스토아학파는 세네카, 에피크테투스, 마르쿠스 아우렐리우스를 배출했고 이들을 통해서 중세 기독교에 영향을 미치게 되었다. ❶

0164. 다음 중 스토아학파와 관련이 없는 것은?

① 이성(logos) 중시　　② 아파테이아(apatheia)

③ 경험론과 공리주의에 영향　　④ 금욕주의

해설•정답 헬레니즘 시대의 대표적인 두 학파는 스토아학파와 에피쿠로스학파이다. 스토아 학파와 관련되는 핵심 용어로는 이성(logos) 중시, 아파테이아(부동심: 정념이 없는 마음의 상태), 금욕주의, 로마의 만민법, 자연법, 범신론에 영향을 끼쳤다는 것 등이다. 반대로 에피쿠로스학파와 관련되는 것으로는 쾌락주의, 플라톤의 4주덕 수용, 아타락시아(마음이 평온한 상태), 영국의 경험론과 공리주의에 영향을 준 것 등을 들 수 있다. ❸

0165. 이성이 우주를 지배하는 것 같이 인간 역시 이성에 의하여 지배되어야 한다면서 이성에의 복종을 강조한 학파는?

① 회의학파   ② 스토아학파   ③ 소피스트학파   ④ 에피쿠로스학파

해설•정답 스토아학파에 따르면 자연에는 움직일 수 없는 로고스가 존재한다. 따라서 모든 것들은 세계 법칙인 로고스에 따를 수밖에 없다. 즉 인간은 로고스에 순응하는 생활, 자연에 따르는 생활, 곧 자기의 본성에 따르는 생활을 하지 않으면 안 된다. 그것은 자연, 자기 본성으로 표현되는 이성에 따를 때만이 행복해질 수 있다고 보았기 때문이다. ❷

0166. 스토아학파에 관한 설명으로 옳지 않은 것은?

① 감각의 즐거움을 끊고 평정상태(아파테이아)에 이르려는 금욕주의이다.

② 제논에 의해 창설되어 로마 시대까지 계속되었다.

③ 선한 사람이란 온갖 정열이나 정념을 근절하고 오직 이성적 숙고에 의해 행동하는 사람이다.

④ "자기 본능에 따라 살라"는 것이 생활 원칙이다.

해설•정답 스토아학파의 윤리학은 이성을 모든 감성적인 충동을 억제할 수 있는 힘으로 해석하는 데서 시작된다. 에피쿠로스학파는 삶의 고뇌를 염두에 두고서 이것을 이성적인 통찰에 의해서 쾌락으로 바꿀 수 있다고 생각하고 조용한 마음으로 삶을 향유하라고 했지만, 스토아학파는 인간의 마음속에 나타나는 충동과 격정을 이성이 지배하게 함으로써 자유와 행복을 얻으려고 하였는데, 그것은 자연의 필연성이나 우주의 법칙에 부합하는 인간의 이성적 통찰을 통해 획득할 수 있다고 보았다. 그래서 스토아학파는 본능이 아니라 자기 본성, 곧 이성에 따르라고 했다. ❹

0167. 정욕은 영혼의 병이라고 하면서 고통이나 즐거움에 대한 무관심을 최상으로 여기는 학파는?

① 스토아학파   ② 회의주의학파   ③ 에피쿠로스학파   ④ 신플라톤주의

해설•정답 스토아학파는 인간의 마음속에 나타나는 충동과 격정을 이성이 지배하게 함으로써 자유와 행복을 얻으려고 하였는데, 그것은 자연의 필연성이나 우주의 법칙에 부합하는 인간의 이성적 통찰을 통해 획득할 수 있다고 보았다. 또한 인간 속에 있는 비합리적이고 통제되기 힘든 충동인 파토스(pathos)는 로고스(logos)에 반대되며 옳고 그른 것을 공정하게 판단하는 것을 방해하는 도덕적 삶의 방해자요 병적인 것이라고 규정하고 덕은 바로 이들 파토스들과의 싸움이라고 보았다. ❶

0168. 스토아학파의 철학적 내용이 아닌 것은?

① 유물론적   ② 일원론적   ③ 유일신적   ④ 결정론적

[해설·정답] 스토아학파는 물질적인 대상만이 유일한 실재를 구성한다고 보고 인간 영혼과 신성을 포함한 모든 실체를 물질적인 것으로 여길 뿐만 아니라 사물의 모든 성질도 물질적인 어떤 것으로 구성되어 있다고 본다는 점에서 유물론적이다. 또 세계에 있는 모든 것을 이성의 작품으로 보고 절대 이성을 세계의 궁극적인 기초로 생각한다는 점에서 일원론적 범신론이다. 그리고 세계 가운데에 일어나는 모든 운동은 항상 신성불가침의 필연성, 원인과 결과의 깨뜨릴 수 없는 고리로서의 신의 법칙인 로고스의 지배를 받는다고 한 점에서는 결정론적이다. ❸

0169. 스토아학파의 사상이라고 할 수 없는 것은?

① 코스모폴리탄이즘   ② 현세적 쾌락주의
③ 우주적 공동체   ④ 합리적 이성주의

[해설·정답] 스토아학파에 따르면 전세계의 질서는 세계의 모든 부분의 통일성에 기반을 두고 있으며 그 통일성은 로고스에 의해 수행된다. 그러므로 세계 내의 모든 물체는 로고스가 규정하는 상호 작용 속에 있기 때문에 우주 내에 있는 아무리 작은 사실이라도 세계에 대한 영향력을 가지고 있다는 점에서 우주는 하나의 통일체이며 하나의 공동체이다. 인간도 인종과 귀천, 빈부의 차별이 없이 모두가 평등한 세계의 시민이다. 이것이 바로 중세 기독교적 사고에도 영향을 미친 코스모폴리탄이즘(cosmopolitanism)이라고 하는 세계시민정신이다. ❷

0170. 스토아학파와 에피쿠로스학파의 공통점은?

① 금욕주의   ② 쾌락주의   ③ 개인주의   ④ 집단주의

[해설·정답] 스토아학파와 에피쿠로스학파의 윤리적 시대에는 아테네 시대의 순수 이론철학이 쇠퇴하고 정치적이고 사회적인 변동에서 오는 불안을 극복하기 위하여 개인의 안심입명을 추구하려는 개인주의적이고 현실주의적 실천 사상이 팽배하였다. ❸

0171. 고대 철학에 대한 설명이다. 옳지 않은 것은?

① 에피쿠로스학파는 데모크리토스와 같은 원자론적 유물론을 취했다.
② 신플라톤주의자들의 일자는 의존적 존재가 아니라 만물이 존재하기 전에 이미 존재한 초월적 존재자이다.
③ 스토아학파는 신이 물질 속에 내재하고 물질과 결합하여 있는 이성(logos)이라는 주장과 같은 범신론을 거부한다.
④ 에피쿠로스학파는 육체적 쾌락보다 정신적 쾌락을 추구하고 마음의 평정을 이상으로 삼았다는 점에서 스토아학파의 금욕주의와 공통점이 있다.

[해설·정답] 스토아학파는 궁극 원인과 그것에서 나온 세계 질서의 단일성에 주목한다. 그들에게의 신은 곧 완전한 이성이요 또 완전한 이성은 곧 신으로 간주되었다. 한 마디로 신은 세계의 모든 만물에 내재하며, 자연은 이성의 원리로 가득 차 있다. 바로 이러한 사상이 그들을 범신론이라고 부르게 한다. ❸

0172. 신은 절대적인 초월 존재자이기 때문에 인간의 어떤 개념이나 이름으로 형언할 수 없으며 기껏해야 "신은 존재한다"라고만 말할 수 있다고 주장한 알렉산드리아학파의

사람은?

① 에피쿠로스　　② 필론　　　③ 플로티노스　　④ 이레니우스

[해설·정답] 예수와 동시대인이었던 알렉산드리아(Alexandria)학파의 대표자 필론(Philon)은 신은 만물의 창조자요 지배자이며 모든 유한자를 초월한 절대적 초월성을 지니고 있기 때문에 어떤 개념으로나 이름으로도 그 위대함을 규정할 수 없고 다만 '있음'이라는 이름만이 그에게 적용될 뿐이라고 했다. 따라서 우리들은 오직 "신은 있다," "신은 야훼이다," "신은 존재자이다"라고만 말할 수 있을 뿐이라는 것이다. ❷

0173. 다음 중 필론의 주장과 다른 내용은?

① 신에게는 속성들을 덧붙이는 것이 불가능하다.

② 로고스는 이 세상이 창조되기 이전에 존재했던 신이다.

③ 성경에서의 창조는 '무로부터의 창조'가 아니라 이미 있었던 영원한 물질, 즉 질료(質料)로부터의 창조이다.

④ 물질은 세계에 존재하는 악과 불완전과 무질서의 원인이다

[해설·정답] 필론은 로고스를 신으로 보지 않는다. 피조물 중에 으뜸이라고 생각한다. 즉 로고스는 이 세상이 창조되기 이전에 신에 의해 창조된 신의 형상이며 이데아들 중의 이데아라는 것이다. 또 로고스는 힘들 중의 힘이며 최고의 천사, 신의 대리자요 심부름꾼이며 신의 장남이며 제2의 신이다고 했다. ❷

0174. 필론의 로고스에 대한 사상을 잘못 설명한 것은?

① 절대적인 초월적 존재인 신과 이 세상을 관련시켜 주는 중간적 존재이다.

② 신에 의해 창조된 신의 형상(形相)이며 이데아들 중의 이데아로서 신이 세계를 창조하는 도구이다.

③ 육신을 입고 온 신 자신이다.

④ 힘들 중의 힘이며, 최고의 천사, 신의 대리자, 심부름꾼이며, 신의 장남이며, 제2의 신이다.

[해설·정답] 필론에 따르면 로고스는 이 세상이 창조되기 이전에 신에 의해 창조된 신의 형상이며 이데아들 중의 이데아이다. 또 로고스는 힘들 중의 힘이며 최고의 천사, 신의 대리자요 심부름꾼이며 신의 장남이며 제2의 신이다. 나아가 그는 로고스 이론에 스토아적인 요소를 가미해서 만물의 근본 구조를 이루고 있는 이성과 동일시하고 로고스를 신의 지혜와 이성에 일치시켰다. 그런데 로고스 안에는 플라톤이 언급한 이데아의 의미와 같은 만물의 형상이 있기 때문에 그것은 플라톤의 제작신 데미우르고스의 자리를 차지하여 신이 세계를 창조하는 도구가 된다. 즉 세계는 이 로고스에 의해 창조된다. 이렇게 필론이 말한 로고스는 신이 곧 로고스라는 요한복음의 선언과는 차이가 있다. 필론의 로고스는 하나님 자신과는 무관하며 단지 하나님보다 훨씬 저급한 것으로 하나님의 절대적인 초월성을 주장하는 구조 속에서만 찾아볼 수 있기 때문이다. ❸

0175. 신은 절대적 초월자이기 때문에 긍정적인 표현으로는 그 위대함을 규정할 수 없다는 이유로 부정신학(negative theology)을 처음으로 제시했을 뿐만 아니라 로고스론을 통하여 신과 세계를 중개하고자 시도했던 철학자는?

① 아리클레피오스   ② 아폴로니오스   ③ 필론   ④ 프로클로스

[해설·정답] 필론에 따르면 신은 만물의 창조요 지배자이며 모든 유한자를 초월한 절대적 초월성을 지니고 있기 때문에 어떤 개념으로나 이름으로도 그 위대함을 규정할 수 없다. 그러므로 신의 속성들을 덧붙이는 것도 불가능하다. 오히려 신은 무엇이 아니라고 표현하는 것이 더 바람직하다. 예를 들면 신은 선하다보다 신은 악하지 않다고 하는 것이 더 낫다. 신은 선한 것보다 더 선하며 완전한 것보다 더 완전하기 때문이다. ❸

0176. "신은 선하고 물질은 악하다"라고 주장하는 사람들은?

① 플라톤주의자   ② 신플라톤주의자   ③ 영지주의자   ④ 교부철학자

[해설·정답] 신플라톤주의는 영육 이분법적인 사고가 뚜렷했다. 즉 영은 선하고 물질은 악하다는 사고이다. ❷

0177. 플로티노스의 유출설(流出說)에 대해 잘못 설명한 것은?

① 만물의 생성을 일원론적으로 설명하는 범신론적이다.

② 일자인 신은 초존재자로서 모든 사물을 유출에 의해 만들어낸다.

③ 일자는 존재의 충만함으로 인해 유출하지만 결코 완전성이 상실되지는 않는다.

④ 일자는 차례로 정신, 영혼, 물질이라는 실체를 생성케 한다.

[해설·정답] 플로티노스에 따르면 일자는 충만해 있기 때문에 넘쳐흐르지만, 아무리 흘러 나와도 언제나 변함이 없으며 그 완전함을 잃지 않는다. 오직 일자만이 완전하고 충족된 것이며 그 외의 온갖 것들은 그로부터 흘러나온다. 이것은 마치 태양이 빛을 내도 똑같이 비추고, 거울에다가 모습을 비춰 거울에 모습을 생기게 해도 본래 모습은 변함이 없는 것과 마찬가지이며, 샘이 개울을 흐르게 하고 완전한 것이 필연적으로 불완전한 것을 전제하는 것과 같다. 플로티노스는 일자가 정신, 영혼, 물질의 순서로 유출된다고 말하지만, 일자로부터 유출된 정신, 영혼, 물질을 실체라고 보지는 않는다. ❹

0178. 플로티노스의 유출설에서 유출의 기원은 무엇인가?

① 태극   ② 도   ③ 선과 악   ④ 일자

[해설·정답] 플로티노스가 말하는 완전하고 충만한 일자는 넘쳐흐르지만 아무리 흘러 나와도 언제나 변함이 없으며 그 완전함을 잃지 않는다. 오직 일자만이 완전하고 충족된 것이며 그 외의 온갖 것들은 그로부터 흘러나온다. ❹

0179. 플로티노스의 유출론에 대한 다음의 진술들 중에서 틀린 것을 골라라.

① 일자로서의 신은 초월적 존재자이다.

② 일자가 첫 번째로 유출시키는 것은 영혼이다.

③ 일자로부터 유출되지 않은 것은 하나도 없다.

④ 유출의 맨 마지막 단계는 물질이다.

[해설·정답] 플로티노스의 유출은 일자로부터 정신(νοϋς, nous), 영혼(ψυχή, psyche), 물질(ὕλη, hyle)의 순서로 진행된다. 일자에게서 맨 먼저 유출되는 것은 일자의 순수한 사유 작용인 정신, 즉 누스

이다. 이 정신에서 영혼이 유출된다. 영혼은 예지적인 것과 감각적인 것의 중간적인 것으로 두 영역에 다리를 놓아준다. 마지막으로 영혼에서 물질이 유출된다. ❷

0180. 플로티노스의 범신론(汎神論)에 대한 설명 중 잘못된 것은?

① 유출된 모든 것은 그 근원인 일자에 속해 있다.

② 만물 어디에나 신이 있고 만물이 곧 신이다.

③ 일자는 만물 안에 있고, 만물은 일자 안에 있다.

④ 신이 곧 자연 자체이다.

[해설·정답] 플로티노스에 따르면 모든 것은 일자로부터 유출된다는 점에서 만물은 일자로부터 존재하게 되고, 유출된 것이 일자와는 다른 또 하나의 것이지만 항상 그 근원인 일자에 속해 있다는 의미에서 일자는 만물 안에 있고 만물은 일자 안에 있다. 따라서 일자를 신으로 보는 플로티노스에게는 신이 어디에나 있으며 만물은 일자인 신에게서 흘러나오므로 일자는 만물의 근원이다. 결국 만물은 곧 신이며 신이 곧 만물이라는 범신론에 귀착한다. '신즉자연'이라는 범신론은 플로티노스의 유출적 범신론의 내용이라기보다는 근세의 스피노자가 말한 범신론의 내용이다. ❹

0181. 신플라톤주의에 속하지 않은 사람은?

① 플로티노스 　　② 포르피리오스 　　③ 이암블리코스 　　④ 피론

[해설·정답] 퓌론(Pyrrhon)은 고대 말엽의 회의학파의 대표자이다. ❹

0182. 같은 철학적 입장을 가진 사람으로 묶이지 않은 것은?

① 탈레스와 아낙시만드로스 　　　② 세네카와 아우렐리우스

③ 피타고라스와 프로타고라스 　　④ 제논과 세네카

[해설·정답] ①은 자연철학자, ②와 ④는 스토아학파이다. ❸

0183. 인간의 본성에 대한 견해가 나머지 셋과 다른 하나는?

① 소크라테스 　　② 아리스토텔레스 　　③ 소피스트 　　　④ 스토아학파

[해설·정답] 인간의 본성을 이성에서 찾은 대표적 철학자는 소크라테스, 플라톤, 아리스토텔레스, 스토아학파, 데카르트, 스피노자, 칸트, 헤겔 등이고, 반대로 경험에서 찾은 철학자는 소피스트, 에피쿠로스학파, 베이컨, 홉스, 흄, 공리주의(벤담, 밀), 듀이 등이다. ❸

0184. 다음은 어느 철학자에 대한 설명인가?

① 헤겔의 변증법의 기본적인 틀을 찾아볼 수 있어서 변증법의 아버지라 불린다.

② 세계의 본질을 변화와 유동으로 파악했다.

③ 그의 로고스 개념은 후에 중세 기독교철학에 큰 영향을 미쳤다.

① 헤라클레이토스　② 파르메니데스　③ 플라톤　　④ 아리스토텔레스

[해설·정답] 헤라클레이토스는 만물들이 모순 대립으로 인한 투쟁을 통해 끊임없이 유전(流轉)하고 변화하고 있음을 보고, 사물과 사물 사이의 모순, 대립, 갈등에서 유래하는 생성과 변화를 자연의 참 모습으로 인식했다. 그에 따르면 세계는 끊임없는 변화 속에 있으며 여기에 공통적으로 긴장과 대립, 투쟁의 원리가 작용한다. 즉 모순과 대립에 의한 싸움과 다툼은 우주적 생성의 공통의 원리라는 말이다. 이것은 후에 헤겔의 변증법의 기본원리에도 그대로 나타난다. ❶

0185. 다음은 어떤 개념에 대한 설명인가?

① 헤라클레이토스에게는 대립자들의 투쟁에 의한 변화를 질서 지우는 불변의 법칙이다.
② 스토아학파의 사람들에게는 우주의 목적을 가리키는 자연과 같은 의미이다.
③ 알렉산드리아학파의 필론에 의해 기독교에 들어와 중세에는 신을 의미하는 개념으로 사용되었다.

① 필로스　　② 로고스　　③ 파토스　　④ 미토스

[해설·정답] 피타고라스학파는 로고스를 질서와 조화의 원리로 이해했고, 헤라클레이토스는 로고스를 보편법칙으로서의 이성의 의미로 사용하면서 매우 구체적인 철학적 의미로 사용되기 시작했는데, 전통적으로 로고스는 그리스철학자들에 의해 우주적 합리적 이법과 법칙으로서 이해되었다. 스토아학파는 로고스를 세계의 근거와 과정을 설명하는 우주적 원리로 보았고, 알렉산드리아학파의 필론에 의해 기독교철학에 구체적으로 수용되었다. 요한은 그의 복음서에서 예수의 신성과 선재성을 의미하는 개념으로 사용하였다. ❷

0186. 다음 중 관계를 잘못 맺은 것은?

① 밀레토스학파 - 자연철학　　② 헤라클레이토스 - 만물유전설
③ 파르메니데스 - 운동부정론　　④ 아리스토텔레스 - 일원론

[해설·정답] 비록 아리스토텔레스가 플라톤의 이원론에 대해 강하게 반발하여 이데아의 세계를 현실의 세계로 끌어내리려 했지만, 순수형상과 순수질료를 인정할 수밖에 없었다는 점에서 이원론을 완전히 극복하지 못했다고 평가되고 있다. 따라서 아리스토텔레스의 철학은 플라톤의 이원론을 일원화하려는 것이기는 했어도 그것을 일원론이라고 말할 수는 없다. ❹

0187. 자연철학자들이 주장한 만물의 아르케와 운동의 원인을 연결한 것이다. 잘못된 것은?

① 헤라클레이토스: 불 - 로고스
② 엠페도클레스: 흙, 물, 불, 공기 - 사랑과 미움
③ 아낙사고라스: 스페르마타 - 누스
④ 데모크리토스: 원자 - 신

[해설·정답] 헤라클레이토스는 아르케를 불이라고 직접적으로 언급하지는 않았지만, 만물의 유전을 지배하는 로고스를 불로 비유하고 상징화했다는 점에서 불을 아르케로 보았다고 받아들인다. 데모크리토스의 원자론은 19세기까지 그 이론의 요점이 변함없이 지속될 정도로 과학적이었다. 엠페도클레스(사랑과 미움)나 아낙사고라스(누스)의 철학이 원자론과 다른 점은 전자가 운동의 원인을 원질 밖에서 찾으려 했던 점에 비추어, 후자는 운동을 물질인 원자들 자체에서 찾았다는 데에 있다.

원자론자들은 우주 자연이 신적인 섭리에 의해서 지배받지 않고, 물질 속에 내재하는 우연과 필연, 이법에 의해서 지배된다고 생각했다. ❹

0188. 다음 중 관계가 잘못 연결된 것은?

① 피타고라스 – 영혼윤회설   ② 엠페도클레스 – 4원소설

③ 데모크리토스 – 원자설   ④ 아낙사고라스 – 애증이동력설

[해설·정답] 아낙사고라스는 운동의 원인을 유일한 순수한 것으로 '절대적으로 단순하며,' '어떤 것과도 혼합되지 않으며,' '그 자신만으로 존재하며,' '모든 것들 중에 가장 미세하고 순수한' 스페르마타인 누스라고 했다. 운동의 원인으로서 사랑과 미움을 제시한 사람은 4원소설을 주장한 엠페도클레스이다. ❹

0189. 관계가 없는 것으로 연결된 것은?

① 프로타고라스 – 인간척도론   ② 소크라테스 – 문답법

③ 플라톤 – 이데아론   ④ 아리스토텔레스 – 현상론

[해설·정답] 아리스토텔레스의 형이상학은 질료형상론으로도 불린다. ❹

0190. 서로 잘못 연결된 것은?

① 에피쿠로스학파 – 쾌락주의   ② 스토아학파 – 금욕주의

③ 플로티노스 – 창조설   ④ 소피스트 – 상대주의

[해설·정답] 플로티노스가 존재의 해명을 위해 제시한 것은 유출적 범신론으로서 그의 유출이라는 개념은 기독교가 말하는 '무(無)로부터의 창조'라는 개념과는 다르다. ❸

0191. 다음 중 관계가 없는 것으로 짝지어진 것은?

① 피타고라스 – 음악   ② 플라톤 – 기하학

③ 아리스토텔레스 – 논리학   ④ 소크라테스 – 웅변술

[해설·정답] 피타고라스는 영혼 정화를 위해서 관조의 생활, 즉 음악과 철학을 중요하게 생각했다. 또한 플라톤은 이데아의 이해를 위해 수학, 특히 기하학을 중요시한 반면, 아리스토텔레스는 형이상학의 기초로서 올바른 사유를 위한 논리학을 강조했다. 소크라테스가 무지의 자각을 위해 사용한 방법은 대화법, 문답법, 산파술, 지적 변증법, 반어법, 지적 아이러니 등으로 불린다. ❹

0192. 다음 각 철학자들과 그의 말이 잘못 연결된 것은?

① 헤라클레이토스: "만물은 유전한다."

② 파르메니데스: "있는 것은 있고 없는 것은 없다."

③ 프로타고라스: "인간은 만물의 척도이다."

④ 에피쿠로스: "자연에 따라 살아라."

철학, 쉽게 풀자!

[해설·정답] "자연에 따라서 살아라"는 것은 스토아학파의 생활원칙으로서 여기서 말하는 자연은 모든 만물 속에 일관하고 있는 우주의 목적, 즉 로고스요 이성을 가리킨다. ❹

0193. 철학적 특성을 연결한 것이다. 잘못 연결된 것은?

① 자연철학−아르케−만물의 근원　　② 소피스트−상대주의−주관주의

③ 소크라테스−주의주의−지행합일　　④ 플라톤−이원론−현상과 이데아

[해설·정답] 소크라테스의 철학은 주의주의가 아니라 철저한 주지주의적 입장이다. ❸

0194. 그리스적 전통에서 파악한 인간에 대한 가장 올바른 이해는?

① 본래 이기적이고 탐욕적이다.

② 공동체적인 삶을 구현할 수 있는 이성적이고 사회적 본성을 가지고 있다.

③ 인간은 신에 대한 신앙을 통해 본래적 선성을 회복할 수 있다.

④ 인간의 본성은 자연의 본성과 달리 시대에 따라 가변적이다.

[해설·정답] 그리스의 철학자들은 모두가 인간의 이성적인 능력을 신뢰하고 이성을 통해 공동체적인 삶을 구현할 수 있다고 생각했다. ❷

※ 왼쪽의 철학자와 그가 주장한 아르케를 연결시키라.

0195. 탈레스　　　　　•　　　　　• A. 무한자

0196. 아낙시만드로스 •　　　　　• B. 수

0197. 아낙시메네스　•　　　　　• C. 물

0198. 피타고라스　　•　　　　　• D. 불

0199. 헤라클레이토스 •　　　　　• E. 공기

0200. 엠페도클레스　•　　　　　• G. 원자

0201. 아낙사고라스　•　　　　　• H. 씨앗(스페르마타)

0202. 데모크리토스　•　　　　　• I. 4원소

[해설·정답] ☞ 0195.C / 0196.A / 0197.E / 0198.B / 0199.D / 0200.I / 0201.H / 0202.G

※ 다음은 플라톤의 이데아론에 영향을 준 플라톤 이전 철학자들의 사상이다. 각 문항에 해당하는 내용은 누구에게 받은 영향인가?

0203. 현상의 세계는 항상 변화하며 고정적이지 못하다.

0204. 현상계는 참된 인식의 대상이 될 수 없으며, 불변하는 실재만이 참된 인식의 대상이다.

0205. 인간 행위는 인식에 의해 결정되며, 그 준칙은 상대적이 아니라 절대적이다.

0206. 궁극적인 것은 물질적인 것이 아니라 관념적이다.

[해설·정답] 플라톤은 피타고라스의 수의 철학을 통해 궁극적인 것은 물질적이 아니라 관념적이라는 것을 배웠다. 또한 파르메니데스에게서는 실재는 불변의 영원한 것이요 변화하는 사물들은 우리의 감각의 불완전성에 기인하는 환상에 불과하다는 사실을 받아들였다. 그리고 헤라클레이토스에게서는 만물유전설, 즉 현상계의 모든 것은 부단히 변전한다는 것을 받아들였다. 스승 소크라테스에게서는 인간 행위의 준칙이 되는 지식은 상대적인 것이 아니라 절대적인 것이어야 함을 배웠다. ☞ **0203.헤라클레이토스 / 0204.파르메니데스 / 0205.소크라테스 / 0206.피타고라스**

※ 다음 글을 잘 읽고 그 서술하는 내용이 맞으면 O, 틀리면 X표를 하시오.

0207. 고대 그리스 초기의 자연철학자들의 철학적 성격은 단순한 철학만이 아니라 철학과 과학의 완전한 혼합이었다.

[해설·정답] 이들에게는 모든 분야의 자연 탐구와 마찬가지로 수학과 천문학, 그리고 의학까지도 철학의 영역에 포함되어 있었다. ☞ O

0208. 이오니아학파는 날카로운 논리적 사고를 통해 현상계의 다양한 모습과 그 운동 변화를 지각하는 우리의 감각을 미망에 불과한 것으로 생각하고 참된 의미에서 존재하는 것은 불생불멸이라고 주장했다.

[해설·정답] 이오니아학파의 자연철학은 하나의 근본적인 물질이 운동 변화하여 많은 것이 생긴다는 입장으로서 주어진 문제는 엘레아학파의 특징을 묘사한 것이다. ☞ X

0209. 이오니아학파를 밀레토스학파라고 부르기도 하는데, 그것은 밀레토스가 그 대표자이기 때문이다.

[해설·정답] 밀레토스는 철학의 선구자요 최초의 철학자들이라고 불리는 탈레스(Thales)와 아낙시만드로스(Anaximandros), 그리고 아낙시메네스(Anaximenes)의 주요 활동무대였다. 그래서 이들의 철학을 그들이 활동했던 지역의 이름을 따서 밀레토스 학파라고 하는데, 이들 모두가 이오니아인이어서 보통 이오니아학파라고도 부른다. ☞ X

0210. 수를 우주의 근본 물질로 삼고, 만물이 수에 의해 이루어졌다고 주장한 고대 그리스의 철학자는 프로타고라스이다.

[해설·정답] 프로타고라스는 소피스트의 대표자이고, 문제가 설명하는 사람은 피타고라스이다. ☞ X

0211. "만물은 유전한다"고 주장한 헤라클레이토스는 만물의 원질을 불로 보았다.

[해설·정답] "만물은 유전한다"는 만물유전설을 주장한 헤라클레이토스는 만물의 생성, 변화를 불로 설명했다. ☞ O

철학, 쉽게 풀자!

0212. 밀레토스학파에 속하는 탈레스, 아낙시만드로스, 아낙시메네스는 존재하는 모든 것의 발생을 하나의 궁극적인 물질에 바탕을 두고 설명하려 했다는 점에서 공통적이다.

[해설·정답] 밀레토스학파는 자연철학으로 규정할 수 있으며 그들은 하나의 궁극적 물질인 아르케를 통해 자연의 생성, 변화, 운동, 소멸을 설명하려 했다. ☞ ○

0213. 소피스트들은 궤변만 늘어놓았을 뿐 철학의 발전에 전혀 공헌한 바가 없다.

[해설·정답] 소피스트들은 철학적 관심을 자연에서 인간으로, 객체에서 주체로 전환시킨 중요한 역할을 했다. ☞ X

0214. 프로타고라스의 "인간은 만물의 척도(尺度)이다."는 말은 만물의 영장으로서의 인간의 지위에 관한 선언이라고 할 수 있다.

[해설·정답] 프로타고라스가 이 명제 속에서 주장하고자 하는 점은 인간의 인식이란 전적으로 감각에 의존하므로 절대적인 인식을 얻을 수 없다는 사실이다. 즉 인간 각 개인의 감각을 통해서 지각되는 것이면 무엇이나 그에게 참이라는 주장이다. 그리고 여기에서의 인간은 보편적 인간을 말하는 것이 아니라 개체적인 인간을 말한다. ☞ X

0215. 엘레아학파는 만물의 변화 생성을 부정하여, '있는 것'의 불생불멸을 주장하고, '있는 것'에 대한 변증법적 고찰을 한 것이 특색이다.

[해설·정답] 파르메니데스와 제논이 그 대표자이다. ☞ ○

0216. 인간의 기원과 목적, 가치, 법률, 관습의 형성과 의미에 관한 문제들을 유용성의 관점에서 다루면서 실천적 삶에 도움이 되는 진리를 추구하고 있다는 점에서 프로타고라스를 위시한 소피스트의 사상은 20세기의 미국 실용주의의 원류라 할 수 있다.

[해설·정답] 실용주의적 사고의 특징은 주어진 경험을 중시하는 귀납법적 방법에 있으며 귀납법에 근거하여 절대적 진리 인식은 거부하지만 보다 나은 진리, 실천적 삶에 도움이 되는 진리를 유용성에 입각하여 추구하고 있다. ☞ ○

0217. 소크라테스의 사상은 그가 남긴 많은 저서들에 의해 실천철학적인 특징이 가장 강하게 드러난다.

[해설·정답] 소크라테스의 철학이 이론적이기보다는 매우 실천적이라는 점은 사실이지만, 그는 아무런 저서를 남기지 않았다. 그에 관해서는 플라톤을 위시하여 크세노파네스, 아리스토텔레스, 디오게네스 등이 기록으로 남기고 있는데, 대부분 우리가 아는 소크라테스의 철학은 그의 애제자였던 플라톤의 초기 저작들 속에 많이 투영되어 있다. ☞ X

0218. 르네상스 시대의 화가였던 라파엘로의 '아테네의 정원'이라는 그림은 플라톤과 소크라테스의 철학적 차이를 매우 잘 묘사해주고 있다.

해설·정답 스승 소크라테스의 철학을 계승하고 논리적으로 보다 구체화시키고자 했던 플라톤은 책 한 권을 쓰지 않은 소크라테스를 자신의 『대화록』 가운데 주인공으로 등장시킬 정도로 진리보다도 스승을 사랑했다. 그러나 플라톤의 철학에서 시작한 아리스토텔레스는 스승 플라톤의 이원론을 부정했다. 즉 플라톤은 현실 세계를 이해함에 있어 초월성을 인정하였으나, 아리스토텔레스는 그것을 내재적으로 전환시켰다는 점에서 차이를 보인다. 그래서 르네상스 시대의 화가였던 라파엘로는 '아테네의 정원'이라는 그림에서 플라톤의 손가락을 하늘을 가리키고, 아리스토텔레스의 손바닥은 땅을 향하도록 그려 두 사람의 철학적 차이를 단적으로 묘사했다. ☞ X

0219. 플라톤의 사상은 현상계와 이데아계로 구분하는 철저한 이원론으로서 그의 모든 사상은 이원론적 구도에서 설명된다.

해설·정답 플라톤 철학의 핵심인 이데아론은 이 세계를 두 개로 구분하는 이원론적 세계관이다. 하나는 우리가 일상생활에서 경험하는 세계인 변화하는 현상계이고, 다른 하나는 참된 존재의 세계인 이데아계이다. 그리고 이런 토대에서 그의 철학은 정신과 물질, 신과 세계, 육체와 영혼 등으로 두 세계 사이를 예리하게 구분한다. ☞ O

0220. 형이상학이라는 뜻으로 쓰이는 『메타피지카』는 본래 도서 분류상의 명칭이었지만, 그 내용이 자체로서의 존재요 존재의 최후 원리인 실체에 관한 것이었기 때문에 경험적이고 감성적인 것을 초월한, 그러면서도 모든 현상의 토대가 되는 항구적 실재인 가장 참된 존재에 대한 학문을 의미하게 되었다.

해설·정답 '메타피지카'라는 이름은 아리스토텔레스 사후에 그의 제자인 안드로니코스(Andronikos)가 스승 아리스토텔레스의 모든 저서를 전집으로 편찬할 때 한 저서에 표제가 없음을 보고 이와 밀접한 관계를 가지고 있는 『물리학』(Physica)의 저서 바로 다음에 넣고, 이 표제 없는 책을 '물리학 다음의 저서'(τά μετά τά φυσικά)라고 부른 데서 유래되었다. ☞ O

0221. 플라톤의 이원론을 비판한 아리스토텔레스는 사물의 보편적 실재나 원리 자체가 존재하지 않는다고 주장했다.

해설·정답 아리스토텔레스가 플라톤의 이원론을 비판하고 현상과 이데아를 구체적 개별자 안에 하나로 일원화하려고 했으나, 플라톤의 이데아와 같은 사물의 보편적 실재나 원리까지도 부정하지는 않았다. 플라톤은 본래적이고 실재적인 것으로서 개별 사물들과는 독립적이고 독자적으로 존재한다고 했지만, 아리스토텔레스는 실재나 보편적인 원리는 감각적인 개별적 사물 속에 있다고 주장한 것이다. ☞ X

0222. 헬레니즘 시대에는 순수 이론철학이 쇠퇴하고 정치적이고 사회적인 변동에서 오는 불안을 극복하기 위하여 개인의 안심입명을 추구하려는 개인주의적이고 현실주의적 실천 사상이 팽배하였는데, 에피쿠로스학파는 정신적 쾌락으로 아타락시아에 도달하고자 했고, 스토아학파는 금욕을 통하여 아파테이아의 상태에 도달하고자 했다.

해설·정답 에피쿠로스학파의 아타락시아(ataraxia)란 정신적 쾌락의 최고의 상태인 부동심을 말하고, 스토아학파의 아파테이아(apatheia)란 금욕을 통해 모든 정념을 버려 파토스에서 해방된 상태인 무정념의 평정심을 가리킨다. ☞ O

0223. 플로티노스의 신플라톤주의는 기독교 초창기에 영지주의와 같은 이단의 이론적 근거가 되기도 했지만, 어거스틴에게도 철학적 통찰력을 제공해주었다.

[해설・정답] 플로티노스의 유출설에 따르면 유출의 마지막 단계가 물질로서 이것은 악의 원리라고 했다. 영지주의는 바로 이러한 유출설에 따라 물질적 존재는 모두 악하다고 규정하고 이에 따라 육체로 오신 그리스도를 부인하고 가현설을 주장했다. 반면에 어거스틴에게 유출설은 악에 관한 형이상학적 구명에 좋은 철학적 통찰을 제공해주어 악을 선의 결핍으로 설명했다. ☞ ○

※ 다음 물음에 답하시오. (단답형)

0224. 철학의 3대 영역을 존재론, 인식론, 가치론이라 할 때, 고대 그리스의 자연철학은 주로 어디에 속한다고 할 수 있는가?

[해설・정답] 자연철학은 인간을 둘러싼 우주 만물을 기초 지우는 단일한 근본 실체로서의 만물의 원질(原質)인 아르케(arche)가 무엇인지를 추적하였다. 그리고 그것을 통해 자연과 우주의 변화, 존재와 비존재, 생성과 소멸, 정지와 운동 등의 문제를 설명하려 했다. 따라서 자연철학은 존재론에 가장 큰 관심을 가졌다고 말할 수 있다. ☞ **존재론(형이상학)**

0225. 엠페도클레스가 말한 만물의 아르케로서의 4원소는 무엇인가?

[해설・정답] 탈레스 이래 아르케로 주장되었던 물(탈레스), 공기(아낙시메네스), 불(헤라클레이토스)에 흙을 첨가한 것이다. 이것을 소위 엠페도클레스의 4원소설이라고 한다. ☞ **흙, 물, 불, 공기**

0226. 불변하는 4종류의 원소들이 사랑과 미움이라는 힘에 의해 만물이 생성하고 소멸한다고 주장한 사람은?

[해설・정답] 엠페도클레스는 4원소의 결합과 분리로 존재의 세계에 생성과 소멸이 있다고 했는데 그것은 사랑과 미움이라는 힘에 의해 이루어진다는 애증이동력설을 주장했다. ☞ **엠페도클레스**

0227. 우주를 물질적 아르케의 이합집산(離合集散)으로 이해했던 이오니아학파와는 달리 거기에 질서와 비율, 한도의 개념을 추가하여 우주의 참 모습을 아름답고 조화를 이룬 것으로 간주했으며, 그 아름다운 조화의 원인을 완벽한 질서 체계, 즉 코스모스에서 찾았던 철학자는?

[해설・정답] 피타고라스는 수를 세계의 원리로 정립하고 자연도 수의 원리에 입각해서 탐구했는데, 그는 우주와 세계를 수적인 비례와 조화를 잘 이룬 질서 체계인 코스모스(kosmos)로 보았다. ☞ **피타고라스**

0228. 자연에 대한 관찰이 아니라 추상적 개념인 수에서 사유의 출발점을 삼고, 우주를 질서 있는 체계로 보아 코스모스라는 말을 최초로 사용한 사람은?

[해설・정답] 피타고라스는 감각적 대상들을 추상화하여 남는 것은 오직 수적인 배열들뿐이라고 주장하면서 우주와 인간, 사회를 모두 수의 조화와 질서로 설명했다. ☞ **피타고라스**

0229. 세계의 본질을 변화와 운동으로 파악하고, 그것은 하나의 통일된 세계법칙으로서의 로고스에 의해 지배된다고 주장한 사람은?

[해설・정답] 헤라클레이토스는 "로고스는 (본래) 존재하는 것으로, 로고스에 의해서 만물이 생성되며, 만물은 또한 로고스에 의해서 지배된다"고 강조한다. 만물이 로고스에 따라 생겨난다는 것은 로고스가 만물을 지배한다는 사실과 모든 존재자들을 존재케 한다는 것을 의미한다. 그러므로 모순 대립으로 인한 투쟁의 결과인 모든 만물은 로고스가 아니면 존재할 수 없으며, 그러한 투쟁 속에서도 사물들이 그렇게 조화와 질서를 유지하는 것도 바로 그 로고스 때문이다. 한 마디로 로고스는 세계를 지배하는 법칙일 뿐 아니라 세계 존재의 근거이다. ☞ **헤라클레이토스**

0230. 고대 그리스의 철학자 가운데 헤겔과 아리스토텔레스에 의해서 변증법의 창시자라고 불리는 사람은 각각 누구인가?

[해설・정답] 헤겔은 헤라클레이토스를, 아리스토텔레스는 제논을 변증법의 창시자라 평가했다. ☞ **헤라클레이토스, 제논**

0231. 문답을 진리 탐구의 수단으로 삼았던 소크라테스가 사람들을 참된 지식으로 유도하기 위해 도와준 방법을 비유적으로 무엇이라 하는가?

[해설・정답] 산파술은 소크라테스가 산모에 비유되는 대화자로 하여금 무지의 자각이라는 아이를 낳도록 도와주기 때문에 붙여진 명칭이다. ☞ **산파술**

0232. 플라톤은 객관적이고 불변하는 진리로서 완전한 사물의 본질을 추구해야 한다고 강조하였는데, 이러한 완전한 사물의 본질을 무엇이라 했는가?

[해설・정답] 플라톤은 사유를 통해 발견한 사물들 속에 있는 공통적인 성질을 이데아(idea) 또는 형상(形相, eidos)이라고 했다. 이러한 형상은 사물들의 변화에도 불구하고 변화하지 않는 비감각적인 실재로서 단지 사유에 의해서만 파악될 수 있는 본질의 세계이다. 따라서 이데아는 구체적인 사물들의 존재를 가능하게 하는 존재의 원인이라고 할 수 있다. ☞ **이데아**

0233. 플라톤은 지혜, 용기, 절제가 서로 조화를 이룰 때의 최고의 덕을 무엇이라 했는가?

[해설・정답] 이성의 덕인 지혜, 기개의 덕인 용기, 욕망의 덕인 절제가 잘 가장 조화된 인간이 바로 플라톤이 말한 이상 인간이다. 그리고 이성, 기개, 욕망의 덕인 지혜와 용기와 절제가 잘 조화를 이룬 상태가 플라톤이 말한 정의(正義, δικαιοσύνη)인데, 정의는 세 덕이 조화되었을 때의 종합적인 덕이라 할 수 있다. ☞ **정의**

0234. 아리스토텔레스 윤리학에서 충동이나 정욕, 또는 감정을 억제함으로써 한쪽으로 치우치지 않으려는 의지를 습관화한 덕을 무엇이라 하는가?

[해설・정답] 어떠한 행동에로의 습성인 실천의 덕으로서 과도나 부족이 없는 상태이다. ☞ **중용**

철학, 쉽게 풀자!

※ 다음 상자 안의 글들을 잘 읽고 ( )에 가장 적당한 말을 써 넣으시오.

> 소크라테스는 자신의 (0235.   )를 깨닫는 것을 (0236.   )에 이르기
> 위한 출발점으로 생각했다.

해설·정답 소크라테스는 참다운 지식을 획득하는 것을 목표로 한다. 왜냐하면 참다운 지식을 가져야 행동으로 옮길 수 있으며, 그래야 비로소 행복에 도달하기 때문이다. 따라서 소크라테스는 무지의 자각을 진리에 도달하기 위한 출발점이라 생각했다. ☞ **0235.무지 / 0236.진지(眞知)**

> 소크라테스는 진리를 발견하기 위해서 (0237.   )의 자각이 무엇보다 중요하다고
> 생각하고, 이를 깨우치기 위해 상대와의 자연스러운 대화를 통한 묻고 답하는 방식의
> (0238.   )을 사용했다. 이렇게 무지를 깨닫게 하는 소크라테스의 방법은 마치
> 아이를 낳게 하는 조산원과 같은 역할을 하는 것이어서 그것을 (0239.   )이라
> 고도 한다.

해설·정답 참된 지식만이 실천으로 옮겨질 수 있다고 보는 주지주의자 소크라테스는 참된 지식을 얻기 위한 철학의 시작은 바로 자신이 무지하다는 사실을 깨닫는 데에서부터 시작한다고 말한다. 그리고 그는 사람들이 이 사실을 깨닫게 하기 위해 문답을 통한 대화의 방법을 사용하였다. ☞ **0237.무지 / 0238.문답법 / 0239.산파술**

> 소크라테스는 의지보다는 지식을 중시하는 (0240.   )자로서 덕은 곧
> (0241.   )이며, 덕스러운 자만이 (0242.   )할 수 있다는 지·덕·복의 일치를
> 주장했고, (0243.   )의 지(知)에서 출발하여 얻게 된 지식이야말로 참다운
> 지식이며 그러한 지식은 반드시 행동으로 옮겨질 수밖에 없다는 (0244.   )합일설
> 을 주장했다.

해설·정답 일반적으로 인간의 행동을 유발하는 것은 지식 또는 의지라고 생각된다. 지식이 행동으로 이끈다는 주장을 주지주의, 의지가 행동으로 이끈다는 주장을 주의주의라고 한다. 소크라테스는 주지주의자로서 인간의 모든 잘못된 행위는 알고도 행하지 못하는, 즉 인간의 수양 또는 실천 의지의 결여로부터 발생하는 것이 아니라 무지로부터 비롯된다고 생각하였다. 그는 안다는 것과 행동한다는 것은 다른 것이 아니라 앎은 곧 행동이라고 주장했다. 지식과 실천은 하나요, 덕은 곧 지식이라는 말이다. 따라서 무지의 지는 행동으로 옮길 수 있는 지식에 이르는 출발점이다. ☞ **0240.주지주의 / 0241.지식 / 0242.행복 / 0243.무지 / 0244.지행**

> 플라톤의 철학은 경험 가능한 현실적 세계인 (0245.   )계와 그것을 가능하게
> 한 실재의 세계인 (0246.   )계의 두 세계로 구분하는 (0247.   )적 세계관으
> 로 특징지을 수 있다.

해설·정답 플라톤의 이원론적 세계관은 경험가능한 감각적 현실세계인 현상계와 현상의 배후에 있는 참된 존재로서의 실재의 세계인 이데아계로 이루어져 있다. ☞ **0245.현상 / 0246.이데아 / 0247.이원론**

아리스토텔레스는 플라톤과는 달리 실재가 구체적 사물의 밖에 외재한다고 보지 않고, (0248.   )와 (0249.   )의 결합에 의해 구체적 개별자가 된다고 보아 개물(個物)이 곧 (0250.   )라고 주장했다.

해설·정답 플라톤은 이데아만이 본래적이고 실재적인 것으로서 개별 사물들과는 독립해서 초월적 세계에 외재한다고 했다. 그래서 실재 또는 실체를 초월적 세계의 이데아로 보았고, 경험계의 존재들은 이데아와 관계를 맺음으로써 비로소 의미를 갖는 의존적인 이차적 존재로 파악하였다. 그러나 아리스토텔레스는 실재나 보편적인 원리는 감각적인 개별적 사물 속에 있다고 생각하여 이데아론을 비판하고, 실체는 개체적 사물 바깥에 외재하는 것이 아니라 질료와 형상이 결합된 구체적 사물 자체라고 했다. 즉 아리스토텔레스는 구체적인 것만이 실재적이라고 생각하고 현실적인 개체를 우시아, 즉 실체(substance)라고 하였다. ☞ **0248.**질료 / **0249.**형상 / **0250.**실체

플로티노스의 (0251.   )은 세계의 존재자들을 일자(一者), 즉 신으로부터 흘러나와 존재하게 되었다는 사상으로서, 그것은 만물들 속에 신이 있으며 신 속에 만물이 있고 만물은 곧 신이며 신은 곧 만물이라는 범신론적 경향을 띠고 있다. 그에 따르면 초존재자인 일자로부터 차례로 (0252.   ), (0253.   ), (0254.   )이 유출되어 존재하게 되었다고 한다.

해설·정답 플로티노스의 근본 사상은 범신론적 유출설(流出說)이다. ☞ **0251.**유출설 / **0252.**정신 / **0253.**영혼 / **0254.**물질

서양 중세철학

0255. 중세철학을 파악하기 위한 가장 중요한 개념은 무엇인가?

　① 신앙과 이성　　② 과학과 신앙　　③ 철학과 신학　　④ 합리와 신비

[해설·정답] 중세철학은 전반적으로 신앙과 이성을 어떻게 사용하며 또 조화시킬 것이냐 하는 점이 문제였다. 따라서 중세철학을 조망하는 가장 좋은 개념은 신앙과 이성이다. ❶

0256. 중세철학에 대한 평가로서 온당하지 못한 것은?

　① 철학의 암흑기라고 할 수 있다.

　② 철학적 논의가 전혀 없었으며 오직 신학적 주제만 다루었다.

　③ 철학은 신학의 시녀 역할을 했다고 할 수 있다.

　④ 중세철학은 기독교 신학의 합리화를 중심으로 이루어졌다.

[해설·정답] 중세에는 철학과 신학이 결합되어 있어서 사실상 양자를 정확하게 구별하기가 어렵다. 그리고 모든 영역을 기독교가 지배하고 있어서 철학 역시 기독교를 위한 것이었다. 철학이 신학에 종속되어 있었다는 말이다. 그래서 페트루스 다미아누스(Petrus Damianus)는 "철학은 신학의 시녀"라고까지 말했다. 그런 점에서 중세는 진정한 철학이 없는 '철학의 암흑기'(Dark Age)라고 말할 수 있다. 그러나 중세의 철학이 근대적 의미에서의 비판적이고 합리적인 철학과는 거리가 멀다 하더라도 그 속에는 고대의 철학이 면면히 흐르고 있었고 근세철학의 싹을 배태하고 있었다. ❷

0257. 중세의 주류 철학의 형성과 가장 거리가 먼 사람은?

　① 플라톤　　　② 플로티노스　　③ 소크라테스　　④ 아리스토텔레스

[해설·정답] 플라톤과 플로티노스의 철학은 교부철학에, 아리스토텔레스는 스콜라철학에 커다란 영향을 미쳤다. ❸

0258. 다음 중 중세철학 형성과 거리가 먼 사람은?

　① 플라톤　　　② 플로티노스　　③ 바울　　④ 소크라테스

[해설·정답] 플라톤과 아리스토텔레스, 신플라톤주의가 중세철학을 형성하는 데 그릇의 역할을 했다면 바울의 사상은 모든 중세철학의 그릇에 담기는 내용의 기초를 제공했다. ❹

0259. 다음 중 속사도 교부에 해당되지 않은 사람은?

　① 이그나티우스　　　　　② 알렉산드리아의 클레멘트

　③ 서머나의 폴리캅　　　　④ 히에라폴리스의 파피아스

[해설·정답] 중세 초기의 교부 중 클레멘트라는 이름을 가진 사람이 둘이 있다. 하나는 속사도 교부인 로마의 클레멘트요, 다른 하나는 알렉산드리아의 클레멘트인데, 일반적으로 클레멘트라고 하면 알렉산드리아의 클레멘트를 가리킨다. 로마의 클레멘트는 로마의 3대 감독으로서 고린도인들에게 보내는 두 개의 편지의 저자로 알려져 있다. ❷

0260. 속사도 교부의 한 사람으로서 수리아의 안디옥교회 3대 감독을 지내고 로마 황제 트

철학, 쉽게 풀자!

라얀 치세 때에 맹수에게 찢겨 순교한 교회론의 창시자는 누구인가?
① 이그나티우스 ② 알렉산드리아의 클레멘트
③ 서머나의 폴리캅 ④ 히에라폴리스의 파피아스

해설·정답 안디옥의 이그나티우스(Ignatius of Antioch)는 초대교회 속사도 교부 중의 가장 유력한 인물 중의 한 사람으로서 사도 요한의 제자이자 서머나교회의 감독이었던 친구 폴리캅과 함께 교회 박해시대에 소아시아 지방의 안디옥교회에서 훌륭한 목회를 한 감독이다. 그의 업적으로는 교회와 성직과 예전의 신성성을 강조하여 교회론을 정초한 데에 있다. ❶

0261. 사도 요한의 제자요 서머나교회의 감독으로서 이단들에 대해 단호한 입장을 취하면서 정통주의 신앙을 지키다가 마르쿠스 아우렐리우스 황제 치하에서의 영광스런 순교로 유명한 속사도 교부는 누구인가?
① 이그나티우스 ② 알렉산드리아의 클레멘트
③ 서머나의 폴리캅 ④ 히에라폴리스의 파피아스

해설·정답 폴리캅은 총독이 그리스도를 비난하면 풀어주겠다고 회유할 때 "나는 86년 동안 그분을 섬겨왔는데 그 동안 그분은 한 번도 나를 부당하게 대우하신 적이 없습니다. 그런데 내가 어찌 이제까지 섬겨온 나의 왕 그리스도를 모독할 수 있겠습니까?"라고 대답했다. 그리고 마침내 화형에 처해졌으나 그의 육신이 불에 타지 않아 칼로 찔려 순교했다. ❸

0262. 초대교회 당시의 이단 사상이 아닌 것은?
① 영지주의 ② 말시온이즘 ③ 몬타니즘 ④ 알렉산드리아학파

해설·정답 초기 기독교 교회를 위협한 대표적인 이단들은 영지주의, 말시온, 그리고 몬타니즘이다. 알렉산드리아학파는 2세기 말에서 3세기 초에 활동한 교리문답학파이다. ❹

0263. 초기 기독교의 이단들 가운데 가장 영향력이 컸던 이단은?
① 말시온이즘 ② 몬타니즘 ③ 노스티시즘 ④ 에비온이즘

해설·정답 영지주의는 기독교의 가르침을 이방 사상과 혼합하여 교회에 침투했고, 말시온은 신구약을 예리하게 구분하여 전통적인 복음을 곡해하였다. 그리고 몬타니즘은 영지주의의 이원론을 기독교의 가르침에 융합시켜 임박한 새 예루살렘의 도래를 예언했으나 지나치게 복음의 한 면만을 강조한 나머지 복음의 본질을 왜곡시켰다. 영지주의(靈知主義)는 노스티시즘(Gnosticism), 그노시스(Gnosis)주의라고도 한다. ❸

0264. 영지주의(靈知主義)에 대한 설명이다. 잘못된 것은?
① 신앙을 단순한 신앙으로 그치지 아니하고 지식화하려는 경향을 띠고 있다.
② 기독교적 요소와 그리스, 동방적 요소의 혼합주의이다.
③ 그리스도의 성육신을 부인했을 뿐 신인(神人) 양성(兩性)은 인정했다.
④ 물질은 악하다는 전제에서 극단적인 영육 이원론을 주장한다.

해설·정답 영지주의(Gnosticism)는 성경적, 기독교적 요소에다 페르시아의 이원론, 동방의 신비주

68

종교, 바빌로니아의 점성술, 그리고 그리스 철학을 기이하게 혼합하여 그노시스라는 신비한 영적 지식으로 신앙을 대신하려고 하는 혼합주의 사상이다. 영지주의라는 명칭은 지식을 의미하는 그리스어 그노시스(gnosis)에서 유래된 것으로서 신의 계시를 체험해서 생기는 내면적인 구원에 관한 지식, 곧 신적인 경지로 나아가는 신비적인 지식을 강조한다. 하나님과 물질의 극단적인 이원론을 가장 큰 특징으로 하는 영지주의는 그리스도의 성육신과 그의 양성을 부인한 이단으로서 초대교회의 가장 강력한 라이벌이었다. ❸

0265. 신과 물질, 영과 육의 극단적 이원론에 의해 물질이 악하다고 보기 때문에 하나님의 아들이 육신으로 태어나서 십자가에 못 박힌 일은 신답지 않은 일이라고 하여 가현설(假現說)을 주장한 이단은?

① 말시온이즘　　② 몬타니즘　　③ 영지주의　　④ 에비온주의

해설·정답 가현설(假現說, Docetism)이란 그리스도의 몸은 진정한 의미의 신체적 몸이 아니고 다만 몸을 가진 것처럼 보였을 뿐이며 그의 고난, 죽음, 부활도 사실은 실제적인 것이 아니라 실제적으로 보였을 뿐이라는 영지주의의 이단적 사설을 말한다. 영지주의자들은 신이 육화(肉化)하여 인간 예수가 되었으며 그 인간 예수가 바로 하나님이라는 정통적 기독교 사상에 대해 선한 하나님이 악한 육신을 입는 일은 모순된다고 보았던 것이다. ❸

0266. 율법과 복음, 옛 언약과 새 언약을 구분했을 뿐 아니라 구약의 율법적인 하나님을 열등한 하나님, 그리고 신약의 하나님인 예수 그리스도의 아버지를 예리하게 구분하여 양자간의 연속성을 단절시키고, 가현설적 기독론을 주장하고 성육신과 그리스도의 육체적 부활을 부인한 초대교회의 이단은?

① 말시온이즘　　② 몬타니즘　　③ 영지주의　　④ 에비온주의

해설·정답 말시온은 구약의 하나님을 욕정적이고 전투적인 하나님이라고 하여 부정하고, 가장 악한 죄인까지라도 용서하시는 사랑과 평화와 무한히 선한 '알지 못하는 하나님'이 있다고 주장했다. 말시온주의의 이단적 특징은 하나님의 천지창조 부인, 창조주와 그리스도의 아버지의 구분, 가현설적 기독론, 성육신과 그리스도의 육체적 부활 부인, 영혼만의 구원, 물질계와 영계의 구분 등의 이원론적 사고에 있다. ❶

0267. 비록 이단이었지만 유대주의적 요소를 제거하기 위해 누가복음과 바울서신으로 정경화 작업을 한 사람은 누구인가?

① 말시온　　② 몬타누스　　③ 발렌티누스　　④ 케린투스

해설·정답 말시온은 신약 정경을 작성하면서 바울 서신들과 바울의 동료가 쓴 복음서(누가복음)만을 인정했다. 이것은 율법과 복음의 대조, 하나님의 은총 교리, 그리고 극적인 그리스도 중심주의에 대해서 말시온이 바울의 메시지를 잘 이해했으리라고 추측케 한다. 그러나 그의 정경화 작업은 그의 신구약의 구분을 정당화하고 자신의 신학을 뒷받침하기 위한 목적이었다. ❶

0268. 성령 시대의 도래를 주장하면서 자신들이 받았다는 성령에 의지하여 예언하고, 매우 엄격한 윤리규범을 가져 독신과 순교를 강조하며 세상과의 분리, 성결한 삶을 매우 중시했지만, 교리적 기준이 없는 주장으로 인해 교회에 무질서를 가져다주었던 초대

교회 이단은?

① 말시온이즘　　② 몬타니즘　　③ 영지주의　　④ 에비온주의

[해설·정답] 몬타누스는 자신을 통해 성령의 시대가 왔으며, 성령께서 자신과 그를 돕는 두 여인을 통해 새 예언을 말씀하신다고 주장했다. 그들이 주장한 새로운 계시는 신약성경의 내용과 모순되지도 않았으며 윤리적인 면에서나 종말론적인 면에서 오히려 능가했다. 그리고 그들의 윤리 규범은 매우 엄격했는데 이것은 당시의 교회들이 죄인들을 지나치게 쉽게 용서해 주며 교회가 세속의 요구에 점진적으로 동화되어 가는 데 대한 반항으로 보인다. 그러나 교리적 기준이 없는 그들의 주장은 교회에 무질서를 가져다주었다. 터툴리안조차도 한 때 포섭되기도 했었다. ❷

0269. 다음 중 그리스 변증가에 속하지 않은 사람은?

① 아리스티데스　　② 저스틴　　③ 이레니우스　　④ 터툴리안

[해설·정답] 그리스 변증가로는 마르시아누스 아리스티데스, 순교자 저스틴, 타티안, 아테나고라스, 안디옥의 테오필로스, 반영지주의자 이레니우스, 교회사가 유세비우스, 닛사의 그레고리우스 등을 들 수 있다. 터툴리안은 라틴 변증가이다. ❹

0270. 기독교를 그리스철학 이상으로 보고 로고스가 바로 하나님의 말씀이요 그리스도라는 로고스 사상을 발전시킨 사람은?

① 저스틴　　② 터툴리안　　③ 유세비우스　　④ 이레니우스

[해설·정답] 저스틴은 당시의 지성에게 그리스도를 알 수 있도록 설명하는 데에 목적을 두고 인간이 가진 모든 지식은 로고스의 산물이라는 사실을 설명하려 했다. 그에게의 로고스는 우주의 이성적 원리일 뿐 아니라 요한복음 서문에 나오는 선재적(先在的) 그리스도이다. 그래서 그는 "합리적(로고스적)으로 살았던 사람들은 비록 그들이 무신론자라고 생각하면서 살았다고 하더라도 다 그리스도인이다"고 했다. ❶

0271. 기독교와 그리스 철학은 서로 모순되는 것이 아니며 오히려 철학은 기독교에 들어가는 입문으로서 인간을 하나님에게로 이끌려는 의도로 고안된 극히 귀중한 하나님의 선물이라고 한 교부는?

① 저스틴　　② 터툴리안　　③ 유세비우스　　④ 이레니우스

[해설·정답] 저스틴의 중심 사상은 구약의 선지자들과 로고스에 의해 가르쳐진 진리이기 때문에 기독교가 모든 철학 중의 가장 참된 철학이라는 주장이다. 그는 인류 전체를 계몽하는 신적인 로고스가 그리스도 안에서 구체적으로 육화하였다는 확신을 가지고 누구든 로고스에 따라 사는 한에는 다 그리스도인이라고 했다. 또한 그는 로고스는 언제 어디서나 일하시므로 언제나 로고스의 지도를 따르기만 하면 소크라테스와 헤라클레이토스와 같은 그리스인이거나 아브라함과 엘리야와 같은 야만인이거나를 막론하고 모두가 다 그리스도인이라고 생각했다. 그는 그리스도야말로 강생한 로고스 그 자체이며 로고스는 그리스도로 말미암아 완전히 계시되었으므로 기독교는 진리의 완성이며 진정한 철학이란 의미에서 기독교를 철학 위에 두었다. ❶

0272. 초기 기독교 이단이었던 영지주의에 대항하여 교회의 바른 신앙을 확립하여 교육하기에 진력한 순교자로서 사도들의 신앙과 교회의 오류 없는 전승을 주장한 사람은?

① 이레니우스　　② 저스틴　　③ 오리겐　　④ 클레멘트

[해설·정답] 이레니우스는 당시의 대표적인 이단인 영지주의에 대한 위대한 반대자로서 성육신, 부활, 성찬 등의 상호관계를 해명했고 신구약의 조화를 강조했으며 교회의 전통을 주장했다. 이를 위해 『이단논박』(Against Heresies)을 저술했는데, 사도들의 신앙과 오류 없는 전승을 통해 교회가 견지해 오는 기독교 신앙의 요건들, 즉 성경의 권위, 신앙 내용의 사도적 요약, 교회의 신조, 교회의 정통성, 그리고 '하나의 교회, 하나의 신앙'이라는 교회론 등을 들어 영지주의를 논박했다. ❶

0273. 대표적인 알렉산드리아학파의 인물로 짝지어진 것은?

① 이레니우스와 저스틴　　　　② 저스틴과 오리겐
③ 오리겐과 클레멘트　　　　　④ 클레멘트와 터툴리안

[해설·정답] 알렉산드리아의 교리문답학파(catechetical school)의 대표자는 클레멘트와 오리겐인데, 이단에 대한 논박이나 변증의 한계를 넘어서서 고도의 사색적인 날개를 마음껏 펼친 결과 정통 교리적 입장에서 보면 위험 요소를 안고 있었다. ❸

0274. 바울이 모세 율법을 유대인으로 하여금 복음에로 이끌어 간 몽학선생이라고 보았 듯이 그리스인들에게는 철학이 몽학선생이었다고 하면서 성경의 진리와 철학적 진리가 근본적으로 로고스라는 한 근원에서 기원되었기 때문에 둘 사이에는 연속성이 존재하며 조화가 가능하다고 했던 초대교회 교부는?

① 이레니우스　　② 저스틴　　③ 오리겐　　④ 클레멘트

[해설·정답] 철학을 거쳐 기독교로 들어온 클레멘트는 철학은 하나님이 뜻하셨으며 자체적으로 선함을 그들에게 보여주려 했다. 즉 그는 기독교 진리와 그리스 철학의 진리 사이에 연속성이 있다고 보고 양자의 연합을 추구했다. 클레멘트에 따르면 바울이 모세 율법을 유대인으로 하여금 복음에로 이끌어 간 몽학선생이라고 보았듯이 그리스인들에게는 철학이 몽학선생이었다. 이는 하나님의 로고스가 언제나 영혼들을 조명하고 있어서 유대인들이 모세와 예언자들의 가르침을 받고 있었던 반면, 그리스인들은 현인들인 철학자들의 가르침을 받았으므로 그리스인들에게의 철학은 유대인들에게의 율법과 같다는 뜻이다. 그런 의미에서 철학자들은 그리스인의 자연 이성에 대한 선지자였다. 결국 철학을 그리스인에게 준 것은 유대인에게 율법을 부여한 것과 동일한 목적이요 유대인의 율법과 그리스인들의 철학이라는 두 강이 만나는 곳에서 기독교가 나왔다는 말이다. ❹

0275. 성경의 모든 구절의 문자적 의미의 배후에 영적 의미가 담겨 있다는 이해 위에 알레고리, 즉 풍유적 방법으로 성경을 해석했던 교부는?

① 이레니우스　　② 저스틴　　③ 오리겐　　④ 클레멘트

[해설·정답] 오리겐은 그리스 철학은 본질적으로 악하지도 선하지도 않으며 우리가 어떻게 쓰느냐에 달려 있다고 생각했다. 그래서 그는 성경을 출발점으로 삼았는데, 성경을 알레고리칼하게 해석했다. ❸

0276. 철학은 기독교에 들어가는 수단에 불과하다는 생각을 가진 사람으로서 창조를 제2의 신(神)인 로고스에 의해 이루어졌다고 하고 구원론에 있어서 만물복귀설을 주장한 알렉산드리아 교부는?

① 이레니우스　　② 저스틴　　③ 오리겐　　④ 클레멘트

해설·정답 오리겐의 사상 가운데 문제가 되는 부분은 풍유적 성경해석방법론, 성자의 성부 종속설, 만물복귀설(만유구원론) 등이다. ❸

0277. 다음 중 친(親) 그리스철학적인 생각과 태도를 가진 사람으로 묶인 것은?

① 저스틴, 클레멘트, 유세비우스, 오리겐

② 저스틴, 클레멘트, 오리겐, 터툴리안

③ 저스틴, 클레멘트, 유세비우스, 터툴리안

④ 저스틴, 유세비우스, 오리겐, 터툴리안

해설·정답 중세 초기의 변증가들은 기독교의 진리와 그리스철학과의 관계에 대해 커다란 관심을 보였다. 저스틴, 유세비우스, 알렉산드리아의 클레멘트, 오리겐은 양자의 연속성을 인정하는 친 그리스철학적 태도를 취했지만, 터툴리안은 양자의 연속성을 부정하고 그리스철학을 불신하고 경멸했다. ❶

0278. 성자의 '영원 전 나심'이라는 개념을 통해 삼위일체 교리의 정립에 중요한 개념을 제공한 교부는?

① 이레니우스　　② 저스틴　　③ 오리겐　　④ 클레멘트

해설·정답 오리겐의 성부와 성자의 관계에 있어 공과(功過)가 뚜렷하다. 그는 성자를 성부와 같이 영원한 분으로 보고 성부가 영원 전에 성자를 낳았다고 했다. 이는 성자가 존재하지 않았던 때가 결코 없었으며, 로고스가 시간 속에서 창조된 것이 아니라 영원 속에서 나셨다는 의미이다. 따라서 성자는 본성적으로 하나님 자신의 나신 자라는 의미이다. 그러나 오리겐은 아들이 아버지와 마찬가지로 영원하다고 보았지만 아들을 제2의 하나님이라고 부름으로써 성자가 성부에 종속된다고 했다. ❸

0279. 오리겐의 사상으로 옳지 않은 것은?

① 하나님은 한 분이시며 만물을 창조하시고 질서를 주시고 아무것도 존재하지 않을 때 우주를 존재하게 하셨다.

② 예수 그리스도는 지상에 오셨던 분으로서 모든 피조물보다 앞서 아버지로부터 출생하셨다.

③ 성령은 존영과 권세에 있어서 아버지와 아들과 연합되어 있다.

④ 마지막 때에 모든 것이 완전히 회복되지만 마귀는 영원한 형벌을 받는다.

해설·정답 오리겐은 하나님께서는 잃어버린 자를 되돌이켜 돌아오기를 원하시기 때문에 결국은 모든 것이 완전히 복귀시키시는데, 지옥의 가장 어두운 마귀까지 복귀된다고 했다. 결국 근본악이나 영벌과 같은 개념을 부인한 셈이다. 이를 오리겐의 만물복귀설, 만유구원설이라고 한다. ❹

0280. 라틴 변증가에 속하지 않은 사람은?

① 터툴리안　　② 오리겐　　③ 암브로스　　④ 어거스틴

해설·정답 알렉산드리아의 교부들이 그리스 출신이거나 그리스 철학의 배경 속에서 훈련받은 사람들인 데에 반해 라틴 교부들은 법률, 정치 등의 라틴의 정신 속에서 훈련받은 사람들이었다. 따라서 알렉산드리아학파에는 그리스 사상이 강하게 나타난 반면, 라틴 교부들에게는 법적인 색채가 강하게 부각되었다. 라틴 교부들은 주로 카르타고를 중심으로 북아프리카가 주된 무대였으며 터툴리안, 키프리안, 아타나시우스, 암브로스, 어거스틴 등을 대표자로 들 수 있다. ❷

0281. 라틴신학의 원조는 누구인가?

① 터툴리안　　　② 오리겐　　　③ 암브로스　　　④ 어거스틴

해설·정답 라틴신학의 개척자인 터툴리안은 라틴어를 사용하여 신학을 정립한 최초의 인물인데, 그 계보는 터툴리안, 키프리안, 아타나시우스, 암브로스, 어거스틴으로 이어진다. ❶

0282. 그리스철학과 기독교와의 연속성을 부정한 대표적인 교부는?

① 이레니우스　　　② 저스틴　　　③ 오리겐　　　④ 터툴리안

해설·정답 저스틴, 유세비우스, 클레멘트, 오리겐은 그리스철학과 기독교의 연속성을 강조했지만, 터툴리안은 양자의 불연속성을 강조했다. ❹

0283. 다음 중 터툴리안의 말이 아닌 것은?

① 아테네와 예루살렘이 무슨 상관이냐?

② 철학은 모든 이단의 어머니요 악의 뿌리이다.

③ 나는 불합리하기 때문에 믿는다

④ 철학은 기독교에 들어가는 수단이다.

해설·정답 터툴리안은 모든 진리가 그리스도에게로 인도하여 간다고 했던 저스틴과 클레멘트와 같은 변증가들이 그리스 사상으로 신앙을 말하려는 견해와 입장에 극렬히 반대하고 이교와 이교적 학문, 특히 그리스 철학에 대해 경멸적인 태도를 보였다. 그래서 그는 철학은 우리를 그릇된 길로 이끄는 이단의 어머니요 모든 악의 뿌리라고 하고 철학자들을 이교의 족장들이라고 비난했다. ❹

0284. 다음과 같은 말들로 유명한 교부는 누구인가?

> ① 아테네와 예루살렘이 무슨 상관이 있는가?
> ② 철학은 모든 이단의 어머니요 악의 뿌리이다.
> ③ 나는 불합리하기 때문에 믿는다

① 터툴리안　　　② 어거스틴　　　③ 아퀴나스　　　④ 클레멘트

해설·정답 터툴리안은 이성에 대한 신앙의 우위를 주장하여 "아테네와 예루살렘이 무슨 관계가 있는가?" "플라톤의 아카데미아와 교회 사이에 무슨 관계가 있는가?" "이단들과 기독교인들 사이에 무슨 관계가 있는가?"라고 외쳤다. 또한 "신앙의 표준과 상충되는 일에 대해서는 아무것도 모르는 것이 모든 것을 아는 것이다"고 말하면서 "불합리하기 때문에 나는 믿는다"고 했다. ❶

0285. "불합리하기 때문에 나는 믿는다"고 말한 교부는?

① 이레니우스 　　② 저스틴 　　③ 오리겐 　　④ 터툴리안

해설·정답 신앙의 내용이 불합리하면 불합리할수록 신앙의 힘이 더 커질 수 있는 기회가 많아지며, 그래서 이성에 위배되고 불합리한 점이 오히려 진리가 된다는 뜻이다. ❹

0286. 그리스 철학을 불신하고 이성에 대한 신앙의 우위를 주장한 라틴 변증가는?

① 터툴리안 　　② 아타나시우스 　　③ 암브로스 　　④ 어거스틴

해설·정답 터툴리안의 이성에 대한 신앙의 우위적 표현은 "플라톤의 아카데미아와 교회 사이에 무슨 관계가 있는가?," "이단들과 기독교인들 사이에 무슨 관계가 있는가?"라는 말에서도 나타난다. ❶

0287. 라틴신학의 원조로서 기독교와 그리스철학의 조화를 거부하면서 "아테네와 예루살렘이 무슨 관계가 있느냐"는 말로 그리스철학에 대한 불신과 경멸을 나타낸 교부는?

① 이레니우스 　　② 저스틴 　　③ 오리겐 　　④ 터툴리안

해설·정답 터툴리안은 변증가들 가운데 그리스철학에 대해 불신과 경멸을 나타냈다. ❹

0288. 복음은 철학과 아무런 관계가 없다고 주장한 교부는?

① 저스틴 　　② 터툴리안 　　③ 아테나고라스 　　④ 이레니우스

해설·정답 기독교 진리를 그리스 철학적으로 이해하려는 시도를 반대한 터툴리안은 "예수 그리스도에 대해 우리는 사색이 필요 없으며, 복음에 대하여 탐구가 필요 없다"는 말로 단순한 신앙을 강조했다. ❷

0289. 특히 삼위일체론과 교회론에 공헌한 라틴신학 교부로 짝지어진 것은?

① 터툴리안과 키프리안 　　　　② 키프리안과 아타나시우스

③ 아타나시우스와 암브로스 　　④ 암브로스와 어거스틴

해설·정답 터툴리안은 하나님의 존재를 아버지, 아들, 성령의 삼위로 명확하게 정의했고 이 사상을 표현하기 위해 삼위일체란 말을 사용했다. 또한 키프리안은 박해시대에 배교한 자들이 회개하면 교회가 수용해야 한다고 함으로써 교회의 일치를 강조했다. ❶

0290. 니케아 종교회의(325)에서 아리우스주의자들과의 투쟁에서 승리하여 기독론의 역사에 뚜렷한 이정표를 세우고 삼위일체론을 형성하는 데 크게 기여한 라틴 변증가는?

① 터툴리안 　　② 아타나시우스 　　③ 암브로스 　　④ 어거스틴

해설·정답 아리우스가 "아들은 신이 아니어서 구원하거나 전능하거나 불변적이 아니며 하나의 피조물로서 모든 피조물 가운데 유일한 자요 성부보다 늦게 존재하게 되었다"고 말했지만, 아타나시우스는 "아들은 아버지의 본질에서 나오셨고 아버지와 동일한 본질이시다"고 주장했다. ❷

0291. 어거스틴의 회심에 중요한 역할을 했던 밀라노의 감독으로서 영원한 행복은 하나님 안에만 있다고 가르친 사람은?

① 터툴리안　　　② 아타나시우스　　③ 암브로스　　　④ 어거스틴

[해설·정답] 어거스틴은 암브로스의 설교를 통해 성경을 문자적으로 해석하려던 태도의 잘못을 깨달았으며, 구약성경의 여러 구절에 대한 영적이고 은유적인 해석을 통해 마니교의 기독교에 대한 비난이 무엇인가 잘못이 있다고 생각하게 되었다. 결국 암브로스의 설교를 통해 기독교 진리에 눈을 뜨게 되었고 그의 회심에 결정적인 역할을 했다. ❸

0292. 그리스 철학을 기독교를 위한 이교 세계의 준비로 보지 않은 사람은?

① 저스틴　　　　② 클레멘트　　　③ 오리겐　　　　④ 터툴리안

[해설·정답] 저스틴, 유세비우스, 알렉산드리아의 클레멘트, 오리겐 등은 그리스 철학자들의 오류와 모순을 충분히 알고 있었지만 그리스 철학, 특히 플라톤주의를 기독교를 위한 이교 세계의 준비로 보았다. 터툴리안은 반그리스적 사고를 가진 사람이다. ❹

0293. 동방신학과 서방신학의 전통을 세운 교부는 각각 누구인가?

① 오리겐과 터툴리안　　　　　　　② 오리겐과 암브로스
③ 클레멘트와 터툴리안　　　　　　④ 클레멘트와 어거스틴

[해설·정답] 동방신학은 오리겐, 서방신학은 터툴리안에 의해 각각 그 전통이 세워지기 시작했다. ❶

0294. 교부철학자들이 의존했던 그리스의 철학은 주로 무엇이었는가?

① 플라톤 철학과 아리스토텔레스 철학　　② 플라톤 철학과 신플라톤주의
③ 아리스토텔레스 철학과 신플라톤주의　④ 소크라테스와 아리스토텔레스 철학

[해설·정답] 교부철학자들은 플라톤과 신플라톤주의, 특히 플로티노스에 상당히 많이 의존했다. ❷

0295. 어거스틴에 관한 설명 중 옳지 않은 것은?

① 대표적인 스콜라철학자이다.
② 히포의 감독(주교)이었다.
③ 회심하기 전에 마니교와 아카데미아학파 등에 빠졌었다.
④ 플라톤 철학과 신플라톤주의가 사상적 토대를 이루고 있다.

[해설·정답] 어거스틴은 대표적인 교부철학자이며, 스콜라철학의 대표자는 토마스 아퀴나스이다. ❶

0296. 어거스틴의 주요 저서에 해당하지 않은 것은?

①『신국론』　　　②『고백록』　　　③『삼위일체론』　　④『신학대전』

[해설·정답] 어거스틴의 주요 저서로는『신국론』,『고백록』외에『삼위일체론』,『자유의지론』,『행복한 삶』,『독백』,『참 종교론』등이 있다.『신학대전』은 아퀴나스의 대표적인 저서이다. ❹

0297. '오직 믿음'(*sola fide*), '오직 성경'(*sola scriptura*), '오직 은혜'(*sola gratia*)를 부르짖으며 성경과 초대교회로 돌아가는 것을 목표로 했던 종교개혁자들이 로마 카톨릭에 대항하여 회귀해야 할 신학적인 모범과 전형으로 삼았던 사람은?

① 오리겐　　　② 어거스틴　　　③ 아퀴나스　　　④ 쯔빙글리

[해설·정답] 종교개혁자들이 보기에 어거스틴이야말로 오직 믿음, 오직 성경, 오직 은혜라는 종교개혁의 정신을 그 사상 체계 안에 가장 잘 담고 있었다. 그래서 개혁자들에 의해 어거스틴의 사상이 새롭게 조명되었다. 실제로 루터(Luther)와 칼빈(Calvin)의 신학적 사상과 이론도 사실 어거스틴의 신학의 재발견에 기초하고 있다. 즉 루터와 칼빈은 어거스틴의 신관과, 인간이 신의 은총을 필요로 함을 재확인하고 이를 받아들였다. 특히 칼빈의 예정론과 인간의 전적인 부패, 신의 절대 주권에 대한 주장도 어거스틴의 사상에 깊은 근거를 두고 있다. ❷

0298. 종교개혁자들이 어거스틴을 개혁의 요지를 담은 신학의 전형으로 삼았던 가장 중요한 어거스틴의 사상은 무엇이었는가?

① 창조론　　　② 원죄설　　　③ 은총설　　　④ 자유의지론

[해설·정답] 거의 모든 지적인 내용을 섭렵하고서도 진리와 행복을 발견하지 못한 어거스틴이 하나님의 은총으로 진리와 행복에 도달한 이후, 그의 사상은 항상 성경중심적인 하나님의 은총에서 맴돌고 있다. ❸

0299. 어거스틴의 신앙과 이성에 대한 태도가 아닌 것은?

① "신앙이 선행하고 이성이 뒤따른다."

② "신앙은 찾고 이성은 발견한다."

③ "우리들은 성경의 권위를 힘입어서만 말하려 하지 않고 보편적인 인간의 이성의 바탕 위에서 믿지 않는 자들을 위해 말하고자 한다."

④ "불합리하기 때문에 믿는다."

[해설·정답] 어거스틴은 진리에 이르는 지성의 능력을 계시 없이는 인정하지 않았다. 오히려 그는 기독교의 예지를 하나의 전체로 보았으며 자신의 지성에 의해서 기독교의 신앙을 통찰하고 세계와 인생을 기독교적인 예지에 비추어 보려고 노력했다. 따라서 그에게는 신앙이 우선하지 않는 이성이 그 기능을 정상적으로 발휘할 수 없고 신앙이 이성을 무시하고 독자적으로 활동하는 일도 결코 있을 수 없다. 오히려 신앙은 이성을 배척하는 것이 아니라 이성에게 도움을 준다고 보고 이성의 완전한 기능 수행은 신앙을 통해서라고 생각한다. 그렇지만 신앙 그 자체는 인간의 궁극적 목표가 아니라 완전한 인식을 위한 조건이라고 본다. 그러므로 신앙의 대상이 되는 진리는 모순되거나 불합리하지 않고 매우 합리적이다. 그래서 그는 이성이나 철학의 한계를 지적하여 신앙과 의지를 크게 부각시키면서도 터툴리안처럼 "불합리하기 때문에 믿는다"는 식의 주장은 하지 않는다. ❹

0300. 어거스틴이 기독교적 신앙을 보호하고 변증하기 위해 맞서 싸운 당대의 이단들에 해당하지 않는 것은?

① 마니교　　　② 도나티스트주의　　③ 펠라기우스주의　　④ 영지주의

[해설·정답] 영지주의는 초대교회 당시에 크게 위세를 떨친 이단이었으나 교회 회의를 통해 정통 교리들이 확립되어 가면서 점점 그 세력을 잃어갔으며, 어거스틴 당시에는 크게 문제시되지 않았다. 오히려 마니교와 도나티스트주의, 그리고 펠라기우스주의가 기독교의 정통 신앙을 흔들어 놓고 있었다. ❹

0301. 어거스틴과 펠라기우스가 벌였던 논쟁의 초점은 무엇이었는가?

① 원죄   ② 자유의지   ③ 은총   ④ 예정

[해설·정답] 펠라기우스는 행위에 대한 인간의 책임을 강조하기 위해 자유의지를 강조했다. 즉 인간이 이 자유의지를 통해 선을 행할 수도 있고 악을 행할 수도 있으며 죄를 범하지 않을 수도 있다고 주장했다. 그러나 어거스틴은 펠라기우스의 주장이 인간의 본질적 죄성, 즉 원죄에 대한 성경의 가르침과 모순된다는 사실을 간파하고 자유의지에 관한 논쟁을 통해 원죄설, 자유의지론, 은총설, 예정설 등을 확립했다. ❷

0302. 어거스틴의 사상에 대한 설명 중 옳지 않은 것은?

① 악이란 선의 결핍이다.

② 인간은 원래 악한 존재이다.

③ 하나님은 무로부터 세상을 창조하셨다.

④ 구원은 오직 하나님의 은총에 의해서만 가능하다.

[해설·정답] 어거스틴의 창조론에 의하면 선한 하나님에 의해 창조된 모든 피조물은 그 자체 선한 것이다. 인간이 악한 존재가 된 것은 타락한 이후이다. ❷

0303. 어거스틴이 말한 '창조'란 무엇으로부터의 창조를 가리키는가?

① 공허   ② 무(無)   ③ 무질서   ④ 이데아

[해설·정답] 어거스틴의 창조는 '무로부터의 창조'(creatio ex nihilo)이다. ❷

0304. 어거스틴의 인식론을 설명한 다음의 내용 가운데 공통성이 없는 것은?

① 진리의 인식   ② 행복의 달성   ③ 신의 소유   ④ 존재의 확신

[해설·정답] 어거스틴에게는 진리의 인식, 행복의 달성, 신의 소유는 모두 동일한 의미이다. 왜냐하면 진리 추구는 인간을 행복하게 만드는 필요조건이요 그 진리의 소유는 바로 행복의 달성이기 때문이다. 우리가 행복을 위해 추구해야 할 것은 영속적이고 소멸되지 않는 필연적 존재인데 어거스틴은 그것이 곧 신이라고 한다. ❹

0305. 어거스틴이 아카데미아학파의 회의주의를 논박하면서 도달한 의식의 사실과 자각의 확실성을 표현한 "내가 만일 속고 있다면, 나는 존재한다."(Si fallor, sum)는 말은 후에 근세의 어느 철학자에게 영향을 주었는가?

① 데카르트   ② 스피노자   ③ 라이프니츠   ④ 칸트

[해설·정답] "내가 만일 속고 있다면, 나는 존재한다."(Si fallor, sum)는 말은 무엇인가를 의심하는 한, 의심의 주체인 나의 존재는 확실한 진리이며 또 내가 존재함이 확실하듯이 결코 진리의 존재를 의심할 수 없다는 의미이다. 이것은 근세의 데카르트가 자각의 확실성으로서 말한 "나는 생각한다. 그러므로 나는 존재한다"(cogito ergo sum)의 선구로 평가되고 있다. ❶

철학, 쉽게 풀자!

0306. 진리 인식의 주체로서의 영혼의 절대적 실재를 주장한 중세의 철학자는?

① 어거스틴　　　② 안셀무스　　　③ 터툴리안　　　④ 에크하르트

[해설·정답] 어거스틴은 *Si fallor, sum*을 통해 의식의 사실과 자각의 확실성을 확보했다. ❶

0307. 어거스틴이 진정한 인식을 위해 필요하다고 했던 감각과 이성보다 더 높은 인식 능력은 무엇인가?

① 신비적 체험　　② 신적 조명　　③ 신적 계시　　④ 이성적 직관

[해설·정답] 어거스틴에 따르면 사물에 대한 불변적 진리는 신에 의해 조명되지 아니하면 알 수가 없다고 한다. 태양빛이 유형적 사물을 육안에 보이게 하듯이 신의 조명이 영원한 진리를 마음과 정신에 보이게 한다는 말이다. 이러한 신의 조명이 필요한 이유는 인간 정신은 변화하고 현세적인 반면에, 불변하고 영원한 진리는 인간 정신을 초월해 있기 때문이다. 어거스틴이 신의 조명을 요청한 것은 바로 인간 지성의 결함 때문이었다. ❷

0308. 어거스틴의 인식론을 지칭하는 것은?

① 조명설(照明說)　② 상기설(想起說)　③ 은총설(恩寵說)　④ 원죄설(原罪說)

[해설·정답] 어거스틴의 인식론은 신에 의해 조명되지 아니하면 알 수가 없다는 조명설이다. ❶

0309. 어거스틴은 인간이 하나님에 이르러 하나님을 소유하여 누리기 위해 필요한 것이 무엇이라고 했는가?

① 운명과 선택　　② 의지와 은총　　③ 은총과 선택　　④ 의지와 사랑

[해설·정답] 어거스틴의 윤리학은 근본적으로 사랑의 윤리학인데, 인간이 하나님에게 이르려고 애쓰고 하나님을 소유하여 누림은 의지에 의해서이지만, 지복에의 도달, 즉 불변하는 선의 분유는 은총의 도움 없이는 불가능하다고 한다. 결국 행복에 도달하기 위해서는 인간편의 의지와 신의 은총이 모두 필요하다는 말이다. 그러나 인간의 의지가 신을 사랑할 수 있게 되는 것은 신의 은총에 의해 의지가 갱신되었을 때라고 하여 인간의 의지가 아닌 신의 주도권을 강조한다. ❷

0310. 어거스틴은 의지의 본성을 무엇으로 보았는가?

① 사랑　　　　　② 의심　　　　　③ 욕심　　　　　④ 죄

[해설·정답] 어거스틴에 따르면 의지는 반드시 무엇에 대한 의지요, 또 무엇에 대한 의지는 그것에 대한 사랑을 의미한다. 그래서 그는 의지가 본질적으로 무엇에 대한 사랑이라는 근거에서 의지의 본성을 사랑으로 이해한다. ❶

0311. 어거스틴의 의지에 관한 설명 중 잘못된 것은?

① 의지는 인간에게 주어진 신의 형상으로 자유를 본질로 한다.

② 본래적 자유의지는 자발적인 선택능력이다.

③ 타락한 의지라 할지라도 자기 책임 아래 자신의 능력으로 자유로운 선택을 할 수

있다.

④ 타락된 의지를 인간의 노력으로는 결코 변화시킬 수 없고 오직 그리스도의 은혜
를 통해서만 가능하다.

[해설·정답] 어거스틴은 신의 형상으로서의 본래적 의지는 그 자유를 통해 선을 행할 수 있고 또 신
안에 참여할 수 있는 실제적 능력을 가지고 있었지만, 타락으로 인해 선을 행할 능력과 신 안에
참여할 수 있는 능력을 완전히 상실했다고 한다. ❸

0312. 어거스틴과는 달리 사람은 자유의지를 가져 완전한 선행을 할 수 있다고 주장한 사
람은?

① 암브로스   ② 펠라기우스   ③ 레오   ④ 아타나시우스

[해설·정답] 펠라기우스는 자유의지와 관련하여 어거스틴과 반대의 견해를 가졌다. 펠라기우스는
행위에 대한 인간의 책임을 강조하기 위해 무조건적인 자유의지를 강조했는데, 인간이 이 자유
의지를 통해 선을 행할 수도 있고 악을 행할 수도 있으며 죄를 범하지 않을 수도 있다고 주장했
다. 즉 인간이 원하기만 하면 죄를 짓지 않고 하나님의 율법을 완전히 행할 수 있다고 했다. ❷

0313. 어거스틴은 인간의 의지가 사랑을 통해 궁극적으로 지향하는 것을 무엇이라 했는가?

① 재화   ② 명예   ③ 행복   ④ 쾌락

[해설·정답] 어거스틴의 윤리학은 사랑의 의지를 통한 행복에의 추구로서 윤리학의 행복주의적 색채
를 띠고 있다. ❸

0314. 어거스틴은 올바르고 참된 사랑이요 질서 잡힌 사랑으로서 최고선인 신에 대한 사랑
(*amor Dei*)을 무엇이라고 했는가?

① 카리타스(*caritas*)   ② 쿠피디타스(*cupiditas*)
③ 프루이(*frui*)   ④ 우티(*uti*)

[해설·정답] 카리타스(*caritas*)란 신에게 초점이 맞추어진, 신에 대한 상향적인 사랑을 말하는데, 단순
히 신만을 사랑하고 신 이외의 것을 사랑해서는 안 된다는 것을 의미하지는 않는다. 오히려 어거스
틴은 신이 창조한 모든 피조물은 선 자체인 신이 창조했기 때문에 사랑을 받을 만하다고 하며, 그
런 점에서 신 이외의 피조물들도 사랑의 대상이 될 수 있다고 했다. 따라서 카리타스는 모든 것을
신 안에서 사랑하고, 모든 것을 통하여 신을 사랑하는 것을 함축한다. 그리고 그러한 의미에서 피
조물들을 사랑할 때도 똑같은 차원에서 똑같이 사랑해서는 안 되며, 피조물들의 선의 계층에 따라
질서 있게 사랑해야 한다는 것을 함축한다. 피조물은 피조물인 이상 상대적이요 제한적이어서 참
된 사랑의 대상이 될 수 없으므로 상대적이고 제한적으로 사랑해야 하지만, 신은 절대적이고 무조
건적으로 사랑해야 한다. ❶

0315. 어거스틴은 자신의 욕심과 정욕을 채우는 탐욕(貪慾)으로서의 사랑을 무엇이라고 했
는가?

① 카리타스(*caritas*)   ② 쿠피디타스(*cupiditas*)
③ 프루이(*frui*)   ④ 우티(*uti*)

[해설·정답] 어거스틴에 의하면 인간의 타락된 의지는 스스로의 교만 때문에 존재와 가치의 근원인 신으로부터 벗어나 자기 자신에게 무게의 중심을 두는 사랑만을 한다. 이러한 사랑은 존재와 가치의 위계 질서를 파괴하는 사랑이요, 자기 중심적인 이기적인 사랑이다. 어거스틴은 이러한 무질서하고 왜곡된 사랑, 즉 마땅히 사랑해야 할 신을 사랑하지 않고, 자기와 세상을 사랑하는 사랑을 쿠피디타스(cupiditas)라고 했다. ❷

0316. 어거스틴의 윤리에서 다른 무엇을 위해서가 아니라 사랑하는 대상 그 자체가 목적이 되어 그것을 즐거워하고 향유하기 위한 사랑을 무엇이라 하는가?
① 카리타스(caritas) ② 쿠피디타스(cupiditas)
③ 프루이(frui) ④ 우티(uti)
[해설·정답] 어거스틴은 단순히 사랑의 대상적 차원만을 문제삼지 않고 내면적인 동기와 의도적 차원까지도 문제삼았다. 그것이 '프루이'(frui)와 '우티'(uti)라는 개념이다. 프루이는 다른 무엇을 위해서가 아니라 사랑하는 대상 그 자체가 목적이 되어 그것을 즐거워하고 향유하기 위한 사랑이다. ❸

0317. 어거스틴이 말하는 사랑 가운데에서 사랑하는 대상이 상대적이고 잠정적인 것으로서 최고선에 다다르기 위한 방법이요 수단으로서의 사랑을 가리키는 말은?
① 카리타스(caritas) ② 쿠피디타스(cupiditas)
③ 프루이(frui) ④ 우티(uti)
[해설·정답] 우티는 무엇을 사랑하되 사랑하는 대상 자체보다는 그보다 상위의 어떤 존재나 목적을 위해, 궁극적으로는 최고의 목적을 위하여 수단으로서 이용하기 위한 사랑이다. ❹

0318. 다음 중 어거스틴의 윤리에 볼 때 가장 바람직한 행동은?
① 복을 받기 위해 십일조를 한다.
② 복음을 전하는 것은 주님의 명령이요 기쁨이기에 전도한다.
③ 찬양을 부르는 것을 좋아하기 때문에 찬양사역을 한다.
④ 교사를 하기 싫었으나 하다 보니 좋아져서 봉사한다.
[해설·정답] 사랑의 왜곡으로서의 쿠피디타스란 존재의 질서와 사랑의 질서를 위반하고, 목적과 수단이 전도되어 우티할 것을 프루이하고 프루이할 것을 우티하는 것이다. 그것은 곧 향유해야 할 대상인 신을 망각하거나 무시한 채, 이용해야 할 대상 피조물을 향유하려는 것으로서 내적인 사랑의 동기와 의도적 차원에서의 올바른 질서가 파괴된 것이다. ❷

0319. 어거스틴의 윤리에서 볼 때 바람직한 올바른 사랑은?
① 하나님을 찬양하기 위해 피아노 치는 것을 사랑한다.
② 대학에 합격하기 위해 하나님을 사랑하고 열심히 기도한다.
③ 복음가수로 출세하기 위해 찬양을 사랑한다.
④ 유명한 목사가 되기 위해 성경을 사랑한다.
[해설·정답] 어거스틴은 신 이외의 피조물들도 사랑의 대상이 될 수 있다고 했다. 이는 모든 것을

신 안에서 사랑하고, 모든 것을 통하여 신을 사랑하는 것이 카리타스라는 사실을 함축한다. 즉 카리타스는 궁극적으로 신을 사랑(frui)하기 위한 사랑으로서 향유해야 할 대상을 향유하고, 이용해야 할 대상은 이용하는 사랑이다. ❶

0320. 어거스틴의 사랑의 윤리학에 대해 잘못 설명한 것은?

① 하나님이 아닌 세상의 것들을 결코 사랑해서는 안 된다.

② 세상을 사랑하는 것 자체가 나쁜 것은 아니다.

③ 세상을 신보다 더 사랑해서는 안 된다.

④ 세상을 사랑하는 것 자체가 목적이어서는 안 되고 신에 대한 사랑을 위한 수단이 어야 한다.

해설·정답 어거스틴은 하나님이 아닌 세상의 것들도 사랑할 수 있다고 한다. 그러나 그것 자체가 목적이 되어서는 안 되고 신에 대한 사랑을 위한 수단이어야 한다고 한다. 다만 사랑의 질서를 깨뜨린 사랑, 즉 신을 사랑하듯이 세상을 사랑하는 것이 문제라고 했다. 즉 하나님을 위해서 모든 사람을 사랑해야 하지만, 하나님은 그 자신을 위해서 사랑해야 한다. 결국 모든 것은 하나님과 관련해서 사랑해야 한다. ❶

0321. 어거스틴의 윤리적 규율로서 옳지 않은 것은?

① 인간은 마땅히 다른 무엇보다 신을 사랑해야 한다.

② 다른 것을 사랑하더라도 신을 사랑하기 위해 사랑해야 한다.

③ 신을 사랑한다 해도 자신을 위해 신을 사랑해서는 안 된다.

④ 사랑하는 동기보다도 신을 사랑한다는 것 자체가 중요하다.

해설·정답 어거스틴은 사랑의 대상뿐 아니라 사랑의 동기를 매우 중시한다. 그래서 카리타스와 프루이를 통해 ①②③의 세 가지 규율을 제시했다. ❹

0322. 어거스틴이 악을 선의 결핍이라고 설명한 것은 어느 철학자의 영향인가?

① 플라톤　　　　② 필론　　　　③ 플로티노스　　　　④ 아리스토텔레스

해설·정답 어거스틴은 무로부터 창조된 피조물들이 비존재와의 관여로 말미암아 가변성을 면치 못하는 것을 지고선인 신으로부터의 이원(離遠)으로 보는 플로티노스의 유출과 같은 의미로 보고 여기에서 악이 생겨나는 원인을 찾았다. ❸

0323. 어거스틴의 사상이라고 말하기 어려운 것은?

① 은총설　　　　② 예정설　　　　③ 창조설　　　　④ 만물복귀설

해설·정답 만물복귀설은 알렉산드리아학파의 오리겐의 이단적 주장이다. ❹

0324. 다음 중 어거스틴과 거리가 먼 것은?

① 플라톤의 4주덕에 믿음, 소망, 사랑을 추가하여 7주덕을 주장했다.

② 최고의 덕은 사랑이다.

③ 인간은 본래 죄인으로 태어난다.

④ 아리스토텔레스의 사상을 기초로 한다.

[해설·정답] 어거스틴은 플라톤 사상에, 아퀴나스는 아리스토텔레스 사상에 영향을 많이 받았다. ❹

0325. 어거스틴의 시간론을 담고 있는 저서는?

①『신국론』　　②『고백록』　　③『삼위일체론』　　④『자유의지론』

[해설·정답] 어거스틴의 시간론은『고백록』11장에서 집중적으로 다루어지고 있는데, 10장까지는 자신의 죄의 고백과 은총을 베푸신 하나님을 찬양한다. ❷

0326. 어거스틴의 시간론에 대한 설명이 잘못된 것은?

① 시간은 세계가 창조될 때 다른 피조물과 동시에 창조되었다.

② 하나님은 시간 속에 영원히 존재하신다.

③ 시간의 본질은 흐름이다.

④ 존재하는 시간은 현재뿐이다.

[해설·정답] 어거스틴은 시간은 하나님에 의해서 세계가 창조될 때 다른 피조물과 함께 동시에 창조되었다고 한다. 그러므로 무로부터 창조된 시간은 그것을 창조한 하나님에게는 적용시킬 수 없다. 하나님은 시간 계열의 밖에, 시간과는 무관하게, 그것을 초월해 계시되 항상 현재라는 탁월성으로 시간과는 다른 차원의 영원성 속에 항존한다. 하나님이 영원하다는 말의 의미는 시간이 운동이나 변화가 없이는 도저히 생각할 수 없지만 어떠한 변화나 운동도 내포하지 않은 하나님은 시간에 종속될 수 없으며 오히려 시간의 창조자로서 시간 계열의 밖에 있다는 뜻이다. 즉 하나님은 시간을 창조하고 다스리는 존재이지 시간에 제한된 존재가 아니라는 말이다. 따라서 하나님이 시간 속에 영원히 존재하신다는 말은 자기 모순적인 표현이다. ❷

0327. 어거스틴의 시간론에 대한 설명 중 잘못된 것은?

① 시간은 항상 연속적으로 흘러 지나가는 것이다.

② 과거, 현재, 미래라는 세 가지 시간의 양태는 정신의 기억, 직관, 기대의 형식으로 분산, 팽창하는 것이다.

③ 시간은 반복적이요, 순환적이다.

④ 시간은 정신에 의해서만 인식하고 측정할 수 있다.

[해설·정답] 시간은 일회성, 비반복성, 그리고 직선적이다. 시간은 흐름이 그 본성이어서 한 번 지나가면 다시 돌아오지 못하며 반복되지 않아 순환하지 않고 어떤 목적을 향해 직선적으로 진행해 나아간다. 따라서 시간은 역사적 시간을 이루는데 어거스틴에게는 그것이 목적론적이고 종말론적이며 직선적인 역사관의 형태로 나타난다. ❸

0328. 어거스틴의 시간론에 관한 설명이다. 옳지 않은 것은?

① 시간은 세계가 창조될 때 함께 다른 피조물과 함께 무로부터 창조되었다.

② 시간은 피조물의 세계에만 적용된다.

③ 하나님은 시간은 피조물의 시간계열을 초월한 영원이다.

④ 영원이란 무한한 시간의 연속을 말한다.

[해설·정답] 하나님은 시간 계열의 밖에, 시간과는 무관하게, 그것을 초월해 계시되 항상 현재라는 탁월성으로 시간과는 다른 차원의 영원성 속에 항존한다. 하나님이 영원하다는 말의 의미는 시간이 운동이나 변화가 없이는 도저히 생각할 수 없지만 어떠한 변화나 운동도 내포하지 않은 하나님은 시간에 종속될 수 없으며 오히려 시간의 창조자로서 시간 계열의 밖에 있다는 뜻이다. 그러므로 어거스틴이 말하는 영원이란 우리가 가진 상식적 개념인 무한한 시간의 연속을 말하는 것이 아니다. 어거스틴은 피조물의 시간 계열을 초월한 하나님의 시간을 영원이라고 한다. ❹

0329. 어거스틴의 역사관이 아닌 것은?

① 직선사관   ② 반복사관   ③ 종말사관   ④ 일회적 사관

[해설·정답] 어거스틴의 역사관은 직선적, 일회적, 종말론적이다. 역사를 원환적(圓環的) 반복운동으로 보는 것은 그리스적 역사관이다. ❷

0330. 교회론과 더불어 역사철학적인 사상을 담고 있는 어거스틴의 대표적인 저서는?

①『신국론』   ②『고백록』   ③『삼위일체론』   ④『자유의지론』

[해설·정답] 413년부터 13년 동안에 걸쳐 완성한 22권의『신국론』(De Civitate Dei)은 하나님의 섭리를 전 인류에게 확대시켜서 인간 사회 전반에 걸친 기독교적 원리에 대한 관계를 다룬 방대한 역사철학서로서『하나님의 도성』,『하나님의 나라』라고도 한다. ❶

0331. 어거스틴의『신국론』에 담긴 주된 내용이 아닌 것은?

① 신국의 기원으로부터 종말에 이르는 역사

② 지상국과 신국의 기원, 발전, 성격, 결과 및 목표

③ 이교 사상에 대한 공격

④ 지구 종말의 시기 및 징조와 과정

[해설·정답]『신국론』은 두 부분으로 나뉘는데, 전반부인 제1부는 1권부터 10권까지로서 여기에서 어거스틴은 이교 사상을 예리하게 공격한다. 후반부인 제2부는 11권부터 22권까지로 여기에서는 신국과 지상국이라는 두 도시의 기원과 발전 과정, 그리고 목표가 전개된다. ❹

0332. 어거스틴이『신국론』에서 제시한 도덕성의 원리는 무엇인가?

① 지식의 정도   ② 선행의 정도   ③ 사랑의 종류   ④ 덕행의 정도

[해설·정답] 어거스틴은 도덕성의 원리를 하나님에 대한 사랑이라고 제시하고 악이란 하나님으로부터의 일탈이라고 규정했다. 그러므로 인류는 두 개의 커다란 진영, 즉 하나님을 사랑하여 자기보다도 하나님을 택하는 진영과 하나님보다도 차라리 자기를 택하는 진영으로 갈라진다. 따라서 인간이 어느 진영에 속하느냐는 의지의 성격, 즉 의지를 지배하고 있는 사랑의 성격에 달려 있다. ❸

철학, 쉽게 풀자!

0333. 어거스틴의 시간론과 역사철학이 담긴 저서가 바르게 짝지어진 것은?

① 『신국론』－『자유의지론』　　② 『자유의지론』－『고백록』
③ 『고백록』－『신국론』　　　　④ 『신국론』－『참 종교론』

[해설·정답] 자신이 회심하기까지의 과정을 고백한 『고백록』은 자기고백적 서술 외에 11장부터는 시간론을 다루고 있으며, 『신국론』에서는 역사철학뿐만 아니라 유형, 무형의 교회론을 다룬다. ❸

0334. 자기 자신과 철학을 의인화하여 대화를 다룬 『철학의 위안』이라는 책을 쓴 사람은?

① 어거스틴　　② 보에티우스　　③ 아퀴나스　　④ 보나벤투라

[해설·정답] 『철학의 위안』은 산문과 시를 번갈아 사용하여 아름다운 문체가 돋보이는 대화 형식의 철학서로 5권의 책으로 구성되어 있는데 마치 이교도 철학자가 쓴 것처럼 보인다. 보에티우스는 이 책에서 철학을 고상한 여인에 비유하고 은총과 자유의지의 관계를 다루고 있다. ❷

0335. 『철학의 위안』이라는 저서를 통해 철학을 지혜에의 사랑이요, 지혜에 대한 사랑은 결국 신에 대한 사랑이라고 한 사람은?

① 어거스틴　　② 보에티우스　　③ 아퀴나스　　④ 보나벤투라

[해설·정답] 보에티우스에게의 지혜란 실재, 즉 자체로서 존재하는 그 무엇이라는 의미로서 지혜는 모든 사물을 야기하는 살아 있는 사유이다. ❷

0336. 아리스토텔레스의 저서들을 서구로 유입하는 중요한 창구 역할을 하고, 보편자의 문제를 거론하여 스콜라철학 시대의 가장 큰 논쟁거리가 되게 한 중세철학자는?

① 어거스틴　　② 보에티우스　　③ 아퀴나스　　④ 보나벤투라

[해설·정답] 보에티우스는 포르피리우스(Porphyrius)의 『아리스토텔레스의 범주론 입문』을 주석하는 가운데 유(類)나 종(種)과 특정한 대상 사이의 관계, 즉 유적 개념과 특정한 개념간의 단계에 관한 의문을 통해 보편자의 문제를 제기했다. ❷

0337. 초창기의 스콜라철학 시대의 학자에 속하지 않은 사람은?

① 에리우게나　　② 안셀무스　　③ 아벨라르　　④ 오컴

[해설·정답] 종교적 진리와 철학적 진리를 거의 구별하려 하지 않았던 초창기의 스콜라철학 시대는 에리우게나, 안셀무스, 아벨라르 등이 대표한다. ❹

0338. 일반적으로 스콜라철학의 선구자로 평가되는 사람으로서 신앙을 이성적 사유로 논증하려 하여 참된 철학은 참된 종교라고 한 사람은?

① 에리우게나　　② 안셀무스　　③ 아퀴나스　　④ 아벨라르

[해설·정답] 에리우게나는 무엇이나 의심스러울 때 그것을 결정짓는 것은 권위에 의한 신앙이 아닌 이성이라고 하여 권위보다 이성이 우위임을 주장했다. 그리고 진정한 권위는 이성의 힘으로 발견하는 진리라고 했다. 그는 종교와 철학은 모두 하나님의 지혜에서 나온 것으로서 형식에 있어서는

다르나 내용에 있어서는 같다는 생각에서 "참된 종교는 참된 철학이며, 반대로 참된 철학은 참된 종교임에 확실하다"고 말했다. ❶

0339. "나는 알기 위해 믿는다"는 말로 스콜라철학을 연 사람은?

① 어거스틴　　　② 안셀무스　　　③ 로스켈리누스　　　④ 아벨라르

[해설·정답] 안셀무스는 "사람은 믿기 위해서 이해하는 것이 아니고 오히려 그 반대로 이해하기 위해 믿는다."고 했다. ❷

0340. 기독교적 관점에서 최초로 합리적인 방법으로 하나님의 존재를 증명한 사람은?

① 에리우게나　　　② 안셀무스　　　③ 아퀴나스　　　④ 아벨라르

[해설·정답] 안셀무스의 신 존재 증명은 단순히 신의 개념에만 의존하는 합리적 증명으로서 그 유일한 전제는 신이라는 낱말에 대한 지식이다. 기독교적 의미의 신 존재 증명은 안셀무스에 의해 처음으로 제시되었다. ❷

0341. 안셀무스의 신 존재 증명 방식은 다음 중 어떤 것인가?

① 본체론적 증명　　② 목적론적 증명　　③ 도덕론적 증명　　④ 우주론적 증명

[해설·정답] 신의 존재에 관한 전통적인 합리적 설명에 의한 증명 방법에는 크게 네 가지가 있다. 첫째로 신이 완전한 존재라는 것을 전제로 해서 그가 완전한 존재이기 때문에 존재한다는 '존재론적 증명'(ontological argument), 둘째로 모든 사물에는 원인이 있어야 하는데 원인들이 무한히 계속될 수는 없으므로 최초의 원인으로서의 신이 존재한다는 '우주론적 증명'(cosmological argument), 셋째로 우주가 질서 있게 어떤 목적을 향해 움직이고 있다는 사실로 미루어 완벽한 설계자로서의 신이 존재한다는 '목적론적 증명'(teleological argument), 도덕적인 경험과 근거는 신의 존재를 전제하고 있다는 '도덕적인 증명'(moral argument)이 그것이다. 안셀무스의 신 존재증명은 존재론적 증명에 해당하는데, 본체론적 증명이라고도 한다. ❶

0342. 안셀무스의 신 존재 증명에 관한 설명으로 바르지 못한 것은?

① 불신자를 회심시키기 위한 것이 주된 목적이었다.
② 프로슬로기온(*Proslogion*)에서 주장했다.
③ 가우닐로에 의해 반박을 받기도 했다.
④ 순전히 개념만에 의한 증명이다.

[해설·정답] 안셀무스의 본체론적 증명은 하나님을 믿지 않는 사람을 믿게 하기 위함이 아니라 신앙을 가지고 있는 신자에게 하나님을 더욱 깊이 이해할 수 있도록 하는 데에 목적이 있다. ❶

0343. 다음 중 안셀무스의 신 존재 증명을 이르는 것이 아닌 것은?

① 존재론적 증명　　② 본체론적 증명　　③ 실체론적 증명　　④ 직관론적 증명

[해설·정답] 안셀무스의 신 존재 증명은 존재론적 증명, 본체론적 증명, 실체론적 증명, 개념론적 증명, 실념론적 증명 등으로도 불린다. ❹

0344. 안셀무스의 존재론적 신 증명은 신의 개념을 어떻게 전제하는가?

① 더 이상의 위대한 존재를 생각할 수 있는 가장 완전한 존재

② 필연적이고 제한 받지 않는 최초의 존재

③ 배후에서 세계의 질서를 잡아주는 지성으로서의 존재

④ 감각적인 사물들 이전의 보편적인 존재

[해설·정답] 안셀무스는 신을 '그 이상의 위대한 것을 생각할 수 없는 실재'라는 형태로 표현함으로써 자신의 논증을 전개한다. 그는 우리가 신이라는 완전한 존재의 관념을 가지고 있고 또 그 존재보다 더 위대하거나 우월한 어떠한 것도 생각할 수 없기 때문에 또한 완전성이 존재를 함축하고 있기 때문에 그러한 최고의 완전한 존재자는 필연적으로 존재한다고 주장한다. 왜냐하면 관념으로만 존재하고 실재하지 않는 존재보다 관념뿐 아니라 동시에 실재하는 것이 더욱 완전하다고 볼 수 있기 때문이다. ❶

0345. 안셀무스와 같은 방식으로 신 존재를 증명했던 근세의 철학자는?

① 데카르트　　② 스피노자　　③ 라이프니츠　　④ 칸트

[해설·정답] 데카르트는 "존재는 속성이다"는 설명으로 안셀무스의 존재론적 증명을 옹호하는데, '내각의 합이 180도'라는 것이 '삼각형'의 필수적 특징이듯이 '존재'는 '가장 완전한 실재'의 필수적 특성이라고 했다. 완전한 존재는 존재 또는 존재함이 바로 그의 본질적 속성이요 실제로도 존재하지 않으면 가장 완전한 존재가 될 수 없기 때문에 하나님은 반드시 존재해야 한다는 뜻이다. ❶

0346. 보편논쟁의 논점은 무엇인가?

① 보편자과 이념　　② 보편자와 개체　　③ 보편자와 이성　　④ 보편자와 이데아

[해설·정답] 문제의 논점은 정신 외부에 존재하는 대상은 개체적이고 무수한 반면 정신 내에 있는 대상은 단일하고 보편적인데, 바로 그 인간 사유의 대상과 정신 외부에 존재하는 대상을 어떻게 연관시킬 것인가 하는 점이다. 즉 보편논쟁은 보편자와 개체와의 관계가 논쟁거리였는데, 과연 보편이 실체로서 존재하는가 아니면 인간의 사고 속에만 존재하는가 하는 문제이다. ❷

0347. 보편논쟁에 관계된 것이 아닌 것은?

① 실재론　　　　② 관념론　　　　③ 개념론　　　　④ 명목론

[해설·정답] 보편논쟁에 관한 견해는 실재론(實在論, realism) 혹은 실념론(實念論)과, 유명론(唯名論, nominalism) 혹은 명목론(名目論), 그리고 개념론(概念論, conceptualism)의 세 가지가 있는데, 실재론은 "보편자는 개별적 사물에 앞선다"(*universalia ante rem*), 유명론은 "보편은 개별적 대상 다음에 존재한다"(*universlia post rem*), 개념론은 "보편은 개별적 대상 안에 존재한다"(*universlia in rem*)는 명제로 표현된다. ❷

0348. 다음 중 실재론자가 아닌 사람은?

① 에리우게나　　② 안셀무스　　③ 기욤　　④ 오컴

[해설·정답] 보편자를 실재하는 사물로 보는 실재론은 오도(Odo), 에리우게나(Eriugena), 안셀무스(Anselmus), 기욤(Guillaume) 등에 의해 주장되었다. 오컴은 대표적인 유명론자이다. ❹

0349. 플라톤의 이데아론을 근거로 "보편자는 개별적 사물에 앞선다"는 이론은?

① 실재론　　　　② 관념론　　　　③ 개념론　　　　④ 명목론

해설·정답 실재론에 따르면 보편자는 형상이나 이데아로서 개체와 분리되어 실재한다고 한다. 보편자는 시간적으로나 계층적으로 근원적이며 실재적인 반면에 개별적 대상으로서의 개체는 보편자 내에 한정되어 있으며 보편자로부터 파생된 보편자의 산물이다. 한 마디로 개체와 보편 중에 보편이 개체에 우선하며 그것이 실재한다. ❶

0350. 다음 중 실재론에 대한 설명으로 잘못된 것은?

① 아리스토텔레스의 철학을 근거로 한다.

② 에리우게나, 안셀무스가 대표자이다.

③ 보편자는 개별적 사물에 앞선다.

④ 보편자가 객관적 실재로서 존재한다.

해설·정답 플라톤의 이데아론을 근거로 하고 있는 실재론은 오도(Odo), 에리우게나(Eriugena), 안셀무스(Anselmus), 기욤(Guillaume) 등에 의해 주장되었다. 실재론은 아벨라르의 온건 실재론과 구별하기 위해 때로는 실재론이라는 말 앞에 '극단적'이라는 수식어를 붙여 극단적 실재론이라고 하기도 한다. 실재론에 따르면 보편자는 형상이나 이데아로서 개체와 분리되어 실재한다고 한다. 보편자는 시간적으로나 계층적으로 근원적이며 실재적인 반면에 개별적 대상으로서의 개체는 보편자 내에 한정되어 있으며 보편자로부터 파생된 보편자의 산물이다. 한 마디로 개체와 보편 중에 보편이 개체에 우선하며 그것이 실재한다. ❶

0351. 다음 중 유명론자로만 묶인 것은?

① 안셀무스, 아벨라르　　　　② 안셀무스, 로스켈리누스

③ 로스켈리누스, 오컴　　　　④ 오컴, 아벨라르

해설·정답 대표적인 유명론자는 로스켈리누스와 오컴이다. ❸

0352. 다음 중 유명론을 설명한 것은?

① 보편은 실재성을 가지고 개별적 사물에 앞서 존재한다.

② 보편은 사고에 의한 추상의 산물에 불과하고 다만 개별적 사물만이 존재한다.

③ 보편은 실재성을 가질 수 없고 각 개별 사물로도 규명할 수 없다.

④ 보편은 실재성을 가지지만 다만 개별적 사물에 따라서만 존재한다.

해설·정답 유명론은 "보편은 개별적 대상 다음에 존재한다"는 입장이다. 즉 보편은 우리의 지식의 추상적 산물로서 단순한 이름과 명목에 불과하며 실재하는 것은 보편이 아니라 개체라는 주장이다. ❷

0353. 유명론에 대한 설명 중 잘못된 것은?

① 플라톤 철학에 근거한다.

② 보편은 개별적 대상 다음에 존재한다는 입장이다.

③ 보편자는 인간의 마음속에만 존재하는 이름에 불과하다.

④ 자연 내에 존재하는 것은 개체들이지 보편자가 아니다.

[해설•정답] 아리스토텔레스 철학적인 유명론 혹은 명목론은 11세기 후반에 반실재론자인 로스켈리누스(Roscellinus)에 의해 주장된 것인데, 개체들만이 자연 내에 존재한다는 명제로 집약될 수 있다. 로스켈리누스에 따르면 종과 유와 같은 보편자는 실재 사물이 아니다. 즉 보편자는 어떤 구체적인 사물을 지적하는 것이 아니다. 그것은 여러 개별적인 사물들을 서로 뭉쳐서 한 군(群)이나 부류로서 이름하는 것에 지나지 않는다. 보편자는 사물들을 동일한 구성원으로 만드는 실체의 그러한 우연성인 복합적인 특성들을 나타내는 단순한 말이나 음성상의 소리를 표시하므로 사물들의 일반적 부류에 대한 집합적 이름에 지나지 않는다는 말이다. 따라서 실재는 개별적 사물들로 이루어져 있는 한편 보편자는 한낱 인간의 마음속에만 존재하는, 사물들의 한 부류에 대한 이름에 지나지 않는다는 뜻이다. ❶

0354. 유명론의 핵심적 주장 내용은 무엇인가?

① 보편은 실재한다.　　　　　② 보편은 이름뿐이다.

③ 보편과 개체 모두 실재이다.　④ 개체는 이름뿐이다.

[해설•정답] 보편과 개체와의 관계에서 보편이 실재한다고 하는 것이 실재론이고, 보편은 이름뿐이라는 것이 유명론이다. "보편은 개별적 대상 다음에 존재한다"(*universlia post rem*)는 입장이 유명론이다. ❷

0355. 보편문제에 대하여 실재론과 유명론의 중간적 입장인 온건 실재론을 주장한 사람은?

① 에리우게나　　② 안셀무스　　③ 아퀴나스　　④ 아벨라르

[해설•정답] 아벨라르(Petrus Abelardus)에 의해 주장된 개념론은 보통 온건 실재론이라고도 하는데, 보편은 정신에서는 개체에 앞서며 자연에서는 개체 속에 존재하고 인식에서는 개체 뒤의 개념 속에 존재한다는 주장이다. ❹

0356. 보편논쟁에 관한 아벨라르의 견해를 잘못 설명한 것은?

① 보편자는 개물에 앞서 신의 정신 속에 개념으로서 존재한다.

② 보편자는 이름뿐이다.

③ 보편자는 개물 속에 본질적 규정에 동일성으로 존재한다.

④ 보편자는 사물 뒤에 인간의 오성 속에 관념으로서 있다.

[해설•정답] 아벨라르는 개념론 또는 온건 실재론을 취했다. 보편자는 이름뿐이라는 주장은 유명론자들의 견해이다. ❷

0357. 실재론과 유명론을 절충한 개념론의 철학적 근거는?

① 소크라테스　　② 플라톤　　　③ 아리스토텔레스　④ 플로티노스

[해설•정답] 개념론은 보통 온건 실재론이라고도 하는데, 실재론과 유명론의 견해를 종합하고 조정한 중립적 입장으로서 아리스토텔레스 철학을 그 근거로 한다. ❸

0358. 보편논쟁에서 "보편은 개별적 대상 안에 존재한다"는 입장은 무엇이며, 여기에 속하는 대표자는 누구인가?

① 실재론—안셀무스
② 유명론—오컴
③ 온건 실재론—아벨라르
④ 개념론—스코투스

[해설·정답] 온건 실재론은 실재론과 유명론의 견해를 종합하고 조정한 중립적 입장이다. ❸

0359. 보편자와 개체에 관한 실재론과 유명론의 대표자로 짝지어진 것은?

① 로스켈리누스—안셀무스
② 안셀무스—아벨라르
③ 안셀무스—로스켈리누스
④ 아벨라르—에크하르트

[해설·정답] 실재론의 대표자는 에리우게나(Eriugena), 안셀무스(Anselmus)이고 유명론의 대표자는 로스켈리누스와 오컴이다. ❸

0360. 다음 중 보편논쟁에 관련된 연결이 잘못된 것은?

① 실재론—플라톤 철학—안셀무스
② 유명론—소크라테스 철학—오컴
③ 개념론—아리스토텔레스 철학—아벨라르
④ 명목론—개별자 우선—로스켈리누스

[해설·정답] 유명론의 철학적 배경은 소크라테스의 철학이 아니다. 오히려 개체를 중시하는 면에서는 아리스토텔레스 철학에 가깝다. 그러나 실제로 아리스토텔레스의 질료형상론을 근거로 하는 것은 온건 실재론인 개념론이다. ❷

0361. 보편논쟁에 관한 설명으로 옳지 않은 것은?

① 보편이 실체로서 존재하는가 아니면 인간의 사고 속에만 존재하는가의 문제이다.
② 교리적 문제와는 상관없는 순수철학적인 문제이다.
③ 실재론은 플라톤의 이데아론을 근거로 하고 있다.
④ 유명론은 보편자란 단지 언어적인 기호와 이름에 지나지 않는다고 했다.

[해설·정답] 스콜라철학 시대에 수세기에 걸쳐 보편논쟁이 오랜 동안 격렬하게 진행되었던 이유는 보편과 개체의 문제가 중세를 지배하고 있었던 기독교의 교리 및 그 체계와 깊은 관계를 갖고 있었기 때문이다. 어떤 입장을 취하느냐에 따라 그것이 정통 교리와 부합하기도 하고 충돌하기도 할 정도로 교리의 근거로서의 의미를 가지고 있었다. 특히 보편의 문제에 있어 실재론과 유명론은 기독교 교리와 관련하여 너무도 큰 중요성을 가졌다. 실재론은 정통 기독교 교리의 근거를 확보해 줄 수 있으나 유명론은 기독교의 근간 교리를 뿌리 채 흔들어 놓을 수 있었다. ❷

0362. "그 이상의 위대한 존재를 생각할 수 없는 실재"라는 개념으로 볼 때 그런 실재가 존재하지 않는다는 것은 모순이므로 신은 존재하지 않을 수 없다는 안셀무스의 신 존재 증명 방식을 무엇이라 하는가?

① 본체론적 증명   ② 목적론적 증명   ③ 도덕론적 증명   ④ 우주론적 증명

[해설·정답] 안셀무스의 신 존재 증명은 존재론적 증명, 본체론적 증명, 실체론적 증명, 개념론적 증명, 실념론적 증명 등으로도 불린다. ❶

0363. 보편논쟁과 관련된 사람들을 연결한 것이다. 잘못된 것은?

① 안셀무스-실재론   ② 오컴-개념론

③ 아벨라르-온건 실재론   ④ 로스켈리누스-유명론

[해설·정답] 오컴은 개념론자가 아니라 쇠퇴기 스콜라철학 시대의 대표적인 유명론자이다. ❷

0364. 중세 스콜라철학 시기의 대표적인 아랍 철학자는?

① 아비센나, 아벨라르   ② 아벨라르, 마이모니데스

③ 아비센나, 아베로에스   ④ 아베로에스, 마이모니데스

[해설·정답] 아베로에스와 아비센나는 대표적인 이슬람 철학자이지만 그들이 아랍어로 저술을 했어도 정작 아랍인은 아니었다. 아베로에스는 에스파냐 사람이었고 아비센나는 페르시아 사람이었다. 이슬람 철학자들은 단순한 주석가가 아니었다. 그들은 대체로 신플라톤주의의 정신에 따라 아리스토텔레스의 철학을 변경, 발전시켰다. ❸

0365. 아리스토텔레스 철학과 신플라톤주의를 융합하여 가능적 존재와 필연적 존재의 개념을 통해 아퀴나스의 존재론에 지대한 영향을 끼친 아라비아 철학자는?

① 아비센나   ② 아베로에스   ③ 마이모니데스   ④ 보나벤투라

[해설·정답] 아비센나는 아리스토텔레스 철학과 신플라톤주의적인 사고방식을 융합한 체계를 전개시켰다. ❶

0366. 아리스토텔레스의 주석가로서 인간지성론을 주장했던 사람은?

① 아비센나   ② 아베로에스   ③ 마이모니데스   ④ 보나벤투라

[해설·정답] 아베로에스(Averroës)는 아리스토텔레스의 재능을 인간 지성의 극치라고 믿었기 때문에 스콜라철학자들에 의해 '주석가'라는 대명사로 불릴 정도로 아리스토텔레스 저작의 주석에 몰두했다. ❷

0367. 신학과 철학에는 차이가 없다고 하면서 구약성경의 사상과 그리스철학 및 과학을 조화시키려 했던 유태 철학자는?

① 아비센나   ② 아베로에스   ③ 마이모니데스   ④ 보나벤투라

[해설·정답] 아랍인들에 의해 아리스토텔레스를 접한 유대 철학자인 마이모니데스(Moses ben Maimonides)는 구약성경에 대해 기독교 사상가들과 공통된 신앙을 가졌기 때문에 그들에게 많은 영향을 주었다. 구약성경의 사상, 유대의 정통 신앙과 그리스 철학 및 과학을 조화시키려는 그의 시도는 신학과 세속 학문을 융합시키려던 아퀴나스의 귀감이었다. ❸

0368. 아퀴나스와 함께 스콜라철학의 전성기의 지도적 인물로서 신학과 철학은 인간을 신에게로 이끄는 두 안내자라고 하면서 유비적 지식을 인정한 학자는?

① 아비센나　　② 아베로에스　　③ 마이모니데스　　④ 보나벤투라

[해설・정답] 보나벤투라는 신학과 철학이 그 방법에 있어서는 구별되지만 서로 연결되고 보충하면서 인간을 신에게로 이끄는 두 안내자라고 했다. 또한 보나벤투라는 신과 세계, 인간 존재들 사이에 유비(類比)를 인정했다. 유비를 통해 인간의 지식은 세계와 인간 존재의 인식을 가질 수 있다는 것이다. 즉 신은 원형이고 인간과 세계 사물은 그 모형이라고 했다. ❹

0369. 아리스토텔레스의 체계와 아랍철학자들의 저작 가운데에 얼마나 중요한 것이 포함되어 있었는가를 알고 그것을 자신의 철학 체계에 수용하여 제자인 아퀴나스에게 커다란 영향을 미친 학자는?

① 아비센나　　② 아베로에스　　③ 보나벤투라　　④ 알베르투스

[해설・정답] 알베르투스는 처음부터 신앙은 이성에 의해 밑받침되어야 한다고 생각하고 신학의 기초로서 철학의 중요성을 간파하여 아리스토텔레스의 철학을 연구한 결과 아리스토텔레스적인 요소를 수용하고 그것을 자기의 철학 속에 구체화시켜 제자인 아퀴나스에게 전해주었다. ❹

0370. 교회로부터 천사 박사(*angelic doctor*)라는 칭호를 얻은 스콜라철학의 집대성자요 완성자는?

① 안셀무스　　② 아퀴나스　　③ 스코투스　　④ 오컴

[해설・정답] 아퀴나스는 아리스토텔레스의 철학을 신학적, 철학적 분석과 종합의 도구로 사용하여 기독교의 사상을 아리스토텔레스의 용어로 나타내서 스콜라철학을 집대성했다. 1879년 교황 레오 13세가 공포한 「영원한 아버지」(*Aeterni Parti*)라는 회칙은 그의 철학을 로마 카톨릭의 공식 철학으로 못박았다. ❷

0371. 아퀴나스의 대표적인 저서가 아닌 것은?

①『존재와 본질』　②『대이교도대전』　③『신학대전』　④『신국론』

[해설・정답] 아퀴나스의 저작 가운데에 『존재와 본질』(*De ente et essentia*), 『진리론』(*De Veritate*), 『대이교도 대전』(*Summa contra Gentiles*)은 형이상학적인 내용을 담고 있으며, 『신학대전』(*Summa Theologica*)은 그의 최고의 대작이다. 『신국론』은 교부철학자 어거스틴의 주저이다. ❹

0372. 신학과 철학이 방법은 구별되지만 서로 연결, 보충하면서 인간을 신에게로 이끄는 두 안내자라고 하면서 철학과 신학의 일체화를 추구했던 융성기의 스콜라철학의 최대의 학자는?

① 안셀무스　　② 아퀴나스　　③ 스코투스　　④ 오컴

[해설・정답] 아퀴나스는 탐구 방법적인 면에서 신학과 철학을 명확하게 구별했다. 철학과 과학은 오로지 이성의 자연적 빛에만 의존하여 인간의 이성에 의해서 인식되는 원리들을 수용하고 추론의 결과를 논하는 반면, 신학은 이성을 사용하기는 하지만 권위 또는 신앙에 근거하여 자신의 원리들을 받아들인다. 따라서 신학과 철학의 근본적인 차이는 구체적으로 생각된 대상들의 차이가 아니

라 단지 그 방법에 있다. 신학은 다루고 있는 대상을 계시된 것으로, 또는 계시된 것에서 연역될 수 있는 것으로 고찰하는 반면, 철학은 자신의 원리를 이성에 의해서만 이해하고 이성의 자연적 빛에 의해서 이해할 수 있고 또 이해된 것으로 고찰한다. ❷

0373. 중세 스콜라 신학을 집대성하고 신앙과 이성 그리고 신학과 철학을 구별하면서도 동시에 양자의 조화를 추구한 사람은?

① 토마스 아퀴나스 ② 알베르투스 　　③ 마키아벨리 　　④ 플로티노스

[해설·정답] 토마스 아퀴나스는 철학과 신학을 명백히 구별하면서도 양자의 목적은 동일시한다. 즉 동일한 진리가 신학자나 철학자에 의해서 말해지고 있지만 그것에로의 도달과 고찰 방법이 서로 다르다고 생각했다. 그러므로 자연 이성의 빛에 의해서 인식될 수 있는 한에서 철학적인 학문이 다루고 있는 대상을, 하나님의 계시의 빛에 의해서 취급해서 안 될 이유는 없다. 그는 신앙과 이성을 모순되는 것으로 보지 않고 그것의 조화와 일치를 추구하려 했다. ❶

0374. 다음 중 토마스 아퀴나스의 사상이 아닌 것은?

① 플라톤 사상에 입각해 7주덕을 제시했다.

② 신의 존재에 대해 이론적으로 증명이 가능하다고 보았다.

③ 신학과 철학, 신앙과 이성의 조화를 중시했다.

④ 행복한 삶이란 신, 자연법, 이성에 따르는 삶이라고 보았다.

[해설·정답] 중세 시대를 대표하는 두 사상가는 교부철학의 어거스틴과 스콜라철학의 토마스 아퀴나스이다. 어거스틴은 플라톤과 플로티노스의 철학을 이용하여 원죄설, 구원설, 조명설, 예정설 등의 기독교철학과 신학의 기초를 정초했으며, 이성보다는 신앙 우위적 입장을 견지했다. 또한 플라톤의 4주덕에 믿음, 소망, 사랑을 첨가한 7주덕을 강조했다. 토마스 아퀴나스는 아리스토텔레스 사상에 입각하여 신학과 철학, 신앙과 이성의 조화를 강조했고, 신의 존재를 이론적으로 증명하는 가능성을 주장했다. 또한 국가의 목적은 공동선의 실현에 있다고 주장했다. ❶

0375. 토마스 아퀴나스의 철학에 대한 설명으로 옳지 못한 것은?

① 아리스토텔레스의 철학을 원용하여 교리를 체계화했지만 어거스틴의 철학에는 적대적이었다.

② 주지적 성격을 띤 도미니크교단에 속했다.

③ 신앙과 지식의 일치, 즉 신앙의 합리화에 주력했다.

④ 신학과 철학은 고려하는 방식이 다를 뿐이라며 철학의 목적과 신앙의 목적을 동일시했다.

[해설·정답] 아퀴나스는 세계의 근본적인 합리성을 신의 계시로 확증하고자 아리스토텔레스 철학을 그의 신학에 채용해서 조직화했지만 어거스틴을 버릴 정도는 아니었다. 신학에서는 당연히 어거스틴의 견해를 따르면서 아리스토텔레스의 철학으로는 신학의 교리를 체계화하고 규정하고 논리적으로 입증했다. 나아가 그는 플라톤 철학, 헬레니즘, 아랍철학, 이교사상까지 모두 섭렵하여 그것들을 종합적으로 체계화하여 새로운 조화를 이루어 소위 토미즘(Thomism), 즉 아퀴나스주의라는 명칭을 얻게 되었다. 특히 아랍철학을 통해 이해한 아리스토텔레스와 어거스틴의 철학에 영향을 입은 바가 크다. ❶

0376. 여러 가지 서로 다른 대상들에 관해 완전히 똑같은 동일한 말뜻으로 언표(言表)되지도 않으며 그렇다고 대상들에 쓰여진 어휘가 그 이름만 같고 그 어휘와 관련된 뜻이 완전히 다르지도 않다는 동일성과 상이성을 결합하는 방법을 이르는 아퀴나스의 인식 방법은 무엇인가?

① 긍정   ② 부정   ③ 유비   ④ 추리

[해설·정답] 유비적인 서술은 일의적 의미와 다의적 의미의 중간이다. 차이 속의 유사성 혹은 유사성 속의 차이가 유비를 가능하게 하며 이것이 또 유비의 기본 개념이다. ❸

0377. 아퀴나스의 인식론적 입장은 무엇인가?

① 계시지상주의   ② 이성지상주의
③ 신비주의   ④ 계시와 이성의 종합

[해설·정답] 아퀴나스는 신앙과 이성, 즉 계시와 이성을 조화 및 종합하려 했다. ❹

0378. 아퀴나스가 제시한 신 인식의 3가지 방법은 무엇인가?

① 직관, 논증, 계시 ② 긍정, 부정, 직관 ③ 논증, 추리, 유비 ④ 긍정, 부정, 유비

[해설·정답] '부정의 길'(via negativa), 또는 '제거의 길'(via remotionis)이란 신은 어떠한 존재가 아니라는 형식으로 신의 '어떤 것'을 알게 되는 방법이고, '긍정의 길'은 선이나 예지와 같이 하나님의 실체를 긍정적이고도 적극적으로 단정하는 적극적인 술어나 명사들을 통해 신을 인식하는 방법을 말한다. 그러나 긍정이든 부정이든 피조물에 대한 우리의 경험에서 얻어져서 신에게 적용되는 그 개념이 일의적인 의미로도 다의적인 의미로도 사용되지 않기 때문에 유비가 요구된다. 유비란 어원적으로 '비례'를 뜻하는 그리스어 '아날로기아'(analogia)에서 온 말인데 아퀴나스에게는 한 사물과 다른 사물의 관계를 토대로 신에 관해 진술할 때 사용되는 특수한 방식의 언어를 의미한다. ❹

0379. 존재의 유비를 주장한 스콜라철학자는?

① 안셀무스   ② 아퀴나스   ③ 스코투스   ④ 오컴

[해설·정답] 신의 결과로서의 피조물은 비록 불완전하기는 하지만 반드시 신을 나타내게 되어 있다는 사실에 근거하여 유비를 통해 우리는 피조물로부터 신에 대한 무엇을 알 수 있다고 한다. 이것이 아퀴나스의 존재의 유비이다. ❷

0380. 아퀴나스가 이해한 존재자를 이루는 두 가지 구성 원리는 무엇인가?

① 본질과 실체   ② 본질과 존재   ③ 존재와 원리   ④ 이데아와 형상

[해설·정답] 아퀴나스는 존재자를 이루는 구성 원리를 본질과 존재로 이해하고 모든 존재자는 본질과 존재의 합성이라고 보았다. 본질은 존재와 합성하여 비로소 존재자이게 된다. 즉 본질은 존재와 합성하여 하나의 구체적 존재자가 된다. 그러므로 존재와 본질은 현실태와 가능태로도 말해질 수 있다. 왜냐하면 본질에 존재가 합성되어야만 구체적 존재자가 되기 때문이다. 한 마디로 존재와 본질은 존재자를 구성하는 짝이다. ❷

철학, 쉽게 풀자!

0381. 아퀴나스의 5가지 신 존재 증명의 이론적 기초는 무엇인가?

① 플라톤의 이원론   ② 아리스토텔레스의 형이상학

③ 플로티노스의 유출설   ④ 어거스틴의 창조설

[해설·정답] 아퀴나스 철학의 이론적 기초는 아리스토텔레스의 철학이다. 특히 그의 신 존재증명에는 아리스토텔레스의 형이상학을 전제로 전개된다. ❷

0382. 아퀴나스의 5가지 신 존재 증명 방식에 들지 않은 것은?

① 운동의 제일원인인 제일동자에 의한 증명

② 인과법칙에 의한 제일원인에 의한 증명

③ 우연적 존재로부터의 필연적 존재의 증명

④ 기적과 신비한 체험에 의한 증명

[해설·정답] 아퀴나스는 『신학대전』에서 '신에게 이르는 다섯 가지 길'이라는 다섯 가지의 신 존재 증명을 했다. 첫째는 운동의 제일 원인, 즉 제일 동자에 의한 증명이고, 둘째는 인과법칙에 의한 제일 원인으로의 증명이다. 셋째는 우연적 존재로부터의 필연적 존재의 증명이고, 넷째는 완전성과 절대 가치를 통한 증명이며, 마지막 다섯 번째 증명은 목적성에 의한 증명이다. ❹

0383. 토마스 아퀴나스의 신존재 증명 방식이 아닌 것은?

① 우주론적 증명   ② 가능성과 필연성에 의한 증명

③ 목적론적 증명   ④ 존재론적 증명

[해설·정답] 존재론적 증명은 안셀무스의 증명방식이다. ❹

0384. 아퀴나스의 5가지 신 존재 증명 방식 중에 포함된 전통적 신 존재 증명 방식은?

① 본체론적 증명과 우주론적 증명   ② 우주론적 증명과 목적론적 증명

③ 목적론적 증명과 도덕론적 증명   ④ 도덕론적 증명과 본체론적 증명

[해설·정답] 첫 번째, 두 번째, 세 번째 증명방법은 우주론적 증명에 해당하고, 네 번째 증명방법은 목적론적 증명에 해당한다. ❷

0385. 아퀴나스 윤리학의 특징이라고 할 수 없는 것은?

① 행복론적   ② 목적론적   ③ 주지주의적   ④ 쾌락주의적

[해설·정답] 아퀴나스의 윤리학은 행복론적이고 목적론적이며 주지주의적인 아리스토텔레스의 윤리학을 그대로 채용했지만 아리스토텔레스의 도덕적 행위의 목적이 현세를 위한 목적이었던 반면에 아퀴나스의 그것은 피조물 가운데에서가 아니라 단지 최고의 무한선인 하나님 안에서만 찾아진다고 하여 그것을 기독교적으로 수정했다. ❹

0386. 아퀴나스가 말한 4가지의 법 가운데 모든 법이 나오는 근원적인 법이라고 한 것은?

① 영원법 　　　② 자연법 　　　③ 인정법 　　　④ 신법

[해설·정답] 아퀴나스는 법을 네 가지로 나눈다. 만유의 창조자요 통치자인 하나님의 규제적 이성의 법인 영원법, 인간에 내재하는 '신의 빛'(divine light)을 통하여 선악을 구별할 수 있는 합리적 본성인 이성에 의존하며 이성적 존재자에게만 있는 자연법(自然法), 자연법을 여러 사정에 적용하여 특수화하여 고안해 만든 인간의 인정법(人定法), 그리고 인간에게 계시된 신법(神法)이 그것이다. 아퀴나스는 온 우주의 신성한 이성의 명령을 마련하는 자이며 재판관이요 왕이신 창조주 하나님이 모든 피조물을 거룩한 섭리의 계획에 따라 선을 위하여 다스리는 법을 영원법이라고 하고 모든 법은 이 영원법에서 나온다고 했다. ❶

0387. 아퀴나스의 법사상에서 이성을 가진 피조물이 영원법에 참여하는 것으로서 이성을 가진 인간에게만 속한 '이성의 법'이요 인간의 본성법은?

① 영원법 　　　② 자연법 　　　③ 인정법 　　　④ 신법

[해설·정답] 아퀴나스는 "자연법이란 이성을 가진 피조물이 영원법에 참여하는 것"이라고 하여 자연법을 인간의 자연적인 이성에 대한 신의 섭리적인 계획의 인도로 인식했다. 따라서 자연법은 이성을 가진 인간에게만 속한 '이성의 법'이요 인간 본성법이다. 이성적 존재자인 인간에 비춰지고 이성에 의해 인식된 영원법이 자연법이라는 말이다. 그러므로 영원법은 신의 편에서 보면 자연법으로의 분유이지만, 인간의 편에서 보면 자연법의 참여인데 그 수단이 바로 이성이다. 이런 점에서 아퀴나스의 자연법은 도덕적 주체자로서의 인간 이성의 자율성과 능동성을 강조하고 있다. ❷

0388. 교회와 국가에 관한 아퀴나스의 사상이 아닌 것은?

① 국가는 하나님이 아니라 인간의 뜻에 의해 세워진 제도이다.

② 국가의 목적은 국민의 도덕적 생활을 통해 피안의 영원한 행복을 얻을 수 있도록 인도하는 데에 있다.

③ 교회의 초자연적인 목적은 국가의 목적보다 상위에 있으며 따라서 교회는 국가보다 상위의 사회이다.

④ 국가는 시간적이고 현세적인 사건을 처리하고 교회는 영원하고 종교적인 사건을 처리한다.

[해설·정답] 아퀴나스는 국가는 하나님의 뜻에 의해 세워진 최선의 제도라고 보았다. 따라서 국가는 그 자체의 목적과 영역 및 그 자체의 권리를 지닌 하나의 제도이다. 인간의 궁극적인 목적은 덕을 따라서 사는 것이 아니라 덕을 따라 삶으로써 하나님을 향하는 것이다. ❶

0389. 후기 스콜라철학 시대의 철학자가 속하지 않은 사람은?

① 스코투스 　　　② 오컴 　　　③ 에크하르트 　　　④ 아벨라르

[해설·정답] 쇠퇴기의 스콜라철학의 특징을 반아퀴나스주의로 지적하기도 한다. 스코투스(Scotus)는 아퀴나스의 주지주의에 반기를 들고 주의주의를 주장했고, 오컴(Occom)은 아퀴나스가 아리스토텔레스의 보편 개념을 따라 보편자는 어떤 형태의 존재를 소유한다고 주장한 데 대해 그것은 기호에 불과하다는 유명론을 주장했으며, 에크하르트(Eckhart)는 아퀴나스의 이성적이고 정교한 신학에 반대하여 영적인 수련에 의한 신의 직접적 경험을 믿는 신비주의를 주장했다. ❹

철학, 쉽게 풀자!

0390. 다음 중 스콜라철학 말기에 아퀴나스의 주지주의를 정면으로 거부하고 지성에 대한 의지의 우위를 주장하는 주의주의적 입장을 취한 사람은?

① 스코투스   ② 오컴   ③ 에크하르트   ④ 아벨라르

[해설·정답] 스코투스는 지성이 의지보다 우위에 있다는 아퀴나스의 주장에 반대하고, 의지의 우위를 주장하는 주의주의적 입장을 취한다. ❶

0391. 그것이 선이기 때문에 신이 하고자 하는 것이 아니라 신이 하고자 하기 때문에 그것이 선이라고 하면서 신의 세계 창조가 신의 지성, 즉 신이 파악한 이데아와 같은 선의 관념에 의하여 필연적으로 결정되어 있다는 결정론을 반대하고 주의주의적 비결정론을 주장한 사람은?

① 스코투스   ② 오컴   ③ 에크하르트   ④ 아벨라르

[해설·정답] 스코투스는 신의 의지는 결코 지성, 곧 신의 예지에 속박되어 있는 것이 아니라는 주의적 비결정론을 주장했다. ❶

0392. 아퀴나스의 철학에 반대하여 주의주의적 입장을 취하여 '모든 의지가 지성보다 우위에 있다'고 주장한 사람은?

① 스코투스   ② 오컴   ③ 에크하르트   ④ 아벨라르

[해설·정답] 스코투스는 지성이 의지보다 우위에 있다는 아퀴나스의 주장에 반대하고, 의지의 우위를 주장하는 주의주의를 취한다. ❶

0393. 신의 의지는 자유요 예지보다 우위에 있으며 그의 창조는 자유로운 의지에 의한 창조라고 주장한 스콜라철학자는?

① 스코투스   ② 오컴   ③ 에크하르트   ④ 아벨라르

[해설·정답] 아퀴나스는 신은 자기가 선한 것으로 알고 있는 것만을 할 수 있다고 했다. 만약 그것이 사실이라면 인간은 신이 인간에게 하고자 하는 바를 미리 알 수 있다는 결론에 이르게 된다. 그러나 스코투스는 그것은 있을 수 없다고 반대한다. 또한 신의 의지에 의한 세계 창조가 자유로운 의지에 의한 창조가 아니라 신의 지성, 즉 신이 파악한 이데아와 같은 선의 관념에 의하여 필연적으로 결정되어 있다면 신의 필연적 결과인 세계에는 어떠한 부조화나 우연, 악이 없을 것이고 하등의 자유도 없을 것이다. 그러나 현세계는 우연도 있고 악도 있으며 부조화도 있다. 그리고 신의 의지는 그의 지성에 제한을 받아 행하게 된다. 그러나 그것은 신의 본질상 어울리지 못한다. 따라서 그것은 신의 의지가 절대 자유라는 근거이다. ❶

0394. 중세 스콜라주의를 해체하는 데에 결정적인 영향력을 미친 사람은?

① 스코투스   ② 오컴   ③ 에크하르트   ④ 아벨라르

[해설·정답] 오컴의 사상이 중세 스콜라주의를 해체하는 데에 영향력을 발휘한 것은 그가 근본적으로 경험론을 표방하면서 신앙의 절대적이고 자기 충족적인 확실성이 단순한 철학적 개연성에 의해서만 지지를 받게 하여 신앙의 이해를 거의 최소한으로 줄인 데에 있다. ❷

96

0395. 스콜라철학 말기에 인식의 기원과 타당성에 관해 경험론적인 입장을 취하고, 철저하게 유명론을 지지했던 학자는?

① 스코투스　　　② 오컴　　　③ 에크하르트　　　④ 아벨라르

[해설·정답] 오컴은 "보편자는 산출되는 것이 아니라 일종의 허구에 지나지 않는 추상 작용을 통해 생겨난다." 그러므로 "보편자는 오직 영혼 안에만 있고 사물 안에는 없다."고 한다. 그래서 그는 보편자를, 그것을 통해 우리가 어떤 것을 특징짓고 그렇게 확정하는 기호요 의미 내용이라고 생각했다. 따라서 기호로서의 보편자는 편의적인 것이요 일종의 허구로서 우리가 어떤 지정된 것을 부르는 이름에 지나지 않은 것이다. ❷

0396. 종교상의 믿음은 믿음일 뿐이요 학문적 지식과는 다르다는 전제 아래 종교와 철학, 즉 신앙과 이성의 상호불가침의 이중 진리를 인정한 스콜라철학자는?

① 스코투스　　　② 오컴　　　③ 에크하르트　　　④ 아벨라르

[해설·정답] 종교와 철학은 전혀 다른 것이며 서로 일치할 수 없다. 종교상의 진리는 이성으로써 증명할 수 없으므로 교회의 권위에 따라 신앙을 가져야 한다. 자신이 믿는 종교상의 진리는 인식하지 못하며 또 인식할 필요도 없다. 그로서는 신앙과 계시의 측면에서 모든 것은 개연성이 있는 것으로 충분했다. 결국 그는 자연의 인식과 계시에 의한 초자연의 진리는 서로 독립한 것이라는 이중의 진리를 주장한 셈이다. ❷

0397. 개별적 사물만이 진실한 실재요 사물에 대한 이성적, 추상적 인식의 근본에는 경험적 인식이 있다고 주장함으로써 근대 경험론의 길을 개척한 유명론자는?

① 스코투스　　　② 오컴　　　③ 에크하르트　　　④ 아벨라르

[해설·정답] 오컴은 인식의 기원과 타당성에 관해 경험론적인 입장을 취하고, 철저하게 유명론을 지지했다. 그에 따르면 우리들은 외부 세계의 대상들을 감각적, 직관적으로 바라보는 것, 또는 심리적인 작용에 대한 정신적, 반성적인 직관 이외에는 아무것도 필요치 않다. 우리들은 실재적인 세계의 인식 원천을 우리들 안에 가지고 있어서 이 원천으로부터 출발하여 추상작용을 통해 보편적인 개념들과 보편적인 명제들을 형성한다. 그래서 그는 공통적인 본성이나 사물들에 앞서거나 사물들 안에 있는 일체의 보편적인 것을 거부한다. 보편적인 것은 일종의 생각된 것이고 존재론적인 의미는 없다. 그래서 "보편자는 산출되는 것이 아니라 일종의 허구에 지나지 않는 추상 작용을 통해 생겨난다."고 말한다. ❷

0398. 이성과 신앙에 대한 오컴의 입장은 무엇인가?

① 이성으로 신앙을 합리화한다.
② 이성과 신앙이 각자의 분야에서 권위를 가지면서 서로 화해한다.
③ 이성과 신앙이 각각의 분야에서 권위를 가지면서 서로 분리한다.
④ 이성의 권능은 박탈하고 오직 신비적 직관에 의한 계시만을 받아들인다.

[해설·정답] 오컴은 이성과 신앙의 분리를 주장한다. 그에 따르면 종교와 철학은 전혀 다른 것이며 서로 일치할 수 없다. 종교상의 진리는 이성으로써 증명할 수 없으므로 교회의 권위에 따라 신앙을 가져야 한다. 결국 그는 자연의 인식과 계시에 의한 초자연의 진리는 서로 독립한 것이라는 이중의 진리를 주장한 셈이다.❸

철학, 쉽게 풀자!

0399. 오컴의 사상과 거리가 먼 것은?
　　① 개체에 앞서는 보편을 부정했다.　　② 믿음은 합리적인 것이라고 했다.
　　③ 철학과 신학을 분리시켰다.　　④ 신은 규정할 수 없다고 했다.
　　[해설·정답] 오컴은 종교적 진리, 믿음의 내용은 합리적인 것이 아니므로 신앙이 필요하다고 했다. ❷

0400. 오컴이 가진 보편자와 개체에 대한 바른 설명은?
　　① 이성이 순수한 능동인이다.　　② 보편자는 모든 사물 안에 실재한다.
　　③ 보편자는 일종의 허구이다.　　④ 보편자는 산출된다.
　　[해설·정답] 철저한 유명론자인 오컴은 보편자를, 그것을 통해 우리가 어떤 것을 특징짓고 그렇게 확정하는 기호요 의미 내용이라고 생각했다. 즉 기호로서의 보편자는 편의적인 것이요 일종의 허구로서 우리가 어떤 지정된 것을 부르는 이름에 지나지 않는다는 것이다. ❸

0401. 스콜라철학 말기의 대표적 신비주의자로서 범신론적 경향을 가졌던 사람은?
　　① 스코투스　　② 오컴　　③ 에크하르트　　④ 아벨라르
　　[해설·정답] 에크하르트의 사상은 신플라톤주의와 여러 교부들, 특히 어거스틴, 그리고 스콜라철학, 특히 아퀴나스의 철학과 신비주의적 조류에 영향을 받아 범신론적인 경향을 강하게 드러낸다. ❸

0402. 다음 중 대표적인 주의주의자로 묶여진 것은?
　　① 안셀무스, 에리우게나　　② 에리우게나, 아벨라르
　　③ 아퀴나스, 스코투스　　④ 어거스틴, 스코투스
　　[해설·정답] 어거스틴은 그의 윤리에서 하나님에 대한 사랑의 의지를 매우 강조했다. 또한 지식과 신앙에 대해서 어거스틴적인 태도를 취한 스코투스도 의지의 가치를 인식의 가치보다 높이 평가했다. ❹

0403. 다음 중 주지주의자가 아닌 사람은?
　　① 소크라테스　　② 아퀴나스　　③ 아리스토텔레스　　④ 스코투스
　　[해설·정답] 소크라테스는 대표적인 주지주의자이다. 아리스토텔레스의 철학을 따르는 아퀴나스도 주지주의적이나, 스코투스는 아퀴나스에 반기를 들고 주의주의를 주장했다. ❹

0404. 어거스틴 이후의 중세 스콜라철학적 전통은 악에 대해 어떻게 이해했는가?
　　① 악은 선과 함께 세계를 구성하는 동등한 두 원리이다.
　　② 악은 존재의 완전성이 결여되는 데서 생기는 것이다.
　　③ 악이란 존재의 기저에 깔려 있는 맹목적인 의지이다.
　　④ 모든 유한자는 신적 실체의 자기규정이기 때문에 악이란 없다.
　　[해설·정답] 실체가 아니라 선의 결핍으로 보는 어거스틴의 견해를 따라 중세에는 전통적으로 악을 선의 결핍으로 보았다. ❷

※ 철학적 의미를 담은 명언들과 철학자를 연결하라.

0405. 불합리하기 때문에 나는 믿는다.　　•　　• A. 어거스틴

0406. 이해하기 위해 믿는다.　　•　　• B. 안셀무스

0407. 내가 만일 속고 있다면 나는 존재한다.　•　　• C. 터툴리안

[해설·정답] ☞ 0405.C / 0406.B / 0407.A

※ 다음 글을 잘 읽고 그 서술하는 내용이 맞으면 O, 틀리면 X표를 하시오.

0408. 어거스틴은 펠라기우스와의 논쟁에서 인간에게 자유의지가 있다는 자체를 전면적으로 부정했다.

[해설·정답] 어거스틴은 인간의 의지가 타락으로 인해 선을 행할 능력을 상실했다고 보았지만, 자유의지 자체를 부정하지는 않았다. ☞ X

0409. 은총의 교사라고 할 수 있는 어거스틴의 거의 모든 사상에는 은총이 지배하고 있어서 이성의 역할에 대해서는 매우 부정적이었다.

[해설·정답] 어거스틴은 이성을 결코 무시하지 않고 이성의 문제를 신앙의 문제로 전환하여 양자를 분리시키지 않고 서로 같은 범주에서 이해하려고 했다. 그는 "신앙이 선행하고 이성이 뒤따른다"는 근본 태도를 취하면서도 건전한 논증을 배제하지 않았다. 어디까지나 신앙이 이성에 앞서며 이성은 신앙을 위해 필요로 했고 하나님의 인식을 위해 도움이 되는 한에서 존중되었을 따름이다. 다시 말하면 "신앙은 찾고 이성은 발견한다."(Fides quaerit, intellectus invenit), "우리들은 성경의 권위를 힘입어서만 말하려 하지 않고 보편적인 인간의 이성의 바탕 위에서 믿지 않는 자들을 위해 말하고자 한다"는 말은 그러한 태도를 잘 말해준다. ☞ X

0410. 어거스틴은 신 이외의 세상의 어떤 것도 사랑의 대상이 될 수 없다고 했다.

[해설·정답] 어거스틴이 신에 대한 상향적인 사랑인 카리타스(caritas)를 강조하지만, 그것이 단순히 신만을 사랑하고 신 이외의 것을 사랑해서는 안 된다는 것을 의미하지는 않는다. 오히려 어거스틴은 신이 창조한 모든 피조물은 선 자체인 신이 창조했기 때문에 사랑을 받을 만하다고 하며, 그런 점에서 신 이외의 피조물들도 사랑의 대상이 될 수 있다고 했다. ☞ X

0411. 어거스틴은 그의 『신국론』에서 신국과 지상국이 서로 대립하는 가운데 종말까지 진행한다고 했는데, 그가 지상국 백성인지 신국 백성인지는 보이는 교회에 들어와 있느냐의 여부로 알 수 있다고 했다.

[해설·정답] 어거스틴은 인류를 하나님을 사랑하여 자기보다도 하나님을 택하는 진영과 하나님보다도 차라리 자기를 택하는 진영으로 구분했다. 즉 신국 백성과 지상국 백성으로 나누었다. 그러나 어떤 사람이 어느 진영에, 어떤 국가에 속한지는 의지의 성격, 즉 의지를 지배하고 있는 사랑의 성격에 달려 있다고 하면서 그의 삶의 스타일이 그것을 보여준다고 했다. ☞ X

0412. 어거스틴은 배교자와 배교자였던 사제가 오염시킨 성례전의 타당성 문제로 엄격한 분파주의적 입장을 취했던 도나티스트주의에 대항하면서 교회의 본질을 일치성, 보편성, 성결성, 사도성으로 규정하고 재세례를 부정했다.

해설·정답 어거스틴은 도나티스트파와의 논쟁을 통해 세례란 그 신령한 의미가 세례를 베푸는 사람에 의해 좌우되는 것이 아니라 하나님으로부터 그리스도를 통해서 온다고 했다. 따라서 배교자들이 다시 교회의 신앙 안으로 들어오기 위해서 또는 수세한 성직자가 배교했다고 해서 다시 세례를 받을 필요가 없다고 했다. ☞ ○

0413. 어거스틴에게서 "나는 생각한다. 고로 존재 한다"는 데카르트의 방법적 회의의 선구적인 측면을 발견할 수 있다.

해설·정답 "내가 만일 속고 있다면, 나는 존재한다."(*Si fallor, sum*)는 말은 무엇인가를 의심하는 한, 의심의 주체인 나의 존재는 확실한 진리이며 또 내가 존재함이 확실하듯이 결코 진리의 존재를 의심할 수 없다는 의미이다. 이것은 약 1200년 후 근세철학자인 데카르트가 자각의 확실성으로서 선언한 "나는 생각한다. 그러므로 나는 존재한다"(*cogito ergo sum*)의 선구를 이루었다. ☞ ○

0414. 어거스틴은 시간이 세계보다 앞서 있을 수 없으며 세계는 시간 속에 존재하는 것이 아니라 시간과 함께 창조되었는데, 시간은 우리의 의식과 분리된 것이라고 생각한다.

해설·정답 과거, 현재, 미래가 모두 객관적으로 주어진 것으로 있다고 말할 수 없지만 어거스틴은 그것들을 인간 내면의 의식 작용, 즉 정신(*anima*)의 작용을 통해 현재를 중심으로 이해한다. 과거는 기억을 통한 '과거로서의 현재'요, 현재는 직관을 통한 현재로서의 현재이고, 미래는 기대를 통한 '미래로서의 현재'이다. 이렇게 정신이 기억, 직관, 기대로 분산 팽창해서 과거, 현재, 미래가 형성된다. 이처럼 어거스틴은 시간의 양태를 의식 작용과 관련지어 정신의 분산(*distentio animae*)으로 이해하며 그것을 또 시간의 본질로 보았다. ☞ X

0415. 어거스틴은 플라톤의 데미우르고스에 의한 형성설이나 플로티노스의 유출설을 거부하고, 하나님의 자유로운 행위에 의한 무로부터의 창조를 주장했다.

해설·정답 어거스틴은 플라톤의 형성설은 데미우르고스라는 제작자가 선재하는 질료와 이데아에 종속된다는 점에서, 플로티노스의 유출설은 일자의 유출이 자유로운 것이 아닌 본성의 필연성이라는 점에서 받아들일 수 없었다. 그래서 『고백록』 XI장에서 "그들은 당신에 의해 무로부터 창조되었습니다. 그들은 당신에게서 나온 것도 아니요 당신이 아닌 어떤 다른 물질에서 만들어진 것도 아닙니다"라고 잘라 말한다. ☞ ○

0416. 어거스틴이 악을 선의 결핍으로 이해한 것은 신플라톤주의자인 플로티노스의 유출설을 적용한 결과이다.

해설·정답 어거스틴은 무로부터 창조된 피조물들이 비존재와의 관여로 말미암아 가변성을 면치 못하는 것을 지고선인 신으로부터의 이원(離遠)으로 보는 플로티노스의 유출과 같은 의미로 보고 여기에서 악이 생겨나는 원인을 찾았다. 다시 말해 무로부터 창조된 피조물들은 그들이 가진 가변성으로 인하여 변화의 과정 속에서 신으로부터 이원될 수 있는 타락의 경향을 가지고 있기 때문에 악이 발생한다고 하여 악의 발생 근거를 밝혔다. ☞ ○

0417. 칼빈의 예정론은 이미 어거스틴의 의해 주장되었었다.

[해설·정답] 어거스틴이야말로 오직 믿음, 오직 성경, 오직 은혜라는 종교개혁의 정신을 그 사상 체계 안에 가장 잘 담고 있다. 그래서 종교개혁 시대에 어거스틴의 사상이 개혁자들에 의해 새롭게 조명 되었다. 특히 칼빈의 예정론과 인간의 전적인 부패, 신의 절대 주권에 대한 주장은 어거스틴의 사 상에 깊은 근거를 두고 있다. ☞ ○

0418. 어거스틴의 『고백록』은 단순한 죄의 고백만이 아니라 자신을 구원한 하나님의 사 랑과 구원의 은총을 노래한 찬양록이라고 할 수 있다.

[해설·정답] 『고백록』은 단순한 참회만이 아니라 오히려 오묘한 섭리로 자신을 죄악의 비참함에서 구원해 주신 하나님의 사랑에 감사드리는 영혼의 송가라고 할 수 있다. ☞ ○

0419. 어거스틴이 말하는 신국은 곧 교회요, 지상국은 세속의 나라를 가리킨다.

[해설·정답] 하나님에 대한 사랑 카리타스와 하나님을 등지고 자기를 사랑하는 쿠피디타스로 구별되 는 두 개의 나라는 반드시 교회와 세속국가를 의미하는 것은 아니다. 오히려 하나님의 나라는 지상 에 이국인(異國人)으로서 거류하는 그의 백성을 교회를 통해서 인도하는 것을 가리킨다. 그리고 이것이 바로 교회의 존재 의의라고 한다. ☞ ✗

0420. 안셀무스에 의해 제시된 본체론적 증명은 근세의 데카르트에 의해서도 주장되었지 만, 칸트는 이를 비판했다.

[해설·정답] 근세의 데카르트는 "존재는 속성이다"는 설명으로 안셀무스의 존재론적 증명을 옹호하 는데, '내각의 합이 180도'라는 것이 '삼각형'의 필수적 특징이듯이 '존재'는 '가장 완전한 실재'의 필수적 특성이라고 했다. 그러나 이성의 한계를 밝힌 칸트는 신이라는 존재를 전제하고서 존재하 지 않는다고 말하는 것은 삼각형이 있다고 가정해 놓고 세 개의 각이 없다고 하는 것이 모순이 되는 것과 같은 이치라고 하면서, 삼각형이 없을 때 세 개의 각이 없다고 하는 것이 모순이 될 수 없듯이, 필수적인 존재가 없기 때문에 존재라는 속성도 없다고 하는 것은 전혀 모순이 아니라고 비판했다. ☞ ○

0421. 어거스틴의 학설을 고수하면서 아리스토텔레스적인 것을 꺼리는 보수적 경향을 띤 프란시스 교단은 주의적인 면을 강조한 반면, 주지적 성격을 띤 도미니크 교단은 아 리스토텔레스의 철학을 받아들여 이것을 기독교화했다.

[해설·정답] 프란시스 교단의 주의적 경향은 신앙과 지식의 분리를 주장하게 되었는데 스콜라철학이 몰락하고 근대적 학문이 대두하게 된 것도 이 교단의 영향이었다. 반면에 도미니크 교단은 신앙과 지식의 일치, 즉 신앙의 합리화에 주력했다. 그리고 이들 두 교단의 주의적이고 주지적 경향의 대 립은 도미니크적인 토마스 아퀴나스와 프란시스적인 둔스 스코투스의 사상에서 그 대립의 절정을 이루게 된다. ☞ ○

0422. 중세 스콜라철학자에 의해 '철학자'라는 대명사로 불리는 사람은 아리스토텔레스였 고, 그의 '주석가'라고 불리는 사람은 아비센나였다.

해설·정답 스콜라철학자들은 아리스토텔레스를 이름으로 지칭하지 않고 '철학자'라는 대명사로 불렸다. 그리고 아리스토텔레스의 재능을 인간 지성의 극치라고 믿어 아리스토텔레스 저작의 주석에 몰두한 아베로에스(Averroës)는 아리스토텔레스의 '주석가'라는 대명사로 불렸다. ☞ X

0423. 교부철학자 어거스틴의 사상은 종교개혁자들에 의해 재발견되어 그들 안으로 수용되어 오늘날 개신교 신학의 근거가 되었으며, 스콜라철학자 아퀴나스는 교황 레오 13세에 의해 로마 카톨릭의 공식 신학이 되었다.

해설·정답 루터(Luther)와 칼빈(Calvin)의 신학적 사상과 이론은 사실상 어거스틴 신학의 재발견에 기초하고 있다. 즉 루터와 칼빈은 어거스틴의 신관과 함께 인간이 신의 은총을 필요로 함을 재확인하고 이를 받아들였다. 결국 개혁교회들은 자연스럽게 어거스틴이 이루어 놓은 교리들을 수용하게 되었다. 아퀴나스의 철학은 1879년 교황 레오 13세가 공포한 「영원한 아버지」(Aeterni Parti)라는 회칙에 의해 로마 카톨릭의 공식 철학으로 인정되었다. ☞ ○

※ 다음 물음에 답하시오. (단답형)

0424. 사도들을 계승한 교부들 가운데에서 시기적으로 가장 빠르게 나타난 일단의 사람들로서 사도들로부터 직접 기독교 신앙에 대해 가르침을 받아 그들의 가르침을 순수한 상태로 후세에 전한 사람들을 무엇이라 하는가?

해설·정답 속사도교부들은 1세기말부터 2세기까지 활동하면서 신약성경과 변증가들 사이의 교량 역할을 수행함으로써 사도들의 사상과 신앙을 후대에 계승하는 데에 중요한 역할을 담당했다. 그들의 문서는 모두 8종류인데, 로마의 클레멘트의 두 편지, '디다케'라고 불리는 열두 사도의 가르침, 안디옥의 이그나티우스의 일곱 편지들, 서머나의 폴리캅의 편지와 순교 이야기, 히에라폴리스의 파피아스의 문서들, 바나바의 서신, 헤르마스의 목자, 디오그네투스에게 보내는 편지가 그것이다. ☞ 속사도 교부

0425. 신앙에 의해 구원을 얻는다는 전통신학 사상과 달리 기독교와 유대교 그리고 신플라톤주의를 혼합하여 신비한 영적 지식에 의해 구원이 가능하다고 주장한 초대교회 이단은?

해설·정답 영지주의는 성경적, 기독교적 요소에다 그리스적, 동방적 요소, 즉 페르시아의 이원론, 동방의 신비주의 종교, 바빌로니아의 점성술, 그리고 그리스 철학을 기이하게 혼합하여 그노시스라는 신비한 영적 지식으로 신앙을 대신하려고 하는 혼합주의 사상이다. ☞ 영지주의

0426. "아테네와 예루살렘, 아카데미와 교회, 이교와 기독교 사이에 무슨 상관이 있느냐?," "하나님의 아들은 죽었다. 이것은 불합리한 일이다. 그러므로 나는 믿는다. 불합리하므로 나는 믿는다"라고 말한 교부는?

해설·정답 반그리스주의자 터툴리안은 라틴 신학의 원조인데, 당시의 교회가 영지주의와 이교주의와 격렬하게 충돌하고 있었기 때문에 이에 대립하는 입장에서 이성에 대한 신앙의 우위를 주장했다. ☞ 터툴리안

0427. 어거스틴의 저술 가운데 역사철학적 내용을 담고 있는 책은?

[해설·정답] 『신국론』은 인류의 역사가 궁극적으로 어디를 향해 가고 있으며 또 어떻게 가고 있는가를 보여주는 어거스틴의 역사철학적 견해를 서술한 대표적인 저서이다. ☞ 『신국론』

0428. 어거스틴과 동시대인으로서 자유의지와 예정 문제를 중심으로 어거스틴과 논쟁을 통해 인간의 전적 타락을 부인하면서 자유주의적 신학의 경향을 보인 사람은?

[해설·정답] 펠라기우스는 당시의 기독교인들이 계명의 준수를 등한히 하고 모든 죄를 인간의 본성 탓으로 돌리려는 경향에 대해 몹시 못마땅하게 생각했다. 그리고 신은 의로운 분이므로 특정한 사람을 사랑하는 것이 아니라 모든 사람들을 공평하게 대한다고 했다. 또한 신은 아무에게도 그가 행할 능력이 없는 일은 명령하지 않기 때문에 인간은 원하기만 하면 신의 명령을 얼마든지 수행할 수 있고 또 그렇기 때문에 인간은 자신의 행위에 대해 스스로 책임을 져야 한다고 주장했다. 펠라기우스는 행위에 대한 인간의 책임을 강조하기 위해 자유의지를 강조했는데, 인간이 이 자유의지를 통해 선을 행할 수도 있고 악을 행할 수도 있으며 죄를 범하지 않을 수도 있다고 주장했다. 그러나 어거스틴은 펠라기우스의 주장이 인간의 본질적 죄성, 즉 원죄에 대한 성경의 가르침과 모순된다는 사실을 간파하고 자유의지에 관한 논쟁을 통해 원죄설, 자유의지론, 은총설, 예정설 등을 확립했다. ☞ 펠라기우스

0429. 어거스틴과 아퀴나스의 대표적인 주저는 각각 무엇인가?

[해설·정답] 어거스틴은 『신국론』에서 하나님의 섭리를 전 인류에게 확대시켜서 인간 사회 전반에 걸친 기독교적 원리에 대한 관계를 다루었으며, 아퀴나스는 그의 주저 『신학대전』에서 유일신의 존재와 그 본질에서부터 창조·죄·신앙·희망·사랑·정의·용기·절제·그리스도론에 이르는 기독교 교의의 전 분야를 문제, 답변, 반론, 반론에 대한 응답 형식으로 담아냈다. ☞ 『신국론』, 『신학대전』

0430. 신앙과 이성은 대립적 관계에 있는 것이 아니라 서로 보완적 관계에 있으며, 신의 존재를 이론적으로 증명할 수 있다고 주장한 사람은 누구이며 그가 체계화한 철학은 무엇인가?

[해설·정답] 아퀴나스는 탐구 방법적인 면에서 신학과 철학을 명확하게 구별했다. 철학과 과학은 오로지 이성의 자연적 빛에만 의존하여 인간의 이성에 의해서 인식되는 원리들을 수용하고 추론의 결과를 논하는 반면, 신학은 이성을 사용하기는 하지만 권위 또는 신앙에 근거하여 자신의 원리들을 받아들인다는 것이다. ☞ 토마스 아퀴나스, 스콜라 철학

0431. 토마스 아퀴나스가 아리스토텔레스의 형상과 질료라는 도식을 도입하여 형성된 것으로서 아퀴나스가 집대성한 스콜라철학에 의해 후에 로마 카톨릭의 신학에 있어 항상 이층 구조로 파악하고 있는 것은 무엇인가?

[해설·정답] ☞ 자연과 은총(계시)

0432. 인간은 하나님에 대한 완전한 지적 이해나 묘사가 불가능하며 단지 차이 속의 유사성이라는 유추를 통해만 알 수 있다고 하는 아퀴나스의 종교언어에 관한 개념은 무

엇인가?

[해설·정답] 유비는 여러 가지 서로 다른 대상들에 관해 완전히 똑같은 동일한 말뜻으로 언표되지도 않으며 그렇다고 대상들에 쓰여진 어휘가 그 이름만 같고 그 어휘와 관련된 뜻이 완전히 다르지도 않다는 동일성과 상이성을 결합하는 방법이다. ☞ 유비

0433. 토마스 아퀴나스가 말한 유비를 무엇이라고 부르는가?

[해설·정답] 만일 우리가 우리의 경험에 적용할 수 있는 똑같은 술어를 하나님에게도 적용할 수 있다면(univocally), 우리는 사실상 하나님과 피조물과의 질적 차이를 부인하게 되는 것이요, 반대로 만일 하나님께 적용하는 술어가 우리의 경험에 적용하는 것과 다르다고 한다면(equivolly), 우리가 하나님에 대해 사용하는 언어의 의미를 알지 못하게 될 것이다. 예를 들어 우리가 "하나님은 지혜로우시다"라고 말하면서 우리의 경험이 알고 있는 바와 똑같은 의미로 '지혜'라는 단어를 사용했다면, 하나님의 지혜와 사람의 지혜를 구분하지 않은 것이고, 우리의 경험에서와 다른 의미로 이를 사용하였다면, 우리는 우리가 무슨 말을 하고 있는지 모르게 되는 것이다. 그런데 유비적 방법을 사용한다면 이러한 딜레마를 피할 수 있게 되는 것이다. 즉 하나님과 인간이 완전히 다른 존재이긴 하지만, 이 둘 사이에 어떤 관계나 혹은 유사점이 있으므로 사람에게 적용되는 술어들이 하나님에게도 유비적으로 적용될 수 있게 된다는 것이다. 이것이 존재의 유비이다. ☞ 존재 유비 (아날로기아 엔티스: *Analogia entis*)

0434. 아퀴나스는 신의 영원법이 인간에게 각인된 것이 바로 이성의 법이라고 하면서 영원법과 이 법을 동일시하려 했다. 이 법은 무엇인가?

[해설·정답] 이성과 자유의지를 가진 인간에게는 창조주 하나님이 모든 피조물을 거룩한 섭리의 계획에 따라 선을 위하여 다스리는 영원법이 규칙이나 명령의 성격을 띠게 된다. 그러므로 인간은 단지 신의 명령을 이해하는 것을 통해 영원법에 참여한다. 이것이 곧 자연법이다. ☞ 자연법

0435. 사유경제의 법칙을 가리키는 "오컴의 면도날"을 통해 오컴이 잘라내버린 것은?

[해설·정답] '오컴의 면도날'이란 사유 경제의 법칙을 의미하는 말로서 단순하고 보다 적은 것으로 현상을 설명할 수 있는데 더 복잡하고 많은 것으로 설명하는 것이 헛된 일임을 의미한다. ☞ 보편개념

0436. 유명론자로서 종교상의 믿음은 학문이 아니며 이성인식과 계시인식은 서로 독립적이라고 주장한 스콜라철학자는?

[해설·정답] 오컴에 의하면 하나님은 존재 원인이 없기 때문에 원인에서 생각할 수 없고 또 그렇다고 결과에서 증명하려는 것도 불확실하다. 그러므로 하나님을 대상으로 하는 한 신학은 엄격한 의미에서 학문이 아니다. 학문은 신앙에 근거를 두지 않지만 신학은 바로 그 신앙에 근거를 두기 때문이다. ☞ 오컴

※ **다음 상자 안의 글들을 잘 읽고 (   )에 가장 적당한 말을 써 넣으시오.**

어거스틴은 시간의 세 양태를 이해할 때, 과거는 (0437.   )으로서의 현재요, 현재는 (0438.   )으로서의 현재요, 미래는 (0439.   )로서의 현재라고 했다.

[해설·정답] 어거스틴은 시간의 본질에 관한 문제에 있어서는 그것이 나타나는 양태들의 이해를 통해 해결하려고 한다. 그는 과거, 현재, 미래라는 시간의 세 가지 양태를 인정하기는 하지만 과거는 이미 없는 것이요 현재는 순간으로서 있다고 할 만한 연장(延長)이 없으며 미래는 아직 없는 것이라고 말한다. 그리고 시간은 아직 오지 않아 없는 미래로부터 연장 없는 현재를 거쳐 이미 지나가 없는 과거에로, 즉 결국에는 비존재에로 흘러가는 것이 본성이라고 생각한다. 그러므로 존재하는 것은 연장이 없는 현재뿐이다. 이처럼 과거, 현재, 미래가 모두 객관적으로 주어진 것으로 있다고 말할 수 없지만 어거스틴은 그것들을 인간 내면의 의식 작용, 즉 정신(anima)의 작용을 통해 현재를 중심으로 이해한다. 과거는 기억을 통한 '과거로서의 현재'요, 현재는 직관을 통한 현재로서의 현재이고, 미래는 기대를 통한 '미래로서의 현재'이다. 이렇게 정신이 기억, 직관, 기대로 분산 팽창해서 과거, 현재, 미래가 형성된다. 이처럼 어거스틴은 시간의 양태를 의식 작용과 관련지어 정신의 분산(distentio animae)으로 이해하며 그것을 또 시간의 본질로 보았다.
☞ 0437.기억 / 0438.직관 / 0439.기대

중세 철학은 크게 두 시기로 구분할 수 있다. 신앙 우위적인 입장에서 계시의 바탕 위에 교리의 확정이 주로 탐구되던 시기를 (0440.   )철학 시대라 하는데, 대표자는 (0441.   )의 철학에 근거를 둔 (0442.   )이다. 반면에 이미 확정된 교리를 이성을 통해 합리화하고 체계화하려고 노력했던 시기를 (0443.   )철학 시대라 하는데, 대표자는 (0444.   ) 철학에 근거를 둔 (0445.   )이다.

[해설·정답] 중세철학은 크게 교부철학시대와 스콜라철학시대로 나뉜다. 교부철학은 이성보다 신앙 우위적 경향을 보였는데 어거스틴으로 대표되며, 스콜라철학은 신앙을 이성으로 설명하고 합리화하기 위해 신앙과 이성을 조화시키려고 했으며, 그 대표자는 아퀴나스이다. 교부철학은 플라톤 철학 위에 기초했으며 스콜라철학은 아리스토텔레스의 철학을 기초로 했다. ☞ 0440.교부 / 0441.플라톤 / 0442.어거스틴 / 0443.스콜라 / 0444.아리스토텔레스 / 0445.아퀴나스

실재론에 의하면 (0446.   )는 개체에 선행하여 존재하고, 유명론에 의하면 그것은 (0447.   )뿐이다.

[해설·정답] 실재론은 보편자를 개체에 선행하는 실재로 보지만, 반대로 유명론은 보편자는 이름에 불과하고 개체만이 실재한다고 주장한다. ☞ 0446.보편자 / 0447.이름

아퀴나스가 말하는 존재자체란 (0448.   )과 (0449.   )가 일치하는 존재를 가리킨다.

[해설·정답] 존재자들은 그들 존재를 외부로부터 받아들인다. 다시 말해 존재의 원인이 있다는 말이다. 이 존재의 원인은 스스로 자신의 존재의 원인이고 그 어떤 것에 의해서도 원인되지 않는 필연 존재이다. 이 필연 존재에 있어서는 본질이 곧 존재요 존재가 곧 본질이다. 즉 본질(essentia)과 존재(esse)가 일치한다. 아퀴나스는 존재자들의 존재 근거가 되는 이 필연 존재를 존재 자체(ipsum esse)라 했는데, 이는 영원 자존자인 하나님에 대한 형이상학적인 명칭이다. ☞ 0448.본질 / 0449.존재

철학, 쉽게 풀자!

아퀴나스의 사상에 나타나는 (0450.   )과 (0451   )의 이층 구조는
(0452.   )과 (0453.   )로 존재의 세계를 설명한 아리스토텔레스의 철학을
자신의 사상 체계에 도입한 결과이다.

[해설·정답] 아퀴나스의 은총론은 기본적으로 어거스틴의 입장을 따르면서도 아리스토텔레스의 형상(form)
개념에 영향을 받았다. 아퀴나스가 말하는 '자연(nature)'은 하나님이 인간에게 주신 '본성'을 의미한다.
은혜는 애초 하나님 안에서 있는 잠재적(가능태) 성질이지만 그 대상인 인간과 피조물에게는 현실적인
실현(현실태)으로 나타난다. 아퀴나스에게 있어서 자연과 은혜는 모순되는 두 개념이 아니다. 자연은 초자
연에서 완성이 되는데 이 초자연이 은혜이다. 아퀴나스가 "은혜는 자연을 파괴하지 않고 완성한다"고 주
장한 것도 이런 맥락에서였다. ☞ **0450.자연 / 0451.은총 / 0452.형상 / 0453.질료**

서양 근세철학

0454. 근세철학의 일반적 경향에 대한 설명으로 잘못된 것은?

① 17세기로부터 19세기에 이르는 철학 체계로서 합리론과 경험론, 그리고 이들을 종합한 독일관념론에 이르기까지를 말한다.

② 중세의 신 중심의 철학에 대해 인간 중심의 철학으로 이성이 눈을 뜬 시기로 특징지을 수 있다.

③ 교회의 권위 비판에서부터 시작되었다.

④ 주로 존재론적 문제가 논의되었다.

[해설·정답] 신 중심의 철학이었던 중세의 철학과 비교해 볼 때 근세의 철학은 인간 중심의 철학이라 할 수 있다. 근세의 철학은 신앙이나 신 중심적인 사고에서 벗어나 인간성을 자각하고 합리적인 이성의 능력과 기능을 중시했기 때문이다. 특히 근세철학은 존재론이나 가치론보다 주로 인식론적 문제가 중심을 이루었다. ❹

0455. 근세철학에 대한 설명으로 잘못된 것은?

① 신 중심에서 인간 중심의 철학으로 전환되었다.

② 인간성을 자각하고 합리적인 이성의 능력과 기능을 중시했다.

③ 신으로부터 완전히 자유하여 신에 관한 사유가 나타나지 않는다.

④ 개체로서의 인간을 탐구하였으며 자아의 자각을 그 중심 문제로 삼았다.

[해설·정답] 비록 근세가 중세의 신 중심적 사고에서 탈피했다 해도 형이상학적 체계에서는 여전히 신을 배제하고 논의할 수 없었다. ❸

0456. 근세의 주된 철학적 주제는 무엇이었는가?

① 존재론　　　　② 가치론　　　　③ 인식론　　　　④ 논리학

[해설·정답] 모든 것을 신앙으로 설명하려는 중세의 신 중심적 사고방식에서 탈피하여 신앙이 아닌 인간의 이성을 강조하는, 즉 이성이 눈을 뜬 시기로 특징지을 수 있는 근세의 철학은 주로 인식론이 다루어졌다. ❸

0457. 르네상스 시대 철학의 특징으로 볼 수 없는 것은?

① 그리스와 로마 문화의 재생과 부활　　② 현실세계의 우월성을 주장

③ 자연과 인간의 조화 추구　　　　　　④ 인본주의와 초월주의의 조화

[해설·정답] 르네상스 시대의 철학은 현실세계보다 초월세계를 강조하고 인간보다 신 중심적이었던 중세적 사고에서 벗어나 자연과 인간의 조화, 합리적 사고인 그리스와 로마문화의 재생과 부활에 큰 관심을 두었다. ❹

0458. 근세의 이성 개념과 거리가 먼 것은?

① 코기토(cogito)　　　　　　　　② 주체적 인간

③ 우주 본성과의 합일　　　　　　④ 자율(Autonomie)

[해설·정답] ①과 ②는 데카르트의 이성 개념이고, ④는 칸트의 이성 개념이다. 이성을 우주의 본성으로 본 것은 스토아학파이다. ❸

0459. 근세 초기 사상가와 그의 저서를 잘못 연결한 것은?

① 마키아벨리: 군주론   ② 몽테뉴: 수상록

③ 데카르트: 방법적 회의   ④ 브루노: 원인, 원리 및 일자에 관하여

[해설·정답] 방법적 회의는 데카르트의 저서명이 아니라 확실성에 도달하기 위한 그의 철학적 방법을 이르는 말이다. ❸

0460. 근세의 합리론과 관계가 없는 것은?

① 과학과 수학의 진보에 상당한 영향을 받았다.

② 경험적 지식의 가능성을 일체 부정한다.

③ 외부 세계의 존재는 이성에 의해 규정된다.

④ 인간의 정신에 생득적으로 존재하는 관념도 있다.

[해설·정답] 합리론이 앎과 실천의 과정에서 이성의 기능을 강조한다고 해서 경험을 부정하는 것은 아니다. 이들은 경험은 불확실할 뿐 아니라 오류 가능성이 많아 감각 경험만으로는 확실한 앎이 성립될 수 없다는 이유로 경험을 불신할 뿐이다. 오히려 적절한 기회가 주어진다면 생득적 진리들도 경험에 의해 자명하게 된다고 한다. ❷

0461. 근세의 합리론자들이 세계에 대한 정확한 지식을 구성하기 위해 철학에 도입하고자 했던 것은 무엇인가?

① 과학   ② 수학   ③ 신학   ④ 음악

[해설·정답] 근세의 합리론자들은 모두가 과학과 수학의 진보와 성공에 영향을 받아 철학에 수학의 정확성을 도입하고자 했다. 즉 연역 가능한 진리 체계를 가질 수 있는 분명한 이성적 원리들로 세계에 대한 정확한 지식을 구성하고자 했다. ❷

0462. 근세의 합리론자에 속하지 않은 사람은?

① 데카르트   ② 스피노자   ③ 라이프니츠   ④ 베이컨

[해설·정답] 대표적인 합리론자는 데카르트, 스피노자, 라이프니츠이다. 베이컨은 경험론자이다. ❹

0463. 대륙의 합리론자들의 철학적 공통점을 잘못 설명한 것은?

① 과학의 진보와 성공에 영향을 받아 철학에 귀납적인 접근방식을 도입했다.

② 인간과 세계에 관한 진리의 원천인 인간의 이성적 능력이 주요 주제였다.

③ 철학적 추론을 초자연적인 계시와 무관한 것으로 생각하였다.

④ 경험보다는 합리적 이성 능력을 신뢰했다.

해설·정답 합리론이 자극을 받은 학문은 수학이었으며 이성에 의한 연역적 추리를 중시했다. ❶

0464. 근세철학의 아버지요 근세의 합리론을 개척한 선구자로 평가되는 사람은?

① 데카르트   ② 스피노자   ③ 라이프니츠   ④ 베이컨

해설·정답 데카르트는 중세철학적 전통과의 단절과 후속되는 근세철학에의 커다란 영향으로 인해 일반적으로 근세철학의 아버지로 여겨진다. 그의 사상에는 중세 스콜라철학의 영향이 많이 남아 있지만 전통적 권위에 추종하지 않고 새로운 철학을 건설하려고 노력하였다. 그는 모든 진리의 표준이 오직 교회에 의하여 결정되고 사유의 자유가 주어지지 않은 중세적 전통에 대결해서 그의 철학을 출발시켰다. ❶

0465. 데카르트가 명증한 공리(公理) 위에 정초하기 위해 철학이 따라야 할 방법이라고 생각한 것은?

① 과학적 방법   ② 논리적 방법   ③ 수학적 방법   ④ 경험적 방법

해설·정답 데카르트는 당시의 수학적 방법에 큰 자극을 받아 철학 역시 그러한 명증한 공리 위에 정초하고자 했다. 그것은 철학도 수학과 마찬가지로 확고한 토대를 가져야 하며 기하학이 본보기로 제공해준 증명의 확실성과 추리의 증거와 같은 것이 기초가 되기를 원했기 때문이다. 철학이 수학적 방법을 따라야 한다는 생각은 모든 학문도 그렇게 논리적이고 엄밀해야 한다는 보편학의 이념을 가리킨다. ❸

0466. 데카르트의 철학에 대한 설명으로 옳지 않은 것은?

① 그 자신의 존립을 위해 다른 어떤 것도 필요하지 않은 것을 실체라 했다.

② 실체를 유한실체와 무한실체로 구분했다.

③ 물질과 정신이라는 상호 자립적인 두 실체가 인간에게 있어서 어떻게 작용하는가를 설명하기 위해 기회원인론을 주장했다.

④ 물질과 정신의 구분에 입각한 대표적인 이원론이다.

해설·정답 데카르트는 심신상호작용설을 주장했으며, 기회원인론은 그에 대한 반론이었다. 그는 비록 정신과 육체를 서로 독립적인 것으로 보았지만 인간만큼은 생각하는 정신과 연장성을 가진 육체의 결합으로 이루어졌기 때문에 상호 교호작용이 가능하다고 보았다. 내가 손을 올리고자 할 때 손을 올리는 것은 정신이 육체를 움직이는 것이며, 반대로 나의 육체에 상처가 생겨 고통을 느낄 때에는 육체가 정신을 움직이는 셈이 된다. 반면에 인간을 제외한 모든 생물은 시계공이 스스로 움직이는 시계를 만든 것처럼 신이 스스로 움직이도록 꾸며 놓은 정교한 자동 기계 장치와 같은 것이다. 이것이 그의 기계론적 자연관이다. ❸

0467. 데카르트의 사상과 거리가 먼 것은?

① 신과 정신에 관한 문제를 철학의 두 기본 명제로 받아들였다.

② 그의 철학적 방법론은 회의(懷疑)였다.

③ 철학을 수학과 같은 보편성 위에 정초하려 했다.

④ 철학을 엄밀한 귀납적 방법에 의거해서 논의했다.

[해설·정답] 데카르트는 『정신 지도의 규칙』(*Regulae ad directionem ingenii*)에서 "진리의 확실한 인식을 위해서 인간에게 허용된 길은 명증적 직관과 필연적 연역 이외에는 없다"고 했다. 이 말은 직관과 연역이 진리에 이르는 유일한 길이라는 뜻이다. 데카르트의 철학적 논의 방법은 귀납이 아니라 연역적 방법이다. ❹

0468. 데카르트에 관한 설명으로 잘못된 것은?

① 지적인 확실성에 큰 관심을 가졌다.

② 확실한 지식을 위해 회의라는 철학적 방법을 택했다.

③ 존재 자체인 신을 제일원리로 받아들였다.

④ 주로 직관과 연역만을 진리에 이르는 길로 받아들였다.

[해설·정답] 데카르트가 받아들인 제일원리는 신이 아니라 방법적 회의의 결과 결코 의심할 수 없는 것이었던 사유주체로서의 자아였다. ❸

0469. 다음 중 데카르트의 저서가 아닌 것은?

① 『방법서설』   ② 『성찰』

③ 『정신지도의 규칙』   ④ 『인간오성론』

[해설·정답] 『방법서설』에서는 아르키메데스적 지점에 대해서, 『성찰』에서는 본체론적 신 존재증명이, 『정신지도의 규칙』에서는 철학에 수학적 방법을 도입해야 한다는 내용이 담겨 있다. 『인간오성론』은 경험론자 로크의 저서이다. ❹

0470. "명료하고 확실한 지식"을 추구한 데카르트가 참된 지식을 위한 기초인 제일원리를 비유한 물리학의 개념은?

① 질량보존의 법칙   ② 아르키메데스적 지점

③ 진화론   ④ 뉴튼의 운동법칙

[해설·정답] 데카르트가 원했던 참된 지식을 위한 기초로서의 제일원리는 마치 '아르키메데스적 점'과도 같은 것이다. 아르키메데스(Archimedes)는 지렛대와 그 지렛대를 받칠 수 있는 작용점만 있으면 지구도 들 수 있다고 했다. 데카르트는 같은 이치에서 지렛대를 받쳐 주는 점만 있으면 지구도 들 수 있듯이 수학에서의 공리와도 같은 제일원리가 되는 자명한 진리를 발견하기만 하면 그 제일원리 위에 모든 지식과 진리를 정초할 수 있다고 생각하고 지식의 체계에서의 '아르키메데스적 점'을 찾고자 했다. ❷

0471. 데카르트가 그의 철학적 활동에서 모든 것을 철저하게 의심하고 회의한 이유는?

① 부조리한 사회를 개혁하기 위해서

② 전통적으로 믿어져 왔던 종교의 절대적 진리를 부정하려고

③ 철저한 비판을 하기 위해서

④ 확실한 지식의 토대를 마련하기 위해서

[해설·정답] 데카르트가 한 의심은 부정을 위한 의심이 아니라 조금도 의심할 수 없는 것을 흔들림

없는 토대 위에 세우려는, 즉 절대적이고 확실한 명증적 진리를 찾기 위한 목적을 가진 수단과 방법으로서의 의심이었다. 즉 데카르트의 방법적 회의는 진리 인식의 확실한 토대가 될 수 있는 진리를 찾기 위해서였다. ❹

0472. 데카르트의 방법적 회의에 대한 설명으로 잘못된 것은?

① 의심할 수 있는 모든 것을 거짓으로 간주한다.

② 명백하게 타당한 논증에 의해, 참이라고 증명될 수 있을 때까지, 어떠한 것도 참이라고 인정해서는 안 된다.

③ 지식의 가능성에 대한 부정적인 태도이다.

④ 회의의 궁극적인 목적은 부정할 수 없는 진리에 도달하기 위해서이다.

[해설·정답] 데카르트의 방법적 회의는 지식의 가능성에 대한 부정적인 태도와는 다르다. 그것은 부정을 위한 의심이 아니라 조금도 의심할 수 없는 것을 흔들림 없는 토대 위에 세우려는, 즉 절대적이고 확실한 명증적 진리를 찾기 위한 목적을 가진 수단과 방법으로서의 의심이다. ❸

0473. 데카르트의 회의적 방법과 거리가 먼 것은?

① 귀납법적 논증을 통해 자명한 진리로 나아가야 한다.

② 철학은 수학적인 공리와 같은 진리로 나가야 한다.

③ 특수한 지식, 일반적인 지식, 보편적 지식에 대해 회의해야 한다.

④ 감각적인 지식은 믿을 수 없다.

[해설·정답] 데카르트에 따르면 학적인 연역적 논증의 출발점으로서 수학의 공리와도 같은 자명한 진리로서의 제일원리는 절대로 의심할 수 없는 것이어야 한다. 따라서 기존의 모든 지식을 하나도 남김없이 회의해야 한다. 그래서 그는 지식을 특수한 지식, 일반적인 지식, 보편적인 지식으로 나누고 그것들을 차례로 회의하고 그러한 지식들은 모두 의심의 가능성이 있는 믿을 수 없는 지식이라 했다. 데카르트가 사용한 논증은 귀납적이 아니라 연역적이었다. ❶

0474. 데카르트의 방법적 회의에 대한 설명으로 잘못된 것은?

① 참이라고 증명될 수 있을 때까지 어떤 것도 참이라고 인정해서는 안 된다.

② 자명한 것으로 여겨지는 것은 굳이 의심할 필요가 없다.

③ 절대적이고 확실한 명증적 진리를 찾기 위함이다.

④ 모든 회의의 결과 더 이상 부정할 수 없는 진리에 도달하기 위해서이다.

[해설·정답] 방법적 회의는 자명한 것으로 여겨지는 것이라 해도 수학적 증명에 뒤지지 않을 정도의 완전한 확실성으로서 그것의 진위가 입증될 수 있을 때까지 회의에 붙여지지 않으면 안 된다는 것이다. ❷

0475. 철학을 수학의 연역법으로 도출하여 보편학으로 정초하려고 했던 근세의 철학자는?

① 데카르트   ② 스피노자   ③ 라이프니츠   ④ 베이컨

철학, 쉽게 풀자!

[해설·정답] 이를 위해 데카르트는 방법적 회의를 했다. ❶

0476. 데카르트가 수학의 공리와도 같이 절대로 의심할 수 없는 자명한 진리로서의 제일원리를 찾기 위해 의심했던 기존의 모든 지식에 해당되지 않은 것은?

① 특수지　　　　② 일반지　　　　③ 보편지　　　　④ 경험지

[해설·정답] 데카르는 학적인 연역적 논증의 출발점으로서 수학의 공리와도 같은 자명한 진리로서의 제일원리는 절대로 의심할 수 없는 것이어야 한다는 생각에서 기존의 모든 지식을 하나도 남김없이 회의했다. 그래서 그는 지식을 특수한 지식, 일반적인 지식, 보편적인 지식으로 나누고 그것들을 차례로 회의했다. ❹

0477. 데카르트가 감각으로부터 또는 감각을 통해서 이루어진 감각적 지식인 특수 지식을 회의할 때 가정한 가설은?

① 꿈의 가설　　　　　　　　② 사티로스의 가설
③ 심술궂은 악마의 가설　　　④ 초월적 세계의 가설

[해설·정답] 우리의 감각적 경험은 마음속에 생긴 심상에 불과한 것으로서 우리의 마음속에 생긴 심상이 그것을 생기게 했다고 생각되는 외계의 사물과 같은지 그렇지 않은지 우리로서는 알 수 없는 노릇이다. 데카르트는 이것을 설명하기 위해 '꿈의 가설'을 내세웠다. 현실 속에 있는 우리가 꿈을 꿀 때 '꿈속에서의 나'는 꿈속의 사실을 꿈이 아니라 현실로 생각하지만 사실은 꿈에 불과하듯이 지금 우리가 사실로 알고 있는 현실도 사실은 현실이 아니라 꿈속에서 그렇게 착각하고 있을 수 있다는 것이다. ❶

0478. 데카르트가 제시한 반인반양의 숲의 신 사티로스(Satyros)의 예는 무엇을 위한 것인가?

① 특수적인 지식을 의심해보기 위해　　② 일반적인 지식을 의심해보기 위해
③ 보편적인 지식을 의심해보기 위해　　④ 감각적인 지식을 의심해보기 위해

[해설·정답] 사티로스는 신화에 나오는 가상물로서 실제로 있는 것이 아님에도 불구하고 우리는 사티로스에 대한 지식을 가지고 있다. 이 예는 우리가 가진 일반지도 사티로스처럼 확신할 수 없음을 말해 준다. ❷

0479. 데카르트는 어떤 지식에 대한 회의를 위해 심술궂은 악마의 가설을 제시했는가?

① 특수적인 지식　　② 일반적인 지식　　③ 보편적인 지식　　④ 감각적인 지식

[해설·정답] 데카르트의 방법적 회의의 과정 중 악마의 가설은 보편적인 지식에 대한 회의를 위해 제시한 것이다. ❸

0480. 데카르트가 회의를 하면 할수록 의심되지 않은 사실은 무엇이었는가?

① 자신의 육체　　　　　　② 의심하고 있다는 사실 자체
③ 신　　　　　　　　　　④ 본유관념

[해설·정답] 데카르트는 방법적 회의를 진행하면서도 자신이 의심하고 있다는 사실을 의심할 수 없었다. 그것은 곧 의심하고 있는 나에 대한 확실성이었다. 모든 것은 의심할 수 있어도 자신이 의심한다는 사실, 의심하면서 존재한다는 사실은 의심할 수 없었다. ❷

0481. 데카르트의 회의의 귀결인 *cogito ergo sum*의 선구가 되었던 중세의 철학자는?

① 안셀무스　　　② 어거스틴　　　③ 아퀴나스　　　④ 오컴

[해설·정답] 철학사적으로 보면 *cogito ergo sum*과 비슷한 표현이 데카르트 이전에도 있었다. 그것이 곧 어거스틴의 "내가 만일 속고 있다면, 나는 존재한다"는 '*Si fallo, sum*'이라는 말이다. ❷

0482. 명증한 지식을 얻기 위한 데카르트의 방법적 회의에 자극 받아 회의 대신에 판단중지라는 방법을 사용한 사람은?

① 칸트　　　② 헤겔　　　③ 후설　　　④ 비트겐슈타인

[해설·정답] 데카르트의 철학적 방법론은 후대의 후설의 현상학에 그대로 적용되었는데, 후설 자신은 자기의 철학적 방법이 데카르트적 방법에서 자극을 받았다고 말하고 있으며 데카르트의 '회의' 대신에 소위 '판단중지'라는 방법을 사용했다. ❸

0483. 사유를 통해 확실하고 자명한 진리를 연역해내기 위해서는 절대적으로 의심할 수 없는 기본 명제를 출발점으로 삼아야 한다는 진리관을 가졌던 사상가와 관련되는 것은?

① 도덕적 행위란 선의지와 실천 이성에 따른 의무감에서 자율적으로 한 행위이다.

② 자연에 대한 참된 의식에서 우러나오는 마음의 평화를 행복이라 했다.

③ 개인의 자유와 사회의 자유가 함께 실현되기 위해 인류라는 공동체가 필요하다.

④ 이성에 입각한 의지만이 정념을 지배할 수 있다고 보았다.

[해설·정답] 데카르트의 사상을 묻는 문제이다. 데카르트는 이성을 통한 진리 인식을 강조한 철저한 합리론자임에도 불구하고 신체적 자극에 의해서 생겨난 정념을 극복하기 위해서는 의지가 필요하다고 보았다. ①은 칸트, ②는 스피노자, ③은 헤겔에 대한 설명이다. ❹

0484. 다음 중 데카르트와 관계 없는 것은?

① 사유의 제1원리　② 방법적 회의　　③ 연역법　　　④ 정언명령

[해설·정답] 데카르트는 대표적인 합리론자로서 진리 탐구의 방법으로 모든 것을 의심하는 방법적 회의를 강조했고, 논리와 추리를 강조하는 연역법을 중시했다. 확실한 진리를 발견하기 위한 방법적 회의는 사유의 제1원리라 할 수 있다. 정언명령은 칸트 윤리학의 핵심 개념이다. ❹

0485. 다음 중 데카르트와 관련이 없는 것은?

① 방법적 회의　　② 사유의 제1원리　③ 연역법　　　④ 실용주의에 영향

[해설·정답] 실용주의에 영향을 미친 것은 경험론과 공리주의이다. 데카르트는 이성을 중시한 합리론자이다. ❹

철학, 쉽게 풀자!

0486. 데카르트의 실체론(實體論)의 특징은?

① 2중적 3실체론　② 유일신론　③ 범신론　④ 2실체론

해설·정답 데카르트는 실체를 우선 무한실체와 유한실체로 나누고, 유한실체를 다시 정신과 물체로 나누었다. 따라서 데카르트의 실체는 신, 정신, 물체의 2중적인 3실체론을 주장한 셈이다. ❶

0487. 데카르트가 말한 실체에 해당하지 않은 것은?

① 신　　　② 정신　　　③ 이성　　　④ 물체

해설·정답 데카르트는 실체를 그것이 존재하기 위하여 어떤 다른 것을 필요로 하지 않는 존재로 규정하고 세 개의 실체를 인정했다. 그것이 곧 신, 정신, 물체이다. ❸

0488. 데카르트가 말한 정신과 물체의 속성은 각각 무엇인가?

① 이성과 공간　② 사유와 부피　③ 사유와 연장　④ 이성과 연장

해설·정답 데카르트는 정신의 속성을 지각, 상상, 감정, 욕구 등의 여러 가지 형태를 취하는 사유(思惟)라 했다. 그리고 물체의 속성은 연장(extension)이라 했다. ❸

0489. 데카르트에 따르면 인간이 독특한 존재인 이유는 무엇인가?

① 신의 형상으로 지음 받아서　② 이성적 존재이기에
③ 정신과 물체가 결합되어서　④ 회의할 줄 알아서

해설·정답 정신은 사고를 속성으로 하고 물체는 연장을 속성으로 하는 근본적으로는 서로가 환원 불가능한 다른 종류의 것이며 서로 차원을 달리하여 아무런 교호작용이 일어나지 않는다. 그렇지만 데카르트는 인간만은 육체와 정신의 두 가지가 통합된 존재라고 생각했다. ❸

0490. 데카르트는 인간의 정신과 육체의 관계에 대하여 어떤 입장을 취했는가?

① 심신평행론　② 부수현상론　③ 기회원인론　④ 두뇌상태이론

해설·정답 정신과 육체의 관계는 오늘날 심리철학 분야에서 소위 심신문제(mind-body problem)로 알려져 있다. 철학사상 심신의 문제를 최초로 제기한 사람이 바로 데카르트라고 할 수 있는데, 그는 심신이 상호작용한다는 심신평행론의 입장을 취했다. 즉 그는 정신과 육체를 서로 독립적인 것으로 보았지만 인간만큼은 정신과 육체가 결합되었기 때문에 상호 교호작용이 가능하다고 보았다. 예를 들면 내가 손을 올리고자 할 때 손을 올리는 것은 정신이 육체를 움직이는 것이며, 반대로 나의 육체에 상처가 생겨 고통을 느낄 때에는 육체가 정신을 움직이는 셈이 된다. ❶

0491. 데카르트의 심신상호작용설에 반대하여 기회원인론을 주장한 사람은?

① 로크, 말브랑슈　② 말브랑슈, 필링스 ③ 필링스, 로크　④ 로크, 루소

해설·정답 기회원인론이란 신체 안에서 어떤 운동이 일어날 때 신이 이것을 기회로 하여 정신 안에서 거기에 상응하는 운동을 일으키게 하고, 또 정신 안에서 어떤 운동이 일어날 때 신이 이것을 기회로 신체 안에서 거기에 상응하는 운동을 일으키게 한다는 것이다. ❷

0492. 데카르트와 거리가 먼 것은?

① 방법적 회의　　② 기계론적 자연관　③ 심신평행론　　④ 기회원인론

[해설·정답] 기회원인론이란 의지에 의한 신체의 움직임은 우리의 의지를 기회로 하여 신이 하도록 해서 의지와 동시에 행동한다고 했다. 그러나 이것은 신이 인간의 의지적 행위의 책임자가 되어 인간에게 도덕적인 책임이 없다는 중대한 결과를 초래했다. 데카르트의 기계론적 자연관은 인간을 제외한 모든 생물은 시계공이 스스로 움직이는 시계를 만든 것처럼 신이 스스로 움직이도록 꾸며 놓은 정교한 자동 기계 장치와 같다는 이론이다. ❹

0493. 데카르트가 구분한 세 가지 종류의 지식에 들지 않은 것은?

① 감각적 외래관념　② 조작적 허구관념　③ 이성적 직관관념　④ 생래적 본유관념

[해설·정답] 데카르트에 따르면 우리가 가지는 모든 지식, 즉 관념은 감각을 통해서 외부로부터 얻어지는 외래 관념, 이것들을 기초로 해서 우리가 만들어낸 인위적인 허구 관념, 그리고 본유관념의 셋으로 구분된다. ❸

0494. 데카르트에 따르면 언어, 도깨비, 용과 같은 관념은 어디에 해당하는가?

① 감각적 외래관념　② 조작적 허구관념　③ 이성적 직관관념　④ 본유관념

[해설·정답] 우리 스스로가 조작하고 만들어내는 관념을 인위적인 허구관념이라 한다. ❷

0495. 명석 판명하며 확실한 것으로 감각의 오염을 받지 않은 것이며 이로부터 여타의 진리를 연역해 낼 수 있는 관념은?

① 감각적 외래관념　② 조작적 허구관념　③ 이성적 직관관념　④ 본유관념

[해설·정답] 순수한 지성의 힘에 의하여 가질 수 있는 관념이 본유관념이다. ❹

0496. 다음 중 데카르트가 말한 본유관념이라고 볼 수 없는 것은?

① 자유　　　　② 수학적 공리　　③ 철학적 공리　　④ 신

[해설·정답] 데카르트는 본유관념의 예로 자아의 관념, 수학적 공리의 관념, 인과율, 동일률, 모순율과 같은 철학적 공리의 관념, 그리고 신에 관한 관념을 들었다. ❶

0497. 데카르트의 신 존재 증명은 『성찰』의 어디에서 전개되는가?

① 제1성찰과 2성찰　　　　　② 제1성찰과 3성찰
③ 제3성찰과 5성찰　　　　　④ 제5성찰과 7성찰

[해설·정답] 데카르트는 제3성찰과 제5성찰에서 두 가지 방식으로 신 존재 증명을 하는데, 첫째 방식은 존재에 대한 본유관념으로서, 즉 유한한 존재가 만들어낼 수 없는 무한한 관념으로서의 신에 관한 존재 증명이다. 그리고 둘째 방식은 자기 자신의 완전성이 자신의 존재를 증명하는 바의 그러한 완전한 존재로서의 신 존재에 대한 증명 방식이다. 특히 후자는 존재론적 증명 혹은 본체론적 증명으로 잘 알려져 있다. ❸

0498. 데카르트의 신 존재 증명 방식은?

① 존재론적 증명 　② 도덕론적 증명 　③ 우주론적 증명 　④ 목적론적 증명

[해설·정답] 데카르트는 안셀무스와 같은 존재론적(본체론적, 개념론적, 실체론적) 증명을 했고, 칸트는 도덕론적 증명, 아퀴나스는 우주론적 증명과 목적론적 증명을 했다. ❶

0499. 데카르트의 신 존재 증명이 나타난 곳과 그 핵심적인 증명방식이 옳게 연결된 것은?

① 본유관념적: 제3성찰, 본체론적: 제5성찰

② 본유관념적: 제5성찰, 본체론적: 제3성찰

③ 본체론적: 제3성찰, 우주론적: 제5성찰

④ 본체론적: 제5성찰, 우주론적: 제3성찰

[해설·정답] 제3성찰에서는 본유관념을 토대로 하여 불완전한 존재인 인간이 신에 대한 관념을 본유적으로 가지고 있는 것은 완전한 신, 즉 실제로 존재하는 신이 그 자신의 관념을 우리에게 준 까닭이라고 한다. 또 제5성찰에서는 안셀무스와 비견되는 본체론적(존재론적) 증명을 제시한다. 제3성찰의 첫 번째 증명에서 데카르트는 우리 자신의 불완전성 때문에 완전한 존재의 관념은 우리로부터 나올 수 없다는 인과론적 추론으로 신을 증명했지만, 제5성찰의 두 번째의 존재론적 증명에서는 신의 관념 자체가 내포하고 있는 속성을 탐구함으로써 증명했다. ❶

0500. 데카르트의 본체론적 신 존재 증명의 핵심적 내용은 무엇인가?

① 완전자인 신은 존재 또는 존재함이 본질적 속성이다.

② 우주의 질서는 신의 존재를 말해준다.

③ 존재의 인과관계상 최초의 원인자가 존재할 수밖에 없다.

④ 모든 윤리도덕의 절대적인 근거가 존재할 수밖에 없다.

[해설·정답] 데카르트는 '내각의 합이 2직각'이라는 사실이 '삼각형'의 필수적 특징이듯이 '존재'는 신의 필수적 특성, 곧 신의 속성이라고 했다. 즉 완전자인 신은 존재 또는 존재함이 바로 그의 본질적 속성이요 실제로도 존재하지 않으면 완전자가 될 수 없기 때문에 신은 반드시 존재해야 한다는 것이다. 결국 데카르트의 존재론적 증명은 존재는 속성이라는 전제에서 신의 존재와 신의 관념이 동일한 것이라고 한다. ❶

0501. 데카르트의 본체론적 신 존재 증명에 대해 삼각형이 없을 때 세 개의 각이 없다고 하는 것이 모순이 될 수 없듯이 필수적인 존재가 없기 때문에 '존재'라는 속성도 없다고 하는 것은 전혀 모순이 아니라고 비판한 근대의 철학자는?

① 스피노자 　　② 베이컨 　　③ 칸트 　　④ 헤겔

[해설·정답] 데카르트의 본체론적 증명은 홉스와 칸트에 의해서 '논점선취의 오류'를 범하고 있다고 비판받았다. 홉스와 칸트는 신이라는 존재를 전제하고서 존재하지 않는다고 말하는 것은 삼각형이 있다고 가정해 놓고 세 개의 각이 없다고 하는 것이 모순이 되는 것과 같은 이치라고 했다. ❸

0502. 데카르트의 제자였지만, 스승을 비판하고 오히려 인간의 연약함과 신앙의 우위를 강

조했던 기독교 사상가는?

① 파스칼　　　　② 루소　　　　③ 볼프　　　　④ 볼테르

해설·정답 파스칼은『팡세』의 1절 첫머리에서 "인간은 자연 가운데서 가장 약한 하나의 갈대에 불과하다. 그러나 그것은 생각하는 갈대이다."고 했다. 인간은 이 광대무변한 대자연 가운데 '한 개의 갈대와 같이 가냘픈 존재에 지나지 않으나, 생각하는 데에 따라서는 이 우주를 포용할 수도 있는 위대성을 지니고 있다. 즉 '생각하는 갈대란 인간의 위대함과 비참함을 동시에 표현하는 말이다. 이와 같이 모순된 양극을 공유하는 인간 존재와 그 밑바닥으로부터 싹트는 불안을 '생각하는 갈대'라는 구절이 상징하고 있다. ❶

0503. 행복이란 자연에 대한 참된 의식에서 우러나오는 마음의 평화라고 하면서 인간의 삶은 영원의 한 부분이라는 해탈의 윤리를 제시한 사람은?

① 데카르트　　　② 흄　　　　③ 칸트　　　　④ 스피노자

해설·정답 스피노자의 윤리 사상의 핵심은 해탈의 윤리와 행복에 대한 정의이다. ❹

0504. 스피노자에 대한 설명으로 잘못된 것은?

① 반기독교적인 철학이다.　　　　② 신은 자연현상과 일치한다.
③ 세계의 창조자인 신만이 실체이다.　④ 신의 속성은 사유와 연장이다.

해설·정답 스피노자의 형이상학은 반기독교적인 태도, 즉 성경에 대한 비판에 근거하는데, "신즉자연"이라는 범신론을 통해 창조자로서의 신의 관념을 부정했다. 즉 신과 자연을 상호교환이 가능한 것으로 언급하여 신은 창조주요 자연은 신의 창조물이라고 믿는 사람들의 신의 개념과 존재를 부정했다. ❸

0505. 스피노자의 범신론에 대한 설명으로 옳지 않은 것은?

① 모든 것은 유일하고 절대적인 신의 표현이다.
② 존재하는 모든 것은 신 속에 있고 신 없이는 있을 수 없다.
③ 신은 모든 존재 속에 내재하며, 신은 곧 자연이다.
④ 신은 자연의 창조자이면서도 동시에 자연에 내재한다.

해설·정답 스피노자는 종래의 전통적인 신, 즉 기독교적인 신의 관념을 명확하게 배격한다. 그에 의하면 신은 세계의 창조자가 아니다. 만약 신을 창조자로 본다면 신은 자기와 구별되는 피창조자에 의하여 제한을 받을 것이며, 만약 그렇다면 신은 무한하지 않은 존재가 될 것이다. 결국 스피노자는 기독교에 있어서 전통적으로 긍정되어 온 창조자로서의 신의 관념을 부정했다. ❹

0506. 라이프니츠의 단자(單子)에 대한 설명이 잘못된 것은?

① 세계를 구성하고 있는 근본 실체로서 더 이상 조갤 수 없다.
② 물질적 실재로서 사방으로 힘의 작용을 발산하는 활동하는 중심점이다.
③ 신과 유사한 개념으로서 표상하는 힘(Kraft)을 의미한다.
④ 모든 결합물, 즉 물체는 능동적인 힘에 의한 단자의 복합체에 불과하다.

[해설·정답] 라이프니츠는 그 이상 더 분할할 수 없는 이 궁극적 실재를 단자(單子)라고 하였는데 그가 말하는 단자는 물질적 실재인 단순자가 아니라 비물질적 단일자로서 사방으로 힘의 작용을 발산하는 활동하는 중심점이라고 할 수 있다. 나아가 단자가 비물질적이라 함은 정신과 유사한 개념으로서 표상하는 힘을 의미한다. 그래서 라이프니츠는 궁극적 실재인 단자를 정신적인 것으로 볼 뿐만 아니라 모든 결합물, 즉 물체는 능동적인 힘에 의한 단자의 복합체에 불과하다고 한다. 따라서 자연의 실재는 공간을 차지하는 물체가 아니라 비공간적 힘이다. 이렇게 모든 것이 정신적이라는 관점에서 그의 입장은 유심론적이라고 할 수 있다. 활동하는 것만이 참된 존재요 활동하지 않는 것은 존재라고 볼 수 없다는 주장이 라이프니츠의 자연관이다. 그런 면에서 스피노자는 정신을 물질화하였다면 라이프니츠는 물질을 정신화하였다고 할 수 있다. ❷

0507. 라이프니츠의 단자에 대한 설명으로 옳지 않은 것은?

① 성질상의 차별이 전혀 없이 오직 크기만이 다른 독립체이다.

② 독자적으로 존재하는 실체라는 뜻이다.

③ 서로간에 교통할 창이 없는 완전한 독립체이다.

④ 그 자체 단일자로서 세계 전체를 반영하는 것이다.

[해설·정답] 단자는 개체로서 동일한 것이 하나도 없다. 또 각각의 단자는 창이 없기 때문에 외부 세계에 대해 완전히 폐쇄되어 있고 서로 독립적이어서 단자간의 직접적 교섭도 절대 불가능하며 외부의 작용을 받는 일도 없으며 어떠한 인과 관계도 가지지 않는다. 그러나 그 단자는 수동적이 아니라 능동적이며 정적인 것이 아니라 동적인 것으로서 활동하는 힘이다. 단자가 표상하는 힘이며 능동적이라 함은 단자와 단자가 서로 배타적이며 서로 대립 관계에 있다는 뜻이다. 그러므로 각각의 단자는 서로 대립함으로써 비로소 성립되며 단자는 배타적 활동이 그 본질이다. 그러므로 단자는 다른 모든 단자가 존재하는 한에서만 존재할 수 있다. 결국 세계 가운데 궁극적으로 실재하는 것은 표상하는 실체로서의 단자뿐이다. ❶

0508. 악과 무질서의 사실을 전지전능하고 전선한 창조주의 개념과 양립시키는 변신론을 주장했던 사람은?

① 파스칼　　　　② 데카르트　　　　③ 스피노자　　　　④ 라이프니츠

[해설·정답] 자연의 성립은 신의 은총에 의한 것으로 보는 라이프니츠는 우리가 현실의 부정적 세계상에 회의를 느끼고 고통이나 악과 같은 부정적인 요소들이 전혀 없는 세계를 희망하지만 그런 세계는 결코 완전한 세계가 아니라 오히려 불완전한 세계라고 한다. 오히려 우리가 지금 살고 있는 세계처럼 악도 있고 공평하지도 않으며 불완전한 세계처럼 보이는 이 세계가 가장 완전한 세계라는 것이다. 나아가 세계 속에는 악의 총화보다 선의 총화가 절대적으로 우세하며, 악은 선을 위한 소극적인 수단에 불과하기 때문에 세계는 최선이라는 낙천주의에 도달한다. ❹

0509. 라이프니츠의 철학에 대한 설명 중 잘못된 것은?

① 그의 형이상학은 단자론을 중심으로 펼쳐진다.

② 상호 독립적이고 창을 가지지 않은 무수한 단자로 이루어진 세계가 통일과 조화를 이루고 있는 이유를 신의 예정조화로 설명했다.

③ 신은 모든 가능한 세계 가운데에서 최선의 것을 창조했다는 낙천주의적 변신론을 주장했다.

④ 그의 단자는 원자와 같은 물질적 성격을 띠고 있다.

[해설·정답] 라이프니츠가 말하는 단자는 물질적 실재인 단순자가 아니라 비물질적 단일자로서 사방으로 힘의 작용을 발산하는 활동하는 중심점이라고 할 수 있다. 즉 라이프니츠는 궁극적 실재인 단자를 정신적인 것으로 볼 뿐만 아니라 모든 결합물, 즉 물체는 능동적인 힘에 의한 단자의 복합체에 불과하다고 한다. ❹

0510. 스피노자의 사상과 거리가 먼 것은?

① 실체는 자기 원인에 의해 존재하는 영원하고 무한한 것이다.

② 유일 실체인 신은 자연에서는 발견될 수 없다.

③ 인간은 정신과 육체라는 두 개의 분리된 실체로 구성된 것이 아니다.

④ 신의 속성은 사유일 뿐 아니라 연장이다.

[해설·정답] 스피노자는 '신즉자연'이라는 범신론을 주장했다. 스피노자에 의하면 모든 것은 유일하고 절대적인 신의 표현이다. "존재하는 것은 무엇이나 신 안에 있으며 신 없는 사물은 존재도 상상도 불가능하다." 신은 모든 존재 속에 내재하며 신은 곧 자연이다. 비록 신은 비물질적 원인이고 자연은 물질적 결과에 해당하지만 유일한 실체만이 존재하며 신이라는 단어는 자연이라는 단어와 교체 가능하다. ❷

0511. 스피노자는 신의 속성을 무엇이라고 했는가?

① 사유   ② 연장   ③ 사유와 연장   ④ 이성

[해설·정답] 스피노자는 『에티카』(*Ethica*)에서 "사유는 신의 속성이다. 다시 말하면 신은 사유하는 존재이다. 그리고 연장도 신의 속성이다. 다시 말하면 신은 연장을 가진 존재이다"라고 하였다. 신은 정신적임과 동시에 물질적이기도 하다는 주장은 철학사적으로 볼 때 신이 다름 아닌 자연 자체라고 보는 스피노자에게서나 들을 수 있는 독특한 주장이다. ❸

0512. 스피노자의 범신론을 가장 잘 표현한 말은?

① 신은 곧 자연이다.   ② 신은 우주이다.

③ 신은 이성이다.   ④ 자연은 신의 발현이다.

[해설·정답] '신즉자연', 이것은 신과 자연의 두 개념이 동일한 대상, 즉 하나의 거대한 존재의 체계임을 가리키는 말이다. 그는 신과 자연을 마치 원인과 결과처럼 다르고 구별되는 것으로 보지 않았다. 비록 신은 비물질적 원인이고 자연은 물질적 결과에 해당하지만 유일한 실체만이 존재하며 신은 자연과 교체할 수 있다고 했다. ❶

0513. 스피노자가 말한 자연의 두 측면은?

① 적극적 자연과 소극적 자연   ② 능산적 자연과 소산적 자연

③ 긍정적 자연과 부정적 자연   ④ 동적 자연과 정적 자연

[해설·정답] 포괄적 의미에서 능동적이고 생동하는 자연은 '능산적 자연'(*natura naturans*)이고 유한한 사물의 세계를 통괄하는 개념으로서의 자연, 즉 신의 생산적 활동의 결과로서의 자연은 '소산적 자연'(*natura naturata*)이다. 능산적 자연으로서의 신은 능동적이요 창조적인 자연으로서 모든 사물

을 생기게 하는 생산적 역량이며 자연 세계를 존재하게 하는 보편적인 원리이다. 소산적 자연이란 피동적이요 일정한 순간에만 존재하는 자연으로서 잠시 생겼다가 없어지는 사물의 상태, 즉 자연의 특정한 일시적인 현상적 구현태로서의 자연이다. ❷

0514. 스피노자가 제시한 인간의 지식의 세 단계에 해당하지 않은 것은?

① 감각　　　　② 상상　　　　③ 이성　　　　④ 직관

[해설·정답] 스피노자는 인간의 지식을 세 단계로 나누고 어떻게 가장 낮은 지식에서 가장 높은 지식으로 옮겨가는지를 기술했는데 사물들에 대한 지식을 세련시킴으로써 상상에서 이성, 그리고 직관으로 옮겨갈 수 있다고 했다. 합리론자들은 감각을 불신한다. ❶

0515. 다음 중 범신론적 경향을 가진 철학자로 짝지어진 것은?

① 플라톤, 스피노자　　　　　　② 플로티노스, 스피노자

③ 칸트, 플로티노스　　　　　　④ 칸트, 스피노자

[해설·정답] 플로티노스는 유출적 범신론자이고, 스피노자는 전형적인 범신론자이다. ❷

0516. 데카르트와 스피노자의 공통점이라고 할 수 없는 것은?

① 인식의 기원을 이성에 둔다.　　② 연역논리를 사용했다.

③ 수학과 기하학적 방법을 신뢰했다.　④ 일원론적 실체론을 가지고 있었다.

[해설·정답] 합리론자들은 실체론에서는 다른 주장을 폈다. 데카르트는 2중적 3실체론, 스피노자는 1실체론이다. ❹

0517. 라이프니츠의 실체론은 무엇인가?

① 단자론　　　　② 원자론　　　　③ 이원론　　　　④ 일원론

[해설·정답] 라이프니츠도 다른 합리론자들처럼 형이상학의 근본 문제는 실체 관념의 이해에 있다고 보았다. 데카르트는 신, 정신, 물체의 세 실체를 인정하였고 스피노자는 유일한 신만을 실체라고 주장한 데 대하여 라이프니츠는 무수한 실체인 모나드(Monade), 즉 단자(單子)를 주장하였다. ❶

0518. 세계는 신에 의해 창조되었고 신은 단자가 서로 조화로운 관계를 유지하도록 미리 예정해 놓았기 때문에 서로 독립적인 단자들의 결합으로 된 세계가 무질서하지 않고 조화롭고 질서 정연하다는 라이프니츠의 이론을 무엇이라고 하는가?

① 단자론　　　　② 예정조화설　　　③ 예정설　　　④ 운명설

[해설·정답] 라이프니츠는 세계 가운데 궁극적으로 실재하는 것은 표상하는 실체로서의 단자뿐이라고 하고 상호 독립적이어서 결합되지 않고 창을 가지지 않은 무수한 단자가 무한하고 다양한 세계에 통일과 조화를 이루고 있는 이유를 신의 예정조화로 설명했다. 단자는 하나의 점이지만 어떤 정신적인 능력을 갖고 있다. 최하위의 단자는 몽상과 같은 혼미한 상태에 있고 상위층의 단자는 인간의 정신처럼 의식을 소유하고 있으며 최상위의 단자인 신은 무한한 의식, 즉 전지전능한 힘을 가지고 있다. 모든 단자는 바로 이 신이라는 가장 높은 단자에서 흘러 나왔다. 즉 신에 의해 창조되었다.

이 최고의 단자인 신이 세계를 창조할 때, 이러한 근본적이고 조화적인 질서를 배려해 두었다. ❷

0519. 서로 독립한 단자들임에도 불구하고 서로 조화를 이루는 것은 신의 예정조화 때문이라고 한 사람은?

① 데카르트   ② 스피노자   ③ 라이프니츠   ④ 볼프

[해설·정답] 모든 세계는 신에 의하여 미리 예정된 조화라는 것이 라이프니츠의 예정조화설 (preestablished harmony)이다. ❸

0520. 신은 모든 가능한 세계 가운데에서 최선의 것을 창조했다는 낙천주의적 변신론을 주장한 합리론자는?

① 데카르트   ② 스피노자   ③ 라이프니츠   ④ 볼프

[해설·정답] 변신론(辯神論)이란 어떤 이유로 비난받는 신을 변호하는 논리를 말하는데, 라이프니츠의 변신론은 세상에 존재하는 악에 관한 문제이다. 라이프니츠는 "신이 전지전능하고 전선하다면 신이 창조한 세계가 왜 악한 세계인가?" 하는 물음에 대해 현존하는 이 세계가 바로 모든 가능한 세계 가운데서 전지전능한 신이 선택한 가장 완전하고 완벽한 최선의 세계라고 설명한다. ❸

0521. 모든 사물의 존재나 진리는 그것이 존재할 충분한 이유가 반드시 있어야 한다는 원리를 라이프니츠는 무엇이라고 했는가?

① 모순율   ② 동일률   ③ 배중률   ④ 충족이유율

[해설·정답] 모든 사물의 존재나 진리는 그것이 존재할 충분한 이유가 반드시 있어야 한다는 원리를 충족이유율이라고 한다. "원인 없이는 결과도 없다"는 원리이다. 비록 그 이유가 우리에게 알려져 있지 않다 하더라도 그럴 수밖에 없는 충분한 이유가 없으면 어떤 사물도 존재할 수 없으며 어떠한 사실도 성립하지 않고 어떠한 판단도 참일 수 없다. 따라서 무엇이든 존재하는 것이라면 설사 우리가 그 존재의 원인과 이유를 모른다 해도 그것이 존재하는 이유는 반드시 있다. ❹

0522. 라이프니츠가 세계를 설명했던 논리학의 2대 원리는?

① 동일률과 모순율   ② 모순율과 배중률
③ 모순율과 충족이유율   ④ 동일률과 배중률

[해설·정답] 모순율이란 "A는 ~A가 아니다", 혹은 "A는 B임과 동시에 ~B일 수 없다"는 형식으로 표현되는데 이것은 모순되는 둘 중에 하나는 참이어야 하고 다른 하나는 거짓이어야 하지 동시에 참일 수도 또는 동시에 거짓일 수도 없다는 원리이다.또 모든 사물의 존재나 진리는 그것이 존재할 충분한 이유가 반드시 있어야 한다는 원리를 충족이유율이라고 한다. "원인 없이는 결과도 없다"는 원리이다. ❸

0523. 근세의 합리론자들의 실체론에 대해 잘못 설명한 것은?

① 데카르트는 신, 정신, 물체의 세 실체를 인정했다.
② 스피노자는 신만을 유일 실체로 인정했다.

③ 라이프니츠는 단자라는 무수한 실체를 인정했다.

④ 스피노자는 데카르트와는 달리 신만을 유일실체로 보았지만 신의 속성은 데카르트와 같이 사유라고 했다.

[해설·정답] 데카르트는 신, 정신, 물체의 세 실체를 인정하였고, 스피노자는 유일한 신만을 실체라고 주장했으며, 라이프니츠는 무수한 실체인 모나드(Monade), 즉 단자(單子)를 주장하였다. 그리고 데카르트는 연장을 물체의 속성으로 보았고 스피노자는 연장과 사유를 신의 속성으로 보았으나 라이프니츠는 연장은 실체의 속성이 될 수 없다고 하였다. ❹

0524. 합리론자들의 철학적 사상을 설명한 것 중 바르지 못한 것은?

① 데카르트는 지식을 형성하는 데는 감각 경험과 실험이 중요하다고 했다.

② 데카르트는 사유와 연장을 분리시키는 이원론적인 방향으로 나아갔다.

③ 스피노자는 기하학적 방법을 통해 실재에 대한 정확한 지식에 이르려 했다.

④ 스피노자는 실재의 궁극적인 본질을 단일 실체라고 결론 지었다.

[해설·정답] 합리론자들은 기본적으로 감각적 경험을 신뢰하지 않는다. ❶

0525. 근대의 자연과학적 사상의 영향을 받아 형성된 것으로서 독일의 계몽주의와 함께 19세기 구자유주의 신학의 발전에 큰 영향을 미친 사상은?

① 이신론(理神論)　② 범신론(汎神論)　③ 무신론(無神論)　④ 다신론(多神論)

[해설·정답] 이신론(理神論)이란 창조주로서의 신은 인정하지만, 신이 세계를 창조한 후에 만물로 하여금 자연법칙에 따라 움직이게 했다고 하는 신론이다. 따라서 이신론은 신의 창조는 받아들이지만 신의 섭리와 역사는 거부한다. ❶

0526. 경험론에 대한 설명으로 옳지 않은 것은?

① 실험과 관찰 등의 경험에 근거한 과학적인 방법론에 의해 지식 향상을 꾀하고, 그것을 이용해 철학체계를 수립하려 한다.

② 경험론에는 형이상학도, 초월도, 영원한 진리도 없다.

③ 경험이 소재요 기회요 시작에 불과하고 학문과 진리 그 자체는 정신 안에서 완성된다.

④ 감각적인 경험 자체가 모두이며 완성이며 전체이다.

[해설·정답] 경험론은 한 마디로 실험과 관찰 등의 경험에 근거한 과학적인 방법론에 의해 지식의 향상을 꾀하고, 그것을 이용하여 철학 체계를 수립하려는 시도이다. 그러므로 경험론에는 형이상학도, 초월도, 영원한 진리도 없다. 합리론에서는 경험이 소재요 기회요 시작에 불과하고 학문과 진리 그 자체는 정신 안에서 완성된다. 그러나 경험론은 감각적인 경험 자체가 모두이며 완성이며 전체이다. 우리의 인식은 오로지 감각적 경험에서만 생기며 이 경험이 진리와 가치와 이상과 법률과 종교를 결정짓는다. 세계의 과정은 계속해서 전진하고 있기 때문에 경험이 완결되는 일은 절대로 있을 수 없으므로 영원하고 필연적이며 개별적인 것을 초월한 보편타당한 진리와 가치와 이상은 없다. ❸

0527. 철학적 특징을 잘못 연결한 것은?

① 데카르트−본유관념설　　　　② 스피토자−범신론

③ 라이프니츠−예정조화설　　　　④ 베이컨−백지상태설

[해설·정답] 베이컨은 확실한 진리에 도달하기 위하여 우상(Idola)을 제거해야 한다는 우상론을 제기하여 경험과 관찰을 중시하는 경험론의 기초를 닦았다. 백지상태설은 로크의 사상이다. ❹

0528. 다음 중 영국의 경험론자가 아닌 사람은?

① 베이컨　　　　② 로크　　　　③ 흄　　　　④ 루소

[해설·정답] 경험론은 베이컨의 철학을 싹으로 하여 홉스, 로크, 버클리를 거쳐 흄으로 이어지면서 발전했으나 흄에 이르러 회의주의에 도달했다. ❹

0529. 베이컨의 사상과 거리가 먼 것은?

① 데모크리토스적인 유물론 위에 있었다.

② 인간의 정신은 우상에 의해 타락한다고 생각했다.

③ 과학과 수학의 중요성을 매우 강조했다.

④ 인간의 편향된 사고를 교정하기 위해 귀납적인 방법을 강조했다.

[해설·정답] 베이컨은 학문의 성과를 가져올 수 있는 적극적인 방법으로 모든 것을 경험에 귀착시켜 자연을 그 자체로 연구하는 귀납법을 제시했다. 수학을 강조한 사람은 데카르트와 같은 합리론자들이다. ❸

0530. 베이컨이 "아는 것이 힘이다"고 했을 때의 지식은 어떤 지식을 말하는가?

① 과학적 지식　　② 철학적 지식　　③ 공리적 지식　　④ 합리적 지식

[해설·정답] 베이컨은 우리의 모든 지식과 학문은 그 자체가 목적이 아니라 자연과 정신을 지배하기 위한 수단에 불과하다고 하였다. 그래서 지식 그 자체로서의 가치보다도 그것이 실생활에 미치는 결과를 중요시했고 과학적 지식 그 자체의 진리보다도 그에 따르는 인간 생활을 개선하려는 데 지식의 목표를 두었다. 결국 인간은 자연의 법칙에 순응함으로써 보다 큰 힘을 얻을 수 있으며 자기의 앞길을 더욱 발전하게 만들 수 있다는 뜻이다. 우리가 잘 사용하는 '아는 것이 힘'이라는 그의 말은 바로 그런 의미이다. 베이컨이 말하는 지식은 경험적이고 과학적인 실증적 지식이다. ❶

0531. 영국 경험론의 선구자로서 철학적 체계를 세웠다기보다 새로이 대두한 자연과학을 위한 학문의 방법론적 혁명을 이룬 사람은?

① 베이컨　　　　② 홉스　　　　③ 로크　　　　④ 흄

[해설·정답] 프란시스 베이컨(France Bacon)은 자연 연구의 방법을 확립하여 근세 영국 경험론의 선구자로 불린다. ❶

0532. 그것을 그대로 내버려두면 우리가 거짓과 오류로 말려들게 되는 마음의 모든 경향을

말하는 것으로서 같이 확실한 진리에 도달하는 것을 방해하는 것을 베이컨은 무엇이라고 했나?

① 편견   ② 독단   ③ 미신   ④ 우상

[해설·정답] 베이컨은 연역법을 기본으로 하는 종전의 학문 방법의 종주인 아리스토텔레스의 『오르가논』(Organon)에 반대하는 의미로 '새로운 오르가눔'이란 이름으로 저술한 『신기관론』(Novum Organum)이란 책에서 그것을 그대로 내버려두면 우리가 거짓과 오류로 말려들게 되는 마음의 모든 경향을 우상(idola)이라 규정하고 이들 편견, 독단, 미신과 같은 우상을 제거해야 확실한 진리에 도달할 수 있다고 주장했다. ❹

0533. 마치 울퉁불퉁한 거울 면에서 잘못 반사되는 빛과 같이 영혼을 왜곡시키는 우상들을 제거해야 한다고 하면서 베이컨이 그 대안으로 제시한 것은 무엇인가?

① 논리적 방법   ② 경험적 방법   ③ 귀납적 방법   ④ 유추적 방법

[해설·정답] 베이컨은 편향된 사고를 교정하기 위한 유일한 방법은 정신의 우상을 퇴치하고 실험과 관찰에 의한 귀납적인 방법을 따르는 것이라고 했다. ❸

0534. 베이컨이 말한 우상이란 무엇인가?

① 우리의 신앙을 좀먹는 것

② 맹목적으로 따르는 것

③ 그대로 내버려두면 우리가 거짓과 오류로 말려들게 되는 마음의 모든 경향

④ 하나님보다 더 사랑하는 모든 것

[해설·정답] 베이컨은 『신기관론』(Novum Organum)에서 그것을 그대로 내버려두면 우리가 거짓과 오류로 말려들게 되는 마음의 모든 경향을 우상(idola)이라 규정했다. ❸

0535. 베이컨이 제시한 우상에 해당하지 않은 것은?

① 종족 우상   ② 동굴 우상   ③ 시장 우상   ④ 전통 우상

[해설·정답] 베이컨은 우리가 제거해야 할 정신의 우상을 4가지 제시했다. 종족의 우상(the idol of the tribe)은 인간이 자기 중심적으로 사유하는 것이요, 동굴의 우상(the idol of the cave)은 각 개인이 무엇인가에 사로잡혀 있어서 사실을 사실 그대로 파악하지 못하는 폐단이요, 시장의 우상(the idol of the market)은 언어 때문에 사실을 잘못 파악하는 것을 가리키고 극장의 우상(the idol of the theater)은 역사적 전통이나 권위를 무비판적으로 받아들이는 데서 오는 오류를 말한다. ❹

0536. "맹자에 의하면 인간의 본성은 선하다"라고 했을 경우 일반인이 말하는 것보다 더 설득력이 있게 받아들여지는 것은 베이컨이 말한 우상 중 어디에 해당하는가?

① 종족의 우상   ② 동굴의 우상   ③ 극장의 우상   ④ 시장의 우상

[해설·정답] 모든 것을 인간 본위로 생각하는 데서 오는 오류는 종족 우상, 개인의 경향이나 습관에서 생기는 오류는 동굴 우상, 전통이나 권위의 맹신에서 오는 오류는 극장 우상, 언어의 잘못된 사용에서 오는 시장 우상이다. ❸

0537. 다음에 해당하는 베이컨의 우상을 차례로 바르게 연결한 것은?

> (가) 시냇물이 졸졸졸 노래를 부르고 나뭇잎이 춤을 춘다.
> (나) '인어'(人魚)라는 말이 있으니, 이 세상에는 인어가 확실히 존재한다.

① 극장 우상, 동굴 우상　　② 종족 우상, 시장 우상
③ 동굴 우상, 시장 우상　　④ 극장 우상, 종족 우상

해설·정답 사물을 의인화시키는 인간 본위의 사고방식은 종족 우상, 언어의 잘못된 사용에서 오는 오류는 시장 우상, 전통이나 권위를 맹신하는 것은 극장 우상, 개인의 습관이나 경험에서 오는 오류는 동굴 우상이다. (가)는 의인화와 관련되므로 종족 우상이고, (나)는 언어와 관련되므로 시장 우상이다. ❷

0538. 인간이 자기 스스로 목적을 추구하는 사실로 미루어 자연도 궁극적으로 목적을 추구하고 있다고 믿는 것과 같은 오류는 어디에 해당하는가?

① 종족 우상　　② 동굴 우상　　③ 시장 우상　　④ 극장 우상

해설·정답 종족의 우상(the idol of the tribe)이란 인간 본성 자체에서 유래하는 인류의 모든 종족에게 고유한 우상으로서 의인화해서 자연을 해석하는 것처럼 인간이 자기 중심적으로 사유하는 것을 말한다. 예를 들면 인간이 자기 스스로 목적을 추구하는 사실로 미루어 자연도 궁극적으로 목적을 추구하고 있다고 믿는 것과 같은 오류를 말한다. ❶

0539. 용이라는 말이 있으니까 용이 실재한다고 생각하는 것과 같은 것을 가리키는 것은 무엇인가?

① 종족 우상　　② 동굴 우상　　③ 시장 우상　　④ 극장 우상

해설·정답 시장의 우상(the idol of the market)이란 언어 사용에 따르는 편견으로서 우리가 언어에 기만당하기 쉬운 경향이 있음을 의미한다. 인간은 언어 때문에 사실을 잘못 파악하는 경우가 허다하다. 어떤 상품에 최고품이라고 써 놓았기 때문에 사실은 그렇지 않음에도 그것을 최고품으로 알게 됨과 같이 언어와 실재가 일치한다고 생각하는 오류를 말한다. 예를 들면 인간은 운명의 여신이 실재하는 것으로 믿는다든가 또는 용이라는 말이 있으니까 용이 실재한다고 생각하는 것과 같은 것을 말한다. 즉 어떤 말이 있다고 하여 거기에 대응하는 것이 실재한다고 생각하는 오류이다. 이는 언어는 한낱 기호에 불과한 것이므로 이 기호에 사로잡히지 말고 경험에 나타나는 사물 자체에 따르라는 의미이다. ❸

0540. 아리스토텔레스의 철학 속에 담긴 오류를 지적하였을 때 많은 사람들이 아리스토텔레스의 권위에 눌리어 정당함을 인정하려 하지 않는 것과 같이 종교적 미신과 신학이 인간의 판단에 미치는 영향을 베이컨은 무엇이라고 했는가?

① 종족 우상　　② 동굴 우상　　③ 시장 우상　　④ 극장 우상

해설·정답 극장의 우상(the idol of the theater)이란 역사적 전통이나 권위를 무비판적으로 받아들이는 데서 오는 오류를 말한다. 사실보다 더 그럴듯하게 꾸며져 있는 극장에서 연출되는 각본처럼 미화되고 포장된 전통적 학설, 권위 있는 체계, 역사적 전통이나 권위를 무비판적으로 받아들이는 데서 오는 오류이다. 베이컨은 이 극장의 우상을 가장 위험한 우상으로 간주하고 권위에

의해 맹종하기보다는 비판하는 것이 오히려 더 참다운 진리로 나아가는 길이라고 했다. ❹

0541. 데카르트와 베이컨은 철학적 경향이 전혀 다르지만 확실성과 확실한 진리에 도달하고자 했다는 점에서는 공통적이라고 할 수 있다. 각각 어떤 방법을 통해서 여기에 도달하고자 했는가?

① 회의와 관찰　　② 의심과 귀납　　③ 회의와 우상제거　④ 의심과 연역

[해설·정답] 데카르트가 회의를 통하여 확실성에 도달하고자 했다면 베이컨은 우상의 제거를 통하여 확실성에 도달하고자 했다. ❸

0542. 베이컨이 거미가 자신의 몸에서 거미줄을 끌어내는 방법이라 비판한 것은 무엇인가?

① 아리스토텔레스의 연역법　　　② 과학적 귀납법

③ 논리적 합리성　　　　　　　④ 방법적 회의

[해설·정답] 아리스토텔레스의 연역법은 기하학에서의 공리 같은 것을 직관적으로 자명한 것으로 받아들여 거기에서 여러 가지 원리들을 도출하는 방법이다. 즉 특수한 감각적 인상에서 일반적 공리를 도출하고 그러한 원리로부터 새로운 공리를 도출한다. 베이컨은 이것이 지적 활동의 기반이 되는 원리(대전제)를 너무 성급하게 일반화할 염려가 있을 뿐만 아니라 새로운 지식을 얻는 데 아무런 도움을 주지 못하고 오히려 동어 반복에 불과하다고 비판했다. 과거 2500년 동안 학문이 발전을 보지 못한 이유는 바로 그 전통적인 연역법에 의존하여 학문을 연구했기 때문이라고 전제하고 새로운 지식을 습득할 수 있는 귀납법을 주장했다. ❶

0543. 베이컨이, 꿀벌이 뜰과 들에 핀 꽃으로부터 자료를 모아들여 그것을 자신의 힘으로 변화시키고 소화시켜 꿀을 만드는 방법과 같은 것이라고 비유한 방법은?

① 연역법　　　② 귀납법　　　③ 삼단논법　　　④ 실험법

[해설·정답] 베이컨은 과거 2500년 동안 학문이 발전을 보지 못한 이유는 바로 그 전통적인 연역법에 의존하여 학문을 연구했기 때문이라고 전제하고 새로운 지식을 습득할 수 있는 귀납법을 주장했다. ❷

0544. 철학은 오직 물체의 원인과 특성, 그리고 물체의 성질과 발생에 관계하는 것이기 때문에 물체가 주어지지 않은 곳에는 철학도 없다는 물체론을 주장한 경험론자는?

① 베이컨　　　② 홉스　　　③ 로크　　　④ 흄

[해설·정답] 홉스는 물체라는 개념을 자기 철학을 조직하는 원리로 삼고 물체의 개념을 실체의 개념과 일치시켰을 뿐만 아니라 모든 실체들은 물질적인 실체뿐이라고 믿었다. 그러므로 홉스의 철학은 물체 이외에는 모두 무시하고 물체의 운동과 물체의 변화만을 다룬다는 점에서 물체론이요 유물론적이라고 할 수 있다. ❷

0545. 근세의 경험론 철학자들 가운데 유물론적 경향을 강하게 띤 사람은?

① 베이컨　　　② 홉스　　　③ 로크　　　④ 흄

[해설·정답] 홉스는 물체를 실체의 개념을 동일하게 인식했다. ❷

0546. 토마스 홉스의 철학 사상을 잘못 설명한 것은?

① 철학의 주된 관심사는 물체들이다.

② 물체에는 물질적 물체, 인간의 신체, 정치적인 집단이 있다.

③ 모든 물체가 공유하는 중요한 특성은 운동이다.

④ 인간의 정신은 선하기 때문에 평화로운 사회를 만들 수 있다.

[해설·정답] 홉스는 인간의 본질을 악하다고 본다. ❹

0547. 홉스의 철학적 특징을 나타내는 개념으로 짝지어진 것은?

① 유물론, 자기 보존의 충동　　　　② 권위에 대한 자발적 충성심, 이성

③ 자연상태에서의 선성, 절대군주　④ 개인주의 국가권력에 대한 경시

[해설·정답] 홉스의 철학은 물체 이외에는 모두 무시하고 물체의 운동과 물체의 변화만을 다룬다는 점에서 물체론이요 유물론적이다. 또한 이기성에 기인하는 만인대만인의 적인 상태에서 인간은 자기 보존을 위해서 서로 계약을 맺게 된다고 했다. ❶

0548. 홉스가 말한 세 종류의 물체에 해당되지 않은 것은?

① 자연적 물체인 자연　　　　　　② 인위적 물체인 국가

③ 초월적 물체인 신　　　　　　　④ 중간적 특수 물체인 인간

[해설·정답] 홉스는 물체를 셋으로 나누었다. 자연적 물체인 자연과 인위적 물체인 국가, 그리고 그 중간인 인간이 그것이다. 인간은 특수한 종류의 물체이며 국가는 이 특수한 종류의 물체가 질서 있게 조직된 것이다. ❸

0549. 홉스가 그의 물체론을 토대로 구분한 철학의 분야에 들지 않은 것은?

① 물리학　　　② 국가학　　　③ 신학　　　④ 인간학

[해설·정답] 홉스는 그의 물체론에 따라 철학의 분야도 자연적 물체에 관한 물리학, 인위적 물체에 대한 국가학, 그리고 인간학으로 나누었다. ❸

0550. 홉스의 철학적 특성이라고 할 수 없는 것은?

① 기계적론적　　② 유물론적　　③ 물체론적　　④ 합리론적

[해설·정답] 홉스는 일체가 원래 물체요 물체의 운동은 기계적 인과 관계에서 생긴다는 물체론과 기계론적 유물론을 대담히 주장했다. 또한 자연은 어떤 목적을 가지고 있는 것이 아니라 인과 법칙에 의존하는 기계적 변화에 지나지 않다고 했다. ❹

0551. 고대의 원자론자들과 홉스가 유물론을 주장하는 공통적인 근거는?

① 모든 것은 공간 속에 존재한다는 형이상학적 인식

② 모든 것은 인과관계의 사슬에 묶여 있다는 자연과학적 인식

③ 심리, 자연현상도 모두 물질의 운동으로 환원 가능하다는 환원주의적 사고

④ 모든 것은 수량화가 가능하다는 수학적 인식

해설·정답 데모크리토스와 홉스 모두 모든 것이 공간 속에 존재한다는 형이상학적 인식을 토대로 유물론을 주장했다. ❶

0552. 다음 중 홉스에 대한 설명은?

① 선악의 판단 기준은 외부 사물에 대한 감각적 경험의 욕구 정도에 의해 결정된다.

② 도덕 판단의 기준으로서 이성보다는 감정을 중시했다.

③ 참된 지식은 관찰과 실험에 의해 얻어낸 지식이다.

④ 편견과 선입견을 우상으로 규정짓고 타파할 대상으로 보았다.

해설·정답 만인의 만인에 대한 투쟁을 주장한 홉스는 인간본성의 성악설과 국가의 기원에 관한 사회계약론으로 유명하다. 또한 그는 경험 중시의 전통을 이어 받았기 때문에 선악의 판단 기준으로서 외부 사물에 대한 감각적 경험의 욕구를 중시했다. ②번은 흄, ③번과 ④번은 베이컨에 대한 설명이다. ❶

0553. 국가철학의 내용이 담긴 홉스의 주저는 무엇인가?

① 『인간오성론』   ② 『국가론』   ③ 『리바이어던』   ④ 『윤리학』

해설·정답 『리바이어던』(*Leviathan*)은 구약성경 욥기에 나오는 거대한 동물의 이름인데, 이 책에서는 교회권력으로부터 해방된 국가를 가리키며 그러한 국가의 성립을 논하고 있다. ❸

0554. 인간의 합리적인 이성에 의한 사회계약이론으로 국가의 성립을 설명한 철학자는?

① 베이컨   ② 홉스   ③ 로크   ④ 흄

해설·정답 홉스에 따르면 자연 상태를 그대로 두면 인간들은 오히려 불안에 싸여 자기 이익을 도모할 수 없게 된다는 점을 이성에 의해 스스로 깨닫게 된다. 그리고 무제한의 자기 권리를 제한한다면 평화할 수 있는 길이 열린다는 것을 안다. 따라서 사람들은 사회를 평화롭게 다스릴 수 있는 권력에게 자기의 모든 자연의 권리를 내맡기게 된다. 즉 사람들은 독립된 개인으로서 행동하기를 중지하고 다른 사람들과 계약(contract)에 의하여 사회를 평화롭게 다스릴 수 있는 권력에게 자기의 모든 자연의 권리를 내맡긴다는 것이다. ❷

0555. 동양의 순자처럼 인간을 악한 이기적 존재로 규정한 서양의 철학자는?

① 플라톤   ② 아리스토텔레스   ③ 데카르트   ④ 홉스

해설·정답 홉스는 인간 생활 양식의 생생한 관찰을 토대로 무정부(anarchy) 상태와 군주제와의 차이를 밝히고 국가에는 강력한 군왕이 필요하며 그 확립된 권위에의 복종이 사회의 평화와 안전을 위한 필요 조건이요 평화와 안전은 모든 개인적, 사회적 선을 위한 필요조건이라고 역설했다. 이를 위해 그는 인간이 본래 이기적이라는 전제에서부터 시작한다. ❹

0556. 인간의 이기심에 기원하는 자연상태는 폭력과 힘이 지배하며 만인이 만인에 대해 서

로 적이 되는 무정부(anarchy) 상태라고 말한 사람은?

① 베이컨　　　② 홉스　　　③ 로크　　　④ 흄

[해설・정답] '자연의 상태'란 폭력과 힘이 지배하며 만인이 서로에 대해 적이 되는 무정부(anarchy) 상태로서 만인의 만인에 대한 투쟁 상태를 가리킨다. 인간의 이기심에 기원하는 이런 자연 상태에서는 인간은 이성을 잃게 되고 오로지 동물적 자기 보존의 충동이라는 원리만이 지배하여 언제나 악이 존재하며 끊임없는 이기욕에 사로잡혀 죽음에 이르기까지 투쟁 상태가 그치지 않는다. ❷

0557. 홉스가 말한 자연상태란 어떤 상태인가?

① 만인대만인의 투쟁상태　　　② 만인대만인의 협력상태

③ 개인대개인의 협력상태　　　④ 개인대사회의 투쟁상태

[해설・정답] 인간은 본래 이기적이기 때문에 자연상태로 내버려두면 서로에 대해 적이 되어 폭력과 힘이 지배하는 만인의 만인에 대한 투쟁 상태가 된다고 했다. ❶

0558. 홉스는 만인의 만인에 대한 투쟁상태에서는 자기 이익을 도모할 수 없다는 사실을 깨달은 인간이 개인으로서 행동하기를 중지하고 다른 사람들과의 무엇을 통해 평화의 길을 모색한다고 했는가?

① 양보　　　② 거래　　　③ 계약　　　④ 약속

[해설・정답] 홉스에 따르면 인간은 무제한의 자기 권리를 제한한다면 평화할 수 있는 길이 열린다는 것을 깨달아 사회를 평화롭게 다스릴 수 있는 권력에게 자기의 모든 자연의 권리를 내맡기게 된다고 한다. 즉 사람들은 독립된 개인으로서 행동하기를 중지하고 다른 사람들과 계약(contract)에 의하여 사회를 평화롭게 다스릴 수 있는 권력에게 자기의 모든 자연의 권리를 내맡긴다는 것이다. ❸

0559. 홉스의 국가철학에서 말하는 자연의 권리에 의하면 그가 지지했던 정체(政體)는 무엇이라고 할 수 있는가?

① 공화제　　　② 전제군주제　　　③ 민주제　　　④ 참주제

[해설・정답] 홉스는 정부에 대하여 절대적 통치권을 부여할 필요가 있다고 했다. 자연의 법칙이 국민에게 요구하는 바의 구체적이요 상세한 내용을 결정하는 권한을 군주에게 일임하여야 하며 추상적인 자연의 법칙에 구체적인 의미를 부여할 권리를 군주는 가지고 있어야 한다는 말이다. ❷

0560. 철학자들의 주요 사상이 잘못 짝지어진 것은?

① 데카르트-본유관념설　　　② 스피노자-범신론

③ 라이프니츠-단자론　　　④ 베이컨-연역법

[해설・정답] 베이컨은 아리스토텔레스의 연역법은 특수한 감각적 인상에서 일반적 공리를 도출하고 그러한 원리로부터 새로운 공리를 도출하는데, 그것은 지적 활동의 기반이 되는 원리(대전제)를 너무 성급하게 일반화할 염려가 있을 뿐만 아니라 새로운 지식을 얻는 데 아무런 도움을 주지 못하고 오히려 동어 반복에 불과하다고 비판했다. 그리고 과거 2500년 동안 학문이 발전을 보지 못한 이유는 바로 그 전통적인 연역법에 의존하여 학문을 연구했기 때문이라고 전제하고 새로운 지식을 습득할 수 있는 귀납법을 주장했다. ❹

0561. 베이컨의 경험주의를 수용하고 데카르트의 본유관념에 회의적인 생각에서 출발하여 "인간의 정신 속에 있는 관념이 어디서 온 것이며 어떻게 하여 형성되었느냐?" 하는 인식비판을 위해 인간의 오성을 검토한 철학자는?

① 베이컨　　　　② 홉스　　　　③ 로크　　　　④ 버클리

[해설·정답] 로크는 "나의 목적은 신념과 견해와 동의의 근거와 정도를 포함하여 인간 지식의 근원과 확실성과 범위를 탐구하는 일이다"고 말하면서 종래에 무조건 신뢰하던 인간의 오성을 검토했다. ❸

0562. 로크에 대한 설명으로 옳지 않은 것은?

① 현대의 인식론적 비판의 선구자라 할 수 있다.
② 백지와 같은 정신에 선천적 관념과 경험을 통해 지식이 쌓인다.
③ 감각이나 반성을 통해서 얻는 개별적인 관념을 단순 관념이라 했다.
④ 감각이나 반성에 의해 들어오지 않은 어떤 것도 우리 마음 안에 있지 않다.

[해설·정답] 로크는 데카르트의 본유관념과 같은 선천적 관념을 일체 부정한다. ❷

0563. 인식의 기원, 타당성, 한계 등의 문제를 구체적으로 다루어 근대 인식론의 시조로 평가되는 사람은?

① 베이컨　　　　② 홉스　　　　③ 로크　　　　④ 버클리

[해설·정답] 로크는 그의 인식론에서 우리의 인식 능력이 과연 어느 정도까지 진리를 인식할 수 있는지에 대한 자기 반성을 중요한 과제로 삼았다. ❸

0564. 로크의 인식론을 담고 있는 그의 주저는?

①『인간오성론』　　②『성찰』　　③『방법서설』　　④『순수이성비판』

[해설·정답]『인간오성론』(An Essay Concerning Human Understanding)에서 로크는 우리의 인식 능력이 과연 어느 정도까지 진리를 인식할 수 있는지에 대한 자기 반성을 중요한 과제로 삼고, 인식의 기원, 타당성, 한계 등의 문제를 다루었다. ❶

0565. 데카르트의 본유관념설에 정면으로 도전하여 우리의 관념은 처음부터 정신 속에 선험적으로 있었다거나 정신에 의해 만들어진 것이 아니라 경험을 통해 갖게 된 것이라고 주장한 경험론 철학자는?

① 베이컨　　　　② 홉스　　　　③ 로크　　　　④ 버클리

[해설·정답] 로크는 관념의 기원은 두 가지 가능성, 즉 경험에 의해 정신에 들어오거나 아니면 생득적일 것이라고 생각했다. 인식의 기원을 경험에 두었던 로크는 만일 생득적인 관념, 즉 데카르트가 말한 본유관념이 없다는 것을 밝힐 수 있다면 우리의 모든 관념은 후천적으로 경험을 통해 정신에 들어왔음에 틀림없다는 사실이 도출된다고 생각했다. 그래서 그는 『인간오성론』에서 데카르트의 본유관념설을 정면으로 부인하였다. 로크에 따르면 데카르트가 본유관념이라고 말했던 논리학의 원리인 동일률이나 모순율과 같은 명확한 사고의 법칙에 관한 관념도 백치나 어린이는 전연 알지 못하며 양심의 명령인 도덕적 법칙도 사람이나 국가, 사회에 따라 그리고 문명인과 야만인 사이에

현격한 차이가 있으며 신의 존재도 이를 믿지 않는 사람이 얼마든지 있다는 것이다. 나아가 로크는 자신의 이런 주장에 대해 누군가가 "우리 정신은 본유관념을 가지고 있으나 단지 오성이 이를 의식하지 못할 뿐이다"고 할지 모르지만 관념을 갖는다는 것과 그것을 의식한다는 것은 같은 의미이기 때문에 그런 말은 자기 모순이라고 말한다. 결국 로크는 우리의 모든 지식은 경험 안에 근거하며 궁극적으로 그 자체를 경험으로부터 이끌어낸다고 한다. ❸

0566. 우리의 정신은 본유관념을 갖고 있지 않을 뿐 아니라 백지와 같으며, 거기에 감각을 통해 경험이 글씨를 써 줌으로써 인식이 성립한다고 한 경험론자는?

① 베이컨   ② 홉스   ③ 로크   ④ 버클리

[해설·정답] 궁극적으로 감각 경험이나 우리 자신의 정신의 작용에 대한 반성으로부터 나오지 않은 관념은 가지고 있지 않으며 또 가질 수도 없다는 것이다. ❸

0567. 우리의 정신은 모든 지식의 재료를 경험에서 얻기 때문에 모든 인식은 경험에서 유래한다는 로크의 인식이론을 무엇이라고 하는가?

① 본유관념설   ② 백지상태설   ③ 자연상태설   ④ 경험유래설

[해설·정답] 로크는 우리의 정신은 아무런 관념도 없는 백지(tabula rasa)와 같은데 거기에 감각을 통해 경험이 글씨를 써 준다고 했다. 궁극적으로 감각 경험이나 우리 자신의 정신의 작용에 대한 반성으로부터 나오지 않은 관념은 가지고 있지 않으며 또 가질 수도 없다는 것이다. ❷

0568. 우리의 정신은 본래 아무런 문자도 없고 관념도 없는 백지(*tabula rasa*)와 같다고 주장한 사람은?

① 베이컨   ② 홉스   ③ 로크   ④ 버클리

[해설·정답] 로크는 우리의 정신은 전혀 본유관념을 갖고 있지 않기 때문에 백지(tabula rasa)와 같다고 했다. ❸

0569. 로크가 말하는 경험의 이중 기원인 외적 관찰과 내적 관찰은 각각 무엇을 말하는가?

① 반성과 사유   ② 감각과 반성   ③ 감각과 사유   ④ 관찰과 내성

[해설·정답] 로크에 따르면 경험은 이중의 기원을 가지는데 외적 관찰과 내적 관찰, 즉 감각과 반성이 그것이다. 감각은 외관(外觀)이 외계에 관하여 얻는 것이고 반성은 내관(內觀)이 마음속의 여러 현상에 관해 얻는 것이다. 이 둘은 어떤 관념을 가지게 되는 첫걸음이며 모든 관념이 형성되는 기원이다. ❷

0570. 로크의 인식이론에 따르면 백지와 같은 인간의 정신에 글씨를 쓰는 것은 구체적으로 무엇인가?

① 반성과 사유   ② 감각과 반성   ③ 감각과 사유   ④ 관찰과 내성

[해설·정답] 감각은 외계로 열린 창구로서 이것을 통해 외적 사물에 관한 지식이 공급되고 반성은 정신 현상으로 열린 창구로서 내적 현상에 관한 지식을 공급한다. 인간의 지식은 이 두 창구에 의

철학, 쉽게 풀자!

해서만 제공된다. 즉 감각과 반성의 어느 한 가지에 의해 들어오지 않은 어떤 것도 우리 마음 안에 있지 않다. 한 마디로 아무런 문자도 없는 백지와 같은 우리의 정신에 감각과 반성이라는 경험이 글씨를 쓰는 것이다. ❷

0571. 로크가 말한 단순관념의 예가 될 수 없는 것은?

① 색깔　　　　② 맛　　　　③ 딱딱함　　　　④ 설탕

[해설·정답] 로크는 단순 관념의 예로 얼음 조각의 차가움과 딱딱함, 백합의 향기와 흰 색깔, 설탕의 단 맛 등을 든다. 이 관념들은 단지 하나의 감각 기관을 통해 들어온다. (그러나 희고 달고 딱딱하다는 관념을 결합한 '설탕'이라는 관념은 복합관념이다.) 물론 공간 또는 연장, 모양, 정지와 운동처럼 하나 이상의 감각 기관에 의해 받아들여지는 관념도 있다. 어쨌건 이 단순 관념들 모두는 외적 대상이 감관에 미치는 자극으로부터 오는 것이기 때문에 감각 관념들이다. ❹

0572. 로크가 말한 제1성질에 관한 설명으로 잘못된 것은?

① 대상 자체에 있는 성질　　　　② 물체의 고유 성질
③ 물리학적, 기하학적 성질　　　　④ 주관적 성질

[해설·정답] 로크는 관념과 성질을 구분한다. 로크는 "마음이 본래 지각하는 것이 무엇이든지 또는 지각, 사고, 오성의 직접적인 대상이 무엇이든지 나는 그것을 관념이라고 부른다. 그리고 나는 우리 마음에 어떤 관념을 산출하는 힘을, 그 힘이 들어 있는 실체의 성질이라고 부른다."고 했다. 그런데 어떤 성질들은 물체가 어떤 변화를 겪든지 그것으로부터 분리할 수 없는 대상 자체에 있는 성질이 있다. 로크는 그것을 물체의 고유 성질 또는 제1성질(primary quality)이라 했다. ❹

0573. 로크의 제2성질에 해당되지 않은 것은?

① 형상　　　　② 색깔　　　　③ 소리　　　　④ 맛

[해설·정답] 제1성질이란 물체 자체에 있는 물리학적, 기하학적 성질인 객관적 성질로서 연장, 형상, 운동, 정지, 수 등과 같은 것이고, 제2성질은 지각하는 사람의 감각에 의존하는 주관적 성질이다. ❶

0574. 로크의 인식론에 대한 설명으로 잘못된 것은?

① 인간의 마음은 본래 백지상태이다.
② 지식의 기원은 관념이다.
③ 경험은 감각과 반성으로 나뉜다.
④ 사물의 객관적 성질은 제1성질이고, 주관적 성질은 제2성질이다.

[해설·정답] 로크에 따르면 우리의 정신은 빈 방, 아무런 문자도 없는 백지, 완전히 밀폐된 암실과 같아서 어떠한 관념이나 지식도 생득적으로 가지고 있지 않다. 그러므로 인간은 이성적 능력을 발휘할 소재를 경험으로부터 얻기 전에는 아무런 추론도 할 수 없다. 로크뿐 아니라 모든 경험론자들은 지식의 기원을 경험으로 본다. ❷

0575. 로크의 인식론에 대해 잘못 설명한 것은?

134

① 관념의 기원은 경험이다.

② 경험은 감각, 반성, 선험적 판단에 근거한다.

③ 생득관념은 존재하지 않는다.

④ 감각적 지식은 우리에게 확실성을 주지 못한다.

[해설·정답] 로크는 관념의 이중 기원으로서 감각과 반성을 이야기하지만, 선험적인 모든 것을 부정한다. ❷

0576. 로크는 타당성의 정도에 따라 인식을 세 가지로 구별했다. 해당되지 않은 것은?

① 직관적 인식　　② 논증적 인식　　③ 감성적 인식　　④ 계시적 인식

[해설·정답] 로크는 우리의 지식이 단지 경험적 관념에만 관련되어 있다고 한다. ❹

0577. 다음 중 로크적 관점에서 확실성의 정도가 가장 높은 인식은 무엇인가?

① 직관적 인식　　② 논증적 인식　　③ 감성적 인식　　④ 계시적 인식

[해설·정답] 감관에 의하여 성립되는 감각적 인식은 개연적 확실성을 가질 뿐이다. 그러므로 직관적 인식이 확실성의 정도가 가장 높고, 감각적 인식이 가장 낮은 단계이다. ❶

0578. 로크의 사상과 관계가 없는 것은?

① 인간은 이성적 능력을 발휘할 소재를 경험으로부터 얻기 전에는 아무런 추론도 할 수 없다.

② 관념의 기원은 경험이다.

③ 인간에게 가능한 유일한 종류의 지식은 경험적 지식이다.

④ 우리의 정신은 백지(白紙, tabula rasa)와 같은데, 거기에 이성적 통찰이 글씨를 써 준다.

[해설·정답] 로크에 따르면 백지(tabula rasa)와 같은 인간의 정신에 글씨를 써주는 것은 이성이 아니라 경험이다. ❹

0579. 모든 인간은 선하게 태어났지만 자라면서 악하게 되기 쉬우므로 성장기의 인간은 주위 환경으로부터 격리되어야 하며 원칙적으로 인간의 내면에 주어진 선한 천성이 자연스러운 방법으로 계발되고 성숙되게 하는 것이 중요하다고 주장한 계몽 사상가는?

① 루소　　　　　② 로크　　　　　③ 몽테스키외　　④ 칸트

[해설·정답] 루소는 교육은 외부로부터의 강제와 같은 어떠한 영향도 받지 않고 자유롭게 자기의 감정에 충실해서 스스로의 능력을 계발하도록 도와주는 소극적인 역할을 하는 데 그쳐야 한다고 했다. ❶

0580. 성선설과 성악설을 취한 서양철학자로 짝지어진 것은?

① 루소, 홉스　　　② 로크, 칸트　　　③ 루소, 로크　　　④ 홉스, 루소

[해설·정답] 본래적인 인간을 선하게 보는 루소는 모든 사람들이 다 평등하고 자유로운 "자연으로 돌아가라!"고 역설했다. 반면에 홉스는 인간이 본래 이기적이라는 전제에서부터 그의 철학을 시작한다. ❶

0581. 정부의 조직을 입법권과 행정권으로 나뉘어 서로 견제를 함으로써 균형을 유지해야 한다는 2권분립론을 주장하고, 행정부가 시민과의 계약을 파기하거나 무시할 때 군주를 심판하는 것은 시민들이라는 시민불복종이론과 시민혁명론을 주장한 사람은?

① 루소　　　　　　② 로크　　　　　　③ 몽테스키외　　　　④ 칸트

[해설·정답] 로크에 따르면 행정부가 자신에게 부과된 신뢰에 어긋나는 행위를 하거나 행정부의 법 대신 자신의 법으로 대치시킨다거나 제정된 법을 무시할 경우 그에 대한 반란은 정당하다. 군주를 심판하는 것은 시민들이다. 이러한 로크의 정치 사상은 권력의 이분법을 삼분법으로 발전시킨 몽테스키외에 의해 유럽으로 퍼져 자연적인 기본권 내지 인권에 관한 견해에 막대한 영향을 끼쳤을 뿐 아니라 근세 이후의 시민불복종이론에도 큰 영향을 주었다. ❷

0582. 경험론 철학자 중에 시민계약론적 정치철학을 가진 사람은 누구인가?

① 베이컨과 홉스　　② 홉스와 로크　　③ 로크와 버클리　　④ 버클리와 흄

[해설·정답] 로크도 홉스와 같이 인간이 이러한 국가를 세우는 것은 각자가 자신의 재판관인 자연상태에서 겪게 되는 만인의 만인에 대한 투쟁 상태라는 위험을 제지하기 위해서라고 한다. 즉 사람들은 공통적인 법안을 만들고 국가의 권력을 부드럽게 하기 위해 국가를 개인들의 의지에 의한 일종의 계약이라고 선언하여 국가를 개인의 의지에다 종속시킨다. ❷

0583. 버클리의 주관적 관념론의 출발점은 무엇인가?

① 데카르트의 본유관념설 비판　　　　② 로크의 백지상태설 비판

③ 로크의 제1,2성질 비판　　　　　　④ 홉스의 자연상태설 비판

[해설·정답] 버클리는 로크가 주관적 관념과 객관적 실재를 일치시킨 문제에 크게 관심을 가지고 그것을 비판하였다. 로크는 물체에서 나타나는 성질을 구분하여 제1성질은 물체 자체에 속하는 객관적 성질인 반면 제2성질은 지각하는 사람의 감각에 의존하는 주관적 성질이라고 했다. 그러나 버클리는 제1성질의 근거가 되는 물질적인 기초를 부인한다. 즉 로크는 연장은 제1성질이요 빛깔은 제2성질이라 하였는데 버클리는 빛깔이 실재적인 것이 못된다면 어떤 의미에서도 연장 역시 실재적인 것으로 볼 수 없다고 비판했다. 연장되었다고 지각되는 물체들은 또한 빛깔을 가지고 있으며 빛깔을 가졌다고 지각되는 물체들은 연장되어 있다는 것이다. 즉 아무도 한 성질을 골라내어 1차적인 것이라 하고 다른 성질을 2차적이라 할 권리가 없다는 것이다. 결국 이 세계는 우리의 감관들을 통해서 지각되는 세계라는 것이다. ❸

0584. 우리가 경험하는 것은 사물 자체가 아니라 우리의 감각을 통하여 파악한 주관적인 것에 불과하므로 우리가 파악한 것은 모두 주관적인 제2성질에 불과하다고 한 경험론자는?

① 베이컨　　　　　② 홉스　　　　　③ 로크　　　　　④ 버클리

해설·정답 로크는 물체에서 나타나는 제1성질과 제2성질을 구분하여 제1성질은 물체 자체에 속하는 객관적 성질인 반면 제2성질은 지각하는 사람의 감각에 의존하는 주관적 성질이라고 생각했다. 그러나 버클리는 물질은 공허한 언어에 불과하다고 하여 제1성질의 근거가 되는 물질적인 기초를 부인한다. 그는 "인간이 자기의 주관적 상태를 떠나서 어떻게 객관적 세계에 접할 수 있을까?" 하는 문제에 대해 우리가 경험하는 것은 사물 자체가 아니라 우리의 시각이나 촉각을 통하여 파악한 주관적인 것에 불과하므로 제1성질은 있을 수 없으며 우리가 파악한 것은 모두 주관적인 제2성질에 불과하다고 했다. 버클리는 로크에 대해 반박한 자신의 주장을 "esse est percipi"라는 명제로 요약했다. ❹

0585. 우리가 존재하는 것으로 알고 있는 것은 모두 우리의 관념 속에 지각된 내용으로서 있는 것이며, 우리의 관념을 떠나서 어떤 존재가 있는지 알 수 없다고 하여 "존재는 지각된 것이다"(*esse est percipi*)고 주장한 사람은?

① 베이컨 　　　② 홉스 　　　③ 로크 　　　④ 버클리

해설·정답 버클리는 실재는 전적으로 정신 및 정신 속에 있는 관념들로 되어 있다고 하는 점에서 "*esse est percipi*"라고 했다. 이 말은 사물들은 오직 지각으로만 존재하며 그것들을 구성하는 관념들이 지각되는 경우에만 존재한다는 의미이다. 그러므로 어떤 것이 존재한다는 것은 엄밀한 의미에서 외계에 자체적으로 존재하는 것을 말함이 아니라 우리의 내면에 관념으로서 또는 지각 내용으로서 존재한다는 것이다. 결국 버클리는 물질의 존재를 부인한 셈이다. ❹

0586. 버클리의 주관적 관념론을 표현한 말은?

① 나는 생각한다. 그러므로 존재한다. 　② 인간의 정신은 백지상태이다.
③ 법이 침묵하면 이성도 침묵한다. 　　④ 존재하는 것은 지각된 것이다.

해설·정답 버클리의 주관적 관념론은 "*esse est percipi*"로 표현된다. ❹

0587. 버클리의 철학적 특징으로 어울리지 않은 것은?

① 객관적 경험론 　② 반유물론적 　③ 유심론적 　④ 주관적 관념론

해설·정답 이 세상에서 있다고 할 수 있는 것은 오직 관념들과 이것을 가지고 있는 정신, 즉 주관뿐이다. 이와 같이 실재는 전적으로 정신 및 정신 속에 있는 관념들로 되어 있다고 하는 점에서 "*esse est percipi*"로 표현되는 버클리의 관념론은 반유물론적이고 유심론적으로서 일반적으로 주관적 관념론이라고 말한다. ❶

0588. 관념의 경험 기원설을 주장하였으며 인식의 확실성의 문제와 그 한계를 탐구하여 영국의 경험론의 발전에 공헌하였고 후에 칸트에게도 많은 영향을 준 철학자는?

① 베이컨 　　　② 홉스 　　　③ 로크 　　　④ 흄

해설·정답 우리의 경험은 모두 경험에서 생기는 것이며 따라서 우리가 경험적으로 주어진 것을 넘어서서 그 이상을 인식하려 하면 오류에 빠진다는 흄의 생각은 칸트로 하여금 '독단적인 선 잠'에서 깨어나게 하여 관념론이라는 이름으로 합리론과 경험론의 입장을 종합하게 했다. ❹

0589. 우리의 정신 속에 있는 관념을 제거해 버리면 정신에는 아무것도 남는 것이 없다고 하면서 정신은 관념의 묶음(bundle of ideas)에 불과하다고 한 철학자는?

① 베이컨   ② 홉스   ③ 로크   ④ 흄

〔해설·정답〕 흄은 정신의 내용은 감관이나 경험에 의해 우리에게 주어진 물질들로 환원할 수 있는데 그러한 물질을 그는 지각(perceptions)이라고 불렀다. 따라서 우리의 정신은 직접 지각할 수 없으며 단지 그 활동의 결과인 관념을 통하여 간접적으로 지각할 수 있다고 했다. ❹

0590. 관념의 기초에 인상을 놓아 정신의 지각을 인상과 관념으로 구분한 사람은?

① 베이컨   ② 홉스   ③ 로크   ④ 흄

〔해설·정답〕 인상은 로크에서처럼 감각과 반성에 의해서 현재 나타나는 표상이며 관념은 인상이 사라진 뒤에도 기억 또는 상상에 의하여 우리의 마음속에 나타나는 표상이다. ❹

0591. 우리의 정신이 "관념의 묶음"(bundle of ideas)에 불과하다고 한 흄이 정신의 지각 내용을 분리시켜 관념의 기초에 놓은 것은 무엇인가?

① 인상   ② 직관   ③ 계시   ④ 경험

〔해설·정답〕 흄은 로크나 버클리처럼 인간 정신의 지각 내용을 무차별하게 모두 관념이라 하지 않고 관념의 기초에 인상을 놓았다. ❶

0592. 로크와 흄은 경험을 분리시켜 각각 어떻게 나누었는가?

① 감각과 반성, 인상과 관념   ② 내감과 외감, 감각과 관념

③ 감각과 인상, 반성과 관념   ④ 감각과 관념, 반성과 인상

〔해설·정답〕 로크는 경험을 감각과 반성으로, 흄은 인상과 관념으로 각각 다시 나누었다. ❶

0593. 흄이 말한 관념연합의 법칙이 아닌 것은?

① 유사성   ② 근접성   ③ 인과성   ④ 필연성

〔해설·정답〕 흄은 '유사성'(resemblance), '시공의 인접성'(contiguity in time and space), 그리고 '인과성'(cause and effect)이라는 세 가지의 관념 연합의 법칙(law of association of ideas)을 제시했다. 유사의 법칙은 유사하거나 대조적인 관념은 서로 결합한다는 법칙이다. 우리의 관념은 유사한 하나의 관념에서 다른 관념으로 옮겨질 수 있다. 접근의 법칙은 시간과 공간에 있어서 접근된 관념은 서로 결합한다는 규칙이다. 언제나 12월에 접어들면 새해를 연상하게 되는 것과 같다. 인과의 법칙은 원인과 결과의 관계를 가진 관념들 상호간에는 서로 연상작용에 의하여 결합한다는 법칙이다. ❹

0594. 다음 중 흄이 가장 회의적으로 생각한 지식은?

① 수학적 지식   ② 인과적 지식   ③ 경험적 지식   ④ 필연적 지식

〔해설·정답〕 흄의 가장 독창적이고 영향력 있는 사상은 인과율을 검토하여 경험에 의한 인과적 지식의 한계를 밝혔다는 데에 있다. 흄은 인과율이라는 관념 자체에 의문을 품고 "인과율이라는 관념의

기원은 무엇인가?"라고 묻는다. 관념들은 인상의 모사(模寫)라고 보는 흄에게는 인과율이라는 관념도 그에 대응하는 인상이 있어야 했지만 그가 보기에는 인과율의 관념에 대응하는 인상은 없었다. 따라서 인과성의 개념은 그릇된 관념이라는 것이 흄의 주장이다. ❷

0595. 원인과 결과 사이의 필연적 관계가 경험 속에 직접 주어지는 것이 아니라 두 개의 관념이 시간, 공간적으로 인접해서 되풀이되어 나타남으로써 생긴 마음의 습관을 토대로 미래에 있어서도 그럴 것이라고 기대하고 예상하는 경험적 신념을 흄은 무엇이라고 했는가?

① 수학적 지식　　② 인과적 지식　　③ 경험적 지식　　④ 필연적 지식

해설·정답 흄에 따르면 인과적 지식은 원인과 결과 사이의 필연적 관계가 경험 속에 직접 주어지는 것이 아니라 두 개의 관념이 시간, 공간적으로 인접해서 되풀이되어 나타남으로써 생긴 마음의 습관을 토대로 미래에 있어서도 그럴 것이라고 기대하고 예상하는 경험적 신념이다. 다시 말해 인과율은 우리가 관찰하는 대상 속의 성질이 아니라 오히려 A와 B의 예들의 반복에 의해서 생겨난 정신의 '연상(聯想)의 습관'이다. 그러므로 원인과 결과 사이에 필연적 결합이 있는가를 지각할 수도 없고 논증할 수도 없기 때문에 그것은 개연적 법칙에 불과하다. ❷

0596. 흄의 사상과 관계가 없는 것은?

① 경험에 의한 인과적 지식은 한계가 있다.
② 모든 관념은 거기에 대응하는 인상이 있다.
③ 근접성, 선행성, 결합성은 원인과 결과의 필연적 관계를 내포하고 있다.
④ 인과적 지식은 마음의 습관을 토대로, 미래에 있어서도 그럴 것이라고 기대하고 예상하는 경험적 신념이다.

해설·정답 인과적이라고 생각하는 두 사건 사이에서 근접, 선행, 일정한 결합이라는 인상을 가지지만 필연적 관계의 인상을 가지지는 못한다고 했다. ❸

0597. 흄의 철학에 대한 설명으로 옳지 않은 것은?

① 지식은 단순관념이 결합해서 생긴다.
② 유사, 근접, 인과성이 관념연합의 법칙이다.
③ 자연과학은 현상들의 인과관계를 분석해서 확실한 인식에 도달하게 한다.
④ 원인과 결과의 인과성의 개념은 그릇된 관념이다.

해설·정답 흄은 원인과 결과는 전혀 다른 것이기 때문에 원인의 관념을 아무리 분석해도 결과의 관념을 끌어낼 수 없다고 했다. 원인과 결과의 관계는 오직 관념과 관념 사이에서만 찾아볼 수 있는데 그러한 것은 자연계에서는 아무 데서도 찾아 볼 수 없으므로 인과율을 불신할 수밖에 없었다. 따라서 그는 인과적 지식, 즉 인과율에 매우 부정적이었다. ❸

0598. 영국의 근세 경험론을 그 이론적 극한에까지 밀고 나아가 경험론의 입장으로는 외계의 인식에 관해 필연적이고 절대적인 진리를 얻을 수 없다는 경험론의 한계를 드러

내 보여준 사람은?

① 버클리　　　　② 홉스　　　　③ 로크　　　　④ 흄

[해설·정답] 영국의 경험론은 흄에 이르러서 경험을 통한 인식은 절대적이 될 수 없다는, 즉 경험적으로는 절대적 지식을 파악할 수 없다는 자연의 인식에 관한 회의론에 빠지게 되었다. ❹

0599. 흄의 사상을 잘못 설명한 것은?

① 정신은 관념의 묶음(bundle of ideas)에 불과하다.

② 로크를 따라 정신의 지각을 인상과 관념의 두 가지로 구분했다.

③ 관념은 세 가지의 관념 연합의 규칙에 따라 기계적으로 결합한다.

④ 경험적으로는 절대적 지식을 파악할 수 없다는 자연의 인식에 관한 회의론(scepticism)에 빠지게 되었다.

[해설·정답] 흄은 로크나 버클리처럼 인간 정신의 지각 내용을 무차별하게 모두 관념이라 하지 않고 관념의 기초에 인상을 놓아 정신의 지각을 인상(impression)과 관념(idea)의 두 가지로 구분했다. 인상은 로크에서처럼 감각과 반성에 의해서 현재 나타나는 표상이며 관념은 인상이 사라진 뒤에도 기억 또는 상상에 의하여 우리의 마음속에 나타나는 표상이다. ❷

0600. 선악의 구별은 이성에서 유래하는 것이 아니라 도덕감에 근거한다고 한 철학자는?

① 버클리　　　　② 홉스　　　　③ 로크　　　　④ 흄

[해설·정답] 흄은 경험론적 방법을 윤리학에까지 적용해야 한다고 믿었다. 그는 자신의 윤리 사상을 체계적으로 표명한 『인성론』에서 "도덕적 판단들은 이성의 판단이 될 수 없다. 이성은 우리를 결코 행동으로 움직일 수 없기 때문이다. 반면에 도덕적 판단을 사용하는 모든 중요성과 목적은 우리의 행동을 인도하는 것이다"라고 하여 선악을 선천적으로 판별할 수 있는 보편적인 기능이 이성이라는 합리적인 원리에 대해 비난하고 있다. 그는 선악의 구별은 이성에서 유래하는 것이 아니라 도덕감(moral sentiment)에 근거한다고 보았다. 흄은 도덕감은 어떤 선천적 기능이 아니라 일반적인 쾌·불쾌의 감정을 기초로 경험적으로 형성되는 일종의 종합 감정으로 보았다. 나아가 도덕이란 이성의 대상이 아니라 감정의 대상으로 보고 선악의 구별은 감정에 그 기원을 두었다. ❹

0601. 다음 사상가 중 나머지 셋과 성격을 달리하는 사상은?

① 베이컨　　　　② 홉스　　　　③ 흄　　　　④ 칸트

[해설·정답] 인간의 본성을 이성에서 찾은 대표적 철학자는 소크라테스, 플라톤, 아리스토텔레스, 스토아학파, 데카르트, 스피노자, 칸트, 헤겔 등이고, 반대로 경험에서 찾은 철학자는 소피스트, 에피쿠로스학파, 베이컨, 홉스, 흄, 공리주의(벤담, 밀), 듀이 등이다. ❹

0602. 다음 중 경험론 철학과 관계가 깊은 것은?

① 연역법, 방법적 회의　　　　　② 백지상태설, 우상론

③ 귀납법, 아파테이아　　　　　④ 귀납법, 방법적 회의

[해설·정답] 백지상태설은 로크, 우상론은 베이컨이 주장했다. ❷

0603. 계몽철학의 경향이라고 말할 수 없는 것은?

① 권위보다는 자유를 강조한다.　　② 신보다는 인간을 강조한다.

③ 신앙보다는 과학을 강조한다.　　④ 이성보다 전통을 강조한다.

해설·정답 계몽철학은 아직 잔존해 있었던 중세적인 사고방식을 허물고 이성 중심, 인간 중심 철학의 문을 여는 선봉장으로서 종교와 신으로부터의 계몽이라는 성격이 두드러져서 권위보다는 자유를, 신보다는 인간을, 신앙보다는 과학을 강조한다. ❹

0604. 세계는 신이 간섭하고 섭리하는 세계가 아니라 신이 처음 창조할 때의 기계적 법칙에 의해 잘 굴러가는 기계라고 하는 영국 계몽철학의 사조를 무엇이라고 하는가?

① 유일신론　　② 이신론(理神論)　　③ 변신론(辯神論)　　④ 다신론

해설·정답 이신론(理神論)이란 성경을 비판적으로 연구하고 계시를 부정하거나 그 역할을 현저히 후퇴시켜서 기독교의 신앙 내용을 오로지 이성적인 진리에 한정시킨 합리주의 신학의 종교관이다. 먼저 영국에서 1696년 J.톨런드와 M.틴들이 주장하였고, 이어 프랑스에 이입되어 볼테르와 D.디드로 그리고 J.루소 등이 제창하여 유럽 각지에 퍼졌다. 이신론(理神論)에 의하면 세계는 중단하지도, 불규칙적이지도 않고 저절로 움직인다. ❷

0605. 볼테르(Voltaire)에 대한 설명으로 옳지 않은 것은?

① 도덕을 위하여 하나님이 필요하다고 생각하는 유신론자이다.

② 삼위일체와 도성인신의 교리는 받아들이지 않는다.

③ 이신론(Deism)을 수용하지 않는다.

④ 현재가 최선의 가능한 세계는 아니고 생각한다.

해설·정답 볼테르는 르네상스 시기의 대표적인 이신론자이다. ❸

0606. 다음 중 프랑스의 대표적인 계몽철학자에 속하지 않은 사람은?

① 볼프　　② 볼테르　　③ 루소　　④ 몽테스키외

해설·정답 볼프는 독일의 계몽철학자이다. ❶

0607. 루소의 사상에 대해 잘못 설명한 것은?

① 자연의 상태가 진정한 낙원이다.

② 자연 상태의 인간은 모두 선하므로 소박한 덕이 지배한다.

③ 소유에 의한 불평등이 자연권에 의해 정당화될 수 없다고 했다.

④ 자연으로부터 주어진 양도할 수 없는 자유와 국가의 본질의 핵심인 권력을 조화시키는 것은 불가능하다고 생각했다.

해설·정답 루소가 자연으로부터 주어진 양도할 수 없는 자유와 국가의 본질의 핵심인 권력을 조화시키는 것은 가능하다고 생각하여 제시한 것이 그의 사회계약론이다. 루소에 따르면 국가가 권력을 가진 것은 사실이지만 그렇다고 해서 그것이 권력 행사의 권리를 뜻하지는 않는다. 정당한 지배

권을 가능하게 하는 유일한 기초는 개개인의 자유로운 동의를 바탕으로 하는 합의를 이루는 데에 있다. 이 합의가 바로 사회계약이다. 따라서 국가는 국민 자체이다. 다시 말해 국가를 지탱해 주는 것은 자유로운 사회계약 이상이 아니다. ❹

0608. 인간은 본래 자연의 테두리 속에 있을 때는 선하였으나 사회의 형성과 더불어 타락하였다고 보고 성장기의 사람을 사회로부터 격리하여 인간 내면에 주어진 선한 천성을 따라 자연스럽게 교육해야 한다고 주장한 계몽주의 사상가는?

① 볼프　　　　② 볼테르　　　③ 루소　　　④ 몽테스키외

[해설·정답] 그래서 "자연으로 돌아가라"고 외쳤다. ❸

0609. 자연 속에 있을 때에는 선하던 인간이 사회의 형성과 더불어 타락하였다고 하면서 "자연으로 돌아가라!"고 외친 철학자는?

① 볼프　　　　② 볼테르　　　③ 루소　　　④ 몽테스키외

[해설·정답] "자연으로 돌아가라!"(*Retournons à la nature!*)는 루소의 외침은 그의 사회 사상과 교육 사상에도 그대로 적용된다. ❸

0610. 어린이를 어린이 자신으로부터 어린이의 자연 또는 본성에 따라 이해하고 교육해야 한다고 한 사람은?

① 볼프　　　　② 볼테르　　　③ 루소　　　④ 몽테스키외

[해설·정답] 루소는 자연의 이상적인 무구(無垢)함에 교육의 기초를 둔다. ❸

0611. 루소는 홉스가 말한 만인대만인의 투쟁상태와 불평등이 어떻게 도래하게 되었다고 말하는가?

① 사유재산이 인정되면서　　　　② 국가간에 전쟁이 일어나면서
③ 하나님을 떠나면서　　　　　　④ 이성을 상실했을 때

[해설·정답] 루소는 누군가가 사유재산을 주장했을 때 그것을 인정하지 말았어야 했는데 한 개인의 이기심과 이에 동조하는 무력한 인간들의 방관에 의해 불법인 사유재산이 인정되면서 인간 본연의 상태가 종식되었다고 한다. ❶

0612. 대부분의 계몽철학자들이 사유재산을 자연권이라고 정당화한 것과는 달리 소유에 의한 불평등이 자연권에 의해 정당화될 수 없다고 주장한 사람은?

① 볼프　　　　② 볼테르　　　③ 루소　　　④ 몽테스키외

[해설·정답] 대부분의 계몽철학자들이 생각하는 자연권의 범주에는 생명, 자유, 소유의 개념이 핵심적인 위치를 차지했다. 그러나 루소는 생명과 자유만을 포함시켰을 뿐 소유는 거기에 포함시키지 않았다. ❸

0613. 시민 불복종의 권리에 대해 주장한 사람으로 짝지어진 것은?

① 데카르트, 로크   ② 로크, 루소   ③ 루소, 칸트   ④ 칸트, 헤겔

[해설·정답] 국가 권력의 집행자가 주권자를 압도한다면 자유로운 사회계약은 파기되므로 국민은 다시 다른 일반의지를 찾아내고 이에 따라 정부를 재구성해야 한다는 루소의 사상은 로크의 저항권, 즉 시민불복종권을 계승했다고 볼 수 있다. ❷

0614. 철저하게 규칙적이던 칸트가 산보를 잊을 정도로 빠졌던 책으로서 특히 칸트의 윤리학에 결정적인 영향을 미친 것으로 평가되는 루소의 주저는?

①『인간오성론』   ②『에밀』   ③『사회계약론』   ④『리바이어던』

[해설·정답] 루소의『에밀』은 지식이 아니라 신앙에 의해 종교를 근거 짓고 실천이성을 이론이성보다 우월한 것으로 여기게 하는 등 칸트 철학의 여러 부분, 특히 그의 윤리학에 결정적 영향을 미친 것으로 평가되고 있다. ❷

0615. 서로 관계가 없는 것으로 연결된 것은?

① 로크 – *tabula rasa*

② 데카르트 – *cigito ergo sum*

③ 스피노자 – 신즉자연

④ 라이프니츠 – 생각하는 갈대

[해설·정답] 인간을 '생각하는 갈대'라고 한 사람은 파스칼이다. 파스칼은『팡세』의 1절 첫머리에 "인간은 자연 가운데서 가장 약한 하나의 갈대에 불과하다. 그러나 그것은 생각하는 갈대이다."(*L'homme n'est qu'un roseau le plus faible de la nature:mais c'est un roseau pensant*)라고 했다. 이것은 성경의 '상한 갈대'(마12:18~22, 행42:1~4)에서 유래한다. ❹

0616. 칸트의 철학적 특징과 관계가 없는 것은?

① 비판철학   ② 경험철학   ③ 선험철학   ④ 절대적 윤리설

[해설·정답] 이성비판을 자기 철학의 근본 과제로 삼은 칸트의 비판철학은 선험적 성격이 강하다. 즉 칸트 철학은 이성의 무차별적 횡포에 대하여 반대하면서 이성 능력의 한계를 드러내려 했다. 그의 인식론은 이전의 경험론과 합리론을 종합한 관념론으로 특징지어지며, 전통적인 모사설(模寫說)의 객관 중심적 사고에서 주관 중심의 구성설(構成說)을 주장한다. 또한 그의 윤리학은 의무론적이고 법칙주의적인 절대윤리를 강조한다. ❷

0617. 칸트의 철학을 나타내는 개념이라고 할 수 없는 것은?

① 비판철학   ② 관념론   ③ 경험철학   ④ 구성설

[해설·정답] 칸트는 이성의 무차별적 횡포에 대하여 반대하면서 이성 능력의 한계를 드러내려 했다. 그의 인식론은 이전의 경험론과 합리론을 종합한 관념론으로 특징지어지며, 전통적인 모사설(模寫說)의 객관 중심적 사고에서 주관 중심의 구성설(構成說)을 주장한다. ❸

0618. 칸트와 거리가 먼 것은?

① 이성의 무차별적인 횡포를 반대하였다.

② 인간 이성은 무한한 능력을 지니기 때문에 연구할 가치가 있다.

③ 진정한 형이상학은 가능하다.

④ 경험적으로 주어진 것을 넘어서서 인식하려면 오류에 빠진다.

[해설·정답] 칸트는 이성에 대한 맹목적인 과신을 비판했다. ❷

0619. 합리론과 경험론에 대한 칸트의 견해로서 올바른 것은?

① 합리론은 독단론에, 경험론은 회의론에 각각 빠졌다.

② 합리론은 회의론에, 경험론은 독단론에 각각 빠졌다.

③ 합리론적 지식은 개연적이고 경험론적 지식은 보편적이다.

④ 합리론과 경험론은 모두 상대주의에 빠졌다.

[해설·정답] 칸트에 따르면 합리론과 경험론은 그 대립의 조화를 얻지 못하고 서로 반대의 결론에 도달하여 합리적 인식의 가능성을 믿는 합리론은 독단적 형이상학을 수립했고 경험론은 회의론에 빠져 일체의 형이상학을 부정했을 뿐 아니라 자연과학의 확실성조차 의심하게 되었다고 한다. 즉 합리론은 이성적 독단에, 경험론은 감각적 경험에 대한 보편적이고 필연적인 지식 획득에 대한 회의론에 빠져 있다고 생각했다. 그래서 칸트는 이러한 양자의 일면화를 지양하고 이성 그 자체를 비판함으로써 그들의 결합을 시도했다. ❶

0620. 칸트가 합리론과 경험론에서 수용하고 있는 것은?

① 경험론의 후천적 경험 지각과 합리론의 보편적 이성

② 경험론의 귀납법과 합리론의 직관과 연역

③ 경험론의 실질성과 합리론의 실체

④ 경험론의 정신적 실체와 합리론의 본유관념

[해설·정답] 칸트는 경험론적 견지에서 지식의 내용은 외부 세계로부터 들어오는 잡다한 감각적 자극(sensation)들로 구성된다는 것을 출발점으로 삼는다. 그러나 칸트는 동시에 인식 과정에서는 마음 혹은 정신은 수동적으로 외부의 감각적 자극들을 받아들이는 일만을 하는 데에 그치지 않고 능동적으로 스스로의 구조를 통하여 받아들인 감각을 구성하고 형성하며 경험으로 승화 혹은 편성한다는 점을 강조한다. 그래서 칸트는 『순수이성비판』에서 경험론의 입장을 감성 능력으로, 합리론의 입장은 오성 능력으로 수용해서 받아들였다. ❶

0621. 칸트의 철학을 비판철학이라고 하는 이유로 가장 적절한 것은?

① 경험론과 합리론을 모두 비판했기 때문에

② 인식의 근거와 권리를 인간 이성 자체에서부터 되묻기 때문에

③ 경험론과 합리론을 종합했기 때문에

④ 비판으로 일관했기 때문에

[해설·정답] 칸트가 중심 과제로 삼은 것은 인식 능력의 구조와 인식 형성에 대한 관계였다. 즉 이성이 무엇을 알며 어디까지 아느냐의 이성의 능력, 한계와 가능성, 권리 등을 이성의 비판을 통해 밝히려 했다. 이것이 그의 철학이 비판철학이라고 불리는 이유이다. 즉 칸트는 비판철학을 통해 "인간의 이성은 무엇을 어디까지 인식할 수 있는가?" 하는 이성 능력 자체의 비판에 착수했다. ❷

0622. 칸트의 비판철학의 목표를 설명한 것이다. 잘못된 것은?

① 비판이란 인간의 이성 능력에 대한 비판적 분석을 의미한다.

② 형이상학을 부정하고 과학성을 가진 학문을 세우는 것이다.

③ 지식의 한계를 정하고 신앙의 가능성을 모색하는 일이었다.

④ 형이상학이나 종교적 신앙이 지식의 행세를 하지 못하게 하려고 했다.

[해설·정답] 칸트의 비판철학은 형이상학의 부정이 아니라 진정한 형이상학을 위한 하나의 준비였다. 즉 칸트의 의도는 사실로서 확립되어 있는 수학과 자연과학적 인식의 권리 근거를 밝힘으로써 그것의 확실성을 정초하고 그러한 기초 위에 새로운 형이상학의 가능성을 확립하는 데 있었다. ❷

0623. 칸트가 비판철학을 통해 종합하려고 했던 것이라고 말하기 어려운 것은?

① 경험론, 합리론   ② 사실 문제, 권리 문제

③ 질료, 형식   ④ 실질적 내용, 보편타당성

[해설·정답] 칸트는 그의 관념론 체계를 통해 경험론의 실질적 감각 내용과 합리론의 보편타당성, 즉 질료와 형식을 종합했다. ❷

0624. 칸트의 사상에 대해 잘못 설명한 것은?

① 자연과학에 대한 정신의 우위성을 지키려고 했다.

② 관념들의 결합은 인식 주관의 자유로운 구상력의 결과이다.

③ 철학적 사유의 출발점으로 삼은 대상은 자연과 자유이다.

④ 인식론적 이론을 통해 형이상학을 완전히 거부하고 부정했다.

[해설·정답] 칸트는 형이상학 자체를 거부하거나 부정하려 하지 않고 단지 이성에 의한 사변 형이상학을 거부하고 학문성을 지닌 새로운 형이상학을 건설하려 했다. 즉 칸트의 비판철학의 의도는 전통적인 사변적 형이상학을 부정하고 학문성을 지닌 형이상학을 정초하려는 것이었다. ❹

0625. 칸트가 말하는 "선천적"의 의미는 무엇인가?

① 태어날 때부터 본래 지니고 있다는 의미에서 생득적이다.

② 본유관념을 의미한다.

③ 생득적임과 함께 경험에 앞선다는 의미이다.

④ 항상 객관적으로 보편타당성을 지닌다는 의미이다.

[해설·정답] 칸트는 인식에 보편성을 주는 형식을 '선천적'(a priori)인 것이라고 부르는데, 그것은 경험에 앞섬을 의미한다. ❸

0626. 칸트의 "선험적"이라는 의미는 무엇인가?

① 경험에 앞서 있다는 것이다.

② 경험과 무관하게 보편타당성을 지닌다는 의미이다.

③ 시간과 공간의 제약 아래 있지 않다는 의미이다.

④ 논리적으로 경험에 앞서면서 경험적 지식을 가능케 한다는 의미이다.

[해설·정답] 칸트는 확실한 학적 인식을 가져다주어 경험을 가능케 하는 의식의 근본적 구조를 드러내고 아울러 그 한계를 확정하는 철학의 분야를 선험철학이라 하였다. ❹

0627. 칸트가 학문으로서의 형이상학을 정초하기 위해 해명하고자 했던 판단은?

① 선천적 분석판단 ② 경험적 종합판단 ③ 선천적 종합판단 ④ 경험적 분석판단

[해설·정답] 칸트의 관심은 학으로서의 형이상학을 가능하게 하는 근거를 구명하는 일이었다. 그리고 이와 같은 의도에서 『순수이성비판』에서 "선천적 종합판단이 어떻게 가능한가?"라는 문제로부터 시작한다. 칸트가 선천적 종합판단의 가능성에 초점을 맞춘 이유는 그가 의도한 새로운 형이상학 은 전통적인 사변적 형이상학이 아닌 학문성을 가진 형이상학이었기 때문에 형이상학이란 점에서 는 내용적으로 선천적인 판단만을 포함해야 하고 학문성을 가져야 한다는 점에서는 다른 자연과학 처럼 지식화할 수 있는 판단, 즉 종합판단이 요구되었기 때문이다. ❸

0628. 칸트가 말한 분석판단의 내용과 다른 것은?

① 일종의 확장 판단이다.

② 술어 개념이 주어 개념에 이미 포함되어 있다.

③ 선천적 판단이라 할 수 있다.

④ '물체는 연장적이다'와 같은 판단이다.

[해설·정답] 분석판단은 동어반복적 판단이고, 종합판단이 확장판단이다. ❶

0629. 분석판단에 대한 설명 중 잘못된 것은?

① 술어 개념이 주어 개념에 이미 포함되어 있는 판단이다.

② 주어를 분석하면 술어의 개념이 나오는 판단이다.

③ 진위를 가리기 위해 술어를 경험할 필요 없이 주어 개념을 분석하기만 하면 된다.

④ 우리의 인식을 확장시켜 준다.

[해설·정답] 분석판단은 술어 개념이 주어 개념에 이미 포함되어 있는 판단이다. 다시 말하면 분석판 단은 주어를 분석하면 술어의 개념이 나오는 판단으로서 주어와 술어와의 논리적 관계로 인해 참 이 되는 판단이므로 이를 부정한다면 논리적 모순에 빠지게 된다. 분석판단은 그 진위를 가리기 위해 술어를 경험할 필요 없이 주어의 개념을 분석하기만 하면 된다. 따라서 분석판단은 경험의 도움 없이 선천적으로 이루어질 수 있는 필연성과 보편성을 갖는 판단이다. 그렇지만 우리의 인식 을 조금도 확장시킬 수 없다는 결함이 있다. 그것은 단지 설명 판단이다. 예를 들면 "총각은 미혼 남성이다", "물체는 연장적(延長的)이다"와 같은 판단인데 여기에서 '총각', '연장적'이라는 개념은 이미 '미혼 남성', '물체'의 개념 속에 각각 포함되어 있다. 따라서 "총각은 미혼 남성이다"나 "물체 는 연장적이다"는 것을 인식하기 위해 이 세상의 모든 총각들과 모든 물체들을 다 경험해 보고 미혼 남성이고 연장되어 있다는 사실을 확인할 필요가, 즉 감각적 경험을 부가할 필요가 없다. 분 석판단은 어떠한 관찰과도 무관하므로 어떤 특별한 경우들 또는 사건들에 대한 경험에 의존하지 않는다. 오히려 분석판단은 경험에서 전적으로 독립되어 형성된다. 그러므로 모든 분석판단은 선 천적(a priori)인데 우리는 그 선천성을 이 판단이 보편적이고 필연적으로 타당하다는 점에서 인식 한다. ❹

0630. 칸트의 입장에서 공통성이 없는 문장은?

① 총각은 미혼 남성이다.　② 물체는 무게를 갖는다.

③ 물체는 연장적(延長的)이다.　④ 삼각형은 세 개의 각이 있다.

[해설·정답] 분석판단은 어떠한 관찰과도 무관하므로 어떤 특별한 경우들 또는 사건들에 대한 경험에 의존하지 않는다. 오히려 분석판단은 경험에서 전적으로 독립되어 형성된다. "물체는 무게를 갖는다"는 판단에서 '무게'라는 개념은 경험에 의해 발견되었을 때만 형성된다. ❷

0631. 다음 중 종합판단에 관한 설명으로 옳지 않은 것은?

① 주어 개념을 분석해도 술어 개념이 나오지 않는 판단이다.

② 경험을 통하여 주어 개념에 새로운 술어 개념을 첨부시킨다.

③ 우리의 지식을 확장시켜 준다는 점에서 확장판단이다.

④ 필연성과 보편성을 확보해준다.

[해설·정답] 종합판단은 지식을 확장시켜 주는 대신에 필연성이나 보편성을 갖지는 못한다. ❹

0632. 칸트의 선험적 종합판단에 대한 설명이 잘못된 것은?

① 선험적이면서도 지식 확장적이다.

② '직선은 두 점 사이의 최단 거리이다'와 같은 판단이다.

③ 기하학과 물리학에서 선천적 종합판단이 발견된다.

④ 윤리학과 형이상학에서는 선천적 종합 판단이 발견되지 않는다.

[해설·정답] 기하학과 물리학에서 선천적 종합판단이 발견되듯이 윤리학과 형이상학에서도 동일한 유형의 종합판단이 발견되기 때문에 그에 대한 학문성을 인정하려 했다. ❹

0633. 분석판단의 성격에 해당되지 않은 것은?

① 보편적　② 선천적　③ 경험적　④ 필연적

[해설·정답] 설명적 성격을 띤 분석판단은 모두가 선천적(a priori), 보편적, 필연적이다. ❸

0634. 종합판단에 대한 성격이라고 할 수 없는 것은?

① 후천적　② 감성적　③ 경험적　④ 필연적

[해설·정답] 종합판단은 술어의 개념이 주어의 개념 속에 포함되어 있지 않아서 주어 개념을 분석해도 술어 개념이 나오지 않는 판단이다. 오히려 경험을 통하여 주어 개념에 전혀 새로운 술어 개념을 첨부시켜 우리의 인식을 확장하고 어떤 새로운 것을 현재 존재하는 것 위에 부가한다. 왜냐하면 몰랐던 사실이 경험을 통해 알려지기 때문이다. 따라서 이런 판단이야말로 우리의 지식을 확장시켜 준다. 그러므로 종합판단은 확장 판단이라고도 불린다. 그러나 그것은 결코 필연성이나 보편성을 갖지는 못한다. 예를 들어 '물체'와 같이 현재 존재하는 것의 개념과 이 개념 속에는 없는 '무게'라는 새 개념을 결합하는 경우에 생기는 "물체는 무게를 가진다"와 같은 경험적 판단을 말한다. 이와 같은 판단은 '물체'라는 개념의 내용 이상을 나타내는 판단이다. 여기서 "물체는 무게를 갖는다"는 판단에서 '무게'라는 개념은 경험에 의해 발견되었을 때만 형성된다. 그러기 위해서는 먼저

감성적 경험이 필요하다. 우리는 이와 같은 종합판단을 경험과 더불어 비로소 형성할 수 있다. 따라서 종합판단은 경험에 의한 것이므로 후천적(*a posteriori*)이라 할 수 있다. 이러한 판단은 감성적 경험이 우리에게 부여된 경우에만 타당하고 보편적으로 혹은 필연적으로 타당한 것은 아니다. ❹

0635. 칸트가 인정한 판단의 종류가 아닌 것은?

① 선천적 분석판단 ② 후천적 종합판단 ③ 선천적 종합판단 ④ 직관적 경험판단

[해설·정답] 분석판단은 필연성과 보편성을 띤 선천적이고 선험적인 판단이지만, 종합판단은 필연성이나 보편성이 없는 경험적 판단이다. 그렇지만 칸트는 선천적 분석판단과 후천적 종합판단 이외에 선천적 종합판단이 있다고 했다. ❹

0636. 칸트가 선천적 종합판단을 발견한 학문의 영역은 무엇인가?

① 수학과 물리학 ② 음악과 수학 ③ 물리학과 신학 ④ 신학과 수학

[해설·정답] 칸트는 기하학의 명제들에는 주어와 술어와의 필연적이며 보편적인 관계가 있지만 술어가 주어 속에 포함되어 있지 않다는 점을 밝혀내고 기하학의 명제들은 선천적이며 동시에 종합적이라고 주장했다. 칸트는 기하학 외에 물리학에서도 역시 선천적 종합판단이 발견된다고 하여 윤리학과 형이상학에서도 선천적인 동시에 종합적인 판단이 있음을 보여 주고자 했다. ❶

0637. 칸트 철학적 관점에서 종합판단이 아닌 것은?

① 장미는 빨갛다. ② 원은 둥글다. ③ 하늘은 높다. ④ 3+7=10

[해설·정답] 주어를 분석하면 술어가 도출되는 판단은 분석판단이다. ❷

0638. 다음 중 선천적 종합판단이 아닌 것은?

① 물체는 연장적(延長的)이다. ② 직선은 두 점 사이의 최단 거리이다.
③ 7+5=12 ④ 운동의 작용과 반작용은 항상 똑같다.

[해설·정답] "물체는 연장적(延長的)이다"는 선천적 분석판단이다. ❶

0639. 객관 중심에서 주관 중심으로 전환한 칸트의 인식론적 성과를 가리키는 말은?

① 인식 혁명 ② 코페르니쿠스적 전회
③ 인식의 지각 변동 ④ 인식론적 충격

[해설·정답] 코페르니쿠스적 전회(轉回)란 인식에 있어서의 사고방식의 전환과 변혁이라는 인식론적 성과를 가리키는 말로서 칸트 자신이 천문학에서의 코페르니쿠스(Copernicus)의 업적에 비견된다고 하여 붙인 이름이다. ❷

0640. 다음 중 칸트의 인식론적 성격은?

① 실재론(實在論) ② 모사설(模寫說) ③ 구성설(構成說) ④ 대응설(對應說)

[해설·정답] 대상은 주관과 독립하여 객관적으로 실재하는 것이 아니라 주관의 선천적인 인식 형식에 의해 구성된다는 것을 칸트의 구성설(構成說)이라 한다. ❸

0641. 칸트의 코페르니쿠스적 전회(轉回)를 잘못 설명한 것은?

① 인식론적 주관주의를 가리킨다.

② 객관 중심에서 주관 중심적 인식 태도로의 전환이다.

③ 주관이 객관을 규정한다.

④ 인식은 오직 경험에 의해서만 가능하다.

[해설·정답] 칸트는 우리의 지식이 경험과 함께 출발한다는 데에서는 흄과 의견을 같이하지만 흄과는 달리 인식 주관에 선천적으로 구비된 인식 형식에 의해 우리의 정신은 능동적으로 그것들을 구성하고 조직한다고 보았다. ❹

0642. 칸트의 코페르니쿠스적 전회란 인간의 인식이 (   ) 중심에서 (   ) 중심으로 바뀐 것을 가리키는 말이다. (   )에 적당한 말은?

① 감성, 이성   ② 이성, 감성   ③ 대상, 주관   ④ 주관, 대상

[해설·정답] 코페르니쿠스적 전회란 인식론적 사고방식의 전환, 즉 인식론적 주관주의를 가리킨다. 칸트의 인식 태도의 변화가 코페르니쿠스의 천문학적 업적과 비견되는 이유는 코페르니쿠스가 지구 중심적 우주관에서 태양 중심적 우주관으로 천체 운동의 구심점을 바꾸어 놓았듯이, 칸트 역시 객관 중심적 인식 태도에서 주관 중심적 인식 태도로 그 구심점을 바꾸어 놓았기 때문이다. 종래에는 대상이 주관과 독립해서 실재하며 주관은 이 객관에 의해 규정된다고 보았으나 칸트는 반대로 인식 주관의 선천적인 인식 형식을 통해 주관이 객관을 규정한다고 보았던 것이다. ❸

0643. 칸트의 인식론적 견해를 코페르니쿠스적 전회라고 부른 가장 적절한 이유는?

① 종전의 철학이 대상을 주관이 수동적으로 모사(模寫)한다고 생각한 반면, 칸트 자신은 대상을 우리의 주관이 구성한다고 주장했기 때문에

② 합리론의 방법인 수학적 방법으로서 직관과 연역에 의한 결과가 독단론으로 흐르는 것을 비판했기 때문에

③ 경험론이 회의론으로 흐르는 것을 비판하고 절대적 보편타당성을 갖는 지식의 성립 가능성을 밝혔기 때문에

④ 버클리와 같이 대상 자체를 부인하고 현상계만 인정해서

[해설·정답] 칸트에 따르면 우리의 인식 속에는 이미 선천적인 인식 형식이 있으며 우리가 대상이라고 부르는 것은 이 주관적인 인식 형식에 의해 질서 있게 구성된 것들이라고 한다. 물론 대상이 스스로 산출되지는 않는다. 대상이 인식되기 위해서는 우선 대상이 감각에 의해 경험적으로 주어지지 않으면 안 된다. 그러나 이 경험적으로 주어지는 감각은 전적으로 무규정적인 잡다(雜多)이며 이것을 질서 지우고 대상이게 하는 것은 대상 자체가 아니라 선천적인 인식 형식이다. 한 마디로 대상은 주관과 독립하여 객관적으로 실재하는 것이 아니라 주관의 선천적인 인식 형식에 의해 구성된다. 이것이 모사설과 대립되는 칸트의 구성설(構成說)이다. ❶

철학, 쉽게 풀자!

0644. 칸트의 "인간은 자연의 입법자"라는 말과 가장 관계가 깊은 것은?

① 인간은 만물의 척도이다.　　　　② *esse est percipi*

③ 지식은 힘이다.　　　　④ 코페르니쿠스적 전회

[해설·정답] "인간은 자연의 입법자"라는 말은 종전에는 인간의 인식이 대상 중심이던 것이 정반대로 주관 중심으로 바뀌었음을 말한다. ❹

0645. 칸트가 말한 "인간은 자연의 입법자"라는 말의 의미는?

① 인간이 자연을 지배한다.

② 인간이 자연법칙을 알게 되면 자연을 지배할 수 있다.

③ 자연의 법칙은 자연 자체에 객관적으로 실재하는 것이 아니라 인간 주관 속에 있는 형식에 의해 법칙이 구성된다.

④ 인간은 객관적으로 주어진 대상을 있는 그대로 파악하여 법칙을 발견한다.

[해설·정답] 칸트의 구성설(構成說)에서는 인식 대상은 대상에 대한 인식이 이루어짐으로써 비로소 성립한다. 이 때 대상 형성은 오성형식에 따라서만 가능하다. 그러므로 자연현상이 인과적으로 변화한다면 그것은 인간의 주관적 인식과 관계없이 자연 자체가 그렇게 변화하는 것이 아니라 오성이 '인과'라는 범주로 질료를 구성하기 때문이다. 그래서 칸트는 "인간은 자연의 입법자"라고 말한 것이다. ❸

0646. 칸트 인식론적 입장과 체계는 다음 중 어디에 해당하는가?

① 구성적 실재론　② 주관적 관념론　③ 선험적 관념론　④ 절대적 관념론

[해설·정답] 칸트는 그의 인식론에서의 비판주의적 방법론에 근거하는 입장을 선험적 관념론이라고 말했다. ❸

0647. 칸트 인식론의 의의에 대한 설명이 바르지 못한 것은?

① 경험론과 합리론을 비판적으로 종합했다.

② 자연과학의 성립근거를 정초했다.

③ 선험적 관념론을 창시하여 독일 관념론으로 이어진다.

④ 전통적인 형이상학에 대해 학문적 근거를 세워주었다.

[해설·정답] 칸트는 『순수이성비판』을 통해 인간 이성의 한계를 밝힘으로써 사변적 이론이성에 의한 전통적 형이상학을 부정하고 도덕적 사실에서 출발한 새로운 형이상, 곧 도덕적 형이상학을 정초했다. ❹

0648. 칸트의 인식론은 다음 중 어느 것인가?

① 모사설, 실재론　② 구성설, 실재론　③ 구성설, 관념론　④ 대응설, 관념론

[해설·정답] 모사설에서는 인식의 대상은 인식하는 주관과는 별도로 그 자신이 독립적으로 존재한다는 것을 전제로 하지만, 칸트는 인식의 대상 그 자체도 주관의 구성작용에 의하여 산출된 것이라고

주장하였다. ❸

0649. 칸트의 철학을 선험철학이라고 하는 이유는?

① 형식과 질료를 통일했기 때문에

② 지각은 모두 시간과 공간의 제약 아래 있기 때문에

③ 경험적 지식을 가능케 하는 직관형식과 오성형식을 다루어서

④ 직관 형식과 오성 형식이 보편타당성을 갖고, 모든 경험에 앞서 있다는 의미에서 선천적이기 때문에

[해설·정답] 칸트는 논리적으로 경험에 앞서 있으면서 동시에 경험적 지식을 가능케 하는 것을 '선험적'(*a priori*)이라고 했다. 칸트는 인식론에서나 윤리학에서도 선험성을 강조하는데, 인식론에서는 감성과 오성의 선천적 형식에 대해서, 윤리학에서는 선험적 도덕법칙에 대해서 매우 강조한다. ❹

0650. 『순수이성비판』의 구성 체제가 아닌 것은?

① 선험적 감성론   ② 선험적 분석론   ③ 선험적 변증론   ④ 선험적 직관론

[해설·정답] 『순수이성비판』은 크게 「선험적 감성론」, 「선험적 분석론」, 「선험적 변증론」으로 구성되어 있다. 「선험적 감성론」에서는 "선천적 종합판단이 어떻게 가능한가?"라는 질문에 대답하면서 감성과 오성 그리고 그 형식들이 소개되고, 「선험적 분석론」에서는 오성 개념의 카테고리가 설명되며, 「선험적 변증론」에서는 순수이성의 이율배반을 드러내 전통적인 사변적 형이상학을 부정하는 근거를 밝히고 이성의 한계를 명확히 한다. ❹

0651. 칸트에게 있어서 실질적 진리 인식을 성립시키는 두 기능은?

① 직관과 감각   ② 감각과 계시   ③ 감성과 오성   ④ 감성과 이성

[해설·정답] 칸트는 감성과 오성의 양면에 각각 보편적 형식이 있다고 했다. 즉 감성 형식에 의해서 감성의 인상을 받고 또 감성의 표상이 오성 형식에 의해서 통일됨으로써 인식의 객관성이 성립되는 것이라고 보았다. 즉 인식이 성립되기 위해서는 경험적 직관을 제공해 주는 감성에 의해서 먼저 대상이 우리에게 주어져야 하고, 감성에 의해 주어진 대상은 개념을 형성하는 오성에 의해서 다시 사고되어야 한다는 것이다. ❸

0652. 칸트가 말한 두 가지의 인식 능력은 무엇인가?

① 직관과 감각   ② 감각과 계시   ③ 감성과 오성   ④ 감성과 이성

[해설·정답] 칸트는 「선험적 감성론」에서 "아마도 공통된, 그러나 우리에게 알려지지 않은 근원으로부터 유래하는 인간의 인식의 두 원천, 즉 감성과 오성이 있다. 전자를 통하여 대상들은 우리들에게 주어지고, 후자를 통하여 대상들은 사유된다"고 했다. ❸

0653. 칸트의 감성에 대한 설명이다. 잘못된 것은?

① 직관능력이다.

② 감각 내용을 능동적으로 사유하는 능력이다.

③ 인식 능력의 수용성(受容性)이다.

④ 감성이 없으면 우리에게 아무런 대상도 주어지지 않는다.

[해설·정답] 감성은 우리 인식 능력의 수용성(受容性)으로서 감각을 통하여 대상에 의해 촉발된 표상을 직관하여 수용하는 능력이다. 반면에 오성은 자발성(自發性)으로서 감성의 직관에 의하여 주어진 감각 내용을 능동적으로 사유하는 능력이다. ❷

0654. 칸트의 철학에서 직관에 주어지는 모든 대상은 시·공간적 감성에 의거하여 주관에 따라 성립된 현상(現象)이기 때문에 인간이 감성 능력으로 인식할 수 없다고 한 것은 무엇인가?

① 이데아　　　② 형상　　　③ 물자체　　　④ 신

[해설·정답] 공간과 시간은 우리의 감성에서 독립하여 존재한다고 생각되는 대상 자체가 갖는 성질이 아니라 감성의 형식이기 때문에 직관에 주어지는 모든 대상은 물자체(物自體, Ding an sich)가 아니라 주관에 따라 성립된 현상(現象, Erscheinung)이다. ❸

0655. 칸트의 인식론에서 감성의 기능은 무엇인가?

① 외부로부터 경험적 관념, 즉 질료를 받아들여 지각으로 정리한다.

② 잡다한 질료를 보편타당한 지식으로 정리한다.

③ 외부로부터 주어진 질료에 감정을 집어넣는다.

④ 외부로부터 주어진 질료로부터 감각적 요소를 제거시킨다.

[해설·정답] 감성은 우리 인식 능력의 수용성(受容性)으로서 감각을 통하여 대상에 의해 촉발된 표상을 직관하여 수용하는 능력이다. 따라서 감성에 의해 현상은 우리에게 표상(表象)으로서 주어진다. 이에 대해 오성은 우리 인식 능력의 자발성(自發性)으로서 감성의 직관에 의하여 주어진 감각 내용을 능동적으로 사유하는 능력이다. ❶

0656. 칸트의 인식론에서의 감성과 오성에 대한 설명이 잘못된 것은?

① 감성은 대상에 의해 촉발된 표상을 감각을 통하여 직관하여 수용하는 능력이다.

② 오성은 감성의 직관에 의하여 주어진 감각 내용을 능동적으로 사유하는 능력이다.

③ 오성은 어떠한 사물도 직관할 수가 없고, 감성은 어떠한 사물도 사고할 수가 없다.

④ 인식이 성립되기 위해서는 감성과 오성이 결합해야 하지만, 기능과 역할상 오성이 감성보다 우월하다.

[해설·정답] 감성과 오성은 각각 그 기능과 역할이 달라서 오성은 어떠한 사물도 직관할 수가 없고 감성은 어떠한 사물도 사고할 수가 없다. 즉 "감성이 없으면 우리에게 아무런 대상도 주어지지 않으며, 오성이 없으면 아무런 대상도 사유되지 않는다". 그러므로 감성과 오성은 어느 한 편이 다른 편보다 우위적일 수 없다. 단지 그 기능과 역할이 다를 뿐이다. 그러므로 인식이 성립되기 위해서는 경험적 직관을 제공해 주는 감성에 의해서 먼저 대상이 우리에게 주어져야 하고, 감성에 의해 주어진 대상은 개념을 형성하는 오성에 의해서 다시 사고되어야 한다. 그래서 칸트는 "우리의 모든 인식이 경험과 함께 시작되기는 하되, 모든 것이 경험으로부터 발생하지는 않는다"고 말한다. 확실한 인식을 형성하기 위해서는 감성과 오성의 어느 하나만의 기능으로는 불가능하고 반드시 두 인식 능력이 서로 협력해야 한다는 말이다. 이러한 칸트 인식론의 핵심적 내용은 "내용 없는 사고는

공허하고, 개념 없는 직관은 맹목적이다"는 그의 말로 요약된다. 이는 두 가지 사실을 함축한다; 첫째, 오성이 자발적으로 사고하기 위해서는 감성에 의해 직관된 경험적 내용이 있어야 하는데 사유할 내용이 없다면 오성은 사고할 수 없을 뿐 아니라 사고한다 할지라도 헛된 일이다; 둘째, 감성에 의해 직관된 외부 대상이 내용으로 주어지더라도 오성에 의해 사고되어 개념화가 되지 아니하면 감성의 직관은 아무런 의미를 갖지 못하는 맹목적인 수용 행위일 뿐이다. ❹

0657. 칸트는 학문적 형이상학의 의도 아래 선천적 종합판단이 가능하기 위해서는 우리의 인식 주관 속에 선천적인 인식 형식이 있어야 한다고 상정했다. 칸트가 제시한 감성의 선천적 형식은 무엇인가?

① 시간   ② 공간   ③ 시간과 공간   ④ 공간과 범주

[해설·정답] 우리에게 감각된 현상은 질료만이 아니라 질료를 질서 지우는 형식까지도 포함되어 있는데, 그것이 바로 감성의 선천적인 직관 형식이다. 칸트는 선천적 직관의 형식을 공간과 시간이라고 했다. 칸트에 따르면 공간과 시간은 감성이 가진 주관적인 제약이며 선천적 형식으로서 그것을 통하여 감성이 직관하므로 인간의 모든 직관적 표상은 모두 시·공이라는 형식에 의해 성립된다. 감성의 직관 형식인 이들 공간과 시간은 감성이 인식할 무렵에 기본적인 선천적 조건으로 작용한다. ❸

0658. 칸트 인식론에서 시간과 공간은 다음 중 어떤 의미인가?

① 감성의 질료이다. ② 감성의 형식이다. ③ 오성의 질료이다. ④ 오성의 형식이다.

[해설·정답] 공간과 시간은 감성이 가진 주관적인 제약이며 선천적 형식으로서 그것을 통하여 감성이 직관하므로 인간의 모든 직관적 표상은 모두 시·공이라는 형식에 의해 성립된다. 감성의 직관 형식인 이들 공간과 시간은 감성이 인식할 무렵에 기본적인 선천적 조건으로 작용한다는 말이다. ❷

0659. 칸트의 순수 오성 개념의 선천적 형식은 무엇인가?

① 시간   ② 공간   ③ 범주   ④ 계시

[해설·정답] 칸트는 선천적 순수 오성 개념을 카테고리(Kategorie), 혹은 범주라고 했다. ❸

0660. 칸트의 오성 형식에 대한 설명으로 잘못된 것은?

① 경험을 통합, 종합하는 형식이자 틀이다.

② 인간에게 선천적으로 구비되어 있다.

③ 10개의 카테고리를 가리킨다.

④ 감성적 다양이 통각되는 종합을 가능하게 하는 근거이다.

[해설·정답] 칸트가 제시한 범주는 10개가 아니고 12개이다. ❸

0661. 칸트의 인식론에서 오성의 역할은?

① 초감성적인 것을 사유한다.

② 감성이 정리한 경험적 지각 내용에 보편타당성을 준다.

③ 감성과 이성을 통괄 조정한다.

④ 잡다와 질료를 지각으로 정리한다.

[해설·정답] 오성은 감성이 직관해준 감각 내용을 선천적 오성 형식인 카테고리에 따라 능동적으로 사유하여 개념을 형성한다. ❷

0662. 칸트의 감성과 오성의 선천적 형식을 올바로 짝지은 것은?

① 시·공간, 범주　　② 범주, 시·공간　　③ 시·공간, 계시　　④ 범주, 계시

[해설·정답]「선험적 감성론」에서 감성의 선천적 직관 형식인 공간과 시간을 구명한 칸트는「선험적 분석론」에서 순수 오성 개념의 선천적 형식인 카테고리(Kategorie), 즉 범주에 대해 논한다. ❶

0663. 칸트의 오성 형식인 범주에 해당하지 않은 것은?

① 단일성　　　　② 실재성　　　　③ 실체성　　　　④ 선험성

[해설·정답] 12범주는 분량(分量), 성질(性質), 관계(關係), 양상(樣相)의 4가지 항목으로 나뉘고 각각은 그 안에 세 가지의 계기를 포함하고 있다. 분량에는 단일성, 수다성, 전체성이, 성질에는 실재성, 부정성, 제한성이, 관계에는 실체성, 인과성, 상호성이, 양상에는 가능성과 불가능성, 현재성과 비존재성, 필연성과 우연성이 해당된다. ❹

0664. 칸트가 제시한 순수 오성 개념의 카테고리는 몇 개인가?

① 8개　　　　　② 10개　　　　　③ 12개　　　　　④ 14개

[해설·정답] 칸트는 형식논리학의 판단 종류를 고찰하고 12개의 판단 형식들의 통일을 길잡이로 해서 그것으로부터 12개의 범주를 도출하여 오성의 기능을 12가지 범주로서 그 형식을 제시했다. ❸

0665. 다음 중 칸트의 인식론적 견해라고 볼 수 없는 것은?

① 인식은 감성과 오성의 결합에 의해 성립한다.

② 시간과 공간은 주관 바깥에 존재하는 객관적 실재이다.

③ 인간은 자연의 입법자이다.

④ 직관 내용은 감성이 잡다를 받아들여 성립시킨 지각을 말한다.

[해설·정답] 선천적 직관이 가능하다고 생각한 칸트는, 직관은 대상이 주어지는 한에서만 성립한다고 했다. 대상이 주어짐은 대상이 어떤 방식으로 우리의 심성을 촉발함으로써만 가능하다. 대상에 의해 촉발되어 우리의 표상 능력에 생긴 감각은 감성의 주관적이고 선천적인 형식에 의해 성립된다. 즉 우리에게 감각된 현상은 질료만이 아니라 질료를 질서 지우는 형식까지도 포함되어 있는데, 그것이 바로 감성의 선천적인 직관 형식이다. 칸트는 선천적 직관 형식이 그 자체 속에 감각에 속하는 어떤 것도 포함하고 있지 않다는 뜻에서 이를 순수직관이라고 했으며, 그 선천적 직관의 형식을 공간과 시간이라고 했다. ❷

0666. 다음 중 칸트의 인식론적 견해가 아닌 것은?

① 인과적 지식은 개연적이다.
② 진리는 현상계 내에서 성립한다.
③ 인간의 인식 능력으로는 초경험적인 물자체에 대하여 알 수 없다.
④ 감성 형식은 시간과 공간이다.

[해설·정답] 칸트에게의 진리는 감각과 사유의 통일로서 감성에 의해 수용된 내용이 오성 형식인 카테고리에 의해 사유되어 종합 통일될 때 성립한다. 따라서 감성은 무에서 유를 창조하는 것이 아니라 반드시 무엇인가가 주어져야 한다. 그리고 감성에 의한 지각이 주어졌을 때에만 오성의 사유에 의해 통일성을 가지게 된다. 그러므로 감성과 오성의 통일로서의 진리는 그 실질적인 진리이게 하는 원동력을 외부에 지니고 있으므로 진리의 세계는 한계를 가진 '진리의 섬나라'와도 같은 것이다. 인과적 지식의 필연성을 의심한 사람은 흄이다. ❶

0667. 칸트의 물자체(物自體)란 무엇인가?

① 현상계　　② 진리의 섬나라　③ 오성의 형식　④ 현상의 원인

[해설·정답] 인식 주관에 대립하여 나타나는 현상으로서의 물(物)이 아니라 인식 주관으로부터 독립하여 그 자체로서 존재하며 현상의 궁극적 원인이라고 생각되는 물 그 자체로서 본체(本體)를 말한다. ❹

0668. 칸트의 물자체에 관한 설명으로 잘못된 것은?

① 현상의 배후에 존재하는 실재이다.
② 현상을 통해 인식될 수 있다.
③ 도덕적인 예지계에 귀속된다.
④ 오성으로는 파악불가능하며 실천이성의 영역이다.

[해설·정답] 칸트는 '물자체'를 감각의 원인으로 보고 '생각할 수는 있지만 인식할 수는 없는 것'이라고 하였다. 반면에 현상이란 감각에 주어진 소재를 주관의 직관 형식인 시간, 공간에 의하여 질서가 부여된 의식 내의 것이라고 했다. 즉 우리들이 눈앞에 보이는 외계나 현상은 인식 주관이 주어진 감각 내용을 구성한 것이기 때문에 '물자체'는 아니라는 말이다. '물자체'는 현상의 원인이며, 그 자체로서는 현상하지 않고 그저 감각에 감촉되는 한에서만 인식할 수 있는 것이다. 그러므로 그 자체는 우리들의 주관으로는 인식할 수 없지만 사고가 가능한 가정(假定)이고, 또 현상의 배후에 생각하지 않을 수 없는 사유의 요청이라고 하였다. ❷

0669. 칸트의 철학적 견해가 아닌 것은?

① 우리의 인식이 경험의 영역에 한정됨을 밝히고 새로운 형이상학을 정초하여 신앙에 여지를 주기 위하여 지식을 제한하려 했다.
② 인간은 감성적 직관의 한계를 넘어설 수 없으므로 우리는 이러한 제한을 자각해야 한다.
③ 이성을 잘 사용하면 신 존재를 증명할 수 있다.
④ 이성이 발견하고자 하는 무제약자는 현실적으로 발견되거나 주어져 있는 것이 아니라 이성의 본능에 의해 이성에 당위로서 과해져 있을 뿐이다.

[해설·정답] 칸트는 『순수이성비판』 전반을 통해 인간의 이성이 시·공의 감성계에 제한되었다는 사실을 명확하게 하고 동시에 선험적 이념에 의해 본능적으로 저지를 수밖에 없는 이성의 오류들을 지적하여 그것이 오류임에도 불구하고 실제로 존재하는 것으로 생각한 종래의 전통적인 사변적 혹은 이성적 형이상학을 부정했다. 즉 칸트는 사변이성으로는 신을 인식할 수 없다고 했다. ❸

0670. 칸트와 버클리의 인식론적 공통점에 관한 것 중 가장 올바른 것은?

① 물자체를 실재로 상정했다.

② 인식의 영역을 경험적 관념의 영역인 현상계에 국한했다.

③ 인식에 있어서 오성의 역할을 강조했다.

④ 초감성적 인식 기능인 이성은 이율배반에 빠진다고 했다.

[해설·정답] 버클리에 따르면 지각은 언제나 어떤 주관이 하는 지각이요 관념을 가진 자는 반드시 어떤 주관이다. 그 주관이 지각함으로써만 사물이 존재한다. 따라서 존재하는 모든 것은 지각 내용에 불과하다. 우리는 그것을 사물의 성질이라고 부르는데 그것이 고정불변하는 것이 아니기 때문에 실체라고 할 수 없다. 세계를 구성하는 모든 물체는 관념이요 그것은 지각의 외부에는 전혀 존재하지 않는다. 이러한 주관적 관념론을 표현하는 "존재하는 것은 지각된 것"이라는 말은 칸트가 인간 인식의 한계를 직관 형식에 포착되는 현상계에 국한한 것과 맥을 같이한다. ❷

0671. 칸트철학에서 현상계에만 제한된 이성의 능력을 망각하고 초경험적인 대상을 인식할 수 있다고 잘못 생각한 데서 연유하는 것을 무엇이라 하는가?

① 착각   ② 오류추리   ③ 선험적 가상   ④ 선험적 통각

[해설·정답] '선험적 이념'은 오성보다도 고차적인 별개의 능력인 이성에 선천적으로 존재하는 개념인데 우리는 이 '과해져' 있기만 한 '선험적 이념'에 의하여 '주어져' 있다고 기만당하여 무제약자가 실재한다고 생각하고 이 무제약자를 카테고리에 의하여 인식하려는 데에서 선험적 가상이 생긴다. ❸

0672. 칸트가 제시한 이성이 찾는 무제약자로서의 이성의 '선험적 이념'에 해당되지 않은 것은?

① 인간   ② 영혼   ③ 세계   ④ 신

[해설·정답] 칸트가 제시한 3가지 선험적 이념은 사유적 주관을 대상으로 하는 선험적 심리학의 이념으로서 내적 심리 현상의 절대 주체로서의 영혼, 모든 현상의 총괄, 즉 세계를 대상으로 하는 선험적 우주론의 이념으로서 외적 물질현상들의 절대적 실체로서의 세계, 사유할 수 있는 것의 가능성의 최고의 제약을 포함한 물(物)을 대상으로 하는 선험적 신학의 이념으로서 내외적이고 주객적인 모든 존재들의 근원으로서의 존재자의 존재인 신이다. ❶

0673. 칸트의 인식론에서 물자체에 대립되는 것은?

① 사람   ② 현상   ③ 대상   ④ 개념

[해설·정답] 현상은 인식 주관이 주어진 감각 내용을 구성한 것이요, '물자체'는 인식 주관으로부터 독립하여 그 자체로서 존재하는 본체이다. ❷

0674. 칸트의 선험적 가상에 대한 설명이다. 잘못된 것은?

① 현상계에만 타당한 카테고리를 초감성적 대상에까지 적용하려는 오류이다.

② 이성에 '주어져' 있는 것이 아니라 '과해져' 있는 무제약자가 현실적으로 존재한다고 생각하고 그것에 의해 체계적 통일을 완성하려는 데에서 생긴다.

③ 이성의 능력을 망각하고 초경험적인 대상을 인식할 수 있다고 잘못 생각한 데서 연유한다.

④ 구성적으로 사용해야 할 이성을 통제적으로 사용한 데에서 연유한다.

[해설·정답] 칸트에 따르면 이성이 발견하고자 하는 무제약자는 현실적으로 발견되거나 "주어져 있는"(gegeben) 것이 아니라 이성의 본능에 의해 이성에 대해 당위로서 "과해져"(aufgegeben) 있을 뿐이다. 그런데도 우리는 이 무제약자가 현실적으로 존재한다고 생각하고 그것에 의해 체계적 통일을 완성하려는 경향이 있다. 그러나 이 무제약자는 경험의 범위 내에서는 찾아낼 수 없다. 따라서 그러한 무제약자는 경험계, 즉 현상계에만 제한된 이성의 능력을 망각하고 초경험적인 대상을 인식할 수 있다고 잘못 생각한 데서 연유하는 선험적 가상(transzendentaler Schein)으로서 이성의 필연적 오류이며 이성의 월권행위이다. 다시 말해 '선험적 이념'은 오성보다도 고차적인 별개의 능력인 이성에 선천적으로 존재하는 개념인데 우리는 이 '과해져' 있기만 한 '선험적 이념'에 의하여 '주어져' 있다고 기만당하여 무제약자가 실재한다고 생각하고 이 무제약자를 카테고리에 의하여 인식하려는 데에서 선험적 가상이 생긴다. 이것은 오성의 작용을 통일하고 통제하기 위해 사용되어야 할 이성이 자신만에 의하여 대상을 구성하려고 하는 잘못된 사용으로 빚어지는 현상으로서 종래의 형이상학이 빠진 오류도 모두가 통제적(regulartiver)으로 사용해야 할 이성을 구성적(constitutiver)으로 사용한 데에서 연유한다. ❹

0675. 칸트는 순수이성이 이율배반에 빠지는 이유가 무엇이라고 했는가?

① 초감성적인 것에 관해서 사유하기 때문에

② 현상 인식에 국한되어 있기 때문에

③ 감성과 결합되어 있기 때문에

④ 범주의 구성작용 때문에

[해설·정답] 순수 이성의 이율배반(Antinomie)이란 이성이 그 이상 아무 것도 전제하지 않는 전제를 구하여 현상 계열의 절대적 통일을 구하려는 데서 생기는 선험적 가상이다. 이성의 이율배반은 감성계에만 타당한 이성이 초감성적인 것에 관여하기 때문에 발생한다. ❶

0676. 칸트가 말한 이성의 선험적 이념에 해당되지 않은 것은?

① 선험적 오류추리   ② 순수 이성의 이율배반
③ 순수 이성의 개념   ④ 순수 이성의 이상

[해설·정답] 칸트는 세 가지 선험적 이념에 대해서, 영혼에 관한 것을 선험적 오류추리, 세계에 관한 선험적 가상을 순수 이성의 이율배반, 신에 대한 선험적 가상을 순수 이성의 이상이라고 명명했다. ❸

0677. 칸트가 순수이성의 이상으로서 비판한 신 존재 증명의 종류가 아닌 것은?

① 자연신학적 증명 ② 윤리학적 증명   ③ 존재론적 증명   ④ 우주론적 증명

[해설·정답] 이성은 최고의 실재성이라는 이념을 실체화하여 신 존재를 생각하고 그에 대한 증명을

하는데 칸트에 따르면 그 방식에는 자연신학적 증명, 우주론적 증명, 존재론적 증명 세 가지가 있다고 한다. ❷

0678. 칸트가 신 존재 증명의 방식 가운데 가장 기초적인 증명이요, 다른 증명이 근거하고 있다고 한 증명방식은 무엇인가?

① 자연신학적 증명 ② 윤리학적 증명   ③ 존재론적 증명   ④ 우주론적 증명

[해설·정답] 칸트는 이들 증명은 모두 틀린 이성 추리에 의해 이루어져 있으며, 논리적으로 볼 때 가장 기초적인 것은 존재론적 증명이며 다른 것은 이것을 기초로 그 위에 성립하고 있다면서 그들을 모두 비판했다. ❸

0679. 칸트의 『실천이성비판』의 개념들 중 설명이 잘못된 것은?

① 실천적 법칙은 보편타당한 규범이다.

② 준칙은 객관적으로 타당한 행위 원칙이다.

③ 가언명령은 조건적으로만 타당한 명령이다.

④ 정언명령은 무조건적으로 타당한 명령이다.

[해설·정답] 준칙(Maxime)이란 욕구 능력의 대상을 의지의 규정 근거로 삼는 경험적 행위 원리로서 주관의 의지에 대해서만 타당한 규칙, 곧 의지의 주관적 원리이다. 쉽게 말하자면 사람마다 하고자 하고 원하는 것이 다를 뿐 아니라 그 이유도 각양각색인데 어떤 행위를 함에 있어 자기가 원하는 목적 때문에 어떤 행위를 하는 원칙을 말한다. 혹자에 따라서는 격률, 수칙으로 번역하기도 한다. ❷

0680. 칸트 윤리학의 특성이 아닌 것은?

① 법칙주의   ② 동기주의   ③ 의무주의   ④ 경험주의

[해설·정답] 칸트 윤리학은 도덕률의 절대적인 보편성을 확보하기 위해 도덕 법칙에서 경험적 요소를 모두 제거하여 오직 의무를 위한 의무라는 동기를 중시하는 법칙주의적, 동기주의적, 의무주의적, 엄숙주의적 성격을 띠고 있다. ❹

0681. 칸트의 준칙과 법칙에 관한 설명 중 잘못된 것은?

① 준칙과 법칙 모두 명령적인 행위의 원리이다.

② 준칙은 주관적 행위의 원리이다.

③ 법칙은 객관적 행위의 원리이다.

④ 준칙과 법칙은 모두 당위적 실천법칙이다.

[해설·정답] 준칙과 법칙 양자 모두 "…하게 행위하라"고 명령하는 행위의 원리이다. 준칙이란 욕구 능력의 대상을 의지의 규정 근거로 삼는 경험적 행위 원리로서 주관의 의지에 대해서만 타당한 규칙, 곧 의지의 주관적 원리이다. 쉽게 말하자면 사람마다 하고자 하고 원하는 것이 다를 뿐 아니라 그 이유도 각양각색인데 어떤 행위를 함에 있어 자기가 원하는 목적 때문에 어떤 행위를 하는 원칙을 말한다. 그러므로 준칙은 자신의 행위를 결정하는 근거이지만 '나'의 준칙은 '나' 아닌 다른 어떤 사람에게도 타당하다고 주장할 수 없으며 그것은 좋을 수도 있고 나쁠 수도 있는 원칙이다. 이에 반하여 법칙은 주관이 제약하는 의지가 모든 이성적 존재자의 의지에 대해 객관적으로 타당

한 것으로 인식되는 원칙들, 곧 '실천 법칙'이다. 즉 누구에게나 타당한 행위의 원리로서 상황을 허락하지 아니하며 조건이 수반되지 아니한다. 다시 말하면 준칙은 주관적인 의지의 욕구가 대상이 되어 "…을 얻는 것을 목적으로 행위하라"고 명령하지만, 법칙은 그냥 아무런 목적이나 이유 없이 "…하게 행위하라"고 무조건적으로 명령한다. 실천법칙은 무조건적인 명령이다. 따라서 실천 법칙은 객관적 행위의 원리여야 한다. ❹

0682. 실천법칙으로서의 도덕률이 가져야 할 성격에 해당하지 않은 것은?

① 보편성　　　　② 필연성　　　　③ 인과성　　　　④ 당위성

[해설·정답] 도덕률은 무제약적으로 타당한, 즉 모든 사람에 대하여 타당한 객관성을 가진 실천 법칙이다. 따라서 모든 이성 존재에 대한 무제약적 타당성을 가져야 하는 보편성(Allgemeinheit)과 의무로서 명령하는 예지적인 강제력인 필연성(Notwendigkeit)을 가지고 있다. 그래서 도덕률은 우리에게 존재해야만 하는 것, 또는 행해져야만 하는 것, 우리가 행해야만 하는 것, 즉 당위(Sollen)에 관하여 말한다. ❸

0683. 실천적인 측면에서 칸트가 밝힌 "순수(실천)이성의 사실" 두 가지는?

① 영혼의 존재와 도덕법칙　　　　② 도덕률과 의지의 자유

③ 도덕법칙과 신의 존재　　　　④ 자유의지와 신의 존재

[해설·정답] 칸트는 실천적인 측면으로 볼 때 우리가 자신의 욕구대로 행하기도 하고 때로는 오히려 그것을 물리치고 도덕률에 합치하는 행동을 하는 것을 통하여 객관적인 도덕 법칙과 의지의 자유가 있음이 '이성의 사실'로서 밝혀진다고 했다. ❷

0684. 칸트 윤리학에서 욕구 능력의 대상을 의지의 규정 근거로 삼는 경험적 행위 원리로서 주관의 의지에 대해서만 타당한 규칙을 무엇이라고 하는가?

① 도덕법칙　　　　② 준칙　　　　③ 법칙　　　　④ 도덕률

[해설·정답] 준칙(Maxime) 또는 격률이란 의지의 주관적 원리를 말하는데, 어떤 행위를 함에 있어 자기가 원하는 목적 때문에 어떤 행위를 하는 원칙을 말한다. ❷

0685. 칸트가 말한 준칙의 성격과 어울리지 않은 것은?

① 경험적 행위 원리　　　　② 의지의 주관적 원리

③ 목적 지향적 행위 원리　　　　④ 필연적 행위 원리

[해설·정답] 준칙은 어떤 욕구를 이루고자 하는 목적적인 행위의 원리로서 객관적이거나 필연적이지 못하며 오로지 그 사람에게만 타당한 행위의 원리일 뿐이다. ❹

0686. 칸트의 관점에서 객관적 실천법칙이라고 할 수 없는 것은?

① "장수하기 위해 효도하라"　　　　② "살인하지 말라"

③ "거짓말하지 말라"　　　　④ "정직하게 살라"

[해설·정답] 법칙은 이유나 목적이 없이 인간이라면 누구나 따라야 할 행위의 원리를 말한다. ❶

0687. 칸트가 말한 법칙에 관한 설명으로 옳지 않은 것은?

① 객관적 행위 원리　　　　② 실천적 행위의 원리

③ 무조건적 행위 원리　　　　④ 목적 지향적 행위 원리

[해설·정답] 법칙은 주관이 제약하는 의지가 모든 이성적 존재자의 의지에 대해 객관적으로 타당한 원칙들, 곧 '실천 법칙'이다. 즉 누구에게나 타당한 행위의 원리이다. 그리고 법칙은 그냥 아무런 목적이나 이유 없이 "…하게 행위하라"고 무조건적으로 명령한다. ❹

0688. 칸트의 실천법칙으로서의 도덕률의 성격에 해당되지 않은 것은?

① 객관적, 실천적　　　　② 필연적, 보편타당적

③ 후천적, 경험적　　　　④ 무조건적, 명령적

[해설·정답] 칸트는 후천적이고 경험적인 것은 보편성을 가질 수 없기 때문에 도덕률의 성격에서 사상(捨象)시키려고 했다. 그래서 모든 경험적 요소 및 실질적 요소를 배제한 다음 선천적 입법의 형식을 구했다. ❸

0689. 다음은 칸트의 실천이성비판의 개념들에 대한 설명이다. 바르지 못한 것은?

① 실천적 법칙은 보편적으로 타당하다.　② 준칙은 객관적으로 타당하다.

③ 가언명령은 조건적으로 보편타당하다.　④ 정언명령은 무조건 보편타딩하다.

[해설·정답] 개인의 주관적 행위 원리인 준칙은 객관적 타당성을 갖지 못한다. ❷

0690. 칸트 윤리학과 관계가 없는 것은?

① 준칙이란 개인적 의지의 객관적 원리이다.

② 법칙은 누구에게나 타당한 행위의 원리이다.

③ 준칙은 주관적인 욕구가 대상이 되어 "…을 얻는 것을 목적으로 행위하라."고 명령한다.

④ 법칙은 그냥 아무런 목적이나 이유 없이 "…하게 행위하라."고 무조건적으로 명령한다.

[해설·정답] 준칙은 객관적 행위 원리가 아니라 주관적 행위 원리이다. 법칙은 주관이 제약하는 의지가 모든 이성적 존재자의 의지에 대해 객관적으로 타당한 것으로 인식되는 원칙들, 곧 '실천 법칙'이다. ❶

0691. 다음 중 칸트의 의무론적 윤리설과 관련이 깊은 것은?

① 행위의 결과 중시　　　　② 바르게 사는 것을 중시

③ 도덕 법칙에 예외 허용　　④ 쾌락주의, 공리주의

[해설·정답] 의무론적 윤리설은 바르게 사는 것을 강조하고, 도덕 법칙에 예외를 허용하지 않으며, 결과보다는 행위의 동기를 중시한다. 쾌락주의자들이나 공리주의자들은 목적론적 윤리설에 속한다. ❷

0692. 다음 중 칸트의 정언명령에 해당하는 것은?

① 사회 질서 유지를 위해 교통 신호를 반드시 지켜라.

② 약속을 지켜라.

③ 성공하려면 열심히 일하라.

④ 타인에게 피해를 끼치지 않기 위해 질서를 지켜라.

[해설·정답] 어떤 조건이나 목적을 위해 주어지는 명령은 가언명령이다. 정언명령은 조건이 붙지 않는 무조건적인 명령이다. ❷

0693. 다음 중 칸트의 윤리설과 관계 없는 것은?

① 법칙주의 윤리설 ② 인격주의 윤리설 ③ 절대론적 윤리설 ④ 목적론적 윤리설

[해설·정답] 칸트 윤리학은 법칙주의, 의무주의, 인격주의, 동기주의, 엄숙주의 등으로 특징 지을 수 있다. ❹

0694. 칸트 윤리학의 견지에서 볼 때 공통성이 없는 것은?

① 약속은 지켜야 한다. ② 복 받으려면 십일조를 해라.

③ 거짓말하지 말라. ④ 불쌍한 사람은 도와주어라.

[해설·정답] 칸트는 우리에게 당위적 행위의 명법, 즉 명령에는 두 가지가 있다고 했다. 준칙에 의한 명법인 가언명법(hypothetischer Imperativ)과 법칙에 의한 명법인 정언명법(kategorischer Imperativ)이 그것이다. 양자는 모두 강제성을 갖지만 준칙에 의한 가언명법은 조건적으로 보편 타당하고 법칙에 의한 정언명법은 무조건적으로 보편 타당하다. 가언명법은 원하는 것을 얻는 데에 도움이 되기 때문에, 즉 행위와 관련된 소원이 있기 때문에 행위를 그 원하는 방향으로 결정짓게 하는 강제력을 갖는 목적 달성을 위한 실천적 명령이다. 따라서 가언명령은 "만약 X를 원한다면 Y를 하라"는 식의 조건적인 명령이므로 X를 원하는 것을 포기하면 Y를 하지 않아도 된다. 즉 그것은 조건적이다. 그리고 그때만 타당하다. 그러므로 그 소원을 버리기만 하면 그 당위성에서 벗어날 수 있다. 다시 말해 가언명령도 강제력을 가진 명령이지만 그 강제력의 제약적 조건인 욕구 대상을 포기하기만 하면 그 강제력에서 벗어날 수 있다. 그러므로 그것은 절대적인 명령이 아니며 보편타당한 행위의 법칙이 될 수 없다. 이것은 행위를 욕망된 결과에 따라서 규정하고 의지를 의지로써 규정하지 않는 하나의 훈계로서 법칙과는 구별된다. 이에 반하여 정언명법은 다른 목적과는 관계없이 행위를 자체로서 필연적인 것으로 생각하는, 오직 의지를 의지로써 단적으로 그리고 넉넉히 규정하는 실천법칙이다. 즉 정언명법은 필연적인 실천 원리로서 행위의 목적이나 효과에 관계없이 그 자체가 객관적으로 필연적이라고 선언하는 명법이다. ❷

0695. 칸트가 말한 실천법칙으로서의 도덕률이 가져야 할 성질이 아닌 것은?

① 객관성 ② 보편성 ③ 필연성 ④ 행복지향성

[해설·정답] 행위를 욕망된 결과에 따라 규정하는 가언명령도 강제력을 가진 명령이지만 그 강제력의 제약적 조건인 욕구 대상을 포기하기만 하면 그 강제력에서 벗어날 수 있다. 그러므로 그것은 절대적인 명령이 아니며 보편타당한 행위의 법칙이 될 수 없다. ❹

0696. 칸트에 따르면 객관적 도덕원리는 단적으로 실현되어 있는 것이 아니고, 의지에 대하

여 실현을 강요하는 것이어야 한다. 이와 같은 이성이 명하는 방식을 무엇이라 하는가?

① 명법   ② 법칙   ③ 요청   ④ 의무

[해설·정답] 칸트는 우리에게 당위적 행위의 명법, 즉 명령에는 두 가지가 있다고 했다. 하나는 준칙에 의한 명법인 가언명법(hypothetischer Imperativ)이고 다른 하나는 법칙에 의한 명법인 정언명법(kategorischer Imperativ)이다. 양자는 모두 강제성을 갖지만 준칙에 의한 가언명법은 조건적으로 보편 타당하고 법칙에 의한 정언명법은 무조건적으로 보편 타당하다. ❶

0697. 칸트가 말한 실천이성의 근본 법칙이 아닌 것은?

① "네 의지의 준칙이 항상 동시에 보편적 입법의 원리로서 타당하도록 행위하라."

② "너 자신을 포함한 모든 인격에서의 인간성을 항상 동시에 목적으로서 대우하고, 결코 단순한 수단으로 사용하지 말라."

③ "모든 이성적 존재자는 그 준칙에 의하여 항상 보편적 목적의 왕국의 입법적 성원인 것같이 행위하라."

④ "유익한 결과가 보장된다면 반드시 행위하라."

[해설·정답] 칸트가 말하는 실천이성의 근본 법칙이 의미하는 바는 일정한 상황에서 나에게 옳은 행위는 누구에게나 옳은 행위요 나에게 그른 행위는 누구에게나 그른 행위라는 말이다. 각 개인의 욕구, 감정, 의견 등의 경험적 사정의 차이는 행위의 시비를 가리는 데에는 전혀 무관하다. ❹

0698. 칸트가 그 자체로서 무조건 선하며, 본래적 선의 가치를 가진 것이라고 한 것은?

① 선의지   ② 도덕법칙   ③ 자유의지   ④ 신

[해설·정답] 칸트는 객관적 실천 법칙인 도덕률이 우리의 의무이기 때문에 그것을 지켜야 한다는 의식에서 그것을 따르는 의지야말로 무조건적으로, 그리고 자체적으로 선하다고 말한다. 그것이 선의지이다. 이 선의지에 관한 개념은 칸트 윤리학의 출발인 동시에 그 기본 전제인데 그는 『도덕형이상학 원론』(Grundlegung zur Metaphysik der Sitten) 제1장의 첫 구절에서 "이 세상에서 또는 이 세상 밖에서까지라도 선의지 이외에 무조건 선하다고 볼 수 있는 것은 하나도 생각할 수 없을 것이다"라고 말했다. ❶

0699. 선의지에 관한 설명이 잘못된 것은?

① 그 자체로서 선한 것, 즉 본래적 선의 가치를 가진 것이다.

② 어떤 행위가 나에게 옳다는 그 이유로 말미암아 그 행위를 선택하는 의지이다.

③ 객관적 실천의 법칙을 순수한 동기에서 따르는 의지이다.

④ 의무 그 자체를 존중하는 의지이다.

[해설·정답] 선의지란 행위의 결과를 고려하는 마음이나 또는 자연적인 경향성에 따라 옳은 행동을 하는 의지가 아니라 단순히 어떤 행위가 옳다는 그 이유로 말미암아 그 행위를 선택하는 의지를 말한다. 한 마디로 선의지란 객관적 실천의 법칙을 순수한 동기에서 따르는 의지이다. 그러므로 선의지란 의무 그 자체를 존중하는 마음에서 의무를 수행하고자 하는 의지라고 말할 수 있다. 그래서 칸트는 "오직 의무를 위하여 의무를 수행하려는 의지인 선의지만이 본래적으로 선하다"고 말한다. ❷

0700. 칸트가 행위의 도덕성을 평가하는 기준은 무엇인가?

① 도덕법칙에 따르려는 동기   ② 욕구에 의한 준칙

③ 선하고 유익한 결과   ④ 의무와의 일치성

[해설·정답] 칸트는 선의지에 의해 도덕 법칙에 따르고자 하는, 즉 의무를 지키고자 하는 동기에서 출발한 행위만을 도덕적으로 보았다. 욕구에 의한 준칙에 따른 모든 행위, 또는 의무에 배치되는 행위에 대해서는 그것이 아무리 결과적으로 선하고 유익하다손 치더라도 도덕적 가치를 부여하지 않았다. 준칙에 따른 결과가 선해도 그것은 선한 행위가 아니며 결과가 선하지 않다 해도 도덕법을 지키려는 의무에서 출발한 행위가 선하다는 말이다. 다시 말하면 도덕적으로 선한 행위는 의무와 일치하기만 해서는 안 되며 의무로 말미암아 의욕되어야만 한다. ❶

0701. 칸트 윤리학의 입장에서 같은 의미라고 할 수 없는 것은?

① 의무 의식에서 출발한 행위   ② 의무를 위하여 수행한 행위

③ 법칙의 존경심에 근거한 행위   ④ 좋은 결과를 낳는 행위

[해설·정답] 칸트는 법칙에 대한 존경심 때문에 의무를 위하여 의무를 수행하려는 선의지에 의해 도덕 법칙에 따르고자 하는, 즉 의무를 지키고자 하는 동기에서 출발한 행위만을 도덕적으로 보았다. 바꿔 말하면 칸트는 행위에 대한 도덕적 판단의 기준에 있어 결과주의적 입장이 아니라 동기주의적 입장을 취한다. ❹

0702. 다음 중 칸트의 윤리 사상에 대한 설명으로 잘못된 것은?

① 도덕적 행동은 실천 이성의 명령에 따른 것이다.

② 도덕적으로 올바른 행동은 의무 의식에서 나온다.

③ 인격을 수단으로 대하지 말고 목적으로 대할 것을 강조했다.

④ 가언 명령에 따라 행동할 것을 강조했다.

[해설·정답] 칸트 윤리학의 주요 개념으로는 실천이성의 명령, 선의지, 인격주의, 동기주의, 정언명령 등을 들 수 있다. 칸트는 조건이 붙는 행동을 가언명령(~하려면 ~해라), 조건이 붙지 않는 명령을 정언명령(무조건 ~해라)이라 했는데 도덕적 행동은 무조건적인 정언명령이라고 했다. ❹

0703. 다음 중 칸트의 시각에서 도덕적이라고 평가될 수 있는 것은?

① 천성적으로 동정심이 가득 차고 남을 도움에 기쁨을 느껴 남에게 친절을 베풀었다.

② 상인이 고객을 끌기 위해 정직하게 물건을 팔았다.

③ 건강을 위해 어려움을 참으며 절제생활을 한다.

④ 노인을 공경해야 하기 때문에 노인에게 자리를 양보했다.

[해설·정답] 칸트에 따르면 도덕적 행위는 다만 개인의 자의적 욕망 내지 경향에서 나온 것이 아니라 전적으로 의무에서 나온 것이다. 행위가 도덕률에 들어맞을 경우라도 그것이 행복을 바라는 감정, 감성적 욕구에 의해서만 일어나고 도덕률 그 자체를 위해 일어난 것이 아니라면 거기에는 단순한 적법성이 있을 뿐이고 도덕성은 없다. 그래서 칸트는 "어떤 행동이나 그 행동이 의무 관념에 동기를 가진 것이라면 그 결과가 불행을 초래할지라도 그것은 선이다"라고 말하고 있다. ❹

0704. 칸트의 도덕성의 기준을 신앙에 적용했을 때 다음 중 신앙적이라 평가될 수 있는 행동은?

① 천성적으로 열성적이어서 교회 일에 열심히 봉사한다.

② 장로가 되기 위해 신앙의 본을 보인다.

③ 복 받고 천국 가기 위해 믿음을 가진다.

④ 하나님의 말씀은 신앙적 법칙이기에 무조건 따른다.

[해설·정답] 칸트에 있어서는 의무의식이 아니라 어떤 소원이나 욕구가 게재된 행위는 도덕적이라고 할 수 없다. 도덕성은 법칙에 대한 존경심에 부여된다. ❹

0705. 칸트가 도덕적이라고 평가하는 행위는?

① 의무에 들어맞는 행동　　　　② 의무와 상관없는 행동

③ 의무로부터 나온 행동　　　　④ 의무에서 벗어난 행동

[해설·정답] 어떤 행위가 결과적으로 의무에 부합되었다 해도 그것이 의무에 대한 존중을 동기로 삼지 않고 다만 경향성에서 유발된 것이라면 도덕적인 행위라고 말할 수 없다. 한 마디로 의무에 부합하기는 해도 "의무로부터" 나온 것이 아니면 도덕적인 가치를 부여할 수 없다는 것이 칸트의 지론이다. ❸

0706. 칸트의 신 존재 증명의 특성이 아닌 것은?

① 요청으로서의 증명　　　　② 도덕론적 증명

③ 윤리학적 증명　　　　④ 인과론적 증명

[해설·정답] 칸트는 신 존재 증명을 목적한 것은 아니었다. 그러나 그가 요청으로서의 신에 이르는 과정이 도덕적, 윤리학적으로 매우 합리적 과정을 거치고 있어서 그것을 일반적으로 도덕론적 증명, 또는 윤리학적 증명이라고 한다. ❹

0707. 칸트의 신 존재 증명의 핵심 개념은 무엇인가?

① 경험　　　　② 계시　　　　③ 요청　　　　④ 논증

[해설·정답] 덕과 행복과의 일치는 실천적이고도 필연적으로 요구되므로 덕과 행복과의 일치를 가능하게 하는 전능한 신의 존재를 상정함은 도덕적으로 필연적이다. 즉 마땅히 있어야 할 완전선의 경지가 실현될 수 있기 위해서는 무한히 예지적인 존재인 신의 존재가 요청된다. 결국 덕과 행복, 이상과 현실의 조화는 신의 존재를 요청한다. 칸트의 말에 의하면 신의 존재는 우연한 현상을 설명하기 위해서 나름대로 고안해 낸 장치나 가설에 불과한 것이 아니라 도덕성이라는 우리의 명백한 본성에 필연적으로 따라 나오는 하나의 필연적인 요청이다. 그것도 사변적인 것으로는 증명 불가능한 실천적이고 도덕적으로 필연적인 요청이다. "왜냐하면 도덕성은 우리가 신을 필요로 함을 필요로 할 뿐 아니라 신 또한 이미 사물의 본성 속에 들어 있으며 사물의 질서의 원인이 그에게 있음을 우리에게 가르쳐 주기 때문이다." 신은 실천적으로, 즉 도덕적으로만 그 타당성을 갖게 되는 실천이성의 필연적인 요청 개념으로서 이는 인간의 선천적으로 타고난 도덕성에 기초해 있다. ❸

0708. 칸트의 신앙을 특징짓는 개념은 무엇인가?

① 계시적 신앙　　② 경험적 신앙　　③ 논리적 신앙　　④ 이성적 신앙

[해설·정답] 칸트에 따르면 인간은 신과 영혼의 불멸성을 전제로 행동의 목적이 필연적으로 주어진다. 그러므로 신의 존재는 이론적으로는 가설이지만 실천적으로는 신앙이다. 최고선의 실현이 실천이성의 최고의 과제가 되고 그것을 실현시키기 위해 신의 존재가 요청된 이상 모든 도덕적 명령은 최고선의 실현에 참여하는 것으로 그것의 가능 근거를 이루는 신 의지의 표현이며 모든 의무를 신의 명령으로 인식하도록 하는 종교에로의 인도이다. 실천은 신앙을 낳고 도덕은 종교를 부른다는 말이다. 결국 종교란 모든 의무를 신의 명령으로 받아들인다는 뜻이다. 그런데 주의할 점은 종교가 먼저 도덕에게 기초를 부여하는 것이 아니라 다만 도덕적 실천이 궁극에 있어서 신에게로 우리를 인도한다는 점이다. 그것은 우연의 결과가 아니고 필연의 결과이다. 실천은 신앙을 내포한다. 순서가 전도되어서는 안 된다. 실천이 신앙을 낳는다고 할 때의 그 신앙은 다만 비합리적인 신앙이 아니고 실천이성에 매개된 신앙으로서 이성적이요 합리적이라 할 수 있다. 그것은 순수이성에 근원을 둔 이성적인 신앙인 까닭에 칸트는 이를 '순수한 이성신앙'이라고 불렀다. ❹

0709. 칸트가 『실천이성비판』에서 그의 도덕철학을 통해 증명하려고 한 것이 아닌 것은?

① 미적 합목적성　　② 자유의지　　③ 영혼불멸　　④ 신의 존재

[해설·정답] 칸트는 『순수이성비판』에서 미제로 남겨두었던 3가지 선험적 이념을 실천이성비판에서 그의 도덕철학을 통해 해명하려 했다. 미적 합목적성은 『판단력비판』의 주제이다. ❶

0710. 칸트 윤리학의 특징이라고 할 수 없는 것은?

① 절대주의　　② 법칙주의　　③ 의무론적　　④ 목적론적

[해설·정답] 절대주의 윤리설은 법칙주의와 목적론적 윤리설로 나뉘는데, 칸트는 법칙주의자의 대표요, 목적론적 윤리설의 대표는 인생의 목적을 행복이라고 한 아리스토텔레스이다. ❹

0711. 칸트의 주장이 아닌 것은?

① 신은 존재한다.　　　　　　② 영혼은 불멸이다.
③ 인간은 자유이다.　　　　　④ 인간 행동은 인과필연적이다.

[해설·정답] 칸트는 다른 존재와 달리 인간은 자유의지를 가지고 있어서 욕구에 따른 인과필연법칙을 따르지 않는다고 한다. ❹

0712. 다음 중 칸트 윤리설의 중심 개념을 가장 잘 나타낸 것은?

① 선의 이데아, 영혼의 조화　　　② 선의지, 정언명령
③ 행복, 중용　　　　　　　　　　④ 선악의 본질, 구체적 평가

[해설·정답] 칸트 윤리학의 핵심 개념은 선의지, 준칙과 법칙, 정언명령, 요청 등이다. ❷

0713. 칸트 윤리학을 형식주의 윤리학이라고 비판할 수 있는 근거는?

① 도덕법칙을 명령으로서 부과하므로
② 실질적이고 구체적인 도덕적 덕목을 제시하지 않으므로

③ 도덕원리로서 격식만 강조하므로

④ 이성신앙에 머물러 있으므로

[해설·정답] 칸트가 말하는 정언명령은 오직 형식의 원리이며 어떻게 행위해야 할 것인가 하는 물음에 대해 어떠한 내용도 구체적으로 언급하는 바가 없다. 단지 도덕적 원칙만을 제시했을 뿐이다. 따라서 내용을 갖춘 구체적 행위의 법칙은 근본 법칙에 의거하여 따로 발견되어야 하는데, 특정한 도덕률이 실천이성의 근본 법칙에의 적합성 여부를 판정하기는 쉽지 않다. ❷

0714. 칸트의 종교철학에 관해 잘못 설명한 것은?

① 실천이성은 사변이성의 인식할 수 없었던 자유, 영혼, 신의 개념들을 신앙의 입장에서 받아들일 것을 요청한다.

② 기독교만이 도덕적 완성을 이룩한 유일한 종교라는 사실을 받아들인다.

③ 자유, 영혼, 신에 대한 신앙이 없이는 완전한 도덕적 행위는 기대할 수 없다.

④ 절대적인 도덕법칙의 근거자로서의 신을 전제로 출발한다.

[해설·정답] 칸트의 종교철학은 신을 전제하는 것이 아니라 오히려 윤리적 세계를 통해 신을 요청하는 형식을 띠고 있다. 즉 칸트는 "인간의 의지는 무엇으로 규정되어야 하는가?" 하는 가장 근본적인 문제를 제기하고, 이에 대해 두 가지의 가능성이 있을 수 있다고 한다. 하나는 의지가 이성 자체의 법칙을 좇아서 규정되는 것이요, 다른 하나는 이성의 영역을 넘어선 곳에 존재하는 외부의 것에 의하여 규정되는 것이다. 전자의 경우는 자율적이며, 후자의 경우는 타율적이다. 칸트는 종래의 모든 윤리학은 인간의 의지를 규정하는 준거를 외적인 데에 두려는 오류를 범해왔다고 지적했다. 즉 최고 가치로서 행복이나 최고선을 먼저 설정하고 어떻게 그것에 도달할까를 제시하려고 했는데 이 모든 것들은 타율성을 강조한 것이라는 것이다. 그러나 이와 같은 방법으로는 필연적으로 보편타당한 행위의 법칙을 얻을 수 없기 때문에 타당성 있는 진정한 원리를 포착하려면 그것은 이성 자체에서 도출되어야 한다고 했다. 칸트가 내세우는 윤리적 공동체는 기독교의 '하나님의 나라'(Reich Gottes)이다. ❹

0715. 독일관념론의 역사적 계보를 순서적으로 올바로 나열한 것은?

① 칸트-피히테-셸링-헤겔 ② 피히테-칸트-셸링-헤겔

③ 칸트-셸링-피히테-헤겔 ④ 피히테-셸링-칸트-헤겔

[해설·정답] 관념론자들은 한결같이 칸트의 영향을 받고 자극을 받되 그 문제의 심각성을 보완하고 극복하는 일련의 사고활동을 통해 그들 자신의 사상체계를 전개시켰다. ❶

0716. 다음 중 관계가 없는 것으로 연결된 것은?

① 칸트-실재론 ② 피히테-주관적 관념론

③ 헤겔-절대적 관념론 ④ 셸링-객관적 관념론

[해설·정답] 칸트는 실재론자가 아니라 관념론자이다. ❶

0717. 주관적 관념론이라는 점에서 철학적 유사성을 보이는 사람은?

① 버클리와 피히테 ② 버클리와 셸링

③ 데카르트와 피히테   ④ 데카르트와 셸링

[해설·정답] 버클리는 "존재하는 지각된 것"이라고 했고, 피히테는 주관이 객관에 대해 규정적이라고 보았다. 즉 전체 현상계는 자아에 의해 규정된 세계라는 것이다. **❶**

0718. 피히테의 철학적 특성을 나타내는 말이 아닌 것은?

① 윤리적 관념론   ② 자아철학   ③ 객관적 관념론   ④ 사행철학

[해설·정답] 칸트 철학의 낭만화로 불리는 피히테의 자아철학 내지 사행철학은 칸트를 계승하면서도 비판철학의 문제점을 극복하려는 최초의 시도인데, 자아의 주체적, 실천적 행위의 측면을 중시하기 때문에 그의 철학을 윤리적 관념론이라고도 말한다. **❸**

0719. 셸링의 철학적 특성을 나타내는 말이 아닌 것은?

① 동일철학   ② 자아철학   ③ 객관적 관념론   ④ 미적 관념론

[해설·정답] 셸링의 동일철학은 진정한 절대자란 주객의 대립을 초월한 무차별적 동일자라는 사상인데, 비아에 대한 자아의 우위라는 시각을 극복하고 절대성의 개념을 객관적 자연에서 얻었다는 점에서 피히테의 주관적 관념론에 견주어 객관적 관념론이라고 명명된다. 절대성이 특히 자연의 전체적인 미와 조화의 관점에서 강조되었다 하여 미적 관념론이라고도 한다. 자아철학은 피히테의 특징이다. **❷**

0720. 헤겔의 세 가지 철학 체계에 해당하지 않은 것은?

① 논리학   ② 자연철학   ③ 정신철학   ④ 인간철학

[해설·정답] 헤겔은 세계 전체의 진행 과정은 정신의 자기 전개에 지나지 않는다고 보고 철학의 과제를 이 정신의 자기 전개 양상을 이론적으로 고찰하는 데에 있다고 했다. 헤겔에 따르면 이 정신의 자기 전개는 변증법적 법칙에 따라 3단계의 발전을 거친다. 따라서 철학의 과제도 이에 준하여 3단계적 성격을 띨 수밖에 없다고 하여 이에 따라 자신의 철학을 세 부분으로 나누었다. 그것이 변증법 논리에 의해 전개되는 정신의 3단계를 고찰하는 논리학, 자연철학, 정신철학이다. 이것은 단순한 집합적 구성이 아니라 정신의 전체 발전 과정에 있어서의 단계적 구분이라 할 수 있다. **❹**

0721. 헤겔의 철학에 대해 잘못 설명한 것은?

① 역사의 과정은 그 자신의 법칙에 의하여 필연적으로 정해졌다.

② 역사는 절대자, 신(神)이 자기를 실현해 가는 과정이다.

③ 절대자는 이성(理性)이고 그 본질(本質)은 자유(自由)이다.

④ 자연은 신이 자기를 외화한 신 자신이다.

[해설·정답] 헤겔 철학의 근본 사상은 의외로 간단명료하다. "역사 속에는 하나의 커다란 법칙적인 흐름이 있으며 그것은 우리 인간의 힘으로는 어쩔 수 없는 필연적인 것이다. 따라서 우리가 머리 속에서 생각한 이상을 실현하려고 노력해도 그 이상이 역사의 법칙적 흐름에 적합하지 않다면 그 노력은 성공할 수 없다." 이 말은 우리의 이상은 역사 속에서 그것이 실현될 때가 오지 않으면 실현될 수 없다는 뜻이다. 헤겔은 이 법칙을 절대자 혹은 신의 자기 실현의 과정이라고 했다. 헤겔에 따르면 정신이야말로 절대자이며, 자연은 절대자가 자기를 외화(外化)한 것에 불과하다. **❹**

철학, 쉽게 풀자!

0722. 다음 중 헤겔의 절대자 개념에 해당되지 않은 것은?

① 정신이며 이성이다.

② 모든 유한성과 차별성을 초월한 것이다.

③ 본질은 자유(自由)이다.

④ 세계사는 정신으로서의 절대자의 자기실현 과정이다.

[해설·정답] 헤겔에 의하면 일반적으로 절대자는 유한자와 대립하는 무한자, 즉 악무한으로서 파악되는데 실은 이같은 절대자는 결코 참다운 의미의 절대자가 아니다. 왜냐하면 자기의 외부에 유한자의 존재를 허용하고 있어서 유한자에 의해 한계 또는 규정되므로 그러한 존재는 유한자라고 할 수밖에 없기 때문이다. 즉 악무한으로서의 절대자는 그 자신이 하나의 유한자에 지나지 않게 된다. 따라서 참다운 절대자는 진무한이어야 한다. 진무한이란 유한자와 대립하는 것이 아니고 유한자를 자기 속에 포유하는 것이며 유한자의 변화를 통하여 자기를 실현해 가는 것이다. 즉 진무한이란 일체를 자기 속에 포함한 전체로서 한낱 유한자도 아니고 한낱 악무한으로서의 무한자도 아니며 이들 양자를 종합 통일한 것이다. 따라서 참된 절대자, 진정한 무한자란 유한자와의 이질적 대립 관계에 서 있지 않고 차별성을 초월한 것이 아니라 차별성을 인정하면서도 차별성에 내재하는 것으로서 오히려 모든 상대적 유한성을 자신의 필연적 계기로 포괄, 수용하는 존재이다. ❷

0723. 변증법과 관계가 없는 사람은?

① 제논   ② 소크라테스   ③ 아리스토텔레스   ④ 헤겔

[해설·정답] 변증법의 창시자라고 하는 엘레아학파의 제논은 상대방의 입장에 어떤 자기모순이 있는가를 논증함으로써 자기 입장의 올바름을 입증하려고 하였다. 이와 같은 문답법은 소크라테스에 의해 훌륭하게 전개되고, 그것을 이어받은 플라톤에 의해 변증법은 진리를 인식하기 위한 방법으로서 중시되었다. 근세에 와서 변증법이란 말에 다시 중요한 의의를 부여한 것은 칸트이다. 칸트는 변증법을 우리의 이성(理性)이 빠지기 쉬운, 일견 옳은 듯하지만 실은 잘못된 추론(推論), 즉 '선험적 가상(假象)'의 잘못을 폭로하고 비판하는 '가상의 논리학'이라는 뜻으로 썼다. 이에 비해 변증법이란 것을 인식뿐만 아니라 존재에 관한 논리로 생각한 것은 헤겔이었다. ❸

0724. 헤겔의 변증법의 계기는 무엇인가?

① 정언명령   ② 이성의 자기 사유 ③ 갈등과 모순   ④ 자연법칙

[해설·정답] 정반합의 변증법적 변화를 지속적으로 반복하게 하는 것은 대립자들의 모순과 대립, 갈등이다. ❸

0725. 헤겔의 역사철학에 대한 설명이 잘못된 것은?

① 세계사란 정신 또는 이념의 자기실현으로서의 정신사이다.

② 정신의 역사적 발전은 절대정신의 자기 인식인 절대지를 달성함으로써 정신의 본성인 근원적 자유가 쟁취된다.

③ 역사는 자유의 의식에 있어서의 진보의 역사이다.

④ 세계정신은 자신의 무한한 힘으로 역사를 일방적으로 이끌어 간다.

[해설·정답] 절대자는 자기의 목적을 세계사 속에서 실현해 가기 위해 개개인의 활동을 이용한다. ❹

0726. 헤겔은 윤리의 최고 이념이 어디에서 실현된다고 했는가?

① 개인　　　　　② 가족　　　　　③ 시민사회　　　　④ 국가

[해설·정답] 국가는 인류적 이념의 현실태로서 이성과 현실의 통일체로서 지상의 신을 모신 객관 정신의 최고의 형태이자 최종 단계이다. ❹

0727. 헤겔의 절대정신에 관한 설명으로 올바른 것은?

① 아리스토텔레스의 부동의 원동자와 같은 신을 말한다.

② 최초의 자극만 주어지면 자신의 내적 원리에 의해 변증법적 운동을 한다.

③ 이념의 자기 인식에 도달한 정신으로서 자연이 외화된 것이다.

④ 모든 생성변화는 절대정신의 변증법적 자기운동의 다양한 모습이다.

[해설·정답] 헤겔은 온갖 차별을 포함한 동일자, 즉 유한자를 포함한 무한자를 절대라고 했다. 그리고 그것은 발전하는 역사 속에 자기를 실현하는 정신적 존재로 파악했다. 헤겔의 절대 정신이란 이념의 자기 발전의 최고 단계이며 세계 원리로서의 정신이다. ❹

0728. 헤겔의 철학에서 주관적 정신이 개별적인 것으로부터 발전하여 객관화되고 사회화된 것으로서 나타난 객관적 정신에 해당하지 않은 것은?

① 법　　　　　② 정의　　　　　③ 도덕　　　　　④ 종교

[해설·정답] 객관적 정신의 단계는 헤겔의 네 번째 주저인 『법철학 강요』(Grundlinien der Philosophie des Rechts)에서 상론된다. 법철학은 객관 정신의 구체적 전개와 실현으로서 추상적 법, 도덕, 인륜의 세 단계 형식을 통해 성취된다. 인륜은 다시금 가족과 시민사회 그리고 국가로 삼분되거니와 국가는 인류적 이념의 현실태로서 이성과 현실의 통일체로서 지상의 신을 모신 객관 정신의 최고의 형태이자 최종 단계이다. 국가는 본래 역사적으로 발전하며 세계 정신은 각 시대의 민족 정신과 역사상의 위대한 인격들을 통해 현현된다. ❹

0729. 세계사의 전 과정은 정신의 자기 전개의 과정이며 철학의 임무는 바로 그 정신의 역사적 발전 및 자기 실현의 과정을 서술, 묘사, 추고하는 일이라고 한 사람은?

① 칸트　　　　　② 피히테　　　　③ 셸링　　　　　④ 헤겔

[해설·정답] 전체 현실을 형이상학적 이념의 자기 실현으로 파악하는 헤겔은 세계 정신이 이 세계 과정을 움직이는 데에 사용하는 방법을 변증법이라고 했다. ❹

0730. 헤겔의 변증법적 도식이 아닌 것은?

① 정-반-합　　　　　　② 즉자-대자-즉자대자

③ 정립-반정립-종합　　④ 기-서-결

[해설·정답] 첫 번째 단계는 사물이 직접적으로 주어지는 단순한 긍정이다. 이것은 추상적, 무반성의 즉자태(卽自態, These)이다. 두 번째 단계는 즉자태로서의 직접적 소여(所與)가 내적 모순과 자기 분열에 의해 새로운 사고의 입장이나 사물의 존재가 생기된 즉자태의 부정이요 반성이다. 이것은 구체적이며 향자적(向自的)인 대자태(對自態, Anti-these)이다. 세 번째 단계는 즉자태와 대자태 양

자의 대립과 모순, 갈등과 투쟁을 통해 양자의 일면성과 상대적 유한성이 자각되어 제3의 단계에서의 고차적이고 발전적인 해소 및 통일이다. 이것은 부정의 부정으로서 가장 구체적이며 강력한 긍정에 나아간 즉자대자태(卽自對自態, Syn-these)이다. 첫 번째 단계를 정(正) 또는 정립(定立), 두 번째 단계를 반(反) 또는 반정립(反定立), 그리고 세 번째 단계를 합(合) 또는 종합(綜合)이라고도 한다. 그러나 세 번째 종합의 단계는 동시에 새로운 테제로 다시 정립되며 이와 같이 모든 사유나 존재, 즉 역사의 발전은 지속적인 진보의 과정에서 파악된다. ❹

0731. 정신은 변증법적 법칙에 따라 3단계의 발전을 거치기 때문에 철학의 과제도 이에 준하여 3단계적 성격을 띨 수밖에 없다고 한 헤겔이 구분한 철학의 세 영역에 해당하지 않은 것은?

① 논리학   ② 자연철학   ③ 인간학   ④ 정신철학

[해설·정답] 헤겔에 따르면 정신의 자기 전개는 변증법적 법칙에 따라 3단계의 발전을 거친다. 따라서 철학의 과제도 이에 준하여 3단계적 성격을 띨 수밖에 없다고 하여 이에 따라 자신의 철학을 세 부분으로 나누었다. 그것이 변증법 논리에 의해 전개되는 정신의 3단계를 고찰하는 논리학, 자연철학, 정신철학이다. 이것은 단순한 집합적 구성이 아니라 정신의 전체 발전 과정에 있어서의 단계적 구분이라 할 수 있다. ❸

0732. 정신의 자기 실현의 역사적 과정, 즉 정신의 가장 단순하고도 추상적인 단계인 의식으로부터 시작하여 생성과 발전의 자기 운동을 전개하는 과정을 서술하고 있는 헤겔의 주저는 무엇인가?

①『정신현상학』   ②『법철학』   ③『논리학』   ④『역사철학』

[해설·정답] 헤겔의 첫 번째 주저『정신현상학』(*Phänomenologie des Geistes*)에서는 포괄적이며 총체적인 존재인식의 방법인 전체성의 역사적 연역으로서의 변증법적 방법이 전개된다. ❶

0733. 변증법적 운동에 있어서 스스로를 실현하면서 인간 정신의 내적 작용인 주관적 정신과 사회 정치적 제도들에 외적으로 구현된 객관적 정신을 거친 그것의 종합에 해당하는 것은 무엇인가?

① 주관정신   ② 객관정신   ③ 절대정신   ④ 개인정신

[해설·정답] 헤겔의 절대정신은 이념의 자기 발전의 최고 단계이며 세계 원리로서의 정신이다. ❸

0734. 세계란 정신 또는 이념의 자기 실현, 즉 정신의 역사로 규정되며, 정신의 역사적 발전은 최종적으로 절대정신의 자기 인식인 절대지를 달성함으로써 정신의 본성인 근원적 자유가 쟁취된다는 역사철학적 견해를 가진 사람은?

① 칸트   ② 피히테   ③ 셸링   ④ 헤겔

[해설·정답] 헤겔에 따르면 이성은 의식과 자기 의식이 발전적으로 통일된 제3의 사유 형식이자 진리 인식의 최초의 근거가 된다. 이성은 계속해서 정신의 최종 단계인 절대지 또는 절대 정신에까지 발전하는데 마침내 이 정신의 완성태에서 자유의 현실태가 동시에 실현된다. 왜냐하면 진리 인식의 이성적 조건은 자유이며 자유는 부정적 본질을 자체의 계기로서 내포하고 있으므로 정신의 역사적 발전과 자기 실현도 역시 부정성의 원리에 따르기 때문이다. 자유로운 존재는 항시 타자와

대립적 상호관계를 설정함으로써 자아의 고유성을 경험할 수 있으며 그 결과 더욱 구체적 현실적인 자기지를 획득하게 된다. 결국 헤겔은 정신사로서의 역사를 자유의 의식에 있어서의 진보의 역사로 이해한다. ❹

0735. 헤겔의 정신철학에 관한 설명 중 잘못된 것은?

① 정신철학의 3단계는 주관적 정신, 객관적 정신, 절대정신이다.

② 절대정신의 영역은 과학, 종교, 철학의 3단계로 구분된다.

③ 시대정신은 개인들 속에서 체현된 것이다.

④ 절대정신은 자신을 세계사 속에 실현키 위해 개인을 이용한다.

[해설·정답] 이성은 지의 최종적 형태인 절대지에로 전개되는데 주체적 입장의 세계로부터 공동사회의 조직체인 인류의 자각된 정신에로, 그리고 마침내는 예술과 종교와 철학의 이성이 현실과 총체적으로 융화된 절대지(absolutes Wissen) 또는 절대 정신(absoluter Geist)의 왕국으로 발전하게 된다. 즉 절대 정신의 단계는 마침내 예술과 종교와 철학이 융화 종합된, 동시에 이념과 실천, 정신과 자연이 하나로 통일된 문화의 제국이다. 여기서는 인식이 대상을 완전히 포착함으로써 정신과 자연이, 또한 이성과 현실이 하나로 통일되며 절대 정신의 자기 완성과 함께 데카르트가 제기한 근세 철학의 이념인 사유와 존재의 일치가 실현된다. 따라서 거기에서 정신은 완전한 자각에 도달하여 신과 동일시되고 신적 정신으로 그리고 영원한 이념으로서 스스로를 역사 사이에 발전시킨다. 그러므로 인류 사상의 발전은 절대 이념의 참된 자의식의 과정이다. 이 과정은 절대 이념이 고도한 자기에게로 환원하는 과정이다. 이러한 이념의 자기 발전은 변증법적 법칙에 의해서 행해진다. 즉 세계는 절대 이념이 최고로 발전한 절대 정신의 자기 현현이며 역사는 이 절대 정신의 자기 발전의 필연적 과정의 표현이다. ❷

0736. 공리주의가 규정하고 있는 인간의 행위 동기상의 기초는?

① 쾌락   ② 이성   ③ 이타심   ④ 종교적 신념

[해설·정답] 공리주의(公利主義, Utilitarianism)는 "만인은 쾌락과 행복을 원한다"는 명제에서 출발한다. 그리고 그 사실로부터 선에 대한 모든 도덕적 관념이 가장 잘 이해될 수 있다고 주장한다. 공리주의자들은 행복의 원리를 최대 다수의 최대 행복(the greatest happiness of the greatest number)이라고 말하는데 그것은 쾌락의 총합이 고통의 총합보다 더 클 때 선이 성취된다는 의미이다. 그러므로 만일 한 행위가 쾌락을 성취하고 고통을 제거하는 데 유용하다면 그것은 선이다. 그것이 곧 공리주의가 따르는 유용성의 원리(the principle of utility)이다. 이것은 도덕이란 이 세계에 가능한 한 많은 행복을 가져오게 하는 의도 이외에 아무 것도 아니라는 원리이다. 즉 한 행위가 바람직하거나 좋은 목적, 즉 본래적 가치를 갖는 목적을 달성하는 데 유용할 때 그 행위는 옳다는 원리이다. ❶

0737. 다음 중 공리주의 윤리 사상에 대한 설명으로 잘못된 것은?

① 행동의 옳고 그름을 판단하는 데 있어서 행동의 결과를 중시하였다.

② 선한 행위란 가급적 많은 사람에게 최대한의 행복을 주는 것이어야 한다고 주장했다.

③ 밀은 쾌락은 한 가지 종류밖에 없으므로 질적인 차이가 없다고 주장하였다.

④ 벤담은 인간의 도덕적 행위에 신체적, 종교적, 정치적 제재가 필요하다고 보았다.

[해설·정답] 영국에서 발생한 공리주의는 쾌락주의적 인간관을 전제로 최대 다수의 최대 행복을 목표

로 한다. 칸트가 동기주의라면 공리주의는 철저한 결과주의이다. 공리주의는 양적 공리주의와 질적 공리주의로 나뉘는데 전자의 대표는 벤담이고 후자의 대표는 밀이다. 벤담은 도덕적 행동을 위해서는 신체적, 종교적, 정치적 제재가 필요하다고 보았고, 밀은 양심의 제재가 필요하다고 보았다. ❸

0738. 공리주의에 대한 설명으로 잘못된 것은?
① 쾌락의 총합이 고통의 총합보다 클 때 선이 성취된다.
② 도덕성의 원리는 인간의 목적과 이성의 명령에 기초해야 한다.
③ 벤담은 선의 측정을 위해서 쾌락의 양적 측면에 관심을 가졌다.
④ J. S. 밀은 쾌락과 고통은 계산이 불가능하다고 했다.
[해설·정답] 공리주의의 유일한 도덕성의 원리는 "유용성"이다. ❷

0739. 영국 공리주의에 대해 설명한 것이다. 옳지 않은 것은?
① 대표자인 벤담과 밀 모두 행복과 쾌락을 동일시하였다.
② 벤담은 쾌락의 계량가능성(計量可能性)을 주장하고 쾌락 계산의 구상을 내건 '양적(量的) 공리주의자'였다.
③ 밀은 쾌락의 질적 차이를 인정하여 '질적 쾌락주의'의 입장을 취하였다.
④ 목적론적인 이기적 윤리의 한 형태이다.
[해설·정답] 공리주의는 19세기 영국에서 유행한 윤리로서 목적론적(目的論的) 윤리의 한 형태이지만, 이기적이 아니라 보편적이며 또 내면적 윤리에 대해서 사회적·외면적 도덕의 경향을 나타낸다. ❹

0740. 공리주의 윤리의 특성이라고 말할 수 없는 것은?
① 쾌락주의적　　② 자연주의적　　③ 목적론적　　④ 법칙주의적
[해설·정답] 공리주의는 쾌락과 행복을 동일선상에 놓고 행위의 유일한 원리는 쾌락이라고 주장하며, 인간 행위의 도덕적인 판단은 쾌락 추구에 얼마나 부합하느냐로 결정한다. 그런 점에서 공리주의는 목적론적 윤리설이라 할 수 있으며 칸트의 법칙주의에 대립된다. ❹

0741. 영국의 공리주의에 대해 잘못 설명한 것은?
① 쾌락의 총합이 고통의 총합보다 클 때 선이 성취된다.
② 참된 도덕성의 원리는 인간성의 목적과 이성의 명령에 기초해야 한다.
③ 벤담은 선의 측정을 위해서 쾌락의 양적 측면에 주로 관심을 가졌다.
④ 존 스튜어트 밀은 쾌락과 고통은 계산이 불가능하다고 보았다.
[해설·정답] 공리주의 도덕성은 최대 다수에게 최대 행복을 줄 수 있는 유용성에 있다. ❷

0742. 철학적 특성이 나머지와 다른 하나는?

① 소피스트　　　② 공리주의　　　③ 실용주의　　　④ 독일 관념론

[해설·정답] 소피스트, 공리주의, 실용주의는 모두 상대주의적이며, 실제의 유용성을 중시한다. ❹

0743. 인간의 본성을 타고난 공격성으로 규정한 사람은?

① 매슬로우　　　② 로저스　　　③ 스키너　　　④ 로렌츠

[해설·정답] 로렌쯔(K. Lornz)는 그의 저서 『공격성에 관하여』(On agression)에서 인간이라는 좋은 공격성과 영토 소유 본능을 피할 수 없는 유산으로서 지니고 있으며, 그러한 본능이 추한 형태로 폭발되지 않기 위해서는 어떤 돌파구를 찾아야만 한다고 하였다. ❹

0744. 콩트의 실증주의 철학에 대한 설명으로 잘못된 것은?

① 인간의 사유는 3단계로 발전되는데 마지막 단계가 실증적 단계이다.

② 현상의 배후에 놓여 있는 본질을 경험적으로 파악하려 했다.

③ 합리적 사회체제가 되려면 개체를 초월한 전체에 대한 인식이 필요하다.

④ 형이상학을 거부했다.

[해설·정답] 실증주의는 주어져 있는 것, 실재하는 것, 즉 실증적인 것만을 그 대상으로 하여 이같은 경험적 사실을 벗어난 일체의 것을 부정하고 철학과 학문을 현상계에 국한시킨다. 따라서 경험적 사실의 배후에 어떤 초경험적 존재자도 인정하지 않을 뿐 아니라 자연이 궁극적인 목적이나 결과를 가지고 있다는 것도 거부한다. 실증주의는 사물의 본질이나 내부에 숨겨진 원인들을 발견하려고 하지 않는다. 단지 우리가 할 수 있는 일은 현상계를 통하여 주어진 일체의 사실을 있는 그대로 받아들이고 그것을 일정한 법칙에 따라 정리하며 여기서 인식된 법칙을 토대로 앞으로 나타날 현상을 예견하여 거기에 대처할 준비를 하는 것이라고 한다. 콩트에 따르면 인류의 정신사는 세 단계의 발전을 거치는데, 각각의 단계는 진리를 발견하는 서로 다른 방식을 보여주고 있다. 첫 번째 단계는 신학적인 단계인데, 이 시기에는 모든 현상이 신성한 힘에 의해 실현된 것으로 설명된다. 두 번째 단계는 형이상학적 단계인데, 이 단계에서는 신성한 힘의 개념이 비인격적이며 추상적인 힘들로 대치된다. 마지막 세 번째 단계는 실증적 또는 과학적 단계이다. 이 단계가 되어서야 비로소 인간은 절대적 인식에 도달하고자 하는 것이 무의미하다는 사실을 깨닫고 경험을 초월한 존재에 의해 사물을 설명하려는 시도도 사라진다. 그리고 이성을 활용하여 오직 주어진 사실만을 통하여 현상들 간의 불변적인 관계와 법칙만을 파악하고자 한다. 콩트는 이 3단계의 법칙이 인류 전체의 정신사에 적용되는 것으로만 생각하지 않고 모든 인간의 개체적 발달과 개별 과학, 정치 질서에도 적용되는 것으로 생각했다. ❷

0745. 콩트가 말한 인류 역사 발전의 3단계와 무관한 것은 무엇인가?

① 신학적 단계　　　　　　② 사회학적 단계

③ 형이상학적 단계　　　　④ 실증적 단계

[해설·정답] 콩트에 따르면 인류의 정신사는 신학적인 단계, 형이상학적 단계, 실증적 또는 과학적 단계로 발전해간다고 주장한다. ❷

0746. 콩트의 실증주의 사상을 잘못 설명한 것은?

① 현상의 배후에 놓여 있는 본질을 경험적으로 파악하려 하였다.

② 인간의 사유는 삼단계로 발전되는데 마지막 단계는 실증적 단계이다.

③ 합리적 사회 체제가 실현되려면 개체를 초월한 전체에 대한 인식 내지 이타주의가 필요하다.

④ 형이상학을 거부하고 실증주의를 주창하였다.

[해설·정답] 실증주의는 현상의 배후에 본질이 실재한다는 생각을 거부한다. ❶

0747. 콩트가 말한 인류의 지적(知的) 진화의 법칙이라고 할 수 있는 3단계의 법칙에 따르면 어떤 지식이 가장 진화된 지식인가?

① 신학적 지식   ② 형이상학적 지식

③ 실증적 지식   ④ 직관적 지식

[해설·정답] 콩트에 따르면 신학적 상태나 형이상학적 상태로부터 해방되어 사실만을 그 원리로 하는 실증적 지식이 가장 최고의 지식이다. ❸

※ 다음은 베이컨이 말한 우상들이다. 관계 있는 것끼리 연결하라.

0748. 종족의 우상 •
0749. 동굴의 우상 •
0750. 시장의 우상 •
0751. 극장의 우상 •

• A. 언어 사용
• B. 인간 본성
• C. 개인의 특수성
• D. 역사적 전통이나 권위

[해설·정답] 베이컨은 그것을 그대로 내버려두면 우리가 거짓과 오류로 말려들게 되는 마음의 모든 경향을 우상(idola)이라 규정하고 이들 편견, 독단, 미신과 같은 우상을 제거해야 확실한 진리에 도달할 수 있다고 주장하면서 우리가 제거해야 할 정신의 우상을 4가지 제시했다. 종족의 우상(the idol of the tribe)은 인간이 자기 중심적으로 사유하는 것이요, 동굴의 우상(the idol of the cave)은 각 개인이 무엇인가에 사로잡혀 있어서 사실을 사실 그대로 파악하지 못하는 폐단이요, 시장의 우상(the idol of the market)은 언어 때문에 사실을 잘못 파악하는 것을 가리키고 극장의 우상(the idol of the theater)은 역사적 전통이나 권위를 무비판적으로 받아들이는 데서 오는 오류를 말한다. ☞
0748.B / 0749.C / 0750.A / 0751.D

※ 칸트의 3대 비판서와 그 주제를 바르게 연결하라.

0752. 인식 이론 •
0753. 윤리적 주제 •
0754. 미학 •

• A. 『판단력 비판』
• B. 『실천이성비판』
• C. 『순수이성비판』

[해설·정답] 칸트의 사상은 그의 주저인 3대 비판서에 잘 나타나 있다. 인식 이론을 담고 있는 『순수이성비판』(Kritik der reinen Vernunft), 윤리적 주제를 담고 있는 『실천이성비판』(Kritik der praktischen Vernunft), 미학에 관한 내용으로 된 『판단력비판』(Kritik der Urteilskraft)이 그것이다. ☞
0752.C / 0753.B / 0754.A

※ 다음 글을 잘 읽고 그 서술하는 내용이 맞으면 O, 틀리면 X표를 하시오.

0755. 데카르트가 회의를 통해 발견한 사유주체로서의 자아는 확실성을 위한 근본 원리로서의 자기 자신의 존재에 관한 확신을 위해 철학사상 최초로 시도된 것이었다.

> **해설·정답** 중세의 교부철학자 어거스틴이 의식의 사실과 자각의 확실성으로서 표현한 "내가 만일 속고 있다면, 나는 존재한다."(*Si fallor, sum*)는 말은 데카르트의 선구라고 할 수 있다. ☞ **X**

0756. 합리론자들은 모두 형이상학의 근본 문제는 실체 관념의 이해에 있다고 보고 실체론에 있어서는 일치를 보았다.

> **해설·정답** 합리론자들은 형이상학의 근본 문제는 실체 관념의 이해에 있다고 보았지만 실체에 관한 생각은 서로 생각을 달리했다. 데카르트는 신, 정신, 물체의 세 실체를 인정하였고, 스피노자는 유일한 신만을 실체라고 주장했으며, 라이프니츠는 무수한 실체를 주장하였다. 그리고 데카르트는 연장을 물체의 속성으로 보았고, 스피노자는 연장과 사유를 신의 속성으로 보았으나, 라이프니츠는 연장은 실체의 속성이 될 수 없다고 하였다. ☞ **X**

0757. 칸트는 『순수이성비판』의 선험적 변증론에서 전통적인 신 존재 증명을 하나하나 비판하면서 신이 존재하지 않는다고 주장했다.

> **해설·정답** 칸트의 신 존재 증명 비판은 신이 존재하지 않는다는 사실을 보이기 위함이 아니었다. 그것은 사·공의 감성계에 제한된 우리의 이론적 인식으로는 정초할 수 없음에도 불구하고 종래의 형이상학은 그것에 관해 왈가왈부하는 우를 범했다는 사실을 지적하기 위함이었다. ☞ **X**

0758. 칸트는 물자체의 존재를 부정했지만, 이에 대한 인식은 가능하다고 했다.

> **해설·정답** 칸트의 물자체(Ding an sich)란 인식 주관에 대립하여 나타나는 현상(現像)으로서의 물(物)이 아니라 인식 주관으로부터 독립하여 그 자체로서 존재하며 현상의 궁극적 원인이라고 생각되는 물 그 자체로서의 본체(本體)를 말한다. 칸트는 인식론상 '물자체'를 감각의 원인으로 보고 그 존재를 인정하지만 '생각할 수는 있지만 인식할 수 없는 것'이라고 했다. '물자체'는 현상의 기원(起源)이 되는 것이며, 그 자체로서는 현상하지 않고 그저 감각에 감촉되는 한에서만 인식할 수 있는 부정(不定)한 어떤 물(物)이다. 그러므로 그 자체는 우리들의 주관으로는 인식할 수 없는 불가지물(不可知物)이기는 하지만 사고가 가능한 가정(假定)이고, 또 현상의 배후에 생각하지 않을 수 없는 사유(思惟)의 요청이라고 하였다. ☞ **X**

0759. 칸트의 윤리학에 따르면 도덕법칙에 대한 적법성은 곧 도덕성을 의미한다.

> **해설·정답** 칸트에 따르면 도덕적 행위는 개인의 자의적 욕망 내지 경향에서 나온 것이 아니라 전적으로 의무에서 나온 것이다. 행위가 도덕률에 들어맞을 경우라도 그것이 행복을 바라는 욕구에 의한 것이고 도덕률 그 자체를 위한 것이 아니라면 거기에는 적법성이 있을 뿐이고 도덕성은 없다고 했다. 즉 어떤 행위가 결과적으로 의무에 부합되었다 해도 그것이 의무에 대한 존중을 동기로 삼지 않고 다만 경향성에서 유발된 것이라면 도덕적인 행위라고 말할 수 없다는 말이다. 한 마디로 의무에 부합하기는 해도 "의무로부터" 나온 것이 아니면 도덕적인 가치를 부여할 수 없다. ☞ **X**

0760. 칸트는 인식론적으로는 실재론에 대해 관념론을, 모사설에서 대해서는 구성설을 주장했고, 전통적인 이론적인 사변적 형이상학에 대해 실천적이며 도덕적인 형이상학을 주장했다.

[해설·정답] 칸트의 인식론적 입장에 따르면 사람의 인식 대상은 자체로 객관적으로 존재하는 것이 아니라(실재론) 감성(感性)의 형식인 시간과 공간, 그리고 오성(悟性)의 형식인 범주에 의해 구성된다(구성설). 따라서 사람의 인식 대상은 사물 자체의 상태를 나타내는 것이 아니라 인간의 주관(主觀) 일반에 의하여 구성된 관념적 현상(現象)이다(관념론). 또한 칸트는 전통적인 형이상학자들을 부정하고 이성의 사실에 근거한 윤리도덕적 세계를 통해 실천적 형이상학을 정초했다. ☞ ○

0761. 헤겔은 세계는 절대이념이 최고로 발전한 절대정신의 자기현현이며 역사는 이 절대정신의 자기발전의 필연적 과정의 표현으로 이해한다.

[해설·정답] 헤겔의 절대정신은 변증법적 운동에 있어서 스스로를 실현하면서 인간 정신의 내적 작용인 주관적 정신과 사회 정치적 제도들에 외적으로 구현된 객관적 정신을 거친 종합에 해당하는데, 이것은 이념의 자기 발전의 최고 단계이며 세계 원리로서의 정신이다. ☞ ○

※ 다음 물음에 답하시오. (단답형)

0762. 절대적 확실성을 가진 자명한 진리의 기준을 위해서는 모든 관념이 수학적 증명에 뒤지지 않을 정도의 완전한 확실성으로서 그것의 진위가 입증될 수 있을 때까지 회의에 붙여지지 않으면 안 된다는 데카르트의 철학적 방법을 무엇이라고 하는가?

[해설·정답] 데카르트가 한 의심은 부정을 위한 의심이 아니라 조금도 의심할 수 없는 것을 흔들림 없는 토대 위에 세우려는, 즉 절대적이고 확실한 명증적 진리를 찾기 위한 목적을 가진 수단과 방법으로서의 의심이었다. ☞ '방법적 회의' 또는 '회의적 방법'(method of doubt)

0763. 데카르트가 방법적 회의를 통해 발견한 더 이상 의심할 수 없는 확실한 지식은 무엇인가?

[해설·정답] 데카르트는 더 이상 의심할 수 없는 확실한 지식, 즉 확실성 있는 지식의 출발점을 발견했다. 자신의 의식 상태나 사유 작용을 아무리 부정해도 오히려 그러한 부정은 그가 사유하는 존재로서 실존하고 있다는 사실을 증명해 주었다. 그는 스스로 제기할 수 있는 가장 철저하고 가장 극단적인 회의를 함에 있어서도 자기 자신이 존재하지 않고서는 회의조차 할 수 없음을 깨달았다. ☞ 사유존재로서의 자아

0764. 육체와 정신이라는 전혀 다른 이질적인 두 실체의 결합체인 인간만은 상호작용을 한다고 했는데, 어디에서 그것이 이루어진다고 했는가?

[해설·정답] 데카르트에 따르면 간뇌의 시상 하부에 있는 송과선이라는 데에서 두 실체가 접촉하는데 정신이 신체에 미세한 충격을 가하여 신경을 자극시키고 궁극적으로는 육체의 움직임을 유발시켜 상호작용이 일어난다고 한다. ☞ 송과선

0765. 데카르트는 감각의 경험을 통해 얻어진 관념이 아니라 경험과는 아무 관계가 없이 순전히 '나의 생각하는 능력'에만 유래하는 관념을 무엇이라고 했는가?

[해설·정답] 본유관념이란 마음속에 저절로 생긴 관념 또는 태어날 때부터 가지고 있는 관념이란 뜻에 가깝지만 그렇다고 출생과 더불어 가지고 태어나는 본능이나 유전적 관념을 말하는 것은 아니다. 그것은 그 타당성의 기반으로서 감각 경험을 전혀 필요로 하지 않는 관념, 즉 경험에 의해 후천적으로 습득되는 관념이 아닌, 선천적으로 가지고 있는 관념을 말한다. ☞ **본유관념**

0766. 데카르트의 존재론적 신 존재 증명은 "존재"를 무엇으로 본 것인가?

[해설·정답] 신은 절대적인 완전한 존재를 뜻하고 또 완전성은 반드시 존재를 내포한다. 그러므로 비존재의 완전성 또는 완전성의 비존재란 모순이다. 데카르트에 따르면 절대적으로 완전하면서도 동시에 존재하지 않는 존재에 대해 조리 있는 생각을 할 수 없다. 삼각형의 속성들을 인지함이 없이 삼각형에 대해 생각할 수 없듯이 신의 관념이 명석하게 존재의 속성을 내포하고 있다는 사실을 인식하지 않고는 그것을 생각할 수 없다. 요컨대 신의 존재가 그의 본질적 속성과 분리될 수 없는 이상, 신은 반드시 존재하게 마련이라는 주장이다. ☞ **속성(attribute)**

0767. 다음 빈 곳에 공통으로 들어갈 말은 무엇인가?

> 칸트는 (　　　　　　)이란 우리가 자신에게 스스로 부과하는 명령이며, 도덕적 행동은 우리가 (　　　　　　)의 명령에 따르는 것이라고 강조하였다.

[해설·정답] 사변이성은 인식에 관계하는 인식 능력적인 이성이요, 실천이성은 도덕적인 행위에 관계하는 행위 규정적인 이성으로서 의지의 규정 근거를 다루는 이성이다. 즉 실천이성은 도덕적인 실천의 의지(意志)를 규정하는 이성이다. ☞ **실천이성**

0768. 다음과 같은 칸트의 말들은 공통적으로 무엇에 대한 것인가?

> ① "네 의지의 준칙이 항상 동시에 보편적 입법의 원리로서 타당하도록 행위하라."
> ② "너 자신을 포함한 모든 인격에서의 인간성을 항상 동시에 목적으로서 대우하고, 결코 단순한 수단으로 사용하지 말라."
> ③ "모든 이성적 존재자는 그 준칙에 의하여 항상 보편적 목적의 왕국의 입법적 성원인 것같이 행위하라."

[해설·정답] 주어진 언급들은 칸트가 실천이성의 근본 법칙을 다른 형식으로 표현했지만, 모두가 정언명령의 형태들이다. 정언명법은 다른 목적과는 관계없이 행위를 자체로서 필연적인 것으로 생각하는, 오직 의지를 의지로서 단적으로 그리고 넉넉히 규정하는 실천 법칙이다. 즉 정언명법은 필연적인 실천 원리로서 행위의 목적이나 효과에 관계없이 그 자체가 객관적으로 필연적이라고 선언하는 명법이다. ☞ **정언명법**

0769. 헤겔의 역사철학에 있어서 세계정신이 자기 실현이라는 세계사의 과정을 교활한 이성의 궤계를 통해 성취하는 것을 이르는 말은 무엇인가?

[해설·정답] 헤겔에 따르면 세계사는 인간의 자유를 실현해 가는 과정이다. 이것은 신의 섭리로서

필연적으로 정해져 있으며 역사를 지배하는 법칙이다. 인간은 이 법칙에 결코 저항할 수 없다. 그러나 절대자라 할지라도 개개인의 활동 없이는 그 목적을 역사 속에서 실현하여 갈 수는 없다. 인간의 활동을 통해서만 이 절대자는 자기의 본질을 역사 속에서 실현해 간다. 따절대자는 개개인으로 하여금 자유롭게 행위하게 하여 어떤 자는 실패하게 하고 어떤 자는 성공하게 하여 자기의 목적을 실현해 간다. ☞ 이성의 간지 (Lust der Vernunft)

0770. 벤담이 그의 저서 『도덕 및 입법의 제원리』에서 공리주의 철학의 근본 원리로서 이론화하여 유명해진 말은?

[해설·정답] 공리주의자들은 행복의 원리를 최대 다수의 최대 행복(the greatest happiness of the greatest number)이라고 말하는데 그것은 쾌락의 총합이 고통의 총합보다 더 클 때 선이 성취된다는 의미이다. 그러므로 만일 한 행위가 쾌락을 성취하고 고통을 제거하는 데 유용하다면 그것은 선이다. 그것이 곧 공리주의가 따르는 유용성의 원리(the principle of utility)이다. 이것은 도덕이란 이 세계에 가능한 한 많은 행복을 가져오게 하는 의도 이외에 아무 것도 아니라는 원리이다. 즉 한 행위가 바람직하거나 좋은 목적, 즉 본래적 가치를 갖는 목적을 달성하는 데 유용할 때 그 행위는 옳다는 원리이다. ☞ 최대 다수의 최대 행복

0771. 자본주의 사회의 구조적 모순을 극복하기 위해 대두된 사회사상으로서 사회 발전의 원동력은 물질적 생산이며, 자본주의는 자체의 모순에 의해 붕괴되어 프롤레타리아 독재로 이행할 것이라고 주장한 사상은?

[해설·정답] 레닌에 따르면 마르크스주의는 19세기의 3가지 정신적 주조(主潮), 즉 독일의 고전철학, 영국의 고전경제학 및 프랑스의 혁명적 학설과 결합된 프랑스 사회주의를 그 원천 또는 구성 부분으로 하고 있다고 한다. 즉 마르크스주의의 체계는 헤겔, 포이어바흐 등 19세기 독일의 고전철학에서 변증법과 유물론을, 또 영국의 고전경제학 중에서도 특히 리카르도의 경제학으로부터 노동가치설을, 그리고 프랑스의 사회주의자들로부터 사회주의 사상을 비판적으로 계승·발전·통일시킴으로써 형성되었다. ☞ 공산주의 또는 마르크시즘

0772. 산업 혁명 이후 비인간화 현상과 전쟁의 불안을 극복하기 위한 사상적 대안으로 인간의 주체성 회복을 강조한 사상은?

[해설·정답] 실존철학은 인간이 기계의 한 부분품처럼 되어 인간적 실존이 억압당하고 비인간화되어 가는 모습과, 무(無) 위에 내던져진 인간의 불안한 실태를 백일하에 드러내어 고도로 발달한 기계문명으로 인한 인간 소외와 인간성 상실의 이 시대에 인간 구제의 성스러운 사명을 띠고 등장했다. ☞ 실존주의

※ 다음은 칸트의 인식이론에서 감성과 오성의 기능과 역할, 형식 등을 도식화한 것이다. 상하의 비례관계에 유의할 때 ( ) 안에 가장 알맞은 말은?

감 성 = (0773.) : 직 관 : 시간과 공간		
오 성 = 자 발 성 : 사 유 : (0774.)		

[해설·정답] 감성은 우리 인식 능력의 수용성(受容性)으로서 감각을 통하여 대상에 의해 촉발된 표상을 직관

하여 수용하는 능력이다. 따라서 감성에 의해 현상은 우리에게 표상(表象)으로서 주어진다. 이에 대해 오성은 우리 인식 능력의 자발성(自發性)으로서 감성의 직관에 의하여 주어진 감각 내용을 능동적으로 사유하는 능력이다. 그리고 감성의 선천적인 형식을 직관 형식, 오성의 선천적 개념을 카테고리, 즉 범주라고 명명하고 직관 형식으로서의 공간과 시간은 「선험적 감성론」에서 다루고 순수 오성 개념인 카테고리는 「선험적 분석론」에서 다루었다. ☞ 0773.수용성 / 0774.카테고리(범주)

※ 다음은 확실한 인식을 형성하기 위해서는 인간의 두 가지 인식 능력이 서로 협력해야 한다는 칸트 인식론의 핵심적 내용을 담은 말이다. (　) 안에 가장 적당한 말은?

> (0775.　　　　) 없는 (0776.　　　　)는 공허하고
> (0777.　　　　) 없는 (0778.　　　　)은 맹목적이다.

해설·정답 칸트는 확실한 인식을 형성하기 위해서는 감성과 오성이 서로 협력해야 한다고 한다. 이러한 칸트 인식론의 핵심적 내용은 "내용 없는 사고는 공허하고, 개념 없는 직관은 맹목적이다"는 그의 말로 요약된다. 이는 두 가지 사실을 함축한다; 첫째, 오성이 자발적으로 사고하기 위해서는 감성에 의해 직관된 경험적 내용이 있어야 하는데 사유할 내용이 없다면 오성은 사고할 수 없을 뿐 아니라 사고한다 할지라도 헛된 일이다; 둘째, 감성에 의해 직관된 외부 대상이 내용으로 주어지더라도 오성에 의해 사고되어 개념화가 되지 아니하면 감성의 직관은 아무런 의미를 갖지 못하는 맹목적인 수용 행위일 뿐이다. 물론 이것은 경험론과 합리론의 맹점들을 지적하는 말이기도 하다. 즉 "내용 없는 사고는 공허하다"는 말은 합리론이 경험을 무시한 점을 지적하는 말이고, "개념 없는 직관은 맹목적이다"는 말은 경험론의 비자발성을 꼬집는 말이다. ☞ 0775.내용 / 0776.사고 / 0776.개념 / 0778.직관

※ 다음은 칸트의 윤리학에서 도덕법칙과 의지의 자유가 불가분의 관계임을 의미하는 말이다. (　) 안에 가장 적당한 말은?

> 의지의 자유가 존재하지 않는다면 도덕률은 성립할 수 없기 때문에 "의지의 자유는 도덕 법칙의 (0779.　　　　) 근거"요 우리에게 의지의 자유를 의식하게 하는 것은 도덕 법칙이므로 "도덕 법칙은 의지의 자유의 (0780.　　　　) 근거"이다.

해설·정답 칸트는 실천적인 측면으로 볼 때 우리가 자신의 욕구대로 행하기도 하고 때로는 오히려 그것을 물리치고 도덕률에 합치하는 행동을 하는 것을 통하여 객관적인 도덕 법칙과 의지의 자유가 있음이 '이성의 사실'로서 밝혀진다고 했다. ☞ 0779.존재 / 0780.인식

※ 다음은 칸트가 말한 칸트는 실천이성의 근본 법칙, 즉 선천적 입법의 형식이다. (　) 안에 가장 적당한 말은?

> 네 의지의 (0781.　　　　)이 항상 동시에 보편적 (0782.　　　　)의 원리로서 타당하도록 행위하라.

철학, 쉽게 풀자!

[해설·정답] 도덕률은 모든 욕구 대상을 무시하고 오직 의지의 준칙이 도덕률의 보편적 입법에 합치하도록 요구한다. ☞ 0781.준칙 / 0782.입법

※ 다음 상자 안의 글들을 잘 읽고 (   )에 가장 적당한 말을 써 넣으시오.

> 중세의 신 중심적인 사고에서 벗어서 이성적 합리적 사고로의 전환을 가져온 것은 교회 내의 변화인 (0783.   )과 교회 외적인 변화인 (0784.   )인데, 전자는 성경과 초대교회로 돌아가자는 것이었고, 후자는 그리스와 로마의 문화와 예술로 돌아가자는 것이었다는 점에서 양자 모두 (0785.   ) 성격을 띠었다.

[해설·정답] 신 중심의 철학이었던 중세의 철학과 비교해 볼 때 근세의 철학은 인간 중심의 철학이라 할 수 있다. 근세의 철학은 신앙이나 신 중심적인 사고에서 벗어나 인간성을 자각하고 합리적인 이성의 능력과 기능을 중시했기 때문이다. 그러한 변화는 중세와의 단절이요 사고방식의 일대 전환이었다. 이같은 중세에서 근세에로의 변화는 중세의 모든 분야의 구심점이었던 교회 내부에서의 문제점과 교회 밖에서의 여러 가지 시대적 변화와 연관되어 있다. ☞ 0783.종교개혁 / 0784.르네상스 / 0785.복고적(復古的)

> 데카르트는 *cogito ergo sum*이 확실한 것은 그것이 (0786.   )하고 (0787.   )하기 때문이라고 하는데, (0786.   )은 의식 자체 내에 직접적으로 주어진 정신에 현존하는 자명한 인식으로서 다른 명제와 구별되어 애매하지 않음을 말하고, (0787.   )은 명석함 외에는 어떤 징표도 갖지 않는 다른 대상들과 확실히 구별되어 내용이 분명하여 모호하지 않게 혼동 없이 의식되는 것을 말한다.

[해설·정답] 그는 본유관념만이 명석 판명하며 확실한 것으로 감각의 오염을 받지 않은 것이며 이로부터 여타의 진리를 연역해 낼 수 있다고 했다. ☞ 0786.명석(clear) / 0787.판명(distinct)

> 데카르트가 구분한 관념의 세 종류는 3가지인데, 감각을 통해서 외부로부터 얻어지는 (0788.   )관념, 이것들을 기초로 해서 우리가 만들어낸 (0789.   )관념, 그리고 오직 생각하는 능력에 유래하는 (0790.   )관념이다.

[해설·정답] 외래 관념은 우리의 밖에 있는 사물의 자극에 의하여 마음속에 생기는 관념을 말한다. 이러한 관념은 경험으로부터 얻은 것을 말한다. 인위적인 허구 관념은 인어, 도깨비와 같이 우리 스스로가 조작하고 만들어내는 관념을 말한다. 그런데 이 두 관념은 불완전한 관념이다. 그것은 의심하는 존재인 나의 회의를 통해 불완전함을 스스로 자각하고 있는데, 그 자각은 완전성의 관념이 나의 관념 속에 있음을 의미한다. 바로 그 완전성의 관념을 자각시키는 관념이 셋째 관념인 본유관념이다. 본유관념이란 마음속에 저절로 생긴 관념 또는 태어날 때부터 가지고 있는 관념이란 뜻에 가깝지만 그렇다고 출생과 더불어 가지고 태어나는 본능이나 유전적 관념을 말하는 것은 아니다. 그것은 그 타당성의 기반으로서 감각 경험을 전혀 필요로 하지 않는 관념, 즉 경험에 의해 후천적(a posteriori)으로 습득되는 관념이 아닌, 선천적(a priori)으로 가지고 있는 관념을 말한다. ☞ 0788.외래 / 0789.허구 / 0790.본유관념

데카르트가 말한 (0791.   )란 그것이 존재하기 위하여 어떤 다른 것을 필요로 하지 않는 존재를 말하며, 이것이 갖는 성질 가운데 본질적인 성질을 (0792.   )이라 하고 이차적인 성질을 (0793.   )라 했다.

[해설·정답] 데카르트는 모든 존재를 비공간적인 정신과 공간적인 물체로 나누었다. 'cogito ergo sum'에 의하여 정신의 존재를 인정한 그는 정신의 속성을 사유라 했다. 사유는 지각, 상상, 감정, 욕구 등의 여러 가지 형태를 취한다. 그리고 물체의 속성은 연장(extension)이라 했다. 그에 따르면 물체는 그 본질에 있어서 스스로 움직이지 못하는 존재인데 신이 그것을 창조할 때 그 속에 운동을 넣어 주었다. 물체는 헤아릴 수 없이 많은 성질을 가지면서도 공간을 차지하는 연장성이 있어야만 물체라고 할 수 있다. ☞ 0791.실체 / 0792.속성 / 0793.양태

로크의 경험론적 인식 이론은 데카르트의 (0794.   )을 부정하고 경험 이전의 인간의 정신을 (0795.   )라고 보고, 여기에 (0796.   )이 글씨를 씀으로 해서 인간의 인식이 형성된다는 것이다.

[해설·정답] 로크의 백지상태설을 설명한 것이다. 로크는 궁극적으로 감각 경험이나 우리 자신의 정신의 작용에 대한 반성으로부터 나오지 않은 관념은 가지고 있지 않으며 또 가질 수도 없다고 한다. 정신은 모든 지식의 재료를 경험에서 얻기 때문에 모든 인식은 경험에서 유래한다는 뜻이다. ☞ 0794.본유관념 / 0795.백지상태 / 0796.경험

서양 현대철학

0797. 현대철학의 전반적 경향에 대한 설명으로 잘못된 것은?

① 헤겔철학의 붕괴 내지 헤겔철학에의 반항

② 이상적, 이성적인 것에서 현실적, 실제적인 것으로의 전환

③ 실증주의적 철학의 지양 내지는 극복

④ 논리주의적이고 객관주의적

해설·정답 대부분의 20세기 철학은 헤겔의 철학사상을 공격함으로써 시작되었다는 점에서 현대철학은 헤겔 철학의 붕괴 내지 헤겔 철학에의 반항에서 비롯된 것이라고 말한다. 19세기 후반의 대부분의 유럽사상은 모두 실증주의적이라 해도 과언은 아니다. 그리고 이러한 실증주의 철학을 근거로 하여 헤겔의 이성 만능의 철학에 대항했다. ❸

0798. 다음 중 유물론자가 아닌 사람은?

① 마르크스　　② 포이어바흐　　③ 레닌　　④ 헤겔

해설·정답 헤겔은 절대적 관념론자이다. ❹

0799. 그리스 철학 시대에 유물론적 경향의 철학을 가진 사람은?

① 소피스트　　② 데모크리토스　　③ 헤라클레이토스　　④ 피타고라스

해설·정답 데모크리토스의 원자론에 따르면 원자(原子)와 공간(空間) 이외에는 아무것도 존재하지 않는다. 세계의 모든 사물의 성질은 이러한 사물을 구성하는 원자의 모양크가·위치 및 그 결합의 밀도(密度)로 설명할 수 있다. 모든 현상은 원자의 기계론적인 작용으로 일어나며 필연적으로 결정된다. 영혼의 작용도 원자의 한 작용으로 생각하였다. ❷

0800. 유물론의 특징이라고 말하기 어려운 것은?

① 과학주의　　② 결정론　　③ 무신론　　④ 관념론

해설·정답 원래 철학용어로서는 세계의 본성에 관한 존재론적인 측면에서는 유물론과 유심론(唯心論)을 대립시키고, 인식의 성립에 관한 인식론적인 측면에서는 실재론(實在論)과 관념론(觀念論)을 대립시키는 것이 올바른 용어법이다. 그러나 실제로 유물론은 관념론의 반대어로 사용된다. 유물론은 몇 가지 철학적 특징이 있다. 첫째, 그 시대의 자연과학이 이룬 성과를 철학적 입장의 근본으로 하는 '과학주의적' 태도를 취한다. 둘째, 존재하는 사물에 대한 인과율(因果律)의 지배를 인정하는 결정론적 사고방식을 취한다. 셋째, 법칙성의 인식에 관하여 감각만을 인식의 원천으로 인정하는 감각론적 입장을 취한다. 넷째, 존재하는 모든 것이 물질이라고 주장하는 유물론은 필연적으로 무신론을 취하게 된다. ❹

0801. 신은 초월적인 절대자가 아니라 인간이 자기의 이상과 소망을 외부로 투사해서 붙인 명칭에 불과하다고 한 사람은?

① 마르크스　　② 포이어바흐　　③ 레닌　　④ 헤겔

해설·정답 포이어바흐는 "신이란 실재하는 존재로 상상된, 즉 현실적인 존재로 탈바꿈한 인간의 소망에 불과하다"고 했다. ❷

0802. 『그리스도교의 본질』, 『종교의 본질』 등을 통하여 기독교 및 관념적인 헤겔철학에 대해 비판하고 유물론적인 인간 중심의 철학을 제기한 사람은?

① 마르크스   ② 포이어바흐   ③ 레닌   ④ 엥겔스

[해설·정답] 포이어바흐의 철학은 마르크스와 엥겔스에 의해 비판적으로 계승되었다. ❷

0803. 마르크스의 유물변증법은 헤겔 변증법의 내용에서 무엇을 대치했는가?

① 정신적 이념을 물질로   ② 이성을 자연으로

③ 이성의 역사를 투쟁의 역사로   ④ 역사를 시간으로

[해설·정답] 마르크스는 세계의 본질을 물질로 보고 헤겔 변증법의 핵심에서 정신적 이념 대신 물질로 바꾸어 세계의 발전도 이 물질이 모순에 의해 자체를 전개시켜 나가는 자기 운동의 과정이라 파악했다. ❶

0804. 마르크스가 말하는 변증법적 역사의 마지막 단계는 무엇인가?

① 노예제 사회   ② 봉건제 사회   ③ 자본주의 사회   ④ 공산주의 사회

[해설·정답] 인류 역사는 원시 공산사회에서 시작하여 노예제 사회, 봉건제 사회, 자본주의 사회, 사회주의 사회를 거쳐 종국에는 계급투쟁이나 억압, 그리고 더 이상의 혁명도 없는 이상 사회인 현실적 공산사회가 도래한다고 한다. ❹

0805. 변증법적 유물론과 가장 거리가 먼 것은?

① "부정의 부정"의 법칙   ② 대립물의 통일의 법칙

③ 인과의 법칙   ④ 양질전화의 법칙

[해설·정답] 변증법적 유물론은 정반합의 변증법적 토대 위에 사물, 현상을 상호간에 유기적으로 연관시켜 서로가 서로를 제약하고 한정하는 상관적인 전일체(全 體)로 본다. 또한 자연을 양적 변화에서 질적 변화로 전화하는 발전, 비약적 전화 형태로의 발전으로 본다. ❸

0806. 종교를 인간의 절대의존의 감정이라고 하고, 해석학을 인간의 순수한 감정 이입이라고 하여 근대 자유주의 신학의 아버지가 된 사람은?

① 피히테   ② 셸링   ③ 슐라이어마허   ④ 헤겔

[해설·정답] 슐라이어마허는 '종교 멸시자 중의 교양인에게 부치는 강연'이라는 부제를 붙인 『종교론』(1799)에서 "종교는 사유(思惟)도 아니고 행위도 아니며, 우주의 직관(直觀)이고 감정이다"라고 했다. 그는 『그리스도교적 신앙』에서는 종교를 인간의 정서적 경험으로 해석하여 "종교는 절대 의존(依存)의 감정으로서 신, 즉 무한에 대한 동경이다"라고 정의했다. 이러한 종교에 대한 정의는 그 이후로 종교에 대한 주정적(主情的)인 정의의 원형이 되었다. ❸

0807. 가장 근본적인 가치판단은 인간이 자연존재인 동시에 정신적인 인격이라는 판단으로서 이러한 인간이 자연에 대하여 정신의 승리를 얻는 실천적 활동이 종교라고 정의

186

한 사람은?

① 슐라이어마허　　② 리츨　　　　③ 하르낙　　　④ 불트만

[해설·정답] 독일의 리츨은 칸트의 인식론 위에 가치판단설을 세워 슐라이어마허와 함께 근대 자유주의 신학에 큰 영향을 미쳤다. 리츨학파에 속한 사람으로는 W.헤르만, J.카프탄, A.하르나크 등이 있었다. **②**

0808. 신학으로부터 형이상학을 배제하고 종교적 인식을 이론적 인식과 다른 가치판단으로서 특징지었으며, 경건주의와 신비주의를 비판하고 그리스도에서의 역사적 계시를 강조한 신학자는?

① 슐라이어마허　　② 리츨　　　　③ 하르낙　　　④ 불트만

[해설·정답] 리츨은 사랑의 공동체로서의 '하나님 나라'를 지상에 실현시키는 데 기독교의 사명이 있다고 강조하여 하나의 윤리적 또는 문화적 기독교를 제창했다. **②**

0809. 기독교를 일반적인 종교 현상의 하나로 취급하고, 주변의 아시리아, 바빌로니아, 이집트, 동방 밀의(密儀) 등의 문화사회·역사 등의 조건과 관련시키면서 그 성립과정을 해명하려고 한 학파는?

① 신정통파　　　② 신칸트학파　　③ 종교사학파　　④ 역사실증주의학파

[해설·정답] 종교사학파는 기독교가 다른 종교보다 탁월하고 특수한 계시종교라는 전제를 떠나서 일반적인 비교종교사의 비판적 연구방법을 적용하여 기독교를 연구한다. **③**

0810. 종교사학파의 계열에 들지 않는 신학자는?

① 궁켈　　　　　② 트뢸치　　　　③ 불트만　　　④ 라아너

[해설·정답] 종교사학파는 19세기 말부터 제1차 세계대전에 걸쳐 특히 독일에서 번성하여 바이스, 트뢸취, 디벨리우스, 불트만 등으로 이어졌다. **④**

0811. 다음 중 생철학자의 계열에 들지 않는 사람은?

① 쇼펜하우어　　② 헤겔　　　　　③ 딜타이　　　④ 베르그송

[해설·정답] 대표적인 생철학자는 쇼펜하우어, 딜타이, 짐멜, 베르그송 등이며, 혹자에 따라서는 니체를 여기에 포함하기도 한다. 헤겔은 독일관념론을 완성한 절대적 관념론자이다. **②**

0812. 생철학과 거리가 먼 개념은?

① 비합리주의　　② 직관적 방법　　③ 분석과 오성　　④ 의지와 충동

[해설·정답] 생철학은 분석과 오성을 통한 논리적이고 수학적인 방법이 다루지 못하는 삶의 생동적인 현실을 체험하고 파악함으로써 삶의 창조인 성격에 충실하려고 애썼다. **③**

철학, 쉽게 풀자!

0813. 생철학에 관한 설명으로 옳지 않은 것은?

① 비합리주의적 입장이다.

② 반주지적인 운동, 생성, 변화가 참된 존재라고 한다.

③ 쇼펜하우어, 딜타이, 베르그송 등으로 대표된다.

④ 개념과 판단에 의한 합리적 방법으로 생을 파악한다.

[해설·정답] 생철학은 근대 정신의 출발점이었던 인간의 이성을 거부한다. 왜냐하면 주관과 객관을 분리하는 사유의 객관화에 의해서는 주객이 대립되지 않은 삶의 본원적인 통일성을 파악할 수 없기 때문이다. ❹

0814. 다음 중 생철학에 대한 설명으로 잘못된 것은?

① 비합리적 의지를 중시한다.

② 계몽철학의 주지주의와 헤겔의 이성주의에 영향을 받았다.

③ 직관적이고 비합리적인 방법을 통한 생(生)의 의의, 가치, 본질을 파악하고자 했다.

④ 생(生)은 고정된 것이 아니라 역동적인 것으로 보았다.

[해설·정답] 생철학은 계몽철학의 주지주의와 헤겔의 이성주의에 반대한 반이성주의, 비합리주의 철학사상이다. ❷

0815. 생의 실체에 대한 생철학자들의 주장이 잘못 연결된 것은?

① 쇼펜하우어 – 맹목적 의지 　　② 니체 – 힘에의 의지

③ 짐멜 – 정신적·역사적 생 　　④ 베르그송 – 생명의 비약

[해설·정답] 쇼펜하우어는 생에의 맹목적 의지, 니체는 힘에의 의지, 딜타이는 정신적·역사적 생, 짐멜은 초월의 내재, 베르그송은 생명의 비약을 생의 실체로 파악한다. ❸

0816. 세계의 본질은 의지이며 그 의지는 비이성적이요 맹목적이라고 하면서 염세적 태도를 취한 사람은?

① 쇼펜하우어　　② 딜타이　　③ 베르그송　　④ 니체

[해설·정답] 쇼펜하우어에 따르면 맹목적으로 살려는 인간의 의지는 그저 의지이며 영원한 욕망이다. 이 의지는 아무런 뜻도 없고 괴로움뿐이다. ❶

0817. 쇼펜하우어와 관계가 없는 것은?

① 의지와 표상으로서의 세계 　　② 맹목적 의지

③ 생의 약동 　　④ 염세주의

[해설·정답] 쇼펜하우어는 세계가 오직 표상으로만 존재하고 자기 자신에 지나지 않은 타자와의 관계 속에만 존재하고 있다는 의미에서 "세계는 나의 표상이다"(Die Welt ist meine Vorstellung)라고 말했다. 또한 세계의 본질은 의지이며 그 의지는 비이성적이요 맹목적이기에 의지는 삶의 고뇌를 가져다준다는 염세적 입장을 취했다. 생의 약동은 베르그송의 개념이다. ❸

0818. 딜타이가 생의 일반적 특징으로 제시한 3가지의 연관에 들지 않은 것은?

① 구조연관   ② 진화연관   ③ 발전연관   ④ 획득연관

해설·정답 정신생활은 아무리 분석해도 결코 단순 요소로 환원될 수 없는 살아 있는 구조를 가진 통일체이다. 이것이 삶의 구조연관이다. 삶은 구조연관을 지닐 뿐 아니라 종적으로 발전하는 발전연관이다. 또한 삶은 역사적인 것이다. 과거의 구조연관으로서의 습관, 성격, 전통은 무의식적으로 나를 움직이고 있는 힘이다. 이렇게 역사 속에서 확실한 소유물이 된 과거의 체험이 획득연관이다. ❷

0819. 딜타이의 철학에서 같은 의미를 가진 것이라고 할 수 없는 것은?

① 구조연관   ② 생활연관   ③ 목적연관   ④ 획득연관

해설·정답 딜타이는 자기와 현실의 외적 환경 사이에는 상호관계가 있고, 바로 이 상호관계 속에 생이 있다고 본다. 그리고 이 생의 교섭을 구조연관이라고 했는데, 그것은 이지(理知)에 의해 현실이 인식되고, 이러한 현실인식의 기초 위에서 감정과 충동에 의해 가치가 결정되며, 이 가치결정 위에서 의지에 의해 목적이 실현되는 연관이다. 그래서 목적을 실현한다는 의미에서 구조연관을 목적연관 또는 생활연관이라고도 한다. ❹

0820. 딜타이가 공동성 속의 역사적인 삶을 구체적으로 이해하는 방식으로서 생의 내적 체험과 그 표현을 지속적이고도 객관적으로 이해하기 위해 제시한 인식방법은?

① 해석학적 방법   ② 분석적 방법   ③ 종교적 방법   ④ 현상학적 방법

해설·정답 딜타이에 의하면 외부에서 감성적으로 주어진 기호에서 내면적인 것을 인식하는 과정이 이해이고 지속적으로 고정된 표현의 방법적이고 기술적인 이해가 해석이라 한다. ❶

0821. 딜타이가 제시한 삶을 해석하는 3가지 방법은?

① 직관, 의지, 이성 ② 체험, 직관, 본능 ③ 체험, 표현, 이해 ④ 본능, 의지, 표현

해설·정답 체험은 근원적인 생을 직접적으로 파악하는 활동이다. 표현이란 내면에서 체험된 것이 외면화, 객관화된 것이다. 즉 체험이 생의 내재라면, 표현은 생의 외화이다. 생의 표현의 파악이 이해(Verstehen)이다. ❹

0822. 딜타이의 해석학적 인식론의 중심 개념들로 짝지어진 것은?

① 직관, 의지, 이성 ② 체험, 직관, 본능 ③ 체험, 표현, 이해 ④ 본능, 의지, 표현

해설·정답 딜타이에 따르면 생은 체험, 표현, 이해 내지 해석의 원환운동으로 그 내용을 더욱 더 풍부하게 한다. ❸

0823. 딜타이의 생철학적 개념에 관한 설명이다. 잘못된 것은?

① 체험이란 생을 직접적으로 파악하는 활동이지만 아직은 침묵하고 있는 사유이다.

② 표현이란 내면에서 체험된 것이 객관화, 외면화된 것이다.

③ 이해란 객관화된 표현의 파악이며, 표현된 것을 통하여 그 근거까지 꿰뚫어볼 수

있다.

④ 해석이란 예술작품이나 법제 같은 지속적이며 고정된 표현에 관한 기술적 이해를 말하는데, 이는 지극히 주관적일 수밖에 없다.

[해설·정답] 생을 생 자체로부터 이해하는 것을 목표로 하는 딜타이는 공동성 속의 역사적 삶을 파악하려고 한다. 딜타이가 공동성 속의 역사적인 삶을 구체적으로 이해하는 방식이 바로 해석(Auslegung)이요 그 해석의 의미를 밝히는 것이 해석학(Hermeneutik)이다. 딜타이에 의하면 외부에서 감성적으로 주어진 기호에서 내면적인 것을 인식하는 과정이 이해이고 지속적으로 고정된 표현의 방법적이고 기술적인 이해가 해석이라 한다. 딜타이는 삶을 해석하는 방도로서 세 가지를 제시했다. 체험, 체험의 표현, 체험의 이해가 그것이다. ❹

0824. 딜타이에 관한 설명으로 옳지 않은 것은?

① 생동하고 유동하는 생을 중심 과제로 하면서도 이것을 좀더 이론적으로 파악하려고 노력했다.

② 생은 단순한 흐름이라기보다 역사적으로 발전하는 흐름이다.

③ 생의 일반적 특징으로서 구조·발전·획득연관을 들고 있으며, 이러한 생을 파악하기 위해 이해의 방법을 사용해야 한다고 했다.

④ 베르그송과 마찬가지로 삶의 생동성은 오직 직관에 의해서만 드러난다고 했다.

[해설·정답] 생의 어떤 표현을 이해하게 될 때 그 이해는 생의 내적인 것과 외적인 것의 통일에서 이루어진다. 그러나 타인의 신체적 표현을 통해 이해할 때는 그것이 순간적이기 때문에 정확성이 부족하지만 예술작품이나 법제와 같이 지속적이며 고정적인 표현의 경우에는 좀더 기술적이고 정확하게 이해할 수 있다. 딜타이는 이렇게 지속적이고 고정된 표현의 기술적 이해를 해석이라 했다. 따라서 해석은 이해에 비해 더 객관적이라 할 수 있다. 이처럼 딜타이의 생은 체험, 표현, 이해에 의한 원환운동으로 그 내용이 더욱 풍부해진다. 이것이 바로 딜타이의 해석학적 방법이다. ❹

0825. 슐라이어마허의 해석학 연구를 거쳐, 역사적 생의 이해, 역사적 의미의 이해를 중심으로 하는 해석학의 방법론을 확립한 사람은?

① 쇼펜하우어 ② 딜타이 ③ 베르그송 ④ 니체

[해설·정답] 딜타이의 해석학과 역사철학은 실존철학, 문예학, 양식학(樣式學), 유형론(類型論)에 커다란 영향을 끼쳤다. ❷

0826. 생의 자기 초극을 철학적 특징이라고 말할 수 있는 생철학자는?

① 딜타이 ② 쇼펜하우어 ③ 베르그송 ④ 짐멜

[해설·정답] 짐멜 철학의 특징을 한 마디로 표현한다면 생의 자기 초극이라 할 수 있다. 그는 삶이란 단지 흐름만으로는 이해될 수 없다고 보고 삶이란 흐름일 뿐만 아니라 그 가운데서 형식과 한계를 스스로 설정한다고 했다. 흐름과 형식, 역동성과 정체성, 자유와 구속은 어떻게든 통일되어야 한다. 이에 관하여 짐멜은 자신의 주저 『삶의 직관』(Lebensanschauungen)에서 두 가지의 핵심적인 명제를 제시했다. 첫째는 "삶은 삶 그 이상(Mehr als Leben)의 것이다."이고 둘째는 "삶은 높은 단계의 삶(Mehr Leben)이다."이다. ❹

0827. 생은 현실적으로 한정된 자기의 범주를 끊임없이 초월해가는 '보다 이상의 생'이며, 동시에 언제나 창조적으로 자기에게 어떤 형태를 부여하는 것이라고 한 생철학자는?

① 딜타이　　　　② 쇼펜하우어　　　③ 베르그송　　　④ 짐멜

[해설·정답] 짐멜은 그는 생을 과학의 대상이 될 수 없는 비합리적인 것으로 간주하였고, 과학을 초월한 형이상학적 관점에서 생의 동적 구조를 밝히려 하였으며, 사회와 개인과의 상호작용 또는 상호적 행위의 총체라고 규정하였다. ❹

0828. 엘랑비탈, 즉 생명의 약동에 의하여 행해지는 생명의 창조적 진화를 주장한 생철학자는?

① 딜타이　　　　② 쇼펜하우어　　　③ 베르그송　　　④ 짐멜

[해설·정답] 베르그송은 도식적이고 체계적인 철학을 거부하고 기계론적이며 결정론적인 우주관에 대해서도 반대한다. 또 살아 있는 생명을 생명 그 자체로 보려는 유기체적이고 창조적인 세계관을 내세운다. 그래서 그는 우주의 본질을 지속과 생성으로 파악하려고 하며 순수한 지속으로서의 우리의 의식은 분할될 수도, 똑같이 두 번 반복될 수도, 역으로 흐를 수도 없으며 다만 기억에 의해서만 과거를 현재에 끌어들일 수 있다고 주장한다. 베르그송은 프랑스 유심론의 전통을 계승하면서도 다윈, 스펜서 등의 진화론의 영향을 받았다. ❸

0829. 베르그송의 창조적 진화에 대한 설명으로 옳지 않은 것은?

① 생물의 진화는 동물과 식물의 두 방향으로 진화되어 나아가는데 지성적 인간은 동물 진화의 정점(頂點)에 서 있다.

② 생명의 진화는 기계론적이고 목적론적이다.

③ 생명의 진화는 동적이며 예견 불가능한 내적 충동력인 엘랑비탈, 즉 생명의 비약에 의하여 행해진다.

④ 인간의 지성은 정적이며 고정화된 것을 다루는 능력이다.

[해설·정답] 삶은 고정된 것이 아니라 영원한 새로운 형성, 즉 창조적 진화이다. 그것이 바로 매순간 자신의 고유한 목표를 만들어 가는 '생명의 약동'(élan vital)이다. 진정한 실재는 단순히 외계의 조건에 의해서만 진화해 가는 것이 아니라 오히려 스스로의 생 충동에 촉구되어서 안으로부터 비약적으로 진화해 간다. 이처럼 세계는 부단한 창조적 진화 속에 있으며 우주 전체에는 근원적 생명의 진화, 즉 창조적 진화가 일관하고 있다. 결국 실재는 생명이요 생명은 부단한 창조적 생의 약동을 한다. 그러므로 이러한 생명은 자연과학의 필연법칙에 의해서 포착할 수 없다. 생명은 연장을 지닌 양적인 것이 아니라 질적인 강도를 가진 순수 지속이기 때문이다. 바꿔 말하면 자유로운 어떤 것을 결정적인 어떤 것으로 만들어 버리는 오성에 의해서는 삶을 파악할 수 없고 단지 직관에 의해서만 파악할 수 있다. 우리는 직관을 통해서만 순수지속의 참 뜻을 파악할 수 있다. 결국 창조적 진화는 예견 불가능한 엘랑비탈에 의하여 행해지기 때문에 기계론적도 아니고 목적론적도 아니다. ❷

0830. 베르그송의 철학에 대해 잘못 설명한 것은?

① 생은 절대적인 것으로 인간을 포함한 모든 사물이 각각 고유하게 지니고 있는 특유의 파동 또는 흐름이다.

② 생동하는 대상 파악을 위해서 개념을 통한 오성의 분석적 방법을 사용해야 한다.

철학, 쉽게 풀자!

③ 오성은 대상의 일반적, 보편적인 면, 즉 몰개성적인 면을 파악할 따름이다.

④ 생동하는 대상을 참으로 파악하기 위해서는 대상을 내부로부터 파악하는 직관적 방법을 사용해야 한다.

해설·정답 베르그송은 삶에 대한 분석에서는 기호와 개념을 사용하는 오성을 통한 분석을 비판한다. 오성은 제한된 지속적인 공간적 사물들을 제시할 뿐 결코 순수지속으로서의 구체적 시간은 파악할 수가 없다. 따라서 오성은 우리들에게 삶 자체가 아니라 단지 삶의 물리적 및 화학적 조건들만을 설명해 줄 수 있다. 이에 베르그송은 직관을 방법론으로 택하고 직관만이 사물과 생명의 본질을 파악할 수 있는 유일한 방법이라고 주장한다. 그래서 베르그송의 철학은 일반적으로 직관론, 직관철학이라고 불린다. ❷

0831. 베르그송의 직관에 관한 설명으로 옳지 않은 것은?

① 그것만이 가지고 있는 독특한 내부적인 것과 합일하는 정신적 공감이다.

② 종래의 이성주의 철학에서 말하는 예지적 직관과 동일하다.

③ 개념적인 껍질 속에 흐르는 생명에 몰아적으로 잠입하여 그 생명 자체를 흐르는 그대로 파악한다.

④ 대상을 외부로부터 파악하는 방법으로서 분석적 방법과는 다르다.

해설·정답 직관(intuition)은 오성과 반대의 능력을 가진 실제를 직접 파악하는 것이다. 즉 대상과의 언어로 표현할 수 없는 일치를 위해 대상의 내부에 자신을 옮기고자 하는 공감이며 사물을 전체로서 그리고 총체성으로서 파악하려는 그 자체 하나의 단순한 행위이다. 직관은 구체적이고 독창적인 실제를 파악하는 본능의 소산이며 능력이다. 그러나 직관이 곧 본능을 의미하는 것은 아니다. 베르그송이 말하는 직관이란 본능이 이해로부터 자유로워져서 자신을 의식하고 대상에 대하여 심사숙고하며 그 범위를 한없이 확장해 가는 발전된 본능이기 때문이다. 베르그송은 직관이 이성의 능력이 아님을 명백히 하면서도 직관에 의해서 실재하는 것을 직접 파악할 수 있다고 본다. 그리고 직관에 의해서 파악되는 것은 우리의 의식 속에 이미 들어 있는 개념들의 범주에 의해서 절단되고 왜곡된 사물이 아니라 생성하는 실제 그 자체라고 한다. 즉 직관의 능력에 의해서 파악될 수 있는 것은 부단한 생성, 변화, 운동, 흐름인 지속이며 이 지속을 올바르게 파악할 수 있는 방법은 직관뿐이다. ❷

0832. 베르그송의 철학적 특징을 나타내는 개념이 아닌 것은?

① 직관　　　② 순수지속　　　③ 생명의 약동　　　④ 신은 죽었다.

해설·정답 생명은 내적인 생명 충동, 동적이며 예견 불가능한 힘인 생명의 약동(엘랑비탈)에 의해서 창조적으로 진화하는데, 이것은 물질적 대상을 일률적으로 취급하는 능력인 지성에 의해서는 파악되지 않고, 생명의 내적인 본질을 지향하는 직관(直觀)에 의해서 파악할 수 있다고 설명하고 있다. ❹

0833. 베르그송은 주객 분립 이전의 대상의 내부 운동성에 대한 전체적인 파악을 무엇이라 했는가?

① 직관　　　② 체험　　　③ 표현　　　④ 이해

해설·정답 베르그송은 살아 있는 대상 자체를 총체적이고 동시적으로 파악하는 능력을 직관이라 했다. ❶

192

0834. 실용주의에 대한 설명 중 옳지 않은 것은?

① 지식 그 자체의 합리성을 중시한다.

② 지식을 생활상의 수단으로 간주한다.

③ 진리를 실제생활과의 관계에서 찾는다.

④ 진리를 우리의 행동과 관련해서만 고찰한다.

[해설·정답] 실용주의는 지식을 그 자체로서 다루지 않고 실제적 효용성에서 다룬다. ❶

0835. 실용주의의 진위와 진리의 기준은 무엇인가?

① 유용성　　　② 합리성　　　③ 가치성　　　④ 객관성

[해설·정답] 실용주의는 무엇이든 실제생활에 있어서 성공적이거나 만족스러운 결과를 만들어 낸다거나 편리하고 유용한 실제 효과(effect)를 나타낼 때 참이라고 한다. ❶

0836. 실용주의적 진리관과 관계가 깊은 사항들로만 묶여진 것은?

① 상대주의, 지성과 사물의 일치, 관념론

② 행위, 도구주의, 상대주의

③ 행위, 상대주의, 직관과 연역

④ 실재론, 예지적 직관, 실용성

[해설·정답] 실용주의는 진리를 행위와의 관계에서 살피기 때문에 실제적 유용성을 가져다주는 행위와의 관련에서 고찰한다. 따라서 실용주의적 진리관은 경험적이고 상대주의적 진리관이라 할 수 있다. ❷

0837. 실용주의적 인식론의 중심 개념들로 짝지어진 것은?

① 행위를 통한 검증, 도구주의, 상대주의

② 실험과학의 방법, 객관주의, 보편주의

③ 절대주의, 실제적 결과, 인식에 있어서 행위의 배제

④ 객관주의, 도구주의, 보편주의

[해설·정답] 실용주의는 구체적인 행동을 통해서 유용성을과 효용성을 검증하여 진위를 가리며, 생활의 유용한 도구가 되는 지식을 진리로 받아들이는 상대주의적 입장이다. ❶

0838. 실용주의에 부합하지 않은 것은?

① 진리의 상대주의　　　　　② 실험과학적 방법 도입

③ 지식의 생활수단화　　　　④ 보편적 지식 추구

[해설·정답] 실용주의는 상대주의이기 때문에 보편적 지식을 거부한다. ❹

0839. 실용주의에 대해 잘못 설명한 것은?

① 19세기의 진화론, 생물학, 생리학, 심리학에서 영향을 받았다.

② 전통적인 강단 철학을 비판적으로 배격하였다.

③ 지식은 수단으로서가 아니라 그 자체로서 다루려고 하였다.

④ 철학에 실험적 방법을 도입하고자 하였다.

[해설·정답] 실용주의에서는 지식을 그 자체가 아니라 반드시 삶에 필요한 실용적인 수단으로 간주한다. ❸

0840. 실용주의에 관한 설명으로 옳지 않은 것은?

① 지식은 실생활에 만족스런 결과를 만들어 내거나 유용한 효과를 나타낼 때 참이다.

② 실험적 방법을 논리적 분석의 영역에까지 확대, 적용시킨다.

③ 실용주의는 퍼스의 논문에서부터 출발한다.

④ 관념과 사실의 일치로서의 대응설을 부정한다.

[해설·정답] 실용주의적 진리관은 관념을 행동으로 옮겨 효과가 나타나는지의 여부와 관계된다. 따라서 실용주의는 관념과 사실의 일치를 진리로 인정하는 대응설적인 진리관이라 할 수 있다. ❹

0841. 실용주의의 창시자는 누구인가?

① 퍼스　　　② 제임스　　　③ 듀이　　　④ 베이컨

[해설·정답] 퍼스는 『월간 대중 과학』(Popular Science Monthly)이라는 잡지에 「신념과 고정」(The Fixation of Belief), 「어떻게 우리의 관념을 명료하게 할 것인가?」(How to Make Our Ideas Clear)라는 논문을 통해 실용주의의 취지를 설명했다. ❶

0842. 다음 중 실용주의 사상가가 아닌 사람은?

① 딜타이　　　② 듀이　　　③ 퍼스　　　④ 제임스

[해설·정답] 대표적인 실용주의 철학자는 퍼스, 제임스, 듀이이다. ❶

0843. 실용주의자와 그의 주요사상이 잘못 연결된 것은?

① 퍼스의 의미론　　　② 제임스의 현금가치설

③ 듀이의 도구주의　　　④ 베이컨의 우상론

[해설·정답] 실용주의 대표자는 퍼스, 제임스, 듀이이고, 그들의 실용주의 철학은 각각 의미론, 현금가치설, 도구주의라는 이름으로 특징지을 수 있다. ❹

0844. 퍼스는 진리를 어떻게 설명했는가?

① 회의에서 신념으로의 탐구를 통해　　　② 독립적인 형이상학적 실체를 통해

③ 직관적 지식을 통해　　　　　　④ 선험적 방법을 통해

해설·정답 퍼스는 회의에서 신념으로의 탐구를 통해 진리를 설명했는데, 탐구와는 독립적인 어떤 형이상학적인 실체가 아니라 과학적인 탐구를 통해 얻어진다고 했다. 퍼스는 모든 탐구가 궁극적으로 하나의 신념으로 수렴하며 그러한 수렴 과정 끝에 도달된 신념이 사유와는 무관하게 존재하는 실재와 부합한다는 의미에서 진리라고 주장한다. 이런 점에서 그는 실재론자라고 할 수 있다. ❶

0845. 의미 있는 생각이나 관념은 실제생활에 어떤 결과를 미쳐야 하며 특히 참인 관념은 실제생활에 유익한 결과를 가져와야 한다는 현금가치설을 주장한 실용주의자는?

① 퍼스　　　　　　② 제임스　　　　　　③ 듀이　　　　　　④ 베이컨

해설·정답 제임스는 실제생활에서 유용한 결과를 가져다주는 관념만을 진리로 부를 수 있다고 주장한다. 따라서 어떤 관념이 참인지의 여부를 알기 위해서는 그 관념이 초래하는 유용성을 평가해보지 않으면 안 된다. 오직 유용한 결과를 가져다주는 관념만이 참된 관념이다. 예를 들어 어떤 종교관 내지는 형이상학적인 세계관이 개인의 삶에 좋은 결과를 가져왔다면 그러한 신념들은 모두 참된 신념으로 정당화될 수 있다. 이러한 점에서 신에 대한 신앙이 실생활에 유익하다면 신이 참으로 존재하느냐 존재하지 않느냐에 관계없이 역시 진리라고 한다. 제임스가 진리의 기준을 실제 효과에 두고 경험을 통하여 진위를 판단한다는 점에서 그의 철학은 선험적 주지주의에 반대하는 경험적 행동주의이다. ❷

0846. 실용주의를 도구주의의 형태로 정식화한 사람은?

① 퍼스　　　　　　② 제임스　　　　　　③ 듀이　　　　　　④ 베이컨

해설·정답 듀이에 따르면 이론이나 관념은 그 자체로서 가치가 있는 것이 아니라 오직 문제 해결의 도구로서 효과가 있을 경우에 한해서만 가치를 갖게 된다. 이것이 듀이가 말하는 소위 도구주의 (Instrumentalism)이다. 듀이의 도구주의는 논리와 과학적 방법에 관한 이론이자 윤리적인 분석과 비판의 원리이다. ❸

0847. 이론이나 관념은 그 자체로서 가치가 있는 것이 아니라 오직 문제 해결의 도구로서 효과가 있을 경우에 한해서만 가치를 갖게 된다는 것과 가장 직접 관계되는 것은?

① 퍼스의 의미론　　　　　　　② 제임스의 현금가치설

③ 듀이의 도구주의　　　　　　④ 미국의 실용주의

해설·정답 우리의 모든 이론 체계라든가 관념은 우리가 처한 실제적인 문제상황을 극복하기 위한 탐구 과정에서 제안된 하나의 가설에 불과한 것으로서 단지 문제 해결을 위한 도구적인 의의밖에 없다는 것이 듀이의 도구주의이다. ❸

0848. 듀이의 철학에서 탐구란 무엇을 뜻하는가?

① 보편타당한 지식을 기초로 한 지성적 행위

② 논리적 추론을 통한 객관성에로의 접근 과정

③ 구체적인 경험으로부터 추상적인 사유에로의 포괄적 관점의 상승

④ 불확정 상황에서 확정된 상태로의 전환, 즉 문제 상황의 해결과정

[해설·정답] 듀이에 따르면 인간은 숲 속에서 길을 잃은 경우처럼 어떤 불확실한 상황에 부딪쳤을 때 지적인 탐구(inquiry)를 하게 된다. 다시 말해 탐구는 절실한 난관에 부딪쳐서 지적인 망설임과 내적인 갈등을 겪음으로써 시작되며 더 이상 회의를 할 필요가 없어지는 상황을 마련함과 동시에 끝나게 된다. ❹

0849. 다음 중 듀이의 사상과 거리가 먼 것은?

① 도덕의 기준은 사회적 자아이다.

② 성장하고 진보하는 도덕적 가치가 최고선이다.

③ 실제 생활에 유용하다고 검증된 지식만이 참이다.

④ 합리론과 관념론의 전통을 계승했다.

⑤ 사회의 개선 발전에 유용한 가치가 옳은 가치이다.

[해설·정답] 실용주의의 대표자 듀이는 성장하고 진보하며 발전하는 경험적 가치를 중히 여기고 도덕의 기준은 사회적 자아라고 주장했다. 진리는 실생활에 유용한 도구의 역할을 하는 것이라는 도구주의를 주장했다. ❹

0850. 듀이의 지식론을 무엇이라 부르는가?

① 행동주의　　　② 도구주의　　　③ 실용주의　　　④ 실증주의

[해설·정답] 듀이의 실용주의는 이론이나 관념은 그 자체로서 가치가 있는 것이 아니라 오직 문제 해결의 도구로서 효과가 있을 경우에 한해서만 가치를 갖는다는 도구주의(Instrumentalism)이다. ❷

0851. 듀이가 말한 앎과 탐구에 관한 설명으로 잘못된 것은?

① 불확정적 문제 상황에 처했을 때 이를 해결하는 과정에서 앎이 발생한다.

② 앎이란 의식 속에서의 궁리로서 경험과는 무관하게 확보된다.

③ 불확정적 상황에서 가설을 설정하고 추리된 결과를 실험을 통해 확증함으로써 확정된 상황에 다다르는 과정이 탐구과정이다.

④ 앎이란 불확정적 상황에서 확정적 상황에로의 전환을 말한다.

[해설·정답] 듀이뿐 아니라 실용주의 철학자들은 모두 지식을 경험과 행동에 연결시킨다. ❷

0852. 현상학과 관계가 깊은 사항들로만 짝지어진 것은?

① 노에시스-노에마, 절대적 관념론, 생활세계

② 의미형성작용, 제일원리, 연역

③ 노에시스, 생활세계, 관찰과 귀납

④ 구성, 물자체, 선험적 관념론

[해설·정답] 후설 현상학에 따르면 모든 존재는 주관에 의해 구성된 의미로서만 존재 타당성을 갖는다. 따라서 현상학은 선험적 현상학 또는 선험적 관념론이 된다. 나아가 선험적 주관은 모든 존재의 가능 근거이기 때문에 절대적 주관이라 할 수 있다. 따라서 선험적 현상학은 절대적 관념론을

이루게 된다. ❶

0853. 후설의 관념론의 성격은?

① 절대적 관념론   ② 객관적 관념론   ③ 경험적 관념론   ④ 후천적 관념론

해설•정답 후설의 관념론은 선험적인 절대적 관념론이다. 후설은 주관은 대상을 단순히 표상하는 것이 아니라 대상을 구성하는 생산적 기능을 지니기 때문에 선험적 주관이라고 한다. 또한 후설은 주관이 대상을 형성하는 작용을 노에시스(noesis)라고 하고 노에시스의 결과 이루어지는 의미형성체를 노에마(noema)라고 한다. 그리고 노에시스가 노에마를 형성하는 과정이 구성(Konstruktion)이다. 곧 구성은 대상에 의미를 부여하는 작용이다. 이처럼 선험적 주관이 있으므로 해서 비로소 대상이 있을 수 있다는 점에서 후설의 현상학을 선험적 관념론이라고 한다. ❶

0854. 후설의 현상학에 관한 설명으로 옳지 않은 것은?

① 전기의 선험적 관념론과 후기의 생활세계적 현상으로 구분된다.

② 전기 저작 속에서도 후기 사상의 요소가 발견된다.

③ 자연의 현상을 다룬다는 점에서 유물론적이라 할 수 있다.

④ 현대판 형상과 질료의 종합에로의 노력이라 할 수 있다.

해설•정답 후설의 현상학이라고 했을 때의 현상은 자연현상이 아니라 사상(事象) 그 자체이다. ❸

0855. 다음 철학자들 중에서 현상학 전통에 속하지 않은 사람은?

① 후설   ② 하이데거   ③ 야스퍼스   ④ 사르트르

해설•정답 후설은 현상학 운동의 지휘자라 할 수 있는데 후설의 현상학은 하이데거와 사르트르로 이어졌다. 하이데거는 후설 현상을 발판삼아 존재의 의미와 인간 실존의 뿌리를 추적했고 사르트르는 현상학적 실존주의를 개척했다. ❸

0856. "사상 그 자체에로"와 관계가 깊은 것은?

① 분석철학   ② 실존주의   ③ 현상학   ④ 실증주의

해설•정답 후설의 현상학은 "사상(事象) 그 자체에로!"(Zu den Sachen selbst!)라는 슬로건으로 철학의 사변적 구성을 완강히 반대한다. ❸

0857. 현상학의 학문적 성격을 지칭하는 것이 아닌 것은?

① 엄밀학   ② 기초학   ③ 경험학   ④ 제일철학

해설•정답 후설의 현상학의 철학 이념과 근본 동기는 자신의 저서 제목과 같이 『엄밀한 학문으로서의 철학』(Philosophie als strenge Wissenschaft)을 목표로 인식의 명증적인 지반을 찾고 이 지반이 모든 인식의 최종적인 원천임을 철저히 규명하려 함이다. 엄밀학(嚴密學)이란 절대 명증적인 제일원리에 관한 학, 즉 제일철학이란 뜻이다. 그러므로 현상학은 모든 철학 중의 제일철학이고자 하므로 여러 철학 중의 하나의 철학이 아니라 모든 철학, 모든 학의 기초학이라는 성격을 띤다. ❸

0858. 현상학의 성격이 아닌 것은?

① 현상학이라는 말 그대로 사물의 현상에만 관계한다.

② "최종적인 정초에서 유래하는 학문", "최종적인 자기 책임에서 유래하는 학문"을 목표로 한다.

③ 현상학은 모든 철학 중의 제일철학이고자 하므로 여러 철학 중의 하나의 철학이 아니라 모든 학의 기초학(基礎學)이다.

④ 선입견을 배제하고 소여된 사상을 직관, 기술함으로써 순수의식의 선천적 구조를 구명하려고 한다.

[해설·정답] 후설은 먼저 선입견을 배제하고 사상 그 자체에로 돌아가서 소여된 사상을 직관, 기술함으로써 순수 의식의 선천적 구조를 구명하려고 했다. 이것이 현상학의 근본 태도이다. ❶

0859. 데카르트와 후설이 목표한 학문의 공통적인 성격은?

① 엄밀학   ② 무전제학   ③ 경험학   ④ 이성학

[해설·정답] 엄밀학(嚴密學)이란 이런 의미에서 절대 명증적인 제일원리에 관한 학, 즉 제일철학이란 뜻이다. 현상학이 엄밀한 학문으로서의 철학의 이념을 실현할 수 있는 이유는 바로 그 출발점의 명증성을 철저하게 해명하는 데에 있다. ❶

0860. 후설이 의식과 대상 사이의 상호연관적 관계를 파악할 때 대상에 대한 의식의 특징을 무엇이라고 했는가?

① 내면성   ② 객관성   ③ 실체성   ④ 지향성

[해설·정답] 의식은 반드시 '그 무엇에 대한' 의식이며 객관적인 어떤 대상과의 일종의 독특한 관계이다. 의식은 언제나 무엇에 대한 의식으로서 결코 공허한 의식이 아니라 대상을 가지고 있으며 생각되는 것 없는 생각이나 판단되는 것 없는 판단, 느껴진 것 없는 느낌은 있을 수 없다고 할 때 후설은 이 의식이 대상과 갖는 관계를 지향성이라고 부르고 이것을 의식의 본질적 특성이라고 했다. ❹

0861. 현상학에서 말하는 현상이란 무엇인가?

① 주체에 의해 의미가 부여된 관념적인 것이다.

② 본질과 완전히 구분되는 것이기 때문에 진리 인식의 대상이 될 수 없다.

③ 그 자체로 주어지는 사실적인 것이다.

④ 경험에서 추상된 추상태이다.

[해설·정답] "사상(事象) 그 자체에로!"(Zu den Sachen selbst!)라는 현상학의 슬로건은 현상학이 말하는 현상이 그 자체로 주어지는 사실적인 것이라는 사실을 잘 말해준다. ❸

0862. 후설은 선입견을 배제하고 사상 그 자체에로 돌아가서 소여된 사상을 직관, 기술함으로써 순수 의식의 선천적 구조를 구명하려고 한 현상학의 근본 동기를 누구에게서 영향 받았다고 했는가?

① 플라톤 　　　② 데카르트 　　　③ 칸트 　　　④ 헤겔

[해설·정답] 후설 자신은 현상학의 동기가 데카르트의 저 유명한 『제일철학에 관한 명상』에서의 이른바 "cogito ergo sum"에서 영향을 받았다고 고백했다. 그는 데카르트의 정신에 따라 철학의 새로운 정초를 시도한 바, 데카르트가 체계적 회의를 택했던 반면에 후설은 단순히 자신의 경험에 대한 어떠한 판단도 유보했을 뿐이었다. ❷

0863. 다음 중 같은 의미라 볼 수 없는 것은?

① 현상학적 환원 　　　　　　　② 현상학적 판단중지

③ 에포케(Epoche) 　　　　　　④ 회의

[해설·정답] 후설은 현상학이 엄밀학으로서의 철학으로 정초되기 위해서는 의심할 수 없는 확실하고 절대적인 시원을 찾아야 했으며 이를 위해 그가 창안한 방법이 바로 환원(Reduktion), 판단중지(Epoche), 괄호침(Einklammerung), 제거(Ausschaltung) 등의 술어로 지칭되는 현상학적 방법이다. ❹

0864. 현상학에서 형상적 환원과 선험적 환원의 두 단계의 수속을 거쳐 획득한 현상학적 잔여(殘餘)를 가리키는 개념이 아닌 것은?

① 선험적 주관성 　　② 순수자아 　　③ 순수의식 　　④ 순수형상

[해설·정답] 후설은 현상학이 엄밀한 제일철학으로서 확립되려면 그 기반이 될 시원 자체가 절대적 확실성 내지 절대적 불가의성, 즉 필연적 명증성을 가져야 한다고 보고 이러한 명증성을 갖지 못한 것을 괄호에 넣어 배제하고 근원적인 기반을 찾으려 했다. 그리고 그는 현상학의 대상 영역인 순수 의식의 세계를 우리 눈앞에다 이끌어 내기 위한 예비적 행위 내지 방법을 '현상학적 환원' 또는 '현상학적 판단 중지'라 하고 이 방법에 의해 도달된 기반을 순수 의식으로서의 선험적 주관성, 즉 순수 자아라 했다. ❹

0865. 후설의 현상학에서 의식은 반드시 '그 무엇에 대한' 의식이며 객관적인 어떤 대상과의 일종의 독특한 관계라는 점에서 의식의 본질을 무엇이라고 규정했는가?

① 상관성 　　　② 지향성 　　　③ 간주관성 　　　④ 상호연관성

[해설·정답] 지향성은 대상으로서의 어떤 것에 의식이 향하고 있음을 의미한다. 그가 말하는 지향성은 나의 의식의 모든 대상들은 나에 의해 의도되고 구조되고 구성된 어떤 것이라는 뜻이다. 그러므로 그 어떤 대상에 관한 의식이 되지 않는 의식이란 없다. 결국 지향적 의식은 대상화 작용으로서 지향성의 관계는 대상화의 의식작용을 말한다. ❷

0866. 후설 현상학에서 의식의 작용적 측면과 의식의 내용적 측면으로서의 상관관계를 구성하고 있는 것은 무엇인가?

① 주관과 객관 　　② 대상과 주체 　　③ 노에시스와 노에마 　　④ 사물과 의식

[해설·정답] 의식의 본질인 지향작용은 대상을 대상으로 성립케 하는 작용이기 때문에 대상은 언제나 지향 작용에 의해서 형성된 형성체이다. 따라서 의식의 내면에도 작용적인 요소와 대상적 요소가 구별되는데 전자를 노에시스(noesis)라고 부르고 후자를 노에마(noema)라고 부른다. ❸

철학, 쉽게 풀자!

0867. 후설 현상학에서의 노에시스와 노에마에 대한 설명이다. 옳지 않은 것은?

① 의식작용-의식대상　　　② 의미형성작용-의미형성체

③ 작용적 측면-내용적 측면　　④ 주관-객관

[해설·정답] 후설에 따르면 우리의 의식은 의식하는 작용과 의식되는 대상과의 양극을 갖는 주관과 객관의 상관관계로서 성립한다. 의식의 본질인 지향작용은 대상을 대상으로 성립케 하는 작용이기 때문에 대상은 언제나 지향 작용에 의해서 형성된 형성체이다. 따라서 의식의 내면에도 작용적인 요소와 대상적 요소가 구별되는데 전자를 노에시스(noesis)라고 부르고 후자를 노에마(noema)라고 부른다. 달리 말하면 주관이 감성적으로 받아들인 질료에 의미를 부여하는 작용, 즉 대상을 형성하는 작용을 노에시스라고 하고, 그 결과 이루어진 의미 형성체를 노에마라고 한다. 그리고 이렇게 노에시스가 질료를 소재로 하여 노에마를 형성하는 것을 후설은 구성(Konstitution)이라고 했다. 의식의 형성 작용과 형성체, 노에시스와 노에마가 서로 상관관계에 있다는 것이 바로 지향적 의식의 근본 구조이다. ❹

0868. 현상학적 판단중지를 의미하는 그리스적 배경을 가진 용어는?

① 이데아　　　② 에이도스　　　③ 에포케　　　④ 로고스

[해설·정답] 판단중지를 의미하는 '에포케'(Epoche)라는 용어는 이미 그리스 말엽에 객관적 인식의 불가능을 확신한 회의론자 피론(Pyrrhon)이 단정적 판단을 중지하라는 의미로 사용했던 적이 있으나 후설은 피론과는 반대로 인식의 가능성을 입증하기 위해 판단중지를 수행한다. ❸

0869. 어떤 사물에 관한 우리의 일상적인 판단을 배제하거나 그 타당성을 일단 괄호 속에 묶어 무효화함을 의미하는 것은?

① 노에시스　　　② 노에마　　　③ 지향성　　　④ 판단중지

[해설·정답] 후설이 말하는 판단중지란 어떤 사물에 대한 진술이 진이라거나 위라고 단정적으로 주장하지 않음을 의미하는 것이 아니라 다만 어떤 사물에 관한 우리의 일상적인 판단을 배제하거나 그 타당성을 일단 괄호 속에 묶어 무효화함을 의미한다. ❹

0870. 우리가 일상적으로 취하고 있는 무비판적이고 생래적인 태도, 즉 세계가 지각된 그대로 실재한다고 확신하고 있는 자연적 태도를 버리고 사실의 본질을 그 직접성, 구체성에서 직관하는 것을 무엇이라고 하는가?

① 현상학적 환원　② 형상적 환원　③ 현상적 환원　④ 선험적 환원

[해설·정답] 형상적 환원은 자연적인 태도로부터 형상적인 태도로의 전환이다. 자연적 태도는 일상적인 태도로서 소박한 실재론적 태도이며 개인적이고 주관적인 태도를 말한다. 그러한 자연적인 태도는 형상적 환원에 의해 배제하거나 괄호 속에 넣어진다. ❷

0871. 형상적 환원의 과정에 포함되지 않은 것은?

① 판단중지　　　② 자유로운 변경　　　③ 분석과 기술　　　④ 내재화

[해설·정답] 형상적 환원은 판단중지, 자유로운 변경, 분석, 기술을 통해 사물의 본질을 찾아내는 것이기 때문에 본질적 환원이라고도 한다. ❹

0872. 다음 중 후설의 현상학에 가장 큰 영향을 받은 실존철학자는?

① 니체 　　　　② 키르케고르 　　　③ 야스퍼스 　　　④ 하이데거

해설·정답 하이데거는 그의 주저 『존재와 시간』을 "존경과 우정의 정으로" 스승 후설에게 바쳤는데 후설과 그의 현상학이 없었다면 이 책이 나오지 못했을 것이라고 말할 정도로 자신의 철학이 후설의 현상학에 영향을 받고 있음을 고백했다. ❹

0873. 후설의 현상학에 영향을 받은 실존철학자는?

① 키르케고르, 야스퍼스 　　　　② 야스퍼스, 하이데거

③ 하이데거, 사르트르 　　　　　④ 사르트르, 키르케고르

해설·정답 하이데거는 후설의 제자로서 그의 존재론에 큰 영향을 받았으며, 사르트르는 후설의 현상학과 하이데거의 존재론의 영향을 받았다. ❸

0874. 실존주의에 대한 설명으로 잘못된 것은?

① 인간이란 결코 이성이나 논리에 의해 완전히 설명될 수 있는 것이 못 된다는 생각에서 출발한다.

② 실존의 본질과 구조를 밝히려는 철학적 입장이다.

③ 소외되고 상실된 인간을 구제하려는 철학이다.

④ 전체성 속의 인간의 현실 존재에 관계한다.

해설·정답 실존철학은 인간을 이성이나 논리, 과학 등의 합리적 체계로는 결코 파악할 수 없는 구체적이고 개별적인 단독자로서의 존재로 본다. ❹

0875. 실존주의 철학자라고 말하기 어려운 사람은?

① 하이데거 　　　② 사르트르 　　　③ 키르케고르 　　　④ 후설

해설·정답 후설은 실존주의자가 아니라 현상학의 창시자로서 하이데거와 사르트르의 실존철학에 매우 큰 영향을 미쳤다. ❹

0876. 실존철학자들에 대한 설명이 옳지 않은 것은?

① 키르케고르는 인간 실존을 신 앞에 선 단독자로 규정했다.

② 야스퍼스는 인간 실존의 한계상황를 드러냈다.

③ 하이데거는 실존의 현존재 분석을 통해 인간 실존을 드러냈다.

④ 사르트르는 인간 실존이 보편적 본질에 지배된다고 보았다.

해설·정답 사르트르에 따르면 인간은 처음에는 아무것도 아니기 때문에 정의될 수 없다고 한다. 인간의 본질에 대한 규정은 본래부터 있었던 것이 아니다. 단지 인간은 스스로 자기를 실현해 가는 한에서 존재한다. 인간은 스스로 미리 내던진 자기의 가능태를 향하여 자기를 실현해 가는 존재이다. 결국 인간은 단지 실존하고 자신의 자유로운 선택에 의해 행동하며 그 후에야 비로소 스스로가 만들어 내는 바의 무엇, 곧 그 자신의 본질적인 자아로 된다. 그래서 사르트르는 인간은 사물 존재

나 도구 존재와 같이 어떤 본질에 의해 규정되어 존재하는 것이 아니고 우선 존재하며 자기 자신과 대면하고 세계 내에 출현하며 그 뒤에야 자신을 정의한다는 의미에서 "실존은 본질에 앞선다"라고 했다. ④

0877. 무신론적 실존 철학자로 볼 수 없는 사람은?

① 니체　　　　② 하이데거　　　③ 사르트르　　　④ 마르셀

[해설•정답] 실존철학의 계보를 사르트르의 말에 좇아 두 부류로 나누어 말한다면 니체, 하이데거, 사르트르는 무신론적이고, 키르케고르, 야스퍼스, 마르셀 등은 유신론적이다. 그러나 사람에 따라서는 이 밖에도 작품 내용이 실존의 모습을 담고 있는 체호프, 릴케, 카프카, 카뮈 등과 같은 문학권에 있는 사람들을 포함시키기도 한다. ④

0878. 니체 철학의 궁극적 목적은 무엇인가?

① 기독교 비판　　② 가치 전도　　③ 진화론 옹호　　④ 신의 죽음

[해설•정답] 니체는 종래의 철학 및 초감성적인 가치관을 철저히 부정하고 현실적 삶의 긍정을 통해 새로운 가치에로의 전환을 시도하였다. 그것이 그의 철학의 목표이자 전체 내용이다. 즉 니체는 기독교로 대표되는 가치관에 의해 압살 당하는 인간의 위기에서 벗어나기 위해 신의 죽음을 선언하고 힘에의 의지(Wille zur Macht)를 통한 초인을 이상으로 삼아 그리스적인 것에 근거를 두고 가치전도를 위해 기독교의 비판과 극복을 자신의 철학의 최대 과제로 삼았다. ❷

0879. 다음 중 니체의 중심 사상으로 볼 수 없는 것은?

① 힘에의 의지　　② 초인　　　③ 영원회귀　　　④ 양보의 미덕

[해설•정답] 니체의 철학의 중심 테마는 5가지라고 말한다. 가치전도, 허무주의, 초인, 힘에의 의지, 영원회귀가 그것인데 그 외에도 디오니소스적인 것, 운명애 등도 빼놓을 수 없다. ④

0880. 니체가 종래의 도덕을 비판할 때 기독교적 윤리에 대한 반발로서 선악(善惡) 대신에 내세운 가치 기준은?

① 현실과 이상　　② 강약　　　③ 차안과 피안　　④ 이성과 감성

[해설•정답] 니체의 종래 도덕에 대한 비판은 기독교적 윤리에 대한 반발로서 선악(善惡) 대신에 강약(強弱)이라는 가치기준을 대치시킴으로써 도덕에 있어서 가치전도를 꾀한다. ❷

0881. 니체가 『비극의 탄생』에서 디오니소스적인 것이 우세한 그리스 문화가 그의 철학부터 퇴락하기 시작했다고 비판한 철학자는?

① 소크라테스　　② 플라톤　　　③ 아리스토텔레스　④ 플로티노스

[해설•정답] 니체는 냉철한 아폴로적인 것 대신에 황홀한 디오니소스적인 것이 우세한, 혹은 두 요소가 서로 조화를 이루는 아티카 비극 시대를 정점으로 생각하며 오히려 소크라테스로부터 퇴락의 길을 걷기 시작했다고 한다. ❶

0882. 니체는 기독교의 선악과 자신의 강약의 가치기준에 의한 도덕을 어떻게 대비시켰는가?

① 은혜도덕, 율법도덕   ② 노예도덕, 군주도덕

③ 이성도덕, 감성도덕   ④ 선악도덕, 강약도덕

해설·정답 니체는 선악이라는 예속적인 가치규범에 얽매인 도덕을 가축 또는 노예도덕이라 부르고 강약이라는 지배적인 가치규범에 속해 있는 도덕을 군주도덕이라고 불렀다. ❷

0883. 니체가 파악한 세계의 본질이요, 생명의 근본 성격이자 존재의 가장 내적인 본질은 무엇인가?

① 리비도(libido)   ② 힘에의 의지   ③ 맹목적 의지   ④ 생명의 약동

해설·정답 니체는 세계의 본질을 같은 것이 늘 되돌아오는 회귀 속에서 보다 더 강하고 많은 힘을 추구하려는 힘에의 의지로 규정하고 우주의 모든 변화와 움직임은 모두 힘을 더 얻고자 하는 부단한 의지에 의해 이루어진다고 했다. 곧 삶의 내적 본질은 '힘에의 의지'(Wille zur Macht)라는 말이다. ❷

0884. 니체가 말한 "신은 죽었다"(Gott ist tot)에 관한 설명이 잘못된 것은?

① 플라톤주의적인 서양철학이 끝났음을 선언한 말이다.

② 새로운 가치전환을 예고한 말이다.

③ 강력한 현세 중심적 사상을 주장한 말이다.

④ 신은 기독교적 유일신인 여호와를 가리키는 것이 아니다.

해설·정답 신의 죽음은 니체가 플라톤적 이원론이라고 이해하는 서양철학이 끝났음을 선언한 말이며 새로운 가치전환을 예고한 말이기도 하다. 즉 인간에 대한 초월적 원리의 지배의 부정임과 아울러 내재적 원리의 지배를 예고하는 선언이기도 하다. 죽음을 선언한 니체의 신은 직접적으로 기독교적 유일신인 여호와(Jehovah)를 의미한다. 동시에 그가 거부하는 플라톤적 형이상학을 통칭하는 것으로서 이원론과 목적론에 근거한 모든 형이상학적 세계 내지 가치체계를 뜻한다. 니체의 신은 최고의 초감각적인 존재로서 우리의 삶에 의의와 가치를 부여하는 모든 가치의 중심적 근거가 되는 최고 가치로서의 그 무엇을 가리킨다. ❹

0885. 삶의 의미를 함몰시킨 기존의 가치관, 즉 플라톤적이고 기독교적인 이원론적 세계관을 극복하고 지상에서의 삶의 의미를 회복시켜야 한다는 생각에서 "신은 죽었다."고 선언한 철학자는?

① 키르케고르   ② 사르트르   ③ 니체   ④ 하이데거

해설·정답 삶의 의미를 함몰시킨 기존의 가치관, 즉 플라톤적이고 기독교적인 이원론적 세계관을 극복하고 지상에서의 삶의 의미를 회복시켜야 한다는 니체의 생각은 그의 주저 중 하나인 『짜라투스트라는 이렇게 말했다』(Also sprach Zarathustra)에서 "신은 죽었다"(Gott ist tot)라는 말로 표현된다. ❸

0886. 최고 가치요 삶의 의의였던 신의 죽음을 선언함으로써 최고 가치의 무가치화로 인한 허무주의를 극복하기 위해 니체가 내세운 이상적 인간형은?

① 슈퍼맨　　　　② 초인　　　　　③ 도인　　　　　④ 철학자

[해설·정답] 초인은 하등의 초자연적 초현실적인 존재가 아니다. 그것은 현실에서 태어나 성장하고 있는 인간이 노력에 의하여 도달할 수 있는 하나의 이상적인 인간의 모습이다. 즉 초인은 가치전도를 담당하고 힘에의 의지를 구현할 뿐 아니라 이원론적인 세계관으로부터 자신을 해방한 인간이다. ❷

0887. 힘에의 의지를 자기의 의욕으로 삼고 자기 자신을 그 힘에의 의지의 본성에 맞추어서 욕구하는 이상적 인간상을 니체는 무엇이라고 했는가?

① 초인　　　　　② 신　　　　　③ 도인　　　　　④ 현자

[해설·정답] 초인은 힘에의 의지를 자신의 본질로 깨달은 새로운 인간이요 생명의 본래적인 가치 창조자임과 동시에 인간 최고의 모범적 유형이다. ❶

0888. 헤겔의 이성주의에 반대하고 구체적이고 현실적이고 개별적이고 주체적인 자기 존재를 최대의 관심사로 삼아 진리는 객관적, 합리적인 것이 아니라 주체적이고 개별적인 것이라 하여 "주체성이 진리이다"고 했던 실존철학자는?

① 니체　　　　② 키르케고르　　　③ 야스퍼스　　　④ 하이데거

[해설·정답] 키르케고르는 실존의 개념을 인간 존재에 국한시키고 실존으로서의 인간은 일반적, 보편적 인간이 아닌 개별적이요 구체적으로 존재할 수밖에 없고 고독한 자일 수밖에 없는 존재라고 했다. ❷

0889. 진리는 객관적, 합리적인 것이 아니라 주체적이고 개별적인 것이라 하여 "주체성이 진리이다"고 한 실존철학자는?

① 키르케고르　　　② 사르트르　　　③ 야스퍼스　　　④ 하이데거

[해설·정답] 키르케고르는 "전체성이 진리이다"고 한 헤겔의 이성주의에 반대하고 구체적이고 현실적이고 개별적이고 주체적인 자기 존재를 최대의 관심사로 삼아 진리는 객관적, 합리적인 것이 아니라 주체적이고 개별적인 것이라 하여 "주체성이 진리이다"고 했다. ❶

0890. 키르케고르의 실존과 관련이 없는 것은?

① 실존은 객관성이 아니고 주관성이다.　② 실존은 외면성이 아닌 내면성이다.

③ 실존은 보편자가 아닌 단독자이다.　　④ 시간적 우연성이 아닌 영원한 필연성이다.

[해설·정답] 키르케고르는 헤겔과는 반대로 실존은 "영원한 필연성이 아닌 시간적 우연성이다"고 했다. ❹

0891. 키르케고르와 관계가 먼 것은?

① 단독자　　　　② 주체성　　　　③ 전체성　　　　④ 예외자

[해설·정답] 키르케고르가 말하는 주체성이란 이성주의에서의 추상적인 순수 자아나 인식론적 주관을 말하는 것이 아니라 이른바 예외자, 단독자로서의 주체를 말한다. ❸

0892. 키르케고르는 어떠한 원칙이나 궁극적 목적도 없이 그 날 그 날 향락 속에서 자기를 찾는 삶을 사는 인간을 무엇이라 했는가?

① 미적 실존　　② 윤리적 실존　　③ 종교적 실존　　④ 철학적 실존

해설·정답 미적 실존은 삶의 자기모순에 당착하여 불안과 권태를 견딜 수 없어서 충동과 감정에 따라 자아의 향락을 추구하는, 즉 오로지 감성적 욕구인 향락과 쾌락만을 추구하는 단계이다. ❶

0893. 키르케고르가 말하는 실존의 3단계에 해당되지 않은 것은?

① 미적 실존　　② 윤리적 실존　　③ 종교적 실존　　④ 철학적 실존

해설·정답 키르케고르는 실존을 자아의식의 연속적인 행위라 이해하고 인간은 이러한 과정을 통하여 단계적으로 참된 인간, 하나의 인격으로 배양된다고 하면서 자아 형성 과정을 미적 실존, 윤리적 실존, 종교적 실존의 3단계로 구분하고 있다. ❹

0894. 키르케고르의 실존철학에서 양심을 가지고 윤리적인 것을 의무로서 이해하는 실존의 단계는?

① 미적 실존　　② 윤리적 실존　　③ 종교적 실존　　④ 철학적 실존

해설·정답 미적 실존을 연애로 비유하였던 키르케고르는 윤리적 실존을 결혼으로 비유했다. ❷

0895. 키르케고르는 절망과 죄책감의 극한에 도달할 때 향락이나 양심이 아닌 절대적 신앙으로 사는 인간 존재를 무엇이라 했는가?

① 미적 실존　　② 윤리적 실존　　③ 종교적 실존　　④ 철학적 실존

해설·정답 키르케고르는 양심이 아니라 절대적인 신앙으로 사는 종교적 실존이야말로 진정한 실존으로 생각하였다. ❸

0896. 키르케고르의 실존의 3단계 과정을 올바로 나열한 것은?

① 미적 실존 → 윤리적 실존 → 종교적 실존

② 윤리적 실존 → 미적 실존 → 종교적 실존

③ 종교적 실존 → 미적 실존 → 윤리적 실존

④ 윤리적 실존 → 종교적 실존 → 미적 실존

해설·정답 키르케고르가 말하는 실존, 즉 인간의 존재 형태는 자아의식의 연속적인 행위라 할 수 있다. 실존한다 함은 타인이 아니라 자신에 의한 인간 형성의 과정이다. 이러한 과정을 통하여 인간은 단계적으로 참된 인간으로, 하나의 인격으로 배양된다. 키르케고르는 이러한 자아 형성 과정을 미적 실존, 윤리적 실존, 종교적 실존의 3단계로 구분하고 있다. ❶

0897. 키르케고르의 실존의 3단계와 관계가 없는 것은?

① 실존 변증법　　② 질적 변증법　　③ 역설적 변증법　　④ 역사적 변증법

해설·정답 3단계의 인생과 자아를 형성하는 데는 선택과 결단이 중요한 작용을 하며 보다 높은 단계로의 전진에는 비약이 결정적 계기가 된다. 그러므로 그것은 헤겔의 변증법에서와 같이 지양에 의한 종합의 결과가 아닌 좌절과 절망을 경험하는 가운데 '이것이냐 저것이냐' 하는 의지의 결단에 의한 선택을 통한 비약이다. 이와 같은 키르케고르의 실존 변증법을 보통 질적 변증법(qualitative Dialektik)이라고 한다. 키르케고르는 이러한 생각을 토대로 헤겔의 변증법은 양적인 변증법이라 비판하면서 자신의 것은 신앙에 근거를 둔 실존 변증법, 역설 변증법 혹은 질적 변증법이라 일컬었다. ❹

0898. 키르케고르가 궁극적으로 추구했던 실존의 모습은?

① 신 앞에 서는 실존　　　　　② 희망을 잃지 않는 실존

③ 좌절하지 않는 실존　　　　　④ 변화하지 않는 실존

해설·정답 키르케고르에게의 참된 실존은 신 앞에 홀로 선 단독자를 말한다. 따라서 "실존은 신 앞에서이다"(Exsitenz ist vor Gott)라는 표현에서도 알 수 있듯이 키르케고르의 실존은 신 앞에 있을 때만이 되며 또 그때만이 진정한 자기, 즉 실존이 될 수 있다. ❶

0899. 20세기의 변증법적 신학자의 계열에 들지 않은 사람은?

① 칼 바르트　　　　② 투르나이젠　　　　③ 불트만　　　　④ 반틸

해설·정답 변증법적 신학은 처음에는 바르트, 투르나이젠, 고가르텐, 메르츠 등이 모였고, 나중에는 브루너, 불트만이 가담하였다. ❹

0900. 바르트, 하이데거, 야스퍼스 등의 변증법 신학자와 실존주의자에게 커다란 영향을 주었으며 실존주의의 선구자로 알려진 사람은?

① 키르케고르　　　② 불트만　　　　③ 사르트르　　　　④ 니체

해설·정답 실존철학에서 사용되는 기본 개념들은 거의 그에게서 유래한 것이라고 할 정도로 그는 실존철학의 선구자였다. 무명이었던 키르케고르는 1909년부터 독일에서 슈렘프가 키르케고르의 번역집을 내면서부터 상당한 영향력을 발휘했다. 하지만 키르케고르는 19세기말에서 20세기초에 소위 키르케고르 르네상스를 거쳐 많은 사상가들에게 영향을 주게 되었을 뿐만 아니라 지금은 실존철학의 시조로 존경과 갈채를 받고 있다. 그의 영향은 특이하게도 시인들에게서 가장 강하게 나타났다고 할 수 있다. 대표적으로 릴케의 『말테의 수기』는 이러한 영향의 산물이다. 또한 철학적으로는 하이데거, 야스퍼스 등에 영향을 주었으며 신학적으로는 변증법적 신학, 대표적으로 칼 바르트(Karl Barth)의 『로마서 주석』과 같은 저작에 영향을 주었듯이 그의 전체 사상은 기독교 사상과 깊은 관련을 맺고 있다. 그런 점에서 니체와 상반된다고 할 수 있다. ❶

0901. 키르케고르에 가장 큰 영향을 받은 사람으로서 20세기에 다시 키르케고르를 부활시켜 변증법적 신학을 활성화시켜 주도한 신학자는?

① 칼 바르트　　　　② 투르나이젠　　　　③ 불트만　　　　④ 브루너

해설·정답 바르트는 키르케고르와 실존주의의 영향을 강하게 받아 19세기 자유주의 신학이 교의학을 인간학 내지 종교철학 속에 기초 지우려는 시도를 강하게 거부하고 변증법적 신학이란 분야를 주도했다. ❶

0902. 다음 중 공통성이 없는 하나는?

① 위기신학　　　② 말씀의 신학　　　③ 변증법적 신학　　④ 자유주의 신학

[해설·정답] 변증법적 신학은 문화 위기, 인간의 위기를 강조함으로써 '위기신학(危機神學)'이라고도 불리었다. 그러나 변증법적 신학자들 스스로가 택한 이름은 '하나님 말씀의 신학'이라는 명칭이다. 그것은 19세기 신학이 종교를 신학의 주제로 하고, 기독교도 다른 종교와 같은 하나의 종교로서 상대화하는 경향이 있는 데 비해, 하나님 말씀이야말로 신학의 주제라 하고, 기독교를 하나님의 말씀에 바탕을 둔 신앙으로서 파악하는 것을 의미한다. ❹

0903. 신약성경의 양식사적 연구를 개척하고, 변증법적 신학운동의 추진가였으며 성경의 비신화화를 주장한 신학자는?

① 바르트　　　② 투르나이젠　　　③ 불트만　　　④ 반틸

[해설·정답] 불트만이 제2차 세계대전 후에 그가 제창한 성서의 비신화화론은 큰 반향을 불러일으켰으며, 이와 표리일체를 이루는 해석학의 문제는 전후(戰後) 신학의 한 주제가 되었다. ❸

0904. 현대 해석학의 대표적인 계보에 들지 않은 사람은?

① 슐라이어마허　　② 딜타이　　　③ 하이데거　　　④ 키르케고르

[해설·정답] 일반적으로 현대 해석학의 역사는 슐라이어마허 – 딜타이 – 하이데거 – 가다머로 이어지는 흐름으로 규정된다. ❹

0905. 유대적 인간은 감수적, 객관적이기보다도 주체적이며 실체 안에서가 아니라 오히려 관계 안에서 산다고 생각하여 '나'와 '너'의 연관을 철학의 중심 문제로 수립하여 독자적인 실존주의 사상을 전개한 사람은?

① 바르트　　　② 부버　　　③ 니버　　　④ 불트만

[해설·정답] 부버는 유대적 신비주의의 유산을 이어받아 유대적 인간관을 현대에 살렸다. ❷

0906. 야스퍼스가 파악한 현대인에게 가장 대표적인 세계정위는 어떤 것인가?

① 과학적 세계정위　　　　　　　② 신학적 세계정위

③ 철학적 세계정위　　　　　　　④ 심리학적 세계정위

[해설·정답] 야스퍼스가 말하는 세계정위란 세계에 관한 인식이 늘 일정한 방향에서 이루어짐을 나타내는 말인데 우리 현대인에게 가장 대표적인 것은 '과학적 세계정위'라고 한다. ❶

0907. 야스퍼스의 한계상황에 대한 설명이 잘못된 것은?

① 인간의 힘으로는 어찌할 수 없는 것을 말한다.

② 한계상황에서 겪는 좌절은 신과의 접촉을 가능하게 하는 결정적 암호이다.

③ 실존의 유한성을 깊이 깨닫게 하고 그 좌절에서 초월자에로의 비약을 불가피하게

한다.

④ 야스퍼스는 그 예로 생로병사(生老病死)를 들었다.

[해설·정답] 야스퍼스에 따르면 한계상황은 실존의 유한성을 깊이 깨닫게 하고 그 좌절에서 초월자
(Transzendenz)에로의 비약을 불가피하게 한다. 그러므로 실존은 한계상황에서 자신에 대해 절망하
고 초월자가 주재하는 현실에 눈을 돌려 존재의식을 변혁시키면서 본래의 자기 존재에로 회생한
다. 결국 한계상황은 실존을 각성케 하는 근본 계기요 실존은 한계상황을 통해 조명된다. 그는 한
계상황으로서 죽음, 고뇌, 싸움, 죄의 네 가지를 들었다. ❹

0908. 야스퍼스의 실존에 대한 설명으로 옳지 않은 것은?

① 인간은 본래의 자기를 선택할 수 있고 또 선택해야 한다는 의미에서 가능적 존재
이며 자유 존재이다.

② 실존은 상호간의 교제(Kommunikation)에서 성립한다.

③ 실존은 과거를 짊어지고 미래를 내다보는 현재의 순간의 충실인 영원한 현재란
점에서 역사성이다.

④ 신을 떠나 홀로 독립하는 것이 참된 실존이다.

[해설·정답] 야스퍼스 철학의 요강은 좌절을 통한 초월에의 의욕이다. 이것은 세계로부터 실존에로,
실존에서 신에로의 이중의 초월로 나타난다. 그래서 그의 철학은 이중의 초월에 대응하여 세계,
실존, 신의 세 부분으로 성립되며, 이에 따라 1932년 출간된 그의 저서『철학』(Philosophie)도「철학
적 세계 정위」,「실존 조명」,「형이상학」이란 부제로 한 권씩 나뉘어 3권으로 되어 있다. ❹

**0909. 자신의 철학을 실존철학으로 불리기를 원했던 사람과 거부했던 사람으로 짝지어진
것은?**

① 니체와 하이데거　　　　　　　② 키르케고르와 사르트르

③ 사르트르와 하이데거　　　　　④ 야스퍼스와 하이데거

[해설·정답] 자신의 철학을 실존철학이라 불리기를 원치 않았던 하이데거(M. Heidegger)와는 달리 야
스퍼스는 자신의 철학을 실존철학이라고 표방하고 나섰는데, 그는 시대의 병을 치료하기 위한 처
방이라는 뚜렷한 성격을 띠고 등장했다. ❹

0910. 야스퍼스에 있어서 실존을 각성케 하는 근본 계기요 실존을 조명시켜주는 것은?

① 한계상황　　　② 좌절　　　　③ 선택　　　　④ 죄악

[해설·정답] 한계상황은 실존의 유한성을 깊이 깨닫게 하고 그 좌절에서 초월자(Transzendenz)에로의
비약을 불가피하게 한다. 그러므로 실존은 한계상황에서 자기 자신에 대해 절망하고 초월자가 주
재하는 현실에 눈을 돌려 존재 의식을 변혁시키면서 본래의 자기 존재에로 회생한다. ❶

**0911. 실존철학자 가운데 "실존은 오직 이성에 의해서만 밝혀지며 이성은 오직 실존에 의
해서만 내실을 얻는다."고 하여 실존과 이성을 긴밀하게 연결시킨 사람은?**

① 니체　　　　　② 키르케고르　　　③ 야스퍼스　　　④ 하이데거

해설·정답 야스퍼스에게는 이성은 실존과 상보적 관계에 있다. "실존은 오직 이성에 의해서만 밝혀지며 이성은 오직 실존에 의해서만 내실을 얻는다." 그러므로 만일에 실존이 이 이성을 갖지 않으면 그때그때의 감정이나 자의에 휩쓸려 맹목적이 되어 버릴 것이다. 이때 실존은 이미 실존함을 포기하는 셈이다. 따라서 야스퍼스에 있어서의 이성은 실존과의 밀접한 관계를 가지고 있는 바, 실존 이성이라고 부르는 것이 적합할 것이다. 이성은 고립적, 폐쇄적인 실존의 껍질을 타파하고 다른 실존과의 교제에서 그 독선적인 신념을 고쳐 나간다. 이처럼 실존과 이성은 그의 철학함에서의 두 축으로서 실존으로부터의 사색은 그 수직의 차원에서 성립하며 이성에 의한 사고는 그 수평의 차원에 위치한다. 실존은 궁극적인 초월자를 향해서 수직의 차원에서 비약을 시도하지만 그러나 그것은 언제나 수평의 차원에서 이성의 무한한 반성을 거쳐야 한다. ❸

0912. 하이데거 존재론의 특징을 나타내는 개념이 아닌 것은?

① 현상학적 존재론 ② 존재론적 존재론 ③ 실존적 존재론 ④ 경험적 존재론

해설·정답 하이데거가 현존재의 존재 이해를 해석하여 존재를 밝혀 보고자 한다는 점에서 그의 존재론은 현존재의 해석학에서부터 시작하는 현상학적 존재론이라고 할 수 있다. ❹

0913. 하이데거가 현존재에 대한 분석을 통해 드러낸 것이 아닌 것은?

① 세계-내-존재 ② 던져진 존재 ③ 고정적 존재 ④ 불안한 존재

해설·정답 하이데거에 따르면 세계-내-존재인 인간은 현사실성 속에서 세계에 피투(被投)되어 있으며 그에 따르는 공포나 불안의 기분에 젖어 산다. ❸

0914. 하이데거가 현재 거기에서 행위하고 있고 여러 가지 관계를 맺고 있는 현실 속의 인간 존재를 가리킬 때 사용한 개념은?

① 존재 ② 존재자 ③ 현존재 ④ 실존

해설·정답 하이데거가 인간을 특히 현존재(Dasein)라고 부르는 이유는 인간을 주관과 같은 논리적, 추상적인 것이 아니라 현실적으로 거기에 있는 구체적 존재자로서 언제나 인칭을 수반하는 각자적인 것으로 보기 때문이다. ❸

0915. 하이데거의 존재론의 특성을 설명한 것이다. 옳지 않은 것은?

① 하이데거는 현대가 인간의 존재 망각의 위기에 빠져 있다고 했다.

② 존재자란 구체적으로 있는 것을 말하고, 존재란 존재자를 존재자이게 하는 것을 말한다.

③ 존재자에 관한 경험적인 태도를 존재적이라고 하고 이 경험을 성립시키는 본질적인 제약이나 근원적인 조건에 관한 선험적인 태도를 존재론적이라고 했다.

④ 존재 자체가 가장 잘 현현하는 무대인 자연을 통해 존재를 밝히려고 했다.

해설·정답 하이데거는 존재에 대한 이해는 현존재에 본질적으로 귀속되는 특징을 가지고 있으므로 현존재의 존재 이해라는 존재 방식을 분석함으로써 존재 일반의 의미를 분명히 하고자 했다. 그래서 하이데거는 존재 자체가 가장 잘 현현하는 무대라고 할 수 있는 인간 존재를 통해서 존재를 밝히려고 했다. ❹

철학, 쉽게 풀자!

0916. 하이데거가 평균성과 일상성에 빠져 본래의 자기가 가려진 비본래적 존재를 가리키는 말은?

① 속인(das Mann)　② 존재자　　③ 현존재　　④ 실존

[해설·정답] 보통의 경우 공동 세계 속에서 만나는 타인, 그리고 그들과 함께 살아가는 나는 본래의 자기가 아닌 평균성과 일상성에 빠져 버린, 즉 잡담, 호기심, 애매성 속에 사는 비본래적인 세상사람으로서의 속인(das Mann)에 불과하다. 실존하는 현존재가 자기 자신으로 되돌아와 있을 때는 본래적이 되지만 분망하고 들떠 있고 아무 데나 정신이 팔려 있을 때는 바로 그러한 세상사람이 된다. 그러므로 이러한 일상적인 자기, 세상사람으로서의 현존재는 본래의 자기가 가리워진 존재 방식, 즉 비본래적 존재이다. ❶

0917. 하이데거는 무엇이 일상적 삶에 빠진 속인으로서의 인간을 실존으로 불러낸다고 했는가?

① 죄　　　　② 절망　　　　③ 죽음에의 불안　④ 실패

[해설·정답] 하이데거는 세상사람으로서의 일상인의 퇴락한 상태에서 벗어나 참된 실존으로서의 자기를 되찾도록 노력해야 한다고 하면서 이것을 불안이라는 기분과 관련하여 수행한다. 그것은 죽음의 불안이 때때로 우리에게 본래의 자기를 엿보여 주기 때문이다. ❸

0918. 하이데거의 실존철학을 끌어와서 부활은 믿는 사람들의 마음에서 일어나는 선포가 일으킨 사건이라는 방식으로 비신화화 작업을 한 신학자는?

① 바르트　　　② 불트만　　　③ 몰트만　　　④ 라아너

[해설·정답] 불트만의 비신화화 작업은 현대적 해석, 곧 실존 해석을 기초로 하고 있는데, 특히 하이데거의 실존주의 철학이 신약의 복음을 잘 나타내주는 도식으로 보았다. ❷

0919. 하이데거가 파악한 현존재의 모습이 아닌 것은?

① 죽음에의 존재　② 불안한 존재　　③ 양심적 존재　　④ 종말에의 존재

[해설·정답] 하이데거는 인간이 까닭 없이, 막연히, 그리고 어쩐지 불안한 이유는 그것은 바로 인간이 죽음에의 존재(Sein zum Tode)요 종말에의 존재이기 때문이라고 한다. 인간은 유한한 존재이기 때문에 불안하다는 것이다. 이 죽음(Tode)의 불안이 바로 인간의 유한성에 대한 증거요 본래의 자기를 때때로 우리에게 엿보여 주는 현상이다. 대상이 없는 불안은 무에의 불안이다. 이것은 인생에는 앞과 뒤가 없다는 뜻이다. 그래서 하이데거는 인간을 피투된 존재, 혹은 던져진 존재라고 했다. 우리는 누가 무엇 때문에 나를 던졌는지 모른다. 우리의 출생 이전도 죽음 이후도 우리에게는 무이다. 우리의 인생은 무(無) 위에 떠 있다. 그래서 우리는 불안하다. 이 불안은 유한한 인간에게는 숙명적인 것으로서 거기에서 벗어날 길이 없다. ❸

0920. 철저한 무신론자로서 인간 존재에게는 그에게 선행하는 어떤 본질도 있을 수 없다고 보고 자유를 가장 소중한 가치로 받들었던 실존철학자는?

① 니체　　　　② 하이데거　　③ 사르트르　　④ 야스퍼스

[해설·정답] 무신론을 표방한 사르트르에게는 인간이 무한히 자유롭기 때문에 실존이 본질에 앞서는 것은 당연하다. ❸

0921. 사르트르의 철학에 대한 설명으로 잘못된 것은?

① 실존주의는 휴머니즘이다.　　② 실존은 본질에 앞선다.
③ 인간은 보편적 의미가 없다.　　④ 인간의 자유는 신의 축복이다.

[해설·정답] 사르트르에게는 인간의 자유가 축복된 자유가 아니라 저주된 자유요 그 자유의 무시무시한 형벌로 인간은 늘 불안하기만 하다. 그것은 신을 부정한 신이 없는 세상에서 인간은 스스로가 입법자이고 창조자라는 부담을 지니지 않을 수 없기 때문이다. ❹

0922. 인간의 본성을 무로부터 시작되는 자유로 파악하고 그 자유를 통해 각자가 책임을 지고 자기 자신을 만들어 가야 한다고 하여 자유로운 선택과 결단에 의해서 자기 운명에 스스로 책임을 지며 살아가는 행동적 실존을 강조한 실존철학자는?

① 니체　　　② 하이데거　　　③ 사르트르　　　④ 야스퍼스

[해설·정답] 사르트르의 실존이란 상태가 아니라 행위이며 가능에서 현실로 옮아가는 그 자체이다. 이 행위는 곧 자유의 표현이다. 실존의 본질은 자유이다. 인간은 자유롭게 창조되었으며 끊임없는 선택의 자유를 가진다. 자유는 불안에 의해서 자기와 합치하기를 거부하고 자기로부터 거리를 두고 존재하는 존재가 된다. 그리고 자유로서 불안 속에서 기투하는 존재자는 책임을 갖게 된다. ❸

0923. 사르트르의 "무"에 관련된 설명으로 올바른 것은?

① 인간의 순전하고도 무한한 자유의식이 무에 대한 의식이다.
② 인간 행위의 근원적 허무성을 의미한다.
③ 인간 삶의 부조리를 무화시키고자 하는 인간 자신의 본성이다.
④ 인간 삶의 구원은 본원적 이기심으로서의 무를 극복해냄으로써 가능하다.

[해설·정답] 사르트르에 따르면 인간의 본 바탕은 본래 무이며 무로부터 나타나서 존재하게 되었기에 인간은 애초부터 자유이다. 인간이란 어떤 기성품이 아니라 당초 선인도 악인도 아닌 무로부터 시작된 것이요 삶은 단순히 자신을 만드는 과정이다. ❶

0924. 사르트르 철학의 핵심 개념으로 짝지어진 것은?

① 자유, 선택, 심리적 결정론　　② 무, 자유, 행동
③ 환경결정론, 행동, 결단적 선택　　④ 무, 불안, 이상적 삶의 체계

[해설·정답] 사르트르에 따르면 자기 존재를 선택, 결의할 수 있는 자유를 가진 인간은 무로부터 나타나 스스로를 한정하며 규정하여 자기에게 본질을 부여한다. 인간은 자기의 행동 방향을 스스로 선택해서 자기의 존재 방식을 선택하고 기투하고 만들어 가는 실존이다. ❷

0925. 인간은 무로부터의 존재이기에 애초부터 자유이지만, 이러한 자유는 우연성과 불안 속에서 고독하게 시도할 수밖에 없는 선택의 자유이며 무신론적 자유요 불안 속의 자유라고 한 실존철학자는?

① 니체　　　② 하이데거　　　③ 사르트르　　　④ 야스퍼스

[해설·정답] 사르트르에 따르면 인간의 자유는 불안 속의 자유이다. 그러므로 축복된 자유가 아니라

저주된 자유요 그 자유의 무시무시한 형벌로 인간은 늘 불안하기만 하다. ❸

0926. 인간은 사물 존재나 도구 존재와 같이 어떤 본질에 의해 규정되어 존재하는 것이 아니고 우선 존재하며 자기 자신과 대면하고 세계 내에 출현하며 그 뒤에야 자신을 정의한다는 의미에서 "실존은 본질에 앞선다"고 한 사람은?

① 키르케고르　　② 사르트르　　③ 야스퍼스　　④ 하이데거

[해설·정답] 사르트르에 따르면 인간은 처음에는 아무것도 아니기 때문에 정의될 수 없다고 한다. 인간의 본질에 대한 규정은 본래부터 있었던 것이 아니다. 단지 인간은 스스로 자기를 실현해 가는 한에서 존재한다. ❷

0927. "실존주의는 휴머니즘이다."고 부르짖은 철학자는?

① 키르케고르　　② 사르트르　　③ 야스퍼스　　④ 하이데거

[해설·정답] 사르트르는 아무런 본질도 미리 갖추지 못하고 이 세상에 홀로 내던져져 있는 자유로운 존재인 인간은 타인의 지옥 속에서 그리고 구체적 상황 하에서 자신의 존재에 주체적 의미를 줄 행동을 선택해 나가야 하며 이러한 자유로운 주체로서의 존재와 행동을 가로막으려는 세력이나 유혹과 투쟁해나가야 한다고 했다. ❷

0928. 신은 객체화될 수 없는 '너'이며 참된 실재(實在)이고, 또 신은 인간관계의 중심에 있으며 거기에서만 희망으로 지탱되는 성실에 의해서 자기와 타인의 자유가 실현된다고 한 유신론적 실존주의자는?

① 야스퍼스　　② 키르케고르　　③ 마르셀　　④ 사르트르

[해설·정답] 마르셀의 신은 절대적인 2인칭 너로서 그저 존재의 신비라고만 말할 수 있으며 인간의 의식 속에 형성된 일정하고 고정된 신이 아닌 숨은 신이다. 그리고 존재의 신비에 이르는 길은 성실과 사랑과 신앙의 길이다. ❸

0929. 프랑스 실존주의의 선구자요 기독교적 실존주의의 대표적 인물로서 희망과 사랑의 철학을 부르짖은 사람은?

① 야스퍼스　　② 키르케고르　　③ 마르셀　　④ 사르트르

[해설·정답] 마르셀은 부서진 세계인 현대를 구하려면 고독에서 참여를, 고민에서 신앙을, 절망에서 희망으로 나아갈 때 이루어진다고 한다. 그래서 마르셀의 철학을 희망의 철학, 사랑의 철학이라고 한다. ❸

0930. 철학자와 그의 주요 사상이 바르게 연결되지 못한 것은?

① 니체-한계상황　　② 하이데거-세상에 던져진 현존재

③ 쇼펜하우어-생철학　　④ 키르케고르-신 앞에 선 단독자

[해설·정답] 한계상황은 유신론적 실존주의자인 야스퍼스의 내용이고, 니체는 "신은 죽었다"라고 주장한 무신론적 실존주의자이다. ❶

0931. 분석철학에 대한 설명이 잘못된 것은?

① 영미 분석철학 또는 과학철학으로 불리기도 한다.

② 분석철학의 대상은 분석만을 그 철학적 연구의 대상으로 삼는다.

③ 분석철학의 목적은 언어의 명료화이다.

④ 낱낱의 철학적인 명제 내지는 개념을 엄밀하게 분석하고, 그 정확한 의미를 드러내고자 한다.

해설·정답 분석철학이라고 했을 때의 '분석'(analysis)이라는 수식어는 철학의 대상이 아니라 철학하는 방법과 태도를 가리키는 말이다. 분석철학의 대상은 인간의 모든 지적인 관심사라는 점에서 분석철학을 그 고유한 연구 영역이나 대상에 의해 다른 철학들과 구분할 수는 없다. 그것을 다른 철학과 구별할 수 있는 특징은 철학하는 태도 내지는 방법이다. ❷

0932. 분석철학이 추구하는 철학적 성격과 목적은 무엇인가?

① 보편적 형이상학 수립   ② 철학의 과학적 엄밀성 확립

③ 언어의 명료화   ④ 세계에 대한 명증한 체계 형성

해설·정답 분석철학은 철학적 작업의 성격에 대해 철학의 대상은 인간의 개념 체계로서의 언어요 그 연구 방법은 실험이나 관찰과 같은 실증적 방법이 아니라 개념 분석이나 논리 분석이라고 규정한다. 이와 같은 분석철학관을 비트겐슈타인은 "철학은 언어를 명료화하는 작업이다"라는 말로 간결하게 표현했다. ❸

0933. 분석철학의 창시자로 평가되는 사람은?

① 무어와 러셀   ② 러셀과 카르납

③ 카르납과 비트겐슈타인   ④ 비트겐슈타인과 포퍼

해설·정답 철학적인 명제 내지는 개념을 엄밀하게 분석하고 그 정확한 의미를 드러내는 것을 중요한 일로 취급하는 분석철학적인 태도를 처음으로 분명하게 보여 준 철학자는 무어와 러셀이다. ❶

0934. 『프린키피아』에서 정밀한 수리 논리학의 체계로 이상언어를 완성하여 논리적 원자론을 주장함으로써 세계와 언어 사이의 동형적인 관계를 주장한 사람은?

① 무어   ② 러셀   ③ 카르납   ④ 비트겐슈타인

해설·정답 자신이 확립한 수리논리 체계에 입각한 러셀의 논리적 원자론(logical atomism)의 핵심적인 사상은 논리실증주의에까지 이어졌다. ❷

0935. 논리적 원자론에 대한 설명이다. 잘못된 것은?

① 세계란 원자적 사실들로써 형성되어 있다.

② 세계는 일상언어를 통해 묘사할 수 있다.

③ 언어는 이 세계와 동형구조를 가지고 있다.

④ 언어를 들여다보아서 이 세계의 실상을 알 수 있다.

철학, 쉽게 풀자!

해설·정답 논리적 원자론은 이 세계에 관한 하나의 이상적 언어가 가능하다고 믿는다. 이 언어가 이상적이라고 하는 까닭은 이 세계와 동형구조를 가지고 있다는 점에서이다. 그리하여 세계와 동형구조인 언어를 일단 완성하기만 하면 이 언어 안에서 받아들일 수 있는 어떠한 명제도 이 세계에 관해서 참이 된다. 그리하여 이 언어를 들여다보아서 이 세계의 실상을 알 수 있게 된다는 것이다. ❷

0936. 다음 중 나머지 셋과 공통성이 없는 것은?

① 논리적 경험론   ② 논리적 원자론

③ 과학적 경험주의   ④ 논리적 신실증주의

해설·정답 논리실증주의(logical positivism)는 보통 논리적 경험론, 과학적 경험주의, 혹은 논리적 신실증주의 등으로도 불린다. ❷

0937. 논리실증주의의 계열에 들지 않은 사람은?

① 슐리크   ② 노이라트   ③ 카르납   ④ 러셀

해설·정답 경험론 철학의 현대적 발전 형태라고 볼 수 있는 논리실증주의의 직접적 선구로는 러셀과 비트겐슈타인 등이 개척한 논리분석(logical analysis)의 방법이라고 할 수 있다. 논리실증주의는 빈학단에 의해 시작되었는데, 슐리크와 카르납을 중심 지도자로 하며 그 대표자로는 바이스만(F. Waismann, 1869~1959), 카르납(R. Carnap, 1891~1970), 노이라트(Otto Neurath, 1882~1945), 라이헨바흐(Hans Reihenbach, 1891~1953), 프레게(Gottlob Frege, 1848~1925), 파이글(Herbert Feigl), 괴델(Kurt Gödel, 1906~1978), 에이어(Alfred Jules. Ayer, 1910~) 등을 들 수 있다. ❹

0938. 논리실증주의에 대한 설명이 잘못된 것은?

① 논리적 경험론, 과학적 경험주의, 혹은 논리적 신실증주의로도 불린다.

② 비엔나의 철학자 슐리크를 중심으로 한 비엔나 학단에서 출발했다.

③ 경험론 철학의 현대적 발전 형태라고 볼 수 있다.

④ 논리 분석(logical analysis)의 방법이다.

해설·정답 논리실증주의는 완성된 철학 체계의 이름이 아니고 하나의 철학적 태도 내지는 방법을 가리키는 말이다. 그 방법이란 과학이 사용하는 개념들과 명제들을 분석함으로써 그 의미를 명백하게 하는 것이 철학적 탐구의 기본이라는 신념에 출발점을 둔 것이다. 이에 따르면 철학의 사명은 궁극적 실재를 밝히거나 가치 근거로서의 절대자를 파악하는 일이 아니라 사상의 의미를 논리적으로 명백히 하는 데에 있다. 그리고 이를 위한 올바른 방법은 사상의 전달에 사용되는 언어분석에 있다. ❹

0939. 논리실증주의가 철학적 탐구의 대상으로 삼지 않은 것은?

① 자연과학   ② 논리학   ③ 윤리학   ④ 수학

해설·정답 논리실증주의는 자연과학의 명제들과 같이 그 진위를 경험적으로 증명할 수 있는 명제들과 논리학이나 수학의 명제와 같이 그 진위를 그 명제에 사용된 개념의 정의에 의거하여 분석적으로 밝힐 수 있는 동어반복적 분석명제만을 의미 있는 명제로 받아들인다. ❸

0940. 논리실증주의에 관한 설명으로 맞지 않은 것은?

① 형이상학과 윤리학을 철학의 본질적인 분과로 간주한다.

② 언어분석에 주력하며 특히 과학적 언어를 논리적으로 분석하여 의미를 명료화하려고 한다.

③ 논리와 경험을 종합했다고 할 수 있다.

④ 검증가능한 명제와 동어반복적인 명제만을 유의미한 명제라고 한다.

[해설·정답] 논리실증주의는 검증가능성의 원리에 의해 형이상학, 신학, 윤리학을 학문의 영역에서 추방해버렸다. ❶

0941. 검증원리를 통해 논리실증주의자들이 학문의 영역 밖으로 추방해버린 것이 아닌 것은?

① 형이상학   ② 신학   ③ 물리학   ④ 윤리학

[해설·정답] 논리실증주의자들은 검증가능성의 원리(principle of verifiability)를 기준으로 하여 형이상학의 명제들을 비롯하여 신학, 윤리학과 같은 종류의 명제들을 의미 있는 명제의 영역권 밖으로 추방해 버렸다. ❸

0942. 검증원리에 대한 설명으로 옳지 않은 것은?

① 검증될 수 없는 진술이라도 사용되고 있는 언어적 표현은 모두 유의미하다.

② 의미 있는 명제는 검증될 수 있어야 한다.

③ 어떤 명제가 유의미하려면 그 명제가 어떻게 검증될 것인가가 제시될 수 있어야 한다.

④ 기존의 모든 형이상학적 명제는 무의미한 발언이다.

[해설·정답] 유의미성(meaningfulness)을 검증가능성(verifiability)에서 찾는 논리실증주의자들의 원리를 검증가능성의 원리(principle of verifiability)라고 하는데, 이 원리를 적용함으로써 일상언어의 문법적인 규칙으로는 가릴 수 없는 무의미한 사이비 명제를 골라낼 수 있다고 역설했다. ❶

0943. 논리실증주의의 검증가능성 원리에 따를 때 무의미한 명제로 판단되는 것은?

① 절대자는 완전하다.   ② 모든 총각은 미혼 남자이다.

③ 이 꽃병은 깨졌다.   ④ 내일 지구가 틀림없이 멸망한다.

[해설·정답] 논리실증주의자들은 분석명제와 종합명제만을 유의미한 명제로 받아들인다. ❶

0944. 논리적 원자론에 관한 설명이다. 옳지 않은 것은?

① 언어를 그것이 가리키는 대상과의 관계에서 논의하는 의미론의 입장에서 보면, 모든 유의미한 명제는 원자명제와 분자명제로 나뉜다.

② 관찰 가능한 명제인 원자명제는 감각적 경험에 의해 그 진위를 직접 판가름할 수

있는 명제이다.

③ 분자명제란 원자명제들의 결합이다.

④ 분자명제의 진위는 원자명제의 진위와 무관하다.

[해설·정답] 하나 혹은 그 이상의 명제를 논리적 연결사를 이용하여 결합함으로써 그 이상의 복합명제를 얻을 수 있지만 거꾸로 주어진 복합명제를 분해함으로써 보다 단순한 구조를 지닌 성분명제를 얻을 수도 있다. 그러한 성분명제도 경우에 따라서는 보다 단순한 구조를 지닌 그 이하의 성분명제의 진리함수로 되어 있을 수도 있다. 그러나 명제의 구조를 계속 분해하여 보다 단순한 명제를 추구해 가면 궁극적으로는 논리적으로 절대 단순한, 즉 일체의 논리적 연결사가 등장하지 않는 명제를 얻을 수 있다. 그러한 명제를 러셀은 원자명제(atomic proposition)라고 불렀다. 그리고 원자명제로부터 시작하여 논리적 연결사를 반복적으로 사용하여 얻어지는 일체의 복합명제를 분자명제(molecular proposition)라고 불렀다. 이에 따라 러셀은 자신의 이상언어에 속하는 모든 의미 있는 명제는 논리적으로 단순한 원자명제이거나 혹은 원자명제의 진리함수 혹은 분자명제라고 주장했다. 분자명제의 진리치는 그 성분명제인 원자명제의 진리치에 좌우된다. ❹

0945. 논리실증주의의 입장에서 보았을 때 "빨간색은 영리하다"와는 다른 종류의 문장은?

① 절대자는 완전하다.

② 세계에는 궁극의 목적이 있다.

③ 세계사는 정신의 자기실현으로서의 정신의 역사로 규정된다.

④ 설탕은 달다.

[해설·정답] 명제는 그것이 참이든 거짓이든 일정한 문법적인 규칙에 따라 낱말들을 나열해 놓은 것임에는 틀림없다. 그리고 문법적인 규칙에 따라 올바르게 구성된 명제는 그 명제를 이루는 성분 낱말들의 의미와 그 낱말들이 구성된 규칙에 따라 일정한 의미를 지니게 된다. 문법적인 규칙을 위반하여 구성된 낱말들은 처음부터 명제를 이룰 수 없으며 그러한 낱말들의 나열은 원천적으로 의미를 지닐 수 없다. 또한 낱말들을 문법적인 규칙에 완전하게 부합하게 구성했다고 해서 반드시 의미 있는 명제가 되는 것은 아니다. 예를 들어 "빨간 색은 영리하다"와 같은 명제는 문법적으로는 아무 결함도 없지만 진위를 따질 수 없는 무의미한 명제이다. 아니 그것은 무의미한 명제라기보다는 명제가 될 수조차 없다. 왜냐하면 "빨간 색은 영리하다"라는 문장은 참도 거짓도 될 수 없기 때문이다. ❹

0946. 논리실증주의와 관계가 깊은 사항들로 묶여진 것은?

① 기호이론, 검증원리, 원자적 명제

② 기호이론, 기술적 심리학, 본질직관

③ 대상언어, 검증원리, 주관적 관념론

④ 검증원리, 기술적 심리학, 절대적 관념론

[해설·정답] 논리적 원자론(logical atomism)의 핵심 사상은 논리실증주의에 이어져서 그 이론적 기초를 형성했다. 기술적 심리학이나 본질직관은 모두 현상학과 관계된 용어이다. ❶

0947. 기호이론에서 언어를 그것을 사용하는 화자의 입장에 고찰하는 부분은?

① 화용론   ② 구문론   ③ 의미론   ④ 변증론

해설·정답 의미론에서는 언어 표현 내적인 의미에 관심을 두고, 화용론은 맥락이 개입하는 의미현상을 폭 넓게 다룬다. ❶

0948. 논리실증주의의 주장과 거리가 먼 것은?

① 모든 종교적인 명제는 무의미하며 모든 종교적인 지식도 사이비 지식에 지나지 않다.

② 윤리적인 명제는 그 명제를 발설하는 사람의 정서 내지는 감정의 표현과 더불어 인식적인 의미를 가지고 있다.

③ 철학은 각 학문 이론의 정확한 의미와 논리적인 연관 관계를 드러내고 논리적으로 명료화하기 위한 활동(活動)이다.

④ 전통적인 철학적 문제들은 진정한 의미의 문제가 되지 못하는 사이비 문제에 불과하다.

해설·정답 어떤 행위가 옳다거나 그르다거나 혹은 도덕적으로 좋다거나 나쁘다고 진술하는 윤리적인 명제도 논리실증주의자들의 유의미성의 기준으로 볼 때 무의미하다는 판정을 피할 수가 없다. 왜냐하면 어떤 행위를 도덕적으로 옳은 것으로 혹은 그른 것으로 판정하는 데에 충분한 사실이 과연 어떠한 사실인지 말할 수 없기 때문이다. 그 행위 및 그와 관련된 사실을 아무리 경험적으로 관찰한다고 해도 그 행위가 옳다거나 그르다는 사실은 물론이고 그러한 결론을 내릴 수 있는 근거가 되는 사실도 관찰될 수 없다. 따라서 논리실증주의자들은 윤리적인 명제가 적어도 그들이 검증 가능성의 원리에 의해 분별해 내려는 그러한 종류의 인식적인 의미는 없다고 결론지었다. ❷

0949. 논리실증주의자들에게 "아프리카 대왕의 머리는 대머리이다"라는 명제가 무의미한 명제로 판단되는 이유는 무엇인가?

① 구문론상 형성의 규칙에 어긋나기 때문에

② 의미론상 지시의 규칙에 어긋나기 때문에

③ 구문론상 변형의 규칙에 어긋나기 때문에

④ 원자적 명제이기 때문에

해설·정답 구문론상으로는 어긋남이 없지만 의미론상 지시의 규칙, 즉 "그 명제가 가리키는 지시체가 있어야 한다"는 규칙에 어긋나기 때문에 무의미한 명제이다. 즉 아프리카 대왕이 가리키는 존재가 없다. ❷

0950. 논리실증주의자들의 검증가능성의 기준이 과학과 비과학을 구분하는 데 적절한 기준이 되지 못한다는 비판을 제기하면서 새로운 기준으로 반증가능성(falsifiability)을 제시한 사람은?

① 쿤　　　　　② 포퍼　　　　　③ 카르납　　　　　④ 에이어

해설·정답 포퍼에 의하면 한 명제가 과학적이라는 것은 그처럼 반증되는 경험적인 상황을 생각할 수 있다는 의미에서 반증가능하다는 것을 뜻한다. 이것을 뒤집어 말한다면 그것이 거짓이 되는 상황을 생각할 수 없는 절대 진리임을 자부하는 이론들은 사실은 보다 우수한 과학적인 이론이 아니라 사이비 과학 내지는 신화에 불과하다고 할 수 있다. 반증이 불가능할 정도로 확실하다는 것은 이론적인 장점이 되는 것이 아니라 오히려 비과학임을 스스로 폭로하는 표징에 지나지 않는다. 한

철학, 쉽게 풀자!

마디로 말해서 포퍼의 반증가능성의 기준은 "어떤 명제가 분석적이 아닌 한 그로부터 어떤 관찰명제들과 논리적으로 모순되는 명제들을 이끌어 낼 수 있을 경우 또 오직 그 경우에 한해 과학적인 명제이다"라는 말로 요약할 수 있다. ❷

0951. 일상언어학파에 속하지 않은 사람은?

① 콰인　　　　② 오스틴　　　　③ 스트로슨　　　　④ 무어

[해설·정답] 일상언어학파는 비트겐슈타인의 후기 사상으로부터 영향을 받았으며, 주로 영국 옥스퍼드대학을 중심으로 전개되었기 때문에 옥스퍼드학파라고도 한다. 대표적인 철학자로는 무어, 라일, 오스틴, 하트, 스트로슨 등이 있다. ❶

0952. 『논리철학논고』에서 "철학의 모든 것은 언어비판이다"라고 선언한 사람은?

① 러셀　　　　② 무어　　　　③ 비트겐슈타인　　　　④ 카르납

[해설·정답] 비트겐슈타인은 분명하게 언어로 표현될 수 있는 과학적 탐구의 문제로부터 분명하게 언어로 표현될 수 없는 문제를 구별하여 언어의 한계가 어디에 있는가를 밝혔다. 그리고 언어의 한계 밖에 있는 것에 대해서는 입을 다물 것을 권유하였다. 인식의 피안에 놓인 문제들을 놓고 왈가왈부하는 것도 헛된 일이요 언어의 논리에 대한 무리에서 빚어진 문제를 놓고 머리를 쥐어짜는 것은 어리석은 일이 아닐 수 없다. 그러므로 비트겐슈타인에게의 철학의 소임은 단지 세계에 관한 각종의 학문적인 진술의 의미를 논리적으로 분석하는 일이다. 그래서 그는 『논리철학 논고』에서 "철학의 목표는 사상에 대한 논리적 명료화이다. 철학은 학설(doctrine)이 아니라 하나의 활동(activity)이다. 철학적 작업은 본질적으로 명료화 작업이다"라고 철학에 대한 새로운 정의를 내리고 있다. ❸

0953. 분석철학의 계열에 들지 않는 사람은?

① 비트겐슈타인　　② 카르납　　　　③ 무어　　　　④ 아도르노

[해설·정답] 아도르노는 프랑크푸르트학파의 비판이론의 중심 인물이다. ❹

0954. 후기 비트겐슈타인의 언어철학에서 가장 중시하는 것은?

① 음운론　　　　② 의미론　　　　③ 형태론　　　　④ 화용론

[해설·정답] 후기 비트겐슈타인은 언어를 언어가 되게 하는 것은 초역사적인 본질적인 언어가 아니라 역사 속에서 사람들이 활용하고 사용하고 있는 언어라고 했다. 따라서 그는 화용론을 중시한다. ❹

0955. 다음과 같이 말한 사람은?

① "언어는 세계의 그림이다."
② "철학의 목표는 사상에 대한 논리적 명료화이다. 철학은 학설(doctrine)이 아니라 하나의 활동(activity)이다. 철학적 작업은 본질적으로 명료화 작업이다."
③ "우리가 말할 수 없는 것에 대해서는 침묵을 해야 한다."

① 러셀　　　　② 무어　　　　③ 비트겐슈타인　　　　④ 포퍼

해설·정답 모두 외연성의 이론에 서 있었던 전기 비트겐슈타인의 사상을 표현한 말들이다. ❸

0956. 후기 비트겐슈타인에 의하면 언어의 생명은 어디에 있다고 보았는가?

① 보편언어   ② 일상언어   ③ 이상언어   ④ 수학언어

해설·정답 전기 비트겐슈타인은 이상언어, 후기 비트겐슈타인은 일상언어를 중시한다. ❷

0957. 언어와 세계는 동일한 논리적 구조를 가졌다고 보고, 세계를 이해하기 위해 언어분석을 매우 중시한 철학자는?

① 비트겐슈타인   ② 카르납   ③ 무어   ④ 아도르노

해설·정답 전기 비트겐슈타인에 의하면 외연적 논리는 언어의 구조를 보여주지만 그것으로 언어가 모두 설명되는 것은 아니다. 언어는 세계의 꼴(모습)을 본떠 보여줄 때 언어는 정보 전달의 기능을 할 수 있게 된다. 그리하여 비트겐슈타인은 "언어는 세계의 그림"이라고 한다. 즉 언어는 세계의 꼴을 본떠 보여주는 일종의 논리적 그림이라는 말이다. 이처럼 언어와 세계는 동일한 논리적 형식을 지니고 있기 때문에 우리는 언어를 통하여 세계의 모습을 읽을 수 있다. ❶

0958. 전기 비트겐슈타인이 말할 수 없는 것에 대해서는 침묵할 것을 권고한 영역이 아닌 것은?

① 과학적 진술   ② 윤리적 진술   ③ 종교적 진술   ④ 미학적 진술

해설·정답 말할 수 있는 것은 무엇이며 인간이 알 수 있는 것은 무엇인가 하는 인간의 인식의 한계를 밝혀 보려는 것이 비트겐슈타인의 전기 사상의 목표이다. 그는 『논리철학 논고』의 말미에서 말할 수 없는 것과 말할 수 있는 것의 경계를 짓고 말할 수 없는 것에 대해서는 침묵할 것을 권고하고 있다. 그것은 언어의 기능을 제대로 수행하지 못하는 언어로 구성되어 있기에 헛바퀴 도는 말의 집 앞에 불과하다고 생각했기 때문이다. ❶

0959. 고전문서의 해석은 전통지평과 현재지평 사이의 지평융합의 사건을 의미한다고 한 사람은?

① 슐라이어마허   ② 딜타이   ③ 하이데거   ④ 가다머

해설·정답 가다머는 그의 『진리와 방법』(1960)에서 '지평의 융합'을 통해 상호존중과 개방성을 강조한다. 나아가 가다머는 해석학은 사고와 언어, 또는 사고와 발화(發話)간의 관계를 다룬다고 했다. 씨슬튼(Anthony C. Thiselton)이 쓴 『두 지평』(권성수 외 역, 총신대학 출판부, 1990)은 많은 철학자들과 철학적 논의를 통해 신약해석학과 철학적 기술(記述)에 대해 이야기하고 있다. ❹

0960. 철학사조와 이에 해당하는 철학자가 잘못 짝지어진 것은?

① 유물론-마르크스, 포이어바흐   ② 생철학-베르그송, 딜타이
③ 실용주의-콩트, 듀이   ④ 실존주의-키르케고르, 야스퍼스

해설·정답 콩트는 실용주의자가 아니라 실증주의자이다. ❸

철학, 쉽게 풀자!

0961. 프랑크푸르트학파의 창시자는?

① 호르크하이머, 아도르노　　　　② 마르쿠제, 호르크하이머

③ 아도르노, 마르쿠제　　　　　　④ 마르쿠제, 하버마스

[해설·정답] 프랑크푸르트학파의 기원은 1920년대의 독일적인 정치사회 상황과 밀접한 관련을 가진다. 호르크하이머와 아도르노에 의해 시작된 비판이론은 헤겔의 철학사상과 관련된 마르크시즘을 출발점으로 삼아 독일의 곤궁한 상황을 구제할 수 있다고 보았다. ❶

0962. 1960년대말 비판이론을 주도한 2세대 지도자들은?

① 호르크하이머, 아도르노　　　　② 마르쿠제, 호르크하이머

③ 아도르노, 마르쿠제　　　　　　④ 마르쿠제, 하버마스

[해설·정답] 호르크하이머와 아도르노가 초기 이론을 포기한 후 1960년대 말의 비판이론은 하버마스와 미국으로 귀화한 마르쿠제에 의해 주도되었다. ❹

0963. 고도산업사회에서의 인간의 사상과 행동이 체제 안에 완전히 내재화하여 변혁력을 상실하였음을 예리하게 지적한 『일차원적 인간』의 저자인 비판철학자는?

① 아도르노　　　② 마르쿠제　　　③ 호르크하이머　　　④ 하버마스

[해설·정답] 마르쿠제는 절대서부의 정신에 바탕을 둔 문화사회이론은 많은 학생과 젊은이들의 공감을 얻었으며, 신좌익운동의 정신적 지주가 되었다. ❷

0964. 마르크스주의나 실존주의 등 이제까지의 사상적·사회과학적 업적을 근본적으로 재검토하여 현대과학의 종합화를 추구한다는 공통점을 가지고 1960년대 프랑스에서 새로이 형성된 사상적 조류는?

① 비판이론　　　② 해체주의　　　③ 구조주의　　　④ 포스트모더니즘

[해설·정답] 구조주의는 1960년대에 들어와서 마르크스, 하이데거, 프로이트 등의 견해에 대립하여 프랑스에서 새로이 형성된 사상적 조류인데, 내용적으로는 실존주의나 마르크스주의와 같이 명확한 형태를 갖춘 사상적 경향이라고는 할 수 없다. ❸

0965. 구조주의 철학자가 아닌 사람은?

① 푸코　　　　② 알튀세르　　　③ 라캉　　　　④ 아도르노

[해설·정답] 구조주의를 주창한 주요 멤버는 인류학자요 사회학자인 클로드 레비스트로스, 철학자 푸코, 리시안 세바크, 알튀세르, 그리고 정신분석학자 라캉 등이다. ❹

0966. 인간의 욕망, 또는 무의식이 말을 통해 나타난다는 의미에서 "인간은 말하는 것이 아니라 말해진다"고 하면서 언어를 통해 인간의 욕망을 분석하는 이론을 정립한 사람은?

① 푸코　　　　② 알튀세르　　　③ 라캉　　　　④ 아도르노

해설·정답 프랑스의 현대 철학자요 정신분석가인 라캉은 언어를 통해 인간의 욕망을 분석하는 이론 정립을 통해 프로이트의 계승자라고 평가된다. ❸

0967. 각 시대의 앎의 기저에는 무의식적 문화의 체계가 있어서 그 무의식적인 심적, 사회적, 언어적 구조가 일체를 결정하며 주체로서의 인간이라든가 자아(自我)라고 하는 관념은 허망이라는 반인간주의적 사상을 전개한 광기(狂氣)와 성(性), 그리고 권력(權力)의 철학자는?

① 푸코　　　　② 알튀세르　　　③ 라캉　　　　④ 아도르노

해설·정답 푸코에 따르면 지식과 권력이 결탁하는 현대 사회는 훈육(discipline)의 사회이다. 정보는 지배에 필수적이다. 정보가 없이는 분별이 불가능하며 따라서 지배가 불가능하다. 또한 정보에 대한 갈구에는 지배욕이 숨어 있다. 심지어 정의, 박애, 평등 등 근대적 가치와 담론도 인간과 사회를 정교히 지배하기 위한 음모라는 것이 푸코의 주장이며 이것은 그의 근대 인간관에 대한 비판을 드러낸다. 푸코는 1984년 후천성면역결핍증(AIDS)으로 사망하였다. ❶

0968. 마르크스 사상을 초기의 인간론, 소외론으로 환원되는 것을 거부하고 그 사상의 특질이 이데올로기에서 나오는 인식론적 절단에 있다고 주장한 사람은?

① 푸코　　　　② 알튀세르　　　③ 라캉　　　　④ 아도르노

해설·정답 알튀세르는 마르크스 사상에 구조주의적 해석을 제시한 프랑스 철학자이다. 그는 실존적 마르크시즘이나 프랑크푸르트학파의 '인간주의적' 마르크시즘을 비판하고 마르크스를 과학적으로 읽기를 원했다. ❷

0969. 후설의 저서들을 번역하면서 현상학을 통하여 인간 존재의 유한성을 밝히고 그러한 유한성으로 초월적 존재인 신을 해명하려고 노력했을 뿐 아니라 상징언어에 대한 해석의 폭이 너무 좁다고 여겨, 텍스트에 대한 연구를 통하여 인간 존재를 이해하려고 시도한 현대 프랑스 철학자는?

① 푸코　　　　② 알튀세르　　　③ 라캉　　　　④ 리꾀르

해설·정답 폴 리꾀르(Paul Ricoeur)는 유신론적 실존주의 철학자로 알려진 가브리엘 마르셀에게 철학과 신학을 배운 가다머의 뒤를 잇는 해석학자이다. 그는 근대적 주체의 중요성을 인정하면서도 근대를 극복하는 방법으로 언어에 관심을 가진다. 그에게서 말은 상징으로서 새로운 세계를 여는 열쇠가 된다. 말하자면 사실이 아니라고 버려졌던 신화나 상징에 주목하면서 그의 해석학이 자리를 잡는다. 그의 은유 이론이나 이야기 이론은 철학이나 신학뿐 아니라 문학과 역사학이나 상담학 등 많은 학문 분야에 영향을 주고 있다. ❹

0970. 종교는 순수한 느낌이요 절대 의존의 감정에 불과하다고 주장한 사람은?

① 셸링　　　　② 슐라이어마허　　　③ 바르트　　　　④ 헤겔

해설·정답 슐라이어마허는 인간이 사변(철학, 형이상학)과 의지(윤리) 외에도 종교를 가능하게 하는 보다 근본적인 인식 능력을 가지고 있다고 본다. 그것은 '절대의존의 감정'이라고도 하는 무한자에 대한 직관과 감정을 말한다. 인간은 이성적으로 분석될 수 없거나 의지적으로 지향할 수 없어도 무한자에 대한 근본적 체험을 느낄 수 있는 직관과 감정을 통해서 종교적 영역을 인식할 수 있다는

철학, 쉽게 풀자!

것이다. 그리고 사변과 의지보다 이 종교적 직관의 영역이 더 근본적이라고 본다. 그래서 슐라이어 마허는 그의 『종교론』에서 종교의 본질은 "사유도 아니고, 행위도 아니라 직관과 감정이다"고 규정했다. ❷

※ 생철학자들과 그들의 핵심적 개념을 관계되는 것끼리 연결하라.

0971. 쇼펜하우어 •　　　　　　　　• A. 생의 해석

0972. 딜타이 •　　　　　　　　• B. 맹목적 의지

0973. 짐멜 •　　　　　　　　• C. 힘에의 의지

0974. 베르그송 •　　　　　　　　• D. 생의 약동

0975. 니체 •　　　　　　　　• E. 생의 초극

[해설·정답] 현세 중심적인 생철학은 근대정신의 출발점이었던 인간의 이성을 거부하며 삶을 생성과 흐름으로 파악한다. 그리고 생철학자들은 기계 문명, 이성 지상주의, 자연과학주의에 대한 비판, 즉 현대의 문화 비판을 사명으로 삼았다. 이들은 추상적인 이상주의에 불만을 품고 형식주의적 경향에 흐르고 있던 이른바 학의 철학에 반항했다. 그래서 생철학은 정적이고 직관적이고 비합리적인 경향을 띠고 한결같이 기계주의적인 것에 대해 생명주의적인 면을 강조하며 이성주의적인 것에 대해서 직관주의적인 면을 중시하고 자연주의적인 면에 대해서 역사주의적인 면을 중시하는 공통점이 있다. 그러나 인간의 삶의 본질에 있어서는 서로 다른 견해를 가지고 있었다. 쇼펜하우어는 맹목적 의지, 딜타이는 해석을 통한 생의 이해, 짐멜은 생의 초극, 베르그송은 생명의 약동을 통한 창조적 진화, 니체는 힘에의 의지를 생의 본질로 파악했다. ☞ 0971.B / 0972.A / 0973.E / 0974.D / 0975.C

※ 아래의 실존철학자들과 그들의 저서를 바르게 연결하라.

0976. 니체 •　　　　　　　　• A. 『존재와 무』

0977. 하이데거 •　　　　　　　　• B. 『존재와 시간』

0978. 사르트르 •　　　　　　　　• C. 『짜라투스트라는 이렇게 말했다』

0979. 야스퍼스 •　　　　　　　　• D. 『철학』

[해설·정답] 『짜라투스트라는 이렇게 말했다』는 니체 사상의 정수를 담고 있는 그의 주저이다. 그는 여기에서 정신의 세 단계의 변화, 즉 정신이 어떻게 낙타가 되고, 낙타가 어떻게 사자가 되며, 끝으로 사자가 어떻게 어린아이가 되는지에 대하여 설명했다. 하이데거는 존재 자체가 가장 잘 현현하는 무대라고 할 수 있는 인간 존재를 통해서 존재를 밝히려고 한다. 존재자의 존재의 의미를 파악하기 위해 이것을 다룬 것이 『존재와 시간』이다. 사르트르는 『존재와 무』에서 '실존주의적 정신분석'의 방법 등에 관한 독창적인 이론을 전개한다. 야스퍼스는 『철학』에서 실증주의적(實證主義的)인 과학에 대한 과신(過信)을 경고하고, 근원적인 불안에 노출된 인간의 비합리성을 포착하여 본래적인 인간존재의 양태를 전개하는 '실존철학'을 시대구원의 한 방법으로서 제시하였다. ☞ 0976.C / 0977.B / 0978.A / 0979.D

※ 다음은 대표적인 실용주의자들과 그들의 철학적 특징을 나열했다. 올바르게 연결하라.

0980. 퍼스 •

0981. 제임스 •

0982. 듀이 •

• A. 도구주의

• B. 현금가치설

• C. 의미론

[해설·정답] 퍼스가 프라그마티즘적인 과학철학자라면 제임스는 프라그마티즘적인 종교철학자로, 듀이는 프라그마티즘적인 도덕철학자로서 프라그마티즘의 적용 분야가 상이하다. 퍼스는 실용주의 의미론, 윌리엄 제임스는 현금가치설, 존 듀이는 도구주의로 특징된다. ☞ 0980.C / 0981.B / 0982.A

※ 다음은 대표적인 현대 신학자들이다. 가장 관계가 깊은 내용을 연결하라.

0983. 슐라이어마허 •

0984. 칼 바르트 •

0985. 불트만 •

0986. 틸리히 •

0987. 칼 라아너 •

0988. 몰트만 •

• A. 비신화화

• B. 신정통주의

• C. 내재신학

• D. 소망의 신학

• E. 카톨릭신학

• F. 중재의 신학

[해설·정답] 슐라이어마허는 신학을 내재화하여 인간에게서 출발하고 인간의 종교경험을 표준으로 삼아 내재신학의 아버지가 되었다. 칼 바르트는 대표적인 신정통주의자이다. 신정통주의는 자연과 인간 역사 속의 신의 내재성에 관한 자유주의적 강조를 신의 초월성으로 대체했는데 고전적 기독교에로의 복귀적 성격 때문에 신정통주의라고 불린다. 그러나 신정통주의는 단지 고전적 개신교 정통주의의 재현은 아니다. 신정통주의는 신학은 모든 형이상학을 포기해야 한다는 리츨학파의 주장을 수용했다. 또 자연신학에 대한 칸트의 비판을 수용하여 기독교 신학은 역사적 계시에의 추구에서부터 시작해야 함에도 불구하고, 성경 속에서 증거된 역사적 계시는 정통주의에서 주장하는 것처럼 무오한 것은 아니라고 한다. 나아가 신정통주의는 과학적 진리와 종교적 진리를 날카롭게 구분하기 때문에 성경 기사들은 문자적이고 과학적 사실이 아니라 상징적, 신화적, 비유적 진리를 포함하는 사건들로 묘사한다. 실존주의 신학을 거부하고, 역사와 사회에 관심을 둔 불트만은 예수 그리스도의 부활에 근거하여 미래와 희망에 초점을 두는데, 미래의 약속에 대한 희망이 신학의 토대와 출발점이다. 틸리히는 신학은 항상 하나님의 말씀 곧 하나님의 전승된 진리와 그 시대를 중재해야 한다는 "중재의 신학"을 주장했다. 그리고 이를 위해 "상관 관계의 방법"을 발전시켰다. 그는 기독교의 영원한 메시지를 그 시대에 대하여 해석하고 그 시대에 대한 메시지의 타당성 내지 의미를 제시하는 "답변하는 신학", "변증적 신학"을 신학의 과제로 삼았다. 로마 카톨릭 신학자인 라아너는 하이데거에게서 실존주의 철학을 배워 교회로 하여금 전통적인 교회언어인 스콜라철학 곧 아리스토텔레스의 철학 대신 실존주의 철학을 20세기 신학의 표현과 설명의 언어로 채택하도록 교황청을 설득하여 신학표현의 자유를 얻었다. 그 결과 라아너는 실존철학으로 기독교를 완전히 재해석하여 종교다원주의를 교리화하는 공을 세웠고 바티칸 공의회의 신학을 결정했다. 몰트만은 소망의 신학을 통해 오래도록 진행되어 온 실존주의적 신학토론을 종식시키고 교회의 문제를 사회정의의 문제로 돌려놓았다. 실존신학에서는 실존과 결단만 강조되고 사회의 문제는 완전히 도외시되었다고 판단한 몰트만은 마르크시즘을 기독교의 종말론의 눈으로 읽어 미래에 전개될 정의로운 사회를 그렸다. 그의 소망의 신학은 일종의 정치신학으로서 흑인신학, 남미의 해방신학, 여성신학, 한국의 민중신학 등을 산출하게 하여 사회정의를 위해 투쟁하게 했다. ☞ 0983.C / 0984.B / 0985.A / 0986.F / 0987.E / 0988.D

※ 다음 글을 잘 읽고 그 서술하는 내용이 맞으면 O, 틀리면 X표를 하시오.

철학, 쉽게 풀자!

0989. 쇼펜하우어는 우리의 사유에 나타나는 세계를 표상으로서의 세계와 그러한 세계의 이면에 본래적인 존재의 세계인 의지로서의 세계로 이분했다.

[해설·정답] 쇼펜하우어는 칸트가 현상계와 물자체로 구분하여 세계의 현상은 주관적인 표상에 지나지 않는다는 생각은 지지했지만 우리가 세계를 인식하기만 하는 것이 아니라 체험도 하며 세계에 대한 표상 외에 의지도 가지고 있어서 이 의지로 물자체의 세계와 접촉한다고 했다. 그래서 쇼펜하우어는 자신의 주저인 『의지와 표상으로서의 세계』(*Die welt als Wille und Vorstellung*)의 첫 머리에서 "세계는 나의 표상이다"(Die Welt ist meine Vorstellung)라고 말했다. ☞ O

0990. 쇼펜하우어와 니체는 인간과 세계의 본질을 '의지'로 이해했다.

[해설·정답] 쇼펜하우어는 의지를 세계의 본질로 이해하되 그것을 비이성적이고 비의식적인 맹목적으로 살려는 의지(blinder Wille zum Leben)라고 했다. 그리고 니체는 세계의 본질을 같은 것이 늘 되돌아오는 회귀 속에서 보다 더 강하고 많은 힘을 추구하려는 힘에의 의지로 규정하고 우주의 모든 변화와 움직임은 모두 힘을 더 얻고자 하는 부단한 의지에 의해 이루어진다고 했다. ☞ O

0991. 실용주의라는 말을 처음으로 사용하고 그것을 철학적 방법으로 응용한 사람은 윌리엄 제임스이다.

[해설·정답] 실용주의는 퍼스가 『월간 대중 과학』(*Popular Science Monthly*)이라는 잡지에 「신념과 고정」(*The Fixation of Belief*), 「어떻게 우리의 관념을 명료하게 할 것인가?」(*How to Make Our Ideas Clear*)라는 논문을 발표하고 어떤 대상에 대한 관념의 의미는 그 대상이 어떤 결과를 낳게 하는가를 고찰할 때 비로소 성립된다는 실용주의의 취지를 설명하는 것으로 시작되었다. ☞ X

0992. 후설의 현상학의 철학 이념과 근본 동기는 자신의 저서 제목과 같이 『엄밀한 학문으로서의 철학』을 목표로 인식의 명증적인 지반을 찾고 이 지반이 모든 인식의 최종적인 원천임을 철저히 규명하려 함이다.

[해설·정답] 후설의 표현에 따르면 엄밀한 학문이란 최종적인 정초에서 유래하는 학문, 최종적인 자기 책임에서 유래하는 학문을 말한다. 즉 철학이란 그 이론 체계 내에 어떤 명제나 원리도 자명한 것으로 받아들이거나 전제하지 않고 오히려 이 자명성과 그 원천이 철학에서 객관적으로 타당한 인식으로서 받아들여져야 할 권리 근거를 인식 비판적으로 해명하는 학문이란 뜻이다. ☞ X

0993. 키르케고르는 철학적으로는 하이데거, 야스퍼스 등에 영향을 주었으며, 신학적으로는 변증법적 신학, 대표적으로 칼 바르트(Karl Barth)의 『로마서 주석』과 같은 저작에 영향을 주었다.

[해설·정답] 키르케고르는 19세기말에서 20세기초에 소위 키르케고르 르네상스를 거쳐 많은 사상가들에게 영향을 주게 되었을 뿐만 아니라 지금은 실존철학의 시조로 존경과 갈채를 받고 있다. 그의 영향은 철학, 신학 외에도 시인들에게도 큰 영향을 주었다. ☞ O

0994. 니체의 궁극적 목적은 기독교를 부정하고 신의 죽음을 선언하는 것이다.

[해설·정답] 니체는 종래의 철학 및 초감성적인 가치관을 철저히 부정하고 현실적 삶의 긍정을 통해

새로운 가치에로의 전환을 시도하였다. 그것이 그의 철학의 목표이자 전체 내용이다. 그는 삶을 형이상학적인 초월적 원리에 준하여 인식하거나 또는 기계적인 인과 법칙에 의거하여 설명하려는 일체의 것에 반대하고, 삶 그 자체를 철학적 탐구의 대상으로 하였다. 이러한 목표 아래 니체는 플라톤적, 기독교적인 형이상학에 의해 유린된 삶의 의미를 되찾고자 했다. ☞ X

0995. 니체의 초인은 능력이나 가치에 있어서 인간을 넘어서서 이미 인간이 아닌 어떤 신적인 속성을 가진 이념을 가리킨다.

[해설·정답] 초인은 죽음을 선언한 종래의 신을 대신하는 새로운 신이 아니다. 왜냐하면 니체는 신의 자리 자체를 거부하고 부정하면서 초감성적 세계라는 것을 완전한 허구로 돌려버림으로써 가치 자체를 감성적 세계 속에, 즉 생생한 삶의 실재성 속에 두기 때문이다. ☞ X

0996. 키르케고르는 미적 실존을 연애에, 종교적 실존을 결혼에 비유했다.

[해설·정답] 미적 실존을 연애로 비유하였던 키르케고르는 윤리적 실존을 결혼으로 비유했는데, 그것은 여러 여성이 아닌 오직 한 여성의 사랑 속에 깊어지는 생활태도, 즉 동일한 것의 반복 속에 사는 생활태도로서 쾌락이 아닌 양심에 따라 사는 도덕적인 인간을 말한다. ☞ X

0997. 하이데거는 철저한 무신론적 입장에서 인간의 본성을 무로부터 시작되는 자유로 파악하고 그 자유를 통해 각자가 책임을 지고 자기 자신을 만들어 가야 한다고 하여 자유로운 선택과 결단에 의해서 자기 운명에 스스로 책임을 지며 살아가는 행동적 실존을 강조한다.

[해설·정답] 하이데거가 아니라 사르트르인데, 사르트르가 말하는 자유는 우연성과 불안 속에서 고독하게 시도할 수밖에 없는 선택의 자유요 무신론적 자유이다. ☞ X

0998. 논리실증주의는 궁극적 실재나 절대자를 파악하여 그와 관련된 모든 철학적 명제들을 논리적 실증성을 가진 체계로 구성하는 것이 목표이다.

[해설·정답] 논리실증주의는 완성된 철학 체계의 이름이 아니고 하나의 철학적 태도 내지는 방법을 가리키는 말이다. 그 방법이란 과학이 사용하는 개념과 명제들을 분석함으로써 그 의미를 명백하게 하는 것이 철학적 탐구의 기본이라는 신념에 출발점을 둔 것이다. 이에 따르면 철학의 사명은 궁극적 실재를 밝히거나 가치 근거로서의 절대자를 파악하는 일이 아니라 사상의 의미를 논리적으로 명백히 하는 데에 있다. 그리고 이를 위한 올바른 방법은 사상의 전달에 사용되는 언어분석에 있다. ☞ X

0999. 논리실증주의자들은 형이상학적인 명제들이 경험적인 지식과 어긋나기 때문에 옳지 않으며 지식의 한계를 넘어선 것이기 때문에 불확실하다고 하면서 형이상학을 공격했다.

[해설·정답] 논리실증주의자들은 형이상학적인 명제들이 옳다거나 옳지 않다거나를 논하기 전에 진위를 따질 수 있는 전제조건이 되는 명제적인 의미를 결여했기 때문에 철학적인 논의를 할 가치도 없는 것으로서 논의 자체에서 배제해 버려야 한다고 주장했다. ☞ X

철학, 쉽게 풀자!

1000. 논리실증주의에 따르면 "빨간 색은 영리하다"와 같은 명제는 문법적으로는 아무 결함도 없지만 거짓인 명제이다.

[해설·정답] 낱말들을 문법적인 규칙에 완전하게 부합하게 구성했다고 해서 반드시 의미 있는 명제가 되는 것은 아니다. 논리실증주의에 따르면 "빨간 색은 영리하다"와 같은 명제는 참도 거짓도 될 수 없는 무의미한 명제이다. ☞ X

1001. 포퍼는 한 명제가 과학적이라는 것은 반증되는 경험적인 상황을 결코 생각할 수 없음을 의미한다고 했다.

[해설·정답] 포퍼에 의하면 한 명제가 과학적이라는 것은 반증되는 경험적인 상황을 생각할 수 있다는 의미에서 반증가능하다는 것을 뜻한다. 뒤집어 말하면 거짓이 되는 상황을 생각할 수 없는 절대 진리임을 자부하는 이론들은 과학적인 이론이 아니라 사이비 과학 내지는 신화에 불과하다고 할 수 있다. 반증이 불가능할 정도로 확실하다는 것은 비과학임을 스스로 폭로하는 표징에 지나지 않는다. 한 마디로 말해서 포퍼의 반증가능성의 기준은 "어떤 명제가 분석적이 아닌 한 그로부터 어떤 관찰명제들과 논리적으로 모순되는 명제들을 이끌어 낼 수 있을 경우 또 오직 그 경우에 한해 과학적인 명제이다"라는 말로 요약할 수 있다. ☞ X

1002. 비트겐슈타인은 과거에 철학적인 문제들이 발생했던 이유는 철학적 대상 때문이라고 생각했다.

[해설·정답] 비트겐슈타인은 철학적인 문제들이 발생하는 이유는 철학적 대상 때문이 아니라 언어의 기능을 오해하고 언어를 오용한 데서 비롯된 특수한 성격의 문제라고 생각했다. 그래서 언어가 기능하는 방식을 정확하게 밝힘으로써 그러한 문제들을 제거하고자 했다. ☞ X

1003. 무어는 언어를 잘못 사용함으로써 스스로 만들어 낸 철학적인 역설에 사로잡혀 빠져나오지 못하는 전통적인 철학자들을 '파리통에 빠진 파리'에 비유하고 있다.

[해설·정답] 비트겐슈타인은 종전의 철학이 이룬 긍정적인 성과를 드러내기보다는 잘못된 철학적 사고가 빚은 오류의 성격을 진단하고 그 처방을 제시하는 데 보다 많은 노력을 기울였다. 그에 의하면 전통적인 철학자들은 일상적인 언어적 용법과 전문적인 용법 사이의 부당한 유추에 의해 마치 파리가 파리통에 빠지듯 손쉽게 철학적인 역설을 만들어 내고, 일단 역설적인 철학적 견해에 빠져들면 지적인 경직증(cramp)에 걸려 파리통의 파리처럼 빠져나갈 길이 있는데도 찾지 못하고 허우적거린다고 했다. 그러한 지적인 경직증을 치료할 수 있는 유일한 방법은 철학적인 문제에 시달리는 철학자들의 지적인 과정을 더듬어 언어 사용상의 잘못을 범하게 된 경위를 드러내는 일이다. 그러기 위해 필요한 것이 언어분석을 통한 일상언어의 의미의 명료화 작업이다. ☞ X

※ 다음 물음에 답하시오. (단답형)

1004. 베르그송의 철학에서 끊임없이 유동하는 생명의 연속적인 분출을 뜻하며, 모든 생명의 다양한 진화나 변화의 밑바닥에 존재하여, 그 비약적 발전을 추진하는 근원적 힘을 무엇이라 하는가?

[해설·정답] 삶은 고정된 것이 아니라 영원한 새로운 형성, 즉 창조적 진화이다. 그것이 바로 매순간 자신의 고유한 목표를 만들어 가는 '생명의 약동'(élan vital)이다. 진정한 실재는 단순히 외계의 조

226

건에 의해서만 진화해 가는 것이 아니라 오히려 스스로의 생 충동에 촉구되어서 안으로부터 비약적으로 진화해 간다. 이처럼 세계는 부단한 창조적 진화 속에 있으며 우주 전체에는 근원적 생명의 진화, 즉 창조적 진화가 일관하고 있다. 결국 실재는 생명이요 생명은 부단한 창조적 생의 약동을 한다. ☞ **엘랑비탈**

1005. 후설 현상학의 모토는 무엇인가?

[해설·정답] 하이데거(M. Heidegger, 1889~1976)가 지어낸 현상학의 구호 "사상 그 자체에로!"(Zu den Sachen selbst!)는 의식의 직관에로의 귀환을 뜻한다. 후설은 먼저 선입견을 배제하고 사상 그 자체에로 돌아가서 소여된 사상을 직관, 기술함으로써 순수 의식의 선천적 구조를 구명하려고 했다. 이것이 현상학의 근본 태도이다. ☞ **사상 그 자체에로!**

1006. 사물을 지각할 때 세계 자체의 존재에 대해서는 전혀 의심하지 않고 그 대상이, 그리고 그 총체인 세계가 지각된 그대로 객관적으로 실재한다고 소박하게 확신하는 생활 태도를 후설은 무엇이라고 했는가?

[해설·정답] 자연적 태도(naturale Einstellung)란 우리가 일상적으로 취하고 있는 무비판적이고 생래적인 일상적인 태도로서 소박한 실재론적 태도이며 개인적이고 주관적인 태도를 말하는데, 세계가 지각된 그대로 실재한다고 확신하는 것을 말한다. 후설은 이러한 태도를 버리고 사실의 본질을 그 직접성, 구체성에서 직관할 것을 요구한다. ☞ **자연적 태도**

1007. 후설이 후기 사상에서 주관의 능동적 구성작용(노에시스)에 앞서서 수동적으로 주어져 있는 것으로 보고 신체적 주관이 직접 체험하는 이것이 모든 진리의 궁극적 기반이라 하여 거기에로 돌아갈 것을 주장했다. 그것은 무엇인가?

[해설·정답] 후설은 후기에 이르러 신체적 주관을 내세워 질료를 그의 현상학 안으로 끌어들인다. 신체적 주관은 운동감각을 가지고 외부 세계의 사물들과 접촉하면서 살고 있다. 이 신체적 주관이 살고 있는 세계가 생활세계다. ☞ **생활세계**

1008. 인간을 포함한 우주 만물의 현상이 완전히 합리적으로 설명될 수 있을 뿐만 아니라 그 모든 현상들이 빈틈없이 결정적으로 되었다고 주장하는 헤겔의 주장을 반대했던 키르케고르의 입장을 표현한 실존주의의 기치가 된 말은?

[해설·정답] 키르케고르는 헤겔이 주장하는 보편적 정신의 존재를 부정하고 인간 정신을 어디까지나 개별적인 것으로 보아 개인의 주체성이 진리임을 주장했다. ☞ **"주체성이 진리이다."**

1009. 니체가 삶의 의미를 함몰시킨 기존의 가치관, 즉 플라톤적이고 기독교적인 이원론적 세계관을 극복하고 지상에서의 삶의 의미를 회복시켜야 한다는 생각에서 "신은 죽었다"(Gott ist tot)라고 선언한 그의 저서는?

[해설·정답] 일종의 서사시라고 할 수 있는 이 책의 줄거리는 다음과 같다. 10년간 산 속에서 고독한 생활을 보내던 짜라투스트라는 40세가 되어 산에서 내려온다. 그는 인간 세계로 돌아와 주로 '얼룩소'라는 이름의 도시에서 초인의 이상을 설교하지만 세상 사람들의 이해를 받지 못해 다시 산으로

돌아간다(제1부). 다시 산중의 고독한 생활로 돌아간 짜라투스트라는 인간 세계에서 그의 가르침이 왜곡되고 있음을 알고 다시 하산한다. 이때는 '지복의 섬들'이 그의 활동 무대가 된다. 여러 가지 설교를 통해 그는 초인을 설교하고 초인의 적대자들에게 맹타를 가한다. 이 때 말로 나타낼 수 없는 사상(영원회귀사상)이 그의 내면에서 성숙해 간다. 그러나 짜라투스트라는 아직도 이러한 사상을 세계에 전하기에는 자신의 역량이 부족함을 느끼고 더욱 성숙한 인식을 위해 산으로 되돌아간다(제2부). 여러 곳을 방랑하며 산으로 돌아간 짜라투스트라는 고독한 생활 속에서 영원회귀사상의 성숙을 기다리며 삶의 절대적 긍정을 노래한다(제3부). 동굴 생활 중 짜라투스트라는 아직 초인은 아니지만 그렇다고 대중도 아닌 일곱 명의 보다 높은 인간들을 만난다. 고뇌하는 인간들에게 짜라투스트라는 동정을 갖는다. 그러나 이러한 동정은 짜라투스트라에게 새로운 유혹이요 시련이다. 그는 결국 동정이라는 마지막 시련을 이기고 홀로 이제 성숙한 영원회귀사상의 고지를 위해 산을 떠난다. ☞ 『짜라투스트라는 이렇게 말했다』(Also sprach Zaratustra)

1010. 야스퍼스의 실존철학에서 실존의 유한성을 깊이 깨닫게 하고 그 좌절에서 초월자 **(Transzendenz)**에로의 비약을 불가피하게 하는 것으로 자기 자신에 대해 절망하고 초월자가 주재하는 현실에 눈을 돌려 존재 의식을 변혁시키고 본래의 자기 존재에로 회생하게 하는 것은 무엇인가?

[해설·정답] 야스퍼스에 따르면 한계상황 속에서 나는 나 자신에 대한 무지와 자신의 비존재의 가능성을 생각하며 불안을 느낀다. 이 불안 속에서 나는 양심의 소리에 의해 나의 근원에로 불려진다. ☞ 한계상황

1011. 철학적인 면에서는 실존주의, 신학적인 면에서는 변증신학의 시발자가 된 사람은?

[해설·정답] 키르케고르는 실존주의의 아버지로서, 그리고 칼 바르트를 중심으로 하는 변증신학에 큰 영향을 미쳤다. ☞ 키르케고르

1012. 자기의 철학을 존재의 철학이라고 규정한 하이데거가 파르메니데스, 플라톤, 아리스 토텔레스로부터 토마스 아퀴나스를 거쳐 근세에 이르는 모든 형이상학의 역사가 존 재론적인 것이 아니고 존재적인 것이었다고 비판한 명칭은?

[해설·정답] 그런데 하이데거에 따르면 파르메니데스, 플라톤, 아리스토텔레스로부터 토마스 아퀴나스를 거쳐 근세에 이르는 모든 형이상학의 역사는 존재에 관한 존재론, 즉 존재론적인 것이 아니고 존재자에 관한 존재론, 즉 존재적인 것이었다고 한다. 이것이 하이데거가 말한 소위 존재 망각의 역사이다. 그래서 그는 그 동안 잊혀졌던 존재를 다시 되찾아야 한다고 역설했다. ☞ 존재 망각의 역사

1013. 하이데거의 실존철학에서 일상적 삶에 빠진 인간을 실존에로 불러내는 것은 무엇인 가?

[해설·정답] 하이데거는 세상사람으로서의 일상인의 모습을 퇴락한 상태라고 말한다. 그러므로 우리는 이 퇴락한 상태에서 벗어나 참된 실존으로서의 본래의 자기를 되찾도록 노력해야 한다. 하이데거는 이러한 작업을 불안이라는 기분과 관련하여 수행한다. 그것은 죽음의 불안이 때때로 우리에게 본래의 자기를 엿보여 주기 때문이다.☞ 불안(죽음)

1014. 전통적 정의에 반대하여 인간을 본질적으로 자유라고 정의한 실존철학자는?

[해설·정답] 무신론자 사르트르에게는 인간의 본 바탕은 본래 무이며 무로부터 나타나서 존재하게 되었기에 인간은 애초부터 자유이다. 인간이란 어떤 기성품이 아니라 당초 선인도 악인도 아닌 무로부터 시작된 것이요 삶은 단순히 자신을 만드는 과정이다. 그러므로 "인간은 자유이다." 따라서 인간은 자기 마음대로 미래를 선택할 수 있다. 그러나 이 자유는 인간이 대자태이기 때문에 갖는 근원적인 허무성에 기인한다. 그 자유는 즉자 같이 완전히 충만된 존재가 아니라 무를 간직하고 있어서 이 빈 공허를 메우려는 욕구에서 나온 자유이다. 그러나 그러한 욕구는 결코 충족될 수 없는 것이요 인간은 그 사실을 또 알고 있다. 그렇지만 인간은 미래를 선택하고 계획하지 않을 수 없다. 이러한 자유는 우연성과 불안 속에서 고독하게 시도할 수밖에 없는 선택의 자유요 무신론적 자유이다. ☞ **사르트르**

1015. 하이데거는 죽음으로 인한 근원적 불안을 극복하기 위해 불가피한 죽음에 대해서 그것을 앉아서 기다리거나 그것으로 불안에 떨지 말고 스스로 앞질러 죽음을 떠맡으라고 했다. 그것을 무엇이라고 하는가?

[해설·정답] 하이데거에 따르면 죽음에의 선취(Vorlaufen)를 결의함으로써 죽음의 불안이 죽음에의 자유가 된다. 그리고 이런 유한성의 자각을 토대로 하여 죽음에의 선취(先取)를 결의함으로써 인간은 참다운 자기, 본래적 자기(das eigentliche Selbst)로서의 실존으로 되돌아오며 그럼으로써 존재가 열리고 인간은 이 때 비로소 자유가 된다고 한다. ☞ **죽음에의 선취**

1016. 존재 그 자체가 우연이고 부조리이며, 존재계가 모두 의미와 필연성을 상실한 것에 대한 직접적인 체험을 담고 있는 사르트르의 실존주의적 소설은?

[해설·정답] 1938년에 발표되었으며, 30세의 연금생활자 로캉탱의 일기체 수기 형식으로 된 소설이다. 주인공은 드 로르봉 후작(侯爵)이라는 역사상의 인물에 관해 조사하기 위해 부빌이라는 곳에 머무는 중 카페의 마담과 육체적 관계를 가지기도 하지만, 매우 고독하고 변화 없는 나날을 보내고 있었다. 그러던 중 주인공 로캉탱이 일기를 쓰게 된 것은 얼마 전부터 외계(外界)의 사물이나 인간들이 가져다 주는 구토증의 의미를 밝히고 싶었기 때문이다. 구토증이란 결국 존재 그 자체가 우연이고 부조리이며, 존재계(存在界)가 모두 의미와 필연성을 상실한 것에 대한 직접적인 체험이다. 그는 그것을 옛 애인 아니와의 6년만의 재회를 앞두고, 공원의 마로니에를 응시하다가 직감적으로 확신하게 된다. 오랜만에 보는 아니도 옛날의 신비적 매력을 잃고 타성에 젖은 허무감 속에서 살고 있다. 절망한 로캉탱은 역사 연구도 포기하고 그 곳을 떠나면서 재즈 음악이 주는 감동 속에 장차 소설을 쓰는 것이 구원이 되지나 않을까 하고 희망을 가져보는 데서 소설은 끝난다. ☞ **「구토」**

1017. 인간 생활은 결정되어 있지 않으며 그것의 밖에 있는 어떤 것에 의해서도 정당화될 수 없다는 사상을 표현하고자 할 때 사르트르가 사용한 용어는?

[해설·정답] 부조리란 원래는 조리에 맞지 않는 것이라는 논리적 의미만을 표시하는 말이었으나 반합리주의적인 철학이나 문학, 특히 실존주의 철학에서 중요한 의미를 지닌 용어가 되었다. 사르트르의 소설 『구토(嘔吐)』에서는 마로니에 나무의 뿌리와 같은 '사물 그 자체'를 직시할 때에 그 우연한 사실성 그것이 부조리이며 그런 때에 인간은 불안을 느낀다. ☞ **부조리**

1018. 『이방인』, 『시지프의 신화』 등으로 인간의 부조리성을 부각시킨 실존주의적 문학가는?

해설·정답 카뮈는 『시지프의 신화』)에서 "부조리란 본질적인 관념이고 제1의 진리이다"라고 하여 세계에 대한 인간의 근원적인 태도를 부조리라고 규정하였다. 원래 부조리한 세계에 대하여 좌절을 각오하고 인간적인 노력을 거듭하여 가치를 복권하는 것이 카뮈의 부조리에 대한 주장이었다. 따라서 카뮈의 경우 부조리는 당연히 '반항적 인간'을 낳는 것이다. ☞ 까뮈

1019. 이상언어에 속하는 모든 의미 있는 명제는 논리적으로 단순한 원자명제이거나 혹은 원자명제의 진리함수 혹은 분자명제라는 러셀의 이론은?

해설·정답 외연성의 이론은 논리적 원자론을 떠받치는 주춧돌로서 오스트리아 출신의 비트겐슈타인에 의해 한층 더 구체화되었다. ☞ 외연성의 이론(thesis of extensionality)

1020. 언어의 가장 본질적인 기능은 세계를 있는 그대로 묘사하는 것으로서 특히 수리 논리학의 체계인 이상언어는 객관적인 세계가 지니고 있는 구조를 그대로 반영하고 있다고 생각한 전기 비트겐슈타인의 이론은?

해설·정답 비트겐슈타인에 의하면 언어의 가장 본질적인 기능은 세계를 있는 그대로 묘사하는 것이다. 물론 일상 언어는 그러한 기능을 완벽하게 수행할 수가 없다. 그것을 완벽하게 수행하는 언어가 바로 이상적인 언어이다. ☞ 언어모사론(picture theory of language)

1021. 세계의 구조에 관한 일종의 형이상학이자 인식론으로서 더 이상 단순한 명제로 분해할 수 없는 가장 간단한 형식인 원자명제가 있으며, 이러한 명제는 그 체계에 관한한 논리적 기초가 되어야 하고, 그 밖의 여러 명제는 그것들의 복합 및 일반화에 의하여 이루어진다는 러셀의 이론을 무엇이라고 하는가?

해설·정답 러셀이 논리적 원자론을 통해 제시한 세계상은 논리적인 세계상인데 그것은 비엔나 학단(Wiener Kreis)에 영향을 주었다. 그들은 논리적 원자론과 함께 의미 기준이라는 요소를 도입함으로써 형이상학적인 측면을 배제한 과학적인 세계상을 확립하려 했는데, 그들이 내세운 철학을 논리실증주의(logical positivism) 또는 논리적 경험론(logical empiricism)이라고 한다. ☞ 논리적 원자론 (logical atomism)

1022. 논리실증주의의 형성에 직접적인 영향을 미친 선구자는?

해설·정답 비엔나의 철학자 모리쯔 슐릭(Moritz Schlick, 1882~1936)을 중심으로 1924년경에 결성되어 1929년에 정식으로 결성된 비엔나 학단(Wiener Kreis) 및 그 동조자들이 자신들의 철학적 견지에 붙인 이름이다. 경험론 철학의 현대적 발전 형태라고 볼 수 있는 논리실증주의의 직접적 선구로는 러셀과 비트겐슈타인 등이 개척한 논리분석(logical analysis)의 방법이라고 할 수 있다. ☞ 러셀과 비트겐슈타인

1023. 종합명제는 어떤 명제이건 검증이 가능한 경우 또 오직 그 경우에 한해서만 의미를 지닌다는 전제에서 종합명제의 유의미성(meaningfulness)을 검증의 가능성에서 찾는 논리실증주의자들의 원리를 무엇이라고 하는가?

해설·정답 논리실증주의자들의 의미에 대한 논의는 지적으로 생산적이지 못한 분석명제를 제외한

종합명제에 집중되어 있다. 그들은 종합명제의 진위가 이 세계의 어떤 측면을 관찰해야만 결정된 다는 사실로부터 그것들이 의미가 있다는 사실과 그것이 참임을 경험적으로 확인 혹은 검증하는 것이 가능하다는 사실을 동일시할 수 있다고 주장했다. 즉 종합명제는 어떤 명제이건 검증이 가능 한 경우 또 오직 그 경우에 한해서만 의미를 지닌다는 뜻이다. ☞ **검증가능성의 원리(principle of verifiability)**

1024. 검증가능성이라는 유의미성의 기준으로 볼 때 어떤 행위가 옳다거나 그르다 혹은 도 덕적으로 좋다거나 나쁘다고 진술하는 윤리적인 명제도 무의미하다고 하면서 그것 은 그 명제를 발설하는 사람의 정서 내지는 감정을 표현하기 위한 정의적인 의미에 불과하다는 논리실증주의에서 파생된 윤리 이론은?

[해설·정답] 이모우티비즘은 윤리학이 하나의 학으로서 성립할 수 없다고 주장한다. ☞ **이모우티비즘 (emotivism)** (정서주의라고 하기도 한다.)

1025. 일상언어의 갖가지 표현의 정당성을 인정하고 그러한 일상언어의 분석을 통해 그 표 현이 참으로 의미하는 바를 분명히 하는 것이 철학의 최대의 임무라고 생각하는 사 람들을 무엇이라고 부르는가?

[해설·정답] 일상언어학파는 우리가 일상생활에서 사용하고 있는 언어의 분석이 철학자의 중심과제 가 될 것이라는 인식방법을 갖는 것이 특징이다. 비트겐슈타인의 후기 사상으로부터 영향을 받았 으며, 주로 영국 옥스퍼드대학을 중심으로 전개되었기 때문에 옥스퍼드학파라고도 한다. ☞ **일상 언어학파**

1026. 전기 비트겐슈타인에 따르면 외연적 논리는 언어의 구조를 보여주지만 그것으로 언 어가 모두 설명되는 것은 아니며, 언어가 세계의 꼴(모습)을 본떠 보여줄 때 정보 전 달의 기능을 할 수 있게 된다는 점에서 언어는 세계의 꼴을 본떠 보여주는 일종의 논리적인 무엇이라고 했다. 무엇인가?

[해설·정답] 비트겐슈타인은 언어가 실재에 관한 하나의 그림이라고 생각한다. ☞ **그림**

1027. "말해질 수 있는 것은 분명하게 말해져야 한다. 그러나 말할 수 없는 것에 대해서는 침묵해야 한다."고 말한 사람은?

[해설·정답] 비트겐슈타인은 많은 철학적 문제들이 언어논리에 대한 오해에서 비롯된다고 지적하면 서 철학은 이론이 아니라 행동, 즉 논리적 해명을 다루고 주해를 다는 작업이며 철학을 한다는 것 은 한계를 긋는 행위라고 지적한다. 해명의 작업은 생각, 더 나아가 생각의 표현에 한계를 짓는 것이기 때문에 칸트의 비판철학을 상기시킨다. 그러나 칸트가 이성의 한계를 밝히려고 했던 반면 비트겐슈타인은 언어로 표현될 수 있는 의미의 한계를 설정하는 것이 중요했다. 말할 수 있는 것, 즉 의미의 저편에는 오직 무의미만이 존재한다는 것이다. ☞ **비트겐슈타인**

1028. 후기 비트겐슈타인의 철학에서 놀이가 하나의 인간 활동이며 하나의 규칙으로서의 놀이가 인간 활동의 한 부분을 구성하는 것처럼 말하는 언어 행위는 인간의 활동의

철학, 쉽게 풀자!

하나이며 하나의 규칙 체계로서의 언어는 인간의 삶의 양식 속에서만 그 생명을 얻
는다는 사실을 말하기 위해 언어를 무엇이라고 했는가?

[해설·정답] 비트겐슈타인은 말을 놀이와 비유하여 말놀이 또는 언어게임(language game)이라고 했다.
그가 언어게임이라는 용어를 사용한 것은 언어를 말하는 것이 바로 행위 내지는 삶의 양식의 일부
라는 사실을 부각시키기 위함이다. 비트겐슈타인은 놀이가 하나의 인간 활동이며 하나의 규칙으로
서의 놀이가 인간 활동의 한 부분을 구성하는 것처럼 말하는 언어 행위는 인간의 활동의 하나이며
하나의 규칙 체계로서의 언어는 인간의 삶의 양식 속에서만 그 생명을 얻는다는 사실을 말하고
싶었다. 운동경기에서 게임의 규칙을 지키지 않으면 게임 자체가 성사되지 않음과 마찬가지로 언
어 사용에서도 적절한 규칙에 따르지 않으면 언어적인 행위 자체가 이루어질 수 없다. 언어를 사용
한다 함은 이러한 의미에서 언어게임에 참여함이다. 그러한 언어게임의 규칙이 비트겐슈타인이 말
하는 문법(grammar)으로서 언어적인 표현은 그러한 다양한 문법에 따른 용법에 대응하여 여러 가
지 다양한 종류의 의미를 지니게 된다. 비트겐슈타인이 말하는 용법은 물론 일상적인 용법이다.
☞ 게임(game)

1029. 프랑크푸르트학파의 비판이론가인 마르쿠제는 현대사회의 소외된 인간 상태를 무엇
이라고 했는가?

[해설·정답] 마르쿠제에 의하면 현대는 부르주아지와 프롤레타리아트를 공통 존재로 하는 일차원적
인 '고도산업사회'이며, 거기에서 인간은 억압된 현실을 비판하는 힘(이성의 비판력)이 뿌리를 내
릴 수 있는 내적 차원을 상실하게 되고, 나아가 의식의 일원화에까지 다다르며, 결국 문화가치와
기성질서가 동일화하는 일차원적인 문화와 사고에 도달한다고 한다. ☞ 일차원적 인간

1030. 작품이 만들어진 시대의 문화적 상황의 지평(地平)과 이와는 시대적·문화적으로 상이
한 독자가 위치하는 상황의 지평과는 결코 완전히 일치할 수는 없기 때문에 상이한
두 지평의 일치와 어긋남이라는 상호작용 속에서 전개되어야 한다는 철학적 해석학
을 주장한 사람은?

[해설·정답] 가다머는 본문과 그 해석자 사이에 놓인 역사적 거리를 강조한다. 그는 해석학파의 이론
을 채택하여 발전시킨다. 우리의 이해에 영향을 주는 선취와 선입견은 우리를 지탱하는 전통에서
나온다. 이 전통은 우리의 생활 배경과 이해의 지평을 구성하는 총체적인 역사 문화 자료로 구성되
어 있다. 해석자는 본문의 당면 현실과 대화에 들어가야 한다. 이해는 본문과 독자의 서로 다른
지평이 융합되는(gorizontverschmelzung) 가운데 얻어진다. 이것은 해석자와 그 대상 사이에 "소속성
(zugehorigkeit)", 곧 근본 유사성이 있는 경우에만 가능하다. 해석학은 변증법적 과정이다. 다시 말
해 본문의 이해는 언제나 자신에 대한 폭넓은 이해를 필연적으로 수반한다. ☞ 가다머

※ 다음 상자 안의 글들을 잘 읽고 ( )에 가장 적당한 말을 써 넣으시오.

비트겐슈타인의 전기 사상은 (1031.)의 이론으로 특징되며, 그 대표적인
저서는 (1032.)인데, 이는 비엔나 학단의 (1033.)
운동에 영감을 불어넣었고, 비트겐슈타인의 후기 사상은 (1034.)이론
으로 특징되며, 그 대표적인 저서는 (1035.)인데, 이는 영국의
(1036.)를 형성케 했다.

[해설·정답] 비트겐슈타인의 사상은 일반적으로 20대의 젊은 청년으로 전쟁터의 화염 속에서 쓴 『논리철학 논고』의 전기와 그가 40세가 넘어 케임브리지로 다시 돌아가서 제2의 철학적 사색의 결과 저술한 『철학적 탐구』의 후기로 나눈다. 전기 사상을 담은 『논리철학 논고』는 현대 분석철학의 한 줄기인 비엔나 학단의 논리실증주의 운동에 영감을 불어넣은 저서이며 후기 사상의 알맹이를 담고 있는 『철학적 탐구』는 영국 의 일상언어학파를 형성케 한 동인이다. ☞ 1031.외연성 / 1032.『논리철학논고』 / 1033.논리실증주의 / 1034.언어사용 /1035.『철학적 탐구 / 1036.일상언어학파

※ 다음은 비트겐슈타인이 『논리철학 논고』에서 한 말이다. (   )를 채워라.

"철학의 목표는 사상에 대한 논리적 (1037.   )이다. 철학은 (1038.   )이 아니라 하나의 (1039.   )이다. 철학적 작업은 본질적으로 (1040.   ) 작업이다"

[해설·정답] 비트겐슈타인은 분명하게 언어로 표현될 수 있는 과학적 탐구의 문제로부터 분명하게 언어로 표현될 수 없는 문제를 구별하여 언어의 한계가 어디에 있는가를 밝혀 놓았다. 그리고 언어의 한계 밖에 있는 것에 대해서는 입을 다물 것을 권유하였다. 인식의 피안에 놓인 문제들을 놓고 왈가왈부하는 것도 헛된 일이요 언어의 논리에 대한 무리에서 빚어진 문제를 놓고 머리를 쥐어짜는 것은 어리석은 일이 아닐 수 없다. 그러므로 비트겐슈타인에게의 철학의 소임은 단지 세계에 관한 각종의 학문적인 진술의 의미를 논리적으로 분석하는 일이다. ☞ 1037.명료화 / 1038.학설 / 1039.활동(activity) / 1040.명료화

중국철학

1041. 중국 상대(商代)의 사상으로 어울리지 않은 것은?

① 자연숭배 ② 조상신 ③ 상제(上帝) ④ 천명(天命)

[해설·정답] 상고시대란 춘추시대 이전을 말하는데, 상대의 사람들은 자기들을 둘러싸고 있는 자연계와 자기 자신의 정체에 대해 그다지 아는 바가 없었다. 그래서 그들은 자연의 초인간적인 힘에 대해 경탄하고 놀라움을 느끼고 그 위대한 힘에 대해 숭배하는 태도를 취했다. 천(天)과 천명(天命)사상은 상대(商代) 후의 주대(周代)의 사상이다. ❹

1042. 중국 상고시대, 특히 주대(周代)에 숭배한 최고의 인격신은 무엇인가?

① 천(天) ② 조상(祖上) ③ 상제(上帝) ④ 자연(自然)

[해설·정답] 주나라 사람들이 신앙한 천(天)은 이미 조상숭배의 성질을 탈피한 최고의 주재자(主宰者)로 등장했다. 그들은 천재가 세계의 모든 종족의 통치자라고 생각했다. 그리고 천재의 의지와 명령을 천명(天命)이라고 일컬었다. ❶

1043. 중국에 제자백가가 등장하여 활약한 시기는 언제인가?

① 춘추전국시대 ② 당나라 ③ 수나라 ④ 송나라

[해설·정답] 춘추전국시대에 국가의 사상적 통일을 위한 정치적 이유로 인해 제자백가들이 활발히 활동했다. ❶

1044. 선진유학의 사상가에 해당하지 않은 사람은?

① 공자 ② 맹자 ③ 순자 ④ 노자

[해설·정답] 선진유학은 공,맹,순 외에도 대학(大學)과 중용(中庸)에 중요한 사상이 담겨 있다. ❹

1045. 공자 학문의 극치로서 그가 일이관지(一以貫之)한다고 했던 원리이자 가장 근본적인 핵심 개념은?

① 무위(無爲) ② 자연(自然) ③ 인(仁) ④ 예(禮)

[해설·정답] 공자의 핵심 사상은 인(仁)이다. 그리고 인의 구체적 내용이 충서(忠恕)이다. ❸

1046. 다음은 무엇에 대한 설명인가?

> ·인간의 내면적인 도덕성
> ·인간의 본질을 이루는 사랑의 정신
> ·혼란한 사회를 치유하기 위해 공자가 제시한 개념

① 예(禮) ② 충(忠) ③ 효(孝) ④ 인(仁)

[해설·정답] 공자는 인(仁)을 단지 도덕적 규범으로서가 아니라 사회질서를 회복하기 위한 정치사상으로 여겼다. ❹

1047. 질서 있고 안정된 사회 건설을 위해 실제 사물에 붙인 이름과 내실이 일치되어야 한다는 공자의 사상은?

① 정명론(正命論)　② 인의론(仁義論)　③ 충서론(忠恕論)　④ 지명론(知命論)

[해설·정답] 공자는 『논어』에서 군군신신부부자자(君君臣臣父父子子, 임금은 임금다워야 하고, 신하는 신하다워야 하며, 아비는 아비다워야 하고, 자식은 자식다워야 한다.)라고 했는데, 이러한 정명론(正名論)은 누구나 그 이름을 지녔으면 이에 상응하는 책임과 의무를 완수해야 한다는 정치철학적 견해이다. ❶

1048. 공자의 사상과 거리가 먼 것은?

① 인(仁)　　② 효제(孝悌)　　③ 충서(忠恕)　　④ 자연(自然)

[해설·정답] 인이란 사람다움을 말하는데, 그것은 곧 사람을 사랑하는 것이다. 효제는 인을 실천하는 데에 있어서 근본이 되는 덕목이다. 즉 효와 제는 어진 마음씨와 태도로 각각 부모와 형장(兄長)을 섬기는 도덕이다. 또 충서는 인을 실행하는 방법이다. 자연은 주로 노자철학의 중심사상이다. ❹

1049. 공자가 인(仁)을 실현하는 실천적 덕목으로 제시한 것은?

① 효제(孝悌), 충서(忠恕)　　　　② 겸애(兼愛)

③ 무위(無爲)　　　　　　　　　④ 예치(禮治)

[해설·정답] 충서의 마음을 가지고 효제의 덕을 사회로 확대시키면 그것이 곧 인(仁)이다. 겸애(兼愛)는 묵자의 사상이고, 무위(無爲)는 노자, 예치(禮治)는 순자의 사상이다. ❶

1050. 공자가 건전한 사회 질서를 회복하는 데 필수적으로 필요하다고 했던 두 가지 원리는?

① 충(忠), 효(孝)　② 인(仁), 예(禮)　③ 인(仁), 의(義)　④ 성(誠), 경(經)

[해설·정답] 예(禮)를 대(對) 사회적인 질서형식으로 본다면 예를 욕구하는 인간의 내면적 근거는 어짊[仁]이다. ❷

1051. 인(仁)의 체득을 위해 공자가 제시한 구체적인 방법으로서 자기를 극복해 예(禮)로 돌아감을 이르는 말은?

① 효제　　　② 격물치지　　　③ 극기복례　　　④ 충서

[해설·정답] 「顔淵」편에서 안연이 인(仁)을 물었을 때, 공자가 "자기를 이겨 예(禮)로 돌아가는 것이 인(仁)을 구현하는 방법이다(克己復禮爲仁也)"라고 대답한 데서 비롯되었다. ❸

1052. 맹자가 인성(人性)에 대해 논할 때 주목했던 점은 무엇인가?

① 금수와의 차이점　② 본능적 욕구　　③ 교육적 결과　　④ 식욕과 성욕

[해설·정답] 맹자는 인간과 가장 가까운 종류인 금수(禽獸)와 인간의 차이점에 주목함으로써 인성을 찾아서 그것을 인간의 성품이라고 정의했다. ❶

1053. 맹자가 말한 인의예지(仁義禮智)의 근원인 사단(四端)에 속하지 않은 것은?

① 측은히 여김　　② 부끄러움　　③ 화평　　④ 사양

[해설·정답] 측은히 여기는 마음은 인(仁)의 단(端)이요, 부끄러워하는 마음은 의(義)의 단(端)이요, 사양하는 마음은 예(禮)의 단이요, 시비를 가리는 마음은 지(智)의 단이다. ❸

1054. 맹자에 있어서 자신의 모습을 아직 드러내고 있지 않지만 기회만 주어진다면 선한 행위를 실현할 수 있는 무한한 잠재력을 가진 인간의 본성에 해당하지 않는 것은?

① 본능　　　② 단(端)　　　③ 성(性)　　　④ 인(仁)

[해설·정답] 맹자는 측은, 수오, 사양, 시비의 사단(四端)의 마음을 통하여 선을 실현할 수 있다고 하는데, 이러한 사단이 바로 인간의 본성이 되며, 이것을 다른 말로 인(仁)이라고도 표현한다. 즉 성(性)의 구체적인 내용이 바로 사단의 마음이다. ❶

1055. 맹자의 사단과 사덕의 관계가 잘못된 것은?

① 인(仁)-측은지심　② 의(義)-수오지심　③ 예(禮)-존경지심　④ 지(智)-시비지심

[해설·정답] 사단은 『맹자(孟子)』의 「공손추(公孫丑)」에 나오는 말로서 불쌍히 여기는 마음(惻隱之心) 인(仁), 자신의 불의를 부끄러워하고 남의 불의를 미워하는 마음(羞惡之心) 의(義), 양보하는 마음(辭讓之心) 예(禮), 잘잘못을 분별하여 가리는 마음(是非之心) 지(智)의 네 가지 도덕 감정을 말한다. ❸

1056. 맹자가 주장한 사단설은 어디에 언급되어 있는가?

① 大學　　　② 論語　　　③ 孟子　　　④ 春秋

[해설·정답] 사단이란 네 가지 단서(端緖), 즉 인간의 본성(本性)에서 우러나오는 네 가지 마음씨로서 측은지심(惻隱之心)·수오지심(羞惡之心)·사양지심(辭讓之心)·시비지심(是非之心)을 말하는데 그것은 각각 인(仁)·의(義)·예(禮)·지(智)의 착한 본성에서 발로되어 나오는 정감이다. ❸

1057. 다음 중 맹자가 말한 인상적 인간형을 나타내는 말이 아닌 것은?

① 대인(大人)　　② 군자(君子)　　③ 성인(聖人)　　④ 군주(君主)

[해설·정답] 맹자는 이상적 인간을 대인이라고 하고 때로는 군자, 성인이라고도 했다. ❹

1058. 맹자가 본성의 함양을 위해 키우고 길러야 한다고 한 것은?

① 양심　　　② 호연지기　　　③ 본성　　　④ 천성

[해설·정답] 호연지기(浩然之氣)는 맹자의 특수한 용어로서 인간이 자기의 본성을 충분히 계발시킨 것을 말한다. ❷

1059. 사단(四端)에 기초하여 인간의 본성은 선하다는 성선설을 주장하고 호연지기를 기를 것을 역설한 사람은?

① 공자　　　　② 맹자　　　　③ 순자　　　　④ 노자

[해설·정답] 맹자의 사상은 인의설(仁義說)과 그 기초가 되는 성선설(性善說), 그리고 이에 입각한 왕도정치론(王道政治論)으로 나누어진다. 공자의 인(仁)의 사상은 육친 사이에 생기는 자연스러운 친애(親愛)의 정을 널리 사회에 미치게 하려는 것이며, 이 경우, 소원한 쪽보다 친근한 쪽으로 정이 더 간다는 것은 당연시되었다. 가족제에 입각한 차별애(差別愛)인 것이다. 맹자는 이를 받아들여, 한편으로는 보편적인 인애(仁愛)의 덕(德)을 주장하고, 한편으로는 그 인애의 실천에 있어서 현실적 차별상(差別相)에 따라 그에 적합한 태도를 결정하는 의(義)의 덕을 주창하였다. ❷

1060. 맹자의 정치이념은?

① 패도정치　　　② 왕도정치　　　③ 민주정치　　　④ 군주정치

[해설·정답] 맹자는 왕도정치를 주장하면서 동시에 군주가 백성을 돌보지 않고 패도정치를 할 때는 백성들의 혁명을 옹호하는 혁명적 사상을 가졌다. ❷

1061. 맹자의 사상과 거리가 먼 것은?

① 성선설　　　　② 호연지기　　　③ 격물치지　　　④ 왕도정치

[해설·정답] 격물치지는 성리학의 내용이다. ❸

1062. 공자 이후 인간의 본성에 관해 논쟁을 벌인 두 사람은?

① 맹자와 노자　　② 맹자와 고자　　③ 고자와 순자　　④ 맹자와 순자

[해설·정답] 인성(人性)에 대해 고자는 "사람의 본성은 본래 선도 아니고 악도 아니며, 다만 교육하기 나름으로 그 어느 것으로도 될 수 있다"는 성무선무악설(性無善無惡說)을 주장했다. 맹자는 인간의 본성으로서는 악에 이르는 욕망도 존재한다는 사실을 인정하면서도 도덕적 요청으로서 본성이 선한 것이라고 주장하고, 그렇게 함으로써 모든 사람의 도덕에 대한 의욕을 조장하려고 하였다. ❷

1063. 인간의 본성에 대해 맹자와 같은 입장을 가진 서양 철학자는?

① 홉스　　　　② 루소　　　　③ 칸트　　　　④ 플라톤

[해설·정답] 맹자와 루소는 인간의 본성을 선하다고 본 점에서 공통적이다. ❷

1064. 인간의 본성에 대해 순자와 같은 입장을 가진 서양 철학자는?

① 홉스　　　　② 루소　　　　③ 칸트　　　　④ 플라톤

[해설·정답] 순자와 홉스는 모두 인간의 본성은 이기적 욕망을 가진 악으로 이해했다. ❶

1065. 인성에 관한 맹자와 순자의 입장은 각각 무엇인가?

① 성선, 성악　　② 성악, 성선　　③ 무성, 성선　　④ 무성, 성악

[해설·정답] 맹자는 성선설을, 순자는 성악설을 주장했다. ❶

1066. 인간의 본성은 악하지만 교육이나 수양과 같은 인위의 과정을 거치면 선하게 될 수 있다고 주장한 사람은?

① 공자　　　　② 맹자　　　　③ 순자　　　　④ 노자

〔해설·정답〕 성악설을 주장한 순자는 사람의 본성은 비록 악하지만 인위(人爲)의 교정을 거치면 선하게 될 수 있다고 했다. ❸

1067. 순자가 인간이면 누구나 따라야 하는 보편적 이치로 보아 그 객관적 사회성을 강조하여 사회 전체의 틀 또는 규범적 지침으로까지 확대하여 규정한 것은?

① 인(仁)　　　　② 의(義)　　　　③ 예(禮)　　　　④ 지(知)

〔해설·정답〕 순자에게 있어서 예(禮)는 성인(聖人)이 정한 사회규범으로 뚜렷한 객관적 형식이었으며, 그에 따르는 것만이 인간의 사회생활에서 질서와 평화가 유지되는 것이라 하였고, 따라서 만물의 영장인 인간의 가치도 발휘된다고 하였다. 특히 그의 성악설은 사람이 태어나면서부터 가지고 있는 감성적(感性的)인 욕망에 주목하고, 그것을 방임해 두면 사회적인 혼란이 일어나기 때문에 악이라는 것이며, 따라서 수양은 사람에게 잠재해 있는 것을 기르는 것이 아니라 외부의 가르침이나 예의에 의하여 후천적으로 쌓아올려야 한다고 하였다. ❸

1068. 순자의 사상과 거리가 먼 것은?

① 인간의 성정은 이기적이다.　　　② 인간의 본성은 악하다.
③ 인간의 본성은 고쳐질 수 없다.　　④ 인성은 교육을 통해 고칠 수 있다.

〔해설·정답〕 순자는 인성은 악하지만 교육과 수양에 의해 누구나 성인이 될 수 있다는 화성(化性)의 가능성이 있다고 했다. ❸

1069. 『대학』의 8조목 가운데 치인(治人)에 해당하지 않은 것은?

① 수신(修身)　　② 제가(齊家)　　③ 치국(治國)　　④ 평천하(平天下)

〔해설·정답〕 수신은 수기(修己)에 해당한다. ❶

1070. 『대학』이 사회질서를 유지하는 방안으로 제시한 삼강(三綱)이라고 하는 세 가지 기본 원칙에 들지 않은 것은?

① 명덕(明德)　　　　　　② 친민(親民)
③ 지지선(止至善)　　　　④ 격물치지(格物致知)

〔해설·정답〕 대학이 제시한 3강과 8조목은 개인의 도덕수양을 바탕으로 삼아 치국평천하의 이상을 실현하기 위함이었다. ❹

1071. 『대학』의 3강과 8조목의 가장 기본의 되는 것은?

① 수신(修身)　　② 제가(齊家)　　③ 치국(治國)　　④ 평천하(平天下)

〔해설·정답〕 경에서는 명명덕(明明德: 명덕을 밝히는 일), 신민(新民: 백성을 새롭게 하는 일), 지지선

(止至善: 지선에 머무르는 일)을 대학의 3강령(三綱領)이라 하고, 격물(格物), 치지(致知), 성의(誠意), 정심(正心), 수신(修身), 제가(齊家), 치국(治國), 평천하(平天下)의 8조목(八條目)으로 정리하여 유교의 윤곽을 제시하였다. 실천과정으로서는 8조목에 3강령이 포함되고 격물, 즉 사물의 이치를 구명(究明)하는 것이 그 첫걸음이라고 하였다. 이것이 평천하의 궁극 목적과 연결된다는 것이 대학의 논리이다. 전은 경의 설명이라는 뜻이다. 결국 『대학』의 3강과 8조목은 모두 수기(修己)와 치인(治人)의 두 항목으로 귀결할 수 있는데, 가장 근본이 되는 것은 수신(修身)이다. ❶

1072. 제자백가의 결점을 보완하기 위하여 천인합일(天人合一)의 사상을 발휘하고 공자가 말한 도(道)의 본원이 천(天)에서 나왔다고 말하는 것은?

① 『대학』　　　② 『논어』　　　③ 『맹자』　　　④ 『중용』

[해설·정답] 『중용』의 첫머리에 "천(天)이 부여한 것을 성(性)이라고 한다"고 말하고 있다. 중용의 '中'이란 어느 한쪽으로 치우치지 않는다는 것을 '庸'은 평상(平常)을 뜻한다. 인간의 본성은 천부적인 것이기 때문에 인간은 그 본성을 따르지 않으면 안 된다. 따라서 본성을 좇아 행동하는 것이 인간의 도(道)이며, 도를 닦기 위해서는 궁리(窮理)가 필요하다. 이 궁리를 교(敎)라고 한다. 『중용』은 요컨대 이 궁리를 연구한 책이다. 즉 인간의 본성은 한 마디로 말해서 성(誠)일진대, 사람은 어떻게 하여 이 성으로 돌아가는가를 규명한 책이라고도 할 수 있다. ❹

1073. 다음 중 천명지위성(天命之謂性)고 말하고 있는 것은?

① 『대학』　　　② 『논어』　　　③ 『맹자』　　　④ 『중용』

[해설·정답] 『중용(中庸)』은 전부 33장으로 구성되어 있다. 제1장의 시작은 천명지위성(天命之謂性: 하늘이 명한 것을 성이라 한다.)이라는 말로서 마지막 장까지 이 문제에 대하여 깊이 있게 밝혀가고 있다. 이 말의 1장에서 말하고 있는 요지는 하늘에서 명하여 받은 인간의 본성을 그대로 따르고 발휘시키는 것이 도(道)라는 것이다. 중용에서 말하고 있는 도(道)는 하늘에서 나온 것이니 지극히 멀고 높은 것 같으나 실제로는 지극히 가까운 것에서부터 시작된다는 것을 깨우쳐 주고 있다. ❹

1074. 『중용』에서 사람의 본성이자 하늘의 도(道)라고 말하는 것은?

① 성(誠)　　　② 경(慶)　　　③ 인(仁)　　　④ 천(天)

[해설·정답] "성(誠)은 천도(天道)이며, 천도를 충실하게 따르는 것이 인도(人道)이다."(誠者天 之道也, 誠之者人之道也) ❶

1075. 선진시대 도(道)에 관한 노자와 장자의 학설을 일컫는 말은?

① 유가　　　② 도가　　　③ 묵가　　　④ 법가

[해설·정답] 노자는 도가의 창시자이고, 장자는 노자의 사상을 계승, 발전시켰다. ❷

1076. 노자의 철학에서 만물을 구성하는 기초이지만 결코 의지와 목적을 가지고 세계만물을 형성, 전개하지 않고 만물로 하여금 스스로 성장, 발전하게 하고 간섭이나 명령을 하지 않는다고 한 것은?

① 천(天)　　　② 도(道)　　　③ 인(仁)　　　④ 상제(上帝)

해설·정답 노자는 도는 항상 무위(無爲)하지만 무불위(無不爲)하다고 했다(道常無爲而無不爲). ❷

1077. 노자의 도(道)에 관한 설명으로 옳지 않은 것은?

① 일원적인 것이며 상대적 현상세계와 시공간을 초월해 있다.

② 도는 인간의 감각기관으로 인식할 수 없다.

③ 만물은 도로부터 발생하지만 도는 만물을 소유하려고 하지 않는다.

④ 무위자연과는 달리 어떤 목적을 가지고 있다.

해설·정답 도(道)는 목적을 가지고 있는 것이 아니라 무위자연이다. ❹

1078. 중국철학사상 최초로 의지적인 천(天) 대신에 도(道)를 제기하여 세계를 인식하고 세계를 설명하는 기초로 삼은 사람은?

① 공자　　　　② 맹자　　　　③ 순자　　　　④ 노자

해설·정답 노자는 의지적인 천에서 법칙적인 천, 즉 도(道)를 그의 사상의 핵심으로 삼고 있다. ❹

1079. 노장철학에서 말하는 도(道)에 대한 설명으로 잘못된 것은?

① 도는 만물을 구성하는 기초이다.

② 일정한 목적을 가지고 만물을 형성하고 전개해 간다.

③ 만물을 간섭하거나 명령하지 않는다.

④ 감관이나 이성에도 드러나지 않는다.

해설·정답 노자는 도(道)의 개념을 철학사상 처음으로 제기하였으며, 이 도는 천지만물뿐만 아니라 상제(上帝)보다도 앞서 존재한다고 하였다. 그것은 형상과 소리가 없어서 경험할 수도 없고 언어로 표현할 수도 없다. 그러므로 그것은 무(無)라고 할 수 있다. 그러나 천지만물은 그로 말미암아 존재하고 생성 소멸한다. 그러한 측면에서 보면 그것은 무가 아니라 유(有)이다. 천지만물과 달리 도는 어떤 것에도 의존하지 않고 독자적으로 존재할 수 있는 실체이다. 다른 것에 의존하지 않고 스스로 존재한다는 면에서 보면 그것은 '자연(自然)'이라고 할 수 있다. 그러나 어떤 것도 간섭, 지배하지 않는다는 면에서 보면 그것은 무위(無爲)하다고 할 수 있다. 통치자가 만약 이러한 무위자연을 본받아 백성들을 간섭, 지배하지 않고 그들의 자발성에 맡긴다면 세상은 저절로 좋아진다. 노자에 의하면 일체 사물, 사건들은 그들 자신과 상반하는 대립자들을 지니고 있다. 유(有)가 있으면 무(無)가 있고 앞이 있으면 뒤가 있다. 이들 대립자들은 서로 전화한다. 화는 복이 되고 흥성한 것은 멸망한다. 이러한 대립전화(對立轉化)의 법칙을 알고 유(柔)를 지키면 강(剛)을 이길 수 있다. 이를 귀유(貴柔)사상이라고 한다. 도는 의지나 목적을 가지고 세계만물을 형성, 전개하지 않고 스스로 성장, 발전하게 한다. ❷

1080. 노자 철학의 핵심적 개념이라고 할 수 없는 것은?

① 예(禮)　　　② 자연(自然)　　　③ 무위(無爲)　　　④ 도(道)

해설·정답 노자는 당시 사회의 주 문화의 병폐, 즉 예제의 한계를 비판하는 데에서부터 철학적 출발점을 삼는다. ❶

철학, 쉽게 풀자!

1081. 인간 인식 능력의 한계 때문에 감각의 원인, 만물의 시종, 만물의 창조자, 생과 사, 꿈과 생시, 그리고 물(物)과 아(我) 사이의 구별들을 인식할 수 없다는 상대적이고 불가지론적인 견해를 가진 사람은?

① 공자 　　② 맹자 　　③ 노자 　　④ 장자

[해설·정답] 장자는 인간의 지식을 둘로 나눈다. 일상적 인간의 지식과 성인의 지식으로 나누는데, 일상적 인간들의 감각기관을 통하여 인식되어지는 지식은 언제나 상대적이고, 사물의 진상을 파악할 수 없다고 한다. 그는 진인(眞人)의 지식인 진지(眞知)를 통하여 이러한 일상적인 지식의 한계를 극복하고자 한다. ❹

1082. 노장철학에서 말하는 이상적인 삶의 방법은 무엇인가?

① 극기복례 　② 격물치지 　③ 무위자연 　④ 거경궁리

[해설·정답] 도가의 무위자연은 인간들의 인위(人爲)와 조작에 대한 부정과 거부를 의미한다. ❸

1083. 선진철학자들 가운데 사회문제 해결에 가장 적극적이었던 구세주의자로서 열렬한 애민(愛民), 이민(利民)사상을 가졌던 사람은?

① 공자 　　② 노자 　　③ 묵자 　　④ 한비자

[해설·정답] 묵자가 주장한 겸애란 사람은 '자신(自身)' '자가(自家)' '자국(自國)'을 사랑하듯이 '타인(他人)' '타가(他家)' '타국(他國)'도 사랑하라는 것이다. 유가(儒家)의 인(仁)이 똑같이 사랑[愛]을 주의(主意)로 삼으면서도 존비친소(尊卑親疎)의 구별이 있음을 전제로 하는 데 반하여, 겸애는 무차별의 사랑인 점이 다르다. ❸

1084. 노자와 장자 이후의 도가 사상에 대한 설명이다. 잘못된 것은?

① 한나라 말기의 황로학파는 백성들에게 종교적인 구원을 선전하며 교단을 갖춘 형태로 성립되었다.

② 한나라 말기의 오두미교는 도덕적으로 선행을 하면 질병이 낫게 되고, 영원히 죽지 않는다는 신선 사상을 주장했다.

③ 위진 시대의 현학자들은 노장 사상을 철학적으로 계승 발전시켰으며 진실한 세계는 무(無)의 세계라고 주장했다.

④ 위진 시대 이후의 노장 사상은 신비주의적, 사변주의적 경향으로 흐르기도 했다.

[해설·정답] 한나라 말기에는 도교 사상이 황로학파와 오두미교로 발전했다. 위진 시대에는 현학자들이 노장 사상을 철학적으로 계승 발전시켰고, 그 이후 노장 사상은 사변주의, 쾌락주의, 공리주의적 성격을 띠며 개인의 생명이나 정신적 자유를 추구하려는 경향으로 흐르게 되었다. 종교적 구원을 선전하며 교단을 갖춘 형태로 성립된 것은 오두미교에 관한 설명입니다. ❶

1085. 나라와 나라 사이의 전쟁과 개인과 개인 사이의 쟁탈의 원인은 사람들이 서로 사랑하지 않은 데 있다고 보고 겸애설을 주장한 사람은?

① 공자 　　② 노자 　　③ 묵자 　　④ 한비자

해설·정답 묵자는 겸애호조(兼愛互助)를 주장했다. ❸

1086. 나를 사랑하는 것과 마찬가지로 타인을 사랑하고, 자기의 어버이를 사랑하는 것과 마찬가지로 남의 어버이를 사랑하며 자타 사이에 아무런 구별을 두지 않는 사랑을 무엇이라고 하는가?

① 인(仁) ② 겸애(兼愛) ③ 효(孝) ④ 경(慶)

해설·정답 묵자의 겸애는 사랑에 친소(親疎)의 구별이 없기 때문에 유교의 인(仁)과는 상당히 거리가 멀다. 반면 유가는 '차등적 사랑'을 주장한다. 이것은 인간의 일반적인 정감에 기반을 두고 있다. 나에게 가장 가까운 나의 부모를 사상하는 그 마음을 이웃으로 넓혀나가는 것을 말한다. 묵가는 원리적으로 차등 없는 사랑이 가능할지 모르지만 인간들의 기본적인 정감을 이해하지 못한 측면이 있다. 유가의 차등적 사랑이 혹 가족주의로 오해될 수 있다. 그러나 유가의 사랑은 기본적으로 보편적 '도덕심' 즉 인심(仁心)에 기반을 하고 있고 있다. 이러한 인심(仁心)을 우리는 공심(公心)이라고 할 수 있다. ❷

1087. 세속적 가치를 초월한 철학적, 예술적인 사유와 가치를 중시하고 진실한 세계는 고정관념을 초월한 무(無)의 세계라고 주장하면서 현실을 초월한 우주론적 최고 원리의 경지를 토론하는 논변을 즐겼던 것은?

① 오두미교 ② 황로학파 ③ 현학 ④ 육사외도

해설·정답 도교사상은 위진 시대의 현학자들에 의해 철학적으로 계승, 발전된다. 그들은 세속적 가치를 초월한 철학적, 예술적인 사유와 가치를 중시하고, 무(無)의 세계가 진실한 세계라고 주장하며, 현실을 초월한 우주론적 최고 원리의 경지를 토론하고 논변하는 청담(淸談)을 즐겼다. ❸

1088. 백마비마론(白馬非馬論)이나 견백론(堅白論)처럼 개념이나 명칭 속에 들어 있는 개념의 분석을 시도하는 분석적 연구를 했던 사람은?

① 묵자 ② 공손룡 ③ 노자 ④ 한비자

해설·정답 백마비마론은 백마는 말이 아니라는 것이요, 견백론은 견백석(堅白石)은 하나가 아니라 둘이라는 분석인데, 이는 대표적인 명가 사상가인 공손룡이 주장했다. 일반적으로 명가의 사상은 서양의 소피스트에 비견된다. ❷

1089. 춘추전국시대에 개념과 사실의 명실(名實)관계 문제에 집중했던 학파는?

① 유가 ② 도가 ③ 묵가 ④ 명가

해설·정답 명가(名家)는 명(名: 槪念, 表現, 名目)과 실(實: 內容, 實體)의 일치, 불일치 관계를 중시하여 세상이 혼란한 것은 명과 실의 불일치에 그 원인이 있으므로 명실합일(名實合一)해야 한다고 주장했다. 이 학파의 대표적 인물은 공손룡(公孫龍), 등석(鄧析), 윤문(尹文), 혜시(惠施) 등으로 특히 공손룡의 백마비마론(白馬非馬論)과 견백론(堅白論)은 서양의 고대 그리스의 소피스트들처럼 교묘한 궤변론(詭辯論)으로 유명하다. 명가의 논리는 지나친 점도 있으나 논리학 발달에 공헌한 논리학파라는 점에서 그 의의가 크다. ❹

1090. 순자의 성악설에 근거하여 사람들을 다스리는 데는 예(禮)만 가지고는 불충분하기 때문에 법(法)을 써야 한다는 법치를 주장한 사람은?

① 고자　　　　② 한비　　　　③ 노자　　　　④ 장자

[해설·정답] 한비는 선진법가 사상의 집대성자이다. ❷

1091. 한비가 그의 법가 사상 안에 포함시켜 집대성한 개념이 아닌 것은?

① 법(法)　　　　② 술(術)　　　　③ 세(勢)　　　　④ 지(地)

[해설·정답] 한비는 법, 술, 세를 집대성했는데, 법은 반드시 조문이 일정하게 만들어져 공개적으로 공포되어야 하며, 이를 위해 군주는 백성을 통치하기 위해 통치술이 있어야 하고, 잘 다스릴 수 있는 탄탄한 정권이 필요하다고 했다. ❹

1092. 학파와 대표자가 잘못 연결된 것은?

① 유가–공자, 맹자, 순자　　　　② 도가–노자, 장자

③ 법가–한비자, 상앙　　　　④ 묵가–묵자, 혜시

[해설·정답] 혜시와 공손룡은 대표적인 명가 사상가이다. ❹

1093. 다음은 한대부터 당대까지의 중국 유학의 전개 과정을 설명한 것이다. 잘못된 것은?

① 한대에는 훈고학과 경학이 크게 발달했으며 음양오행설 같은 우주론적 사상이 크게 유행하였다.

② 한대에는 실천적이고 도덕적인 본래의 유학 정신에 소홀했다.

③ 당대의 한유는 유학 대신 도가와 불교의 부흥을 위해 노력했다.

④ 당대의 유학은 관학 수준을 유지하며 형식적인 예교로서의 역할만을 담당했다.

[해설·정답] 한나라 때는 진시황의 분서갱유(焚書坑儒)로 불타 없어진 경서를 복원하거나 해석하는 훈고학(訓詁學)과 경학(經學)이 발달했으며 사상적으로는 음양오행설(陰陽五行說)이 유행했었다. 반면에 당나라 때의 유학은 관학(官學) 수준으로서 형식적인 예교로서의 역할만 했다. 특히 당나라의 한유는 유학의 입장에서 도가(道家)와 불가(佛家)를 비판했다. ❸

1094. 한나라에서 진나라 초까지 가장 유행했던 중국 사상은?

① 유학　　　　② 황로학　　　　③ 양명학　　　　④ 훈고학

[해설·정답] 노자(老子)를 시조로 하는 학문을 말하며 거기에 전설상의 제왕인 황제(黃帝)의 이름을 덧붙인 명칭으로 한(漢)나라 초기에 주창되었다. 무위(無爲)로써 다스린다는 정치사상을 내용으로 하고 있어 한비자(韓非子)의 법치주의(法治主義) 사상과 그 도달점이 비슷하다고 할 수 있으나 그 방법이 음험(陰險)하지 않은 점이 법치주의와 다르다. 황로라는 말은 『사기(史記)』와 『한서(漢書)』에서 나온 말이다. 황로학은 노자의 무위와 염세적인 성격을 가지고 있었다. ❷

1095. 다음 중 양명학과 관련이 없는 것은?

① 심즉리설   ② 치양지설   ③ 지행합일설   ④ 존양성찰

[해설·정답] 양명학의 이론은 심즉리설, 치양지설, 지행합일설로 요약된다. 심즉리설은 "마음이 곧 우주의 이치"라는 것이고, 치양지설이란 인간이 본래부터 타고난 참된 앎인 양지(良知)를 구체적이고 적극적으로 발휘하는 것을 말하고, 지행합일설은 "아는 것과 행하는 것이 일치해야 한다"는 것이다. 존양성찰은 성리학의 핵심 사상 중의 하나이다. ❹

1096. "인간의 마음이 곧 우주의 이치이다"는 주장을 한 사상과 관련이 깊은 것은?

     ① 지행합일설(知行合一說)   ② 실사구시(實事求是)

     ③ 거경궁리론(居敬窮理論)   ④ 음양오행설(陰陽五行說)

[해설·정답] "인간의 마음이 곧 우주의 이치"라는 것은 양명학의 심즉리설(心卽理說)을 말한다. 양명학에는 세 가지 핵심 이론이 있는데 바로 심즉리설, 지행합일설, 치양지설이다. ❶

1097. 원래 역(易)에 바탕을 두고 역법(曆法)을 참작하여 세계의 구성원리를 설명하고자 하였고, 전국시대부터 한 대까지 크게 유행하며, 당시의 여러 학설에 적지 않은 영향을 미친 것은?

     ① 겸애설   ② 천명설   ③ 음양오행설   ④ 무위자연설

[해설·정답] 1년을 4시 8위 12도 24절로 나누고 매달 행사인 월령(月令)을 정하여 거기에 순(順)하는 사람은 번영하고 거기에 역(逆)하는 사람은 망한다고 했다. ❸

1098. 음양오행설에서의 오행에 해당되지 않은 것은?

     ① 월(月)   ② 화(火)   ③ 수(水)   ④ 목(木)

[해설·정답] 오행은 물, 불, 나무, 쇠, 흙이다. ❶

1099. 노장사상에 토대를 두고 이 세상 만물의 근원은 태시(太始) 또는 태일(太一)이며, 여기에서 도(道)와 우주의 원기(原氣)가 생겨났고, 거기에서 다시 분화되어 만물까지 이르렀다는 우주 기원설을 가졌던 사람은?

     ① 회남자   ② 동중서   ③ 양웅   ④ 왕충

[해설·정답] 회남자의 근본 사상은 대체로 노장사상에 토대를 두고 있는데, 도(道)를 주로 우주발생과 그 과정에서 논했다. ❶

1100. 전통적인 유가의 4덕에 신(信)을 더하여 오상(五常)의 덕을 주장하며 유교의 덕론을 완성한 사람은?

     ① 회남자   ② 동중서   ③ 양웅   ④ 왕충

[해설·정답] 중용의 3덕과 맹자의 4덕이 있었지만, 유교의 덕론은 동중서에 의해 5상으로 완전히 정비되었다. ❷

철학, 쉽게 풀자!

1101. 물질적인 천(天) 내지 자연적인 천(天)을 의지가 있고 의식과 감정, 욕망을 가지고 있는 인격적이고 신비화된 천(天)으로서 초자연적인 실체로서 온 우주를 주재하는 존재라고 파악한 사람은?

① 회남자   ② 동중서   ③ 양웅   ④ 왕충

[해설·정답] 동중서는 천은 우주를 주재하는 최고 존재로 생각했지만, 천이 만물을 주재하는 작용을 하는 것은 반드시 음양, 오행의 기(氣)를 통하여 표현된다고 했다. ❷

1102. 천의 재이(災異)가 인간에게 영향을 줄 뿐 아니라 인간의 행위와 정신활동도 천을 감동시킨다는 천인감응설(天人感應說)을 주장한 사람은?

① 회남자   ② 동중서   ③ 양웅   ④ 왕충

[해설·정답] 천인감응설은 맹자 이래의 천인합일 학설을 계승하고 당시의 음양오행설과 결합된 철학상의 중요한 문제로서 인간과 자연의 관계문제이다. ❷

1103. 인격적 천(天)을 부정하고 원기(元氣)가 자연계의 만물을 생기게 하는 본체라고 주장한 사람은?

① 회남자   ② 동중서   ③ 양웅   ④ 왕충

[해설·정답] 왕충의 근본사상은 황노의 자연주의를 계승한 것이다. ❹

1104. 사람의 차별은 기(氣)의 다소, 후박(厚薄), 화편(花偏)에 기인한다고 하여 송대 유학의 기질설(氣質說)의 선구가 된 사람은?

① 회남자   ② 동중서   ③ 양웅   ④ 왕충

[해설·정답] 왕충은 일원기(一元氣)를 가지고 우주의 본체라고 하고, 일원기가 나뉘어서 천지음양의 둘이 되고, 이기(理氣)가 교접하여 만물을 낳는다고 했다. ❹

1105. 송대의 유학을 특징짓는 것은?

① 훈고학   ② 고증학   ③ 리학(理學)   ④ 심학(心學)

[해설·정답] 송명청 시대의 유가철학을 신유학이라고 하는데, 각각, 이(理), 성(性), 도(道)가 철학의 중심 개념이었다. 특히 송대의 유학을 리학(理學), 명대의 유학을 심학(心學)이라 한다. ❸

1106. 우주의 본체를 무극이태극(無極而太極)이라는 우주론을 주장한 사람은?

① 동중서   ② 회남자   ③ 주렴계   ④ 장횡거

[해설·정답] 주렴계는 우주의 본체를 소리도 없고 형체도 없고 냄새도 없다는 점에서 무극(無極)이라 하고, 그 조화의 근본으로부터 만물이 모두 발전한다는 점에서 태극(太極)이라고 하여 무극이면서 태극이라는 무극이태극(無極而太極)을 주장했다. 이 태극에는 음양 2기가 들어 있다고 한다. ❸

1107. 모양도 없고 감각도 없고 끝도 없는 태허(太虛)를 우주의 본체라고 하고, 천지만물은 모두 그 허(虛)를 근본으로 한다고 한 사람은?

① 동중서   ② 회남자   ③ 주렴계   ④ 장횡거

[해설·정답] 장횡거는 송나라 최초로 '기일원(氣一元)'의 철학사상을 전개하여 우주의 만유(萬有)는 기(氣)의 집산에 따라 생멸, 변화하는 것이며 이 기의 본체는 태허(太虛)로서 태허가 곧 기라고 설파하였다. ❹

1108. 송대의 성리학이 추구했던 궁극적 이상은 무엇인가?

① 정치 질서 확립 ② 인간 본성 해명 ③ 우주 본질 탐구 ④ 도덕 인격 완성

[해설·정답] 성리학은 인간의 도덕성을 존재론적으로 증명하려고 했다. ❹

1109. 성리학의 철학적 논의의 중심 주제는?

① 이기심성론   ② 형이상학적 실체 ③ 자연의 원리   ④ 역사적 발전법칙

[해설·정답] 성리학은 유학의 일종이므로 효제의 실천을 위시한 인륜적 실천이 핵심이다. 성리학의 이기심성론이 아무리 복잡하게 전개되더라도 인간 세계와 자연 세계를 떠난 보다 근원적 세계로의 형이상학적 초월에는 별 관심이 없다. ❶

1110. 다음 중 성리학과 관계가 없는 것은?

① 격물치지(格物致知)   ② 존양성찰(存養省察)

③ 거경궁리론(居敬窮理論)   ④ 치양지설(致良知說)

[해설·정답] 주자가 집대성한 성리학의 핵심적인 사상은 격물치지, 존양성찰(존천리 거인욕), 성즉리설, 거경궁리론 등으로 요약할 수 있다. 격물치지는 자기 자신을 포함해 우주만물의 참된 모습에 대해 밝게 아는 것이요, 존양성찰은 천리(天理)가 들어있는 양심을 보존하고 본성을 함양하면서 나쁜 마음이 스며들지 않도록 잘 살펴 단호히 물리치는 것이요, 성즉리설은 인간의 본성 속에 하늘의 이치가 들어 있다는 것이요, 거경궁리론은 마음의 경건성을 유지하면서 사물의 이치를 깊이 연구하는 것을 말한다. 치양지설은 양명학의 핵심 사상 중에 하나이다. ❹

1111. 성리학에서 도덕의 실천과 수양 방법을 다루는 것과 관련되는 것은?

① 이기론(理氣論)   ② 거경궁리론(居敬窮理論)

③ 심성론(心性論)   ④ 경세론(經世論)

[해설·정답] 성리학은 4가지 분야로 구성되어 있다. 우주의 존재 문제를 다루는 이기론(理氣論), 인간의 내면적 구조와 본질을 분석하는 심성론(心性論), 도덕적 실천과 수양 방법을 다루는 거경궁리론(居敬窮理論), 정치와 사회 문제를 해결하려는 경세론(經世論)이 그것이다. ❷

1112. 성리학에 관한 설명이다. 잘못된 것은?

① 인간의 본성인 성(性)과 우주의 이법인 이(理)의 관계를 탐구한다.

② 유학을 새롭게 체계화했기 때문에 신유학이라고도 한다.

③ 위기지학(爲己之學)을 학문의 목표로 삼는다.

④ 인간의 본래 타고난 마음이 곧 우주의 이치라고 본다.

해설·정답 성리학은 인간의 본성을 다루는 학문으로 유학을 새롭게 체계화했기 때문에 신유학이라고도 하는데 "자기가 먼저 스스로 성인이 되는 것"을 목표로 삼기 때문에 위기지학(자기 수양을 위한 학문)이라고 한다. 또한 성리학은 성인이 되기 위해 이론적 학습 과정을 중시한다. 마음이 곧 우주의 이치라는 심즉리설(心卽理說)은 양명학의 이론인데, 양명학은 본래 타고난 순수한 본래성만 유지하면 누구나 지선(至善)의 경지에 도달할 수 있다고 본다. ❹

1113. 성리학의 우주론은?

① 창조설 　　② 태극도설 　　③ 무위자연설 　　④ 자연형성설

해설·정답 성리학은 이(理)·기(氣)의 개념을 구사하면서 우주(宇宙)의 생성(生成)과 구조(構造), 인간 심성(心性)의 구조, 사회에서의 인간의 자세(姿勢) 등에 관하여 깊이 사색함으로써 한당의 훈고학이 다루지 못하였던 형이상학적(形而上學的), 내성적(內省的), 실천철학적인 여러 분야에서 새로운 유학사상을 수립하였다. 그 내용은 크게 나누어 태극설(太極說), 이기설(理氣說), 심성론(心性論), 성경론(誠敬論)으로 구별할 수 있다. ❷

1114. 주자(朱子)는 우주의 본체를 무엇이라고 했는가?

① 도(道) 　　② 태극(太極) 　　③ 이(理) 　　④ 기(氣)

해설·정답 주자(朱子)는 주자(周子)의 태극설과 정이천의 이기이원론을 종합하여 우주의 본체를 태극이라고 하고, 태극을 가지고 이기이원을 종합하려고 했다. ❷

1115. 주자의 수양론의 핵심 개념은?

① 격물치지(格物致知) 　　　　② 극기복례(克己復禮)

③ 거경궁리(居敬窮理) 　　　　④ 수양공부(修養工夫)

해설·정답 거경(居敬)이란 정신을 집중하며 자기의 덕성을 함양하는 일이고, 궁리(窮理)는 사물의 이치를 궁구하여 앎을 이루는 일이다. ❸

1116. 육상산의 설에 따라 나의 마음이 곧 이(理)라는 심즉리(心卽理)를 주장하며 지행합일을 강조한 사람은?

① 왕양명 　　② 강유위 　　③ 정이천 　　④ 주자

해설·정답 왕양명은 육상산의 심즉리(心卽理)설을 계승하여 치량지(致良知)를 표방하고 지행합일(知行合一)을 주장했다. ❶

1117. 유교에서 말하는 오상지덕에 해당하지 않은 것은?

① 인(仁) 　　② 의(義) 　　③ 예(禮) 　　④ 성(誠)

해설·정답 오상이란 사람이 항상 지켜야 할 5가지 도리를 말하며, 오륜(五倫)과 함께 유교 윤리의 근본을 이룬다. 한대(漢代)의 동중서(董仲舒)가 앞서 맹자(孟子)가 주창한 인(仁), 의(義), 예(禮), 지(智)에 신(信)을 덧붙였다. ❹

1118. 다음 중 중국 청대 유학의 특징을 설명한 것은 어느 것인가?

① 인간의 도덕성 문제를 중시했다.

② 객관적이고 실증적인 학문 태도를 보였다.

③ 인간의 마음에 우주의 이법인 이(理)가 내재해 있다.

④ 경(敬)의 태도로 천리(天理)를 보존하고 인욕(人慾)을 제거할 것을 강조했다.

해설·정답 청대 유학의 특징은 고증학이다. 고증학은 도덕성보다는 인간의 현실 문제 해결을 중시하고, 학문 태도에 있어서도 객관적이고 실증적인 태도인 실사구시(實事求是)를 강조한다. ❷

1119. 유학의 수기치인(修己治人), 도교의 무위자연(無爲自然), 불교의 전미개오(轉迷開悟)에서 발견되는 동양 윤리 사상의 특징은?

① 동양 윤리 사상은 개인의 도덕적 삶을 위한 수양을 강조했다.

② 이론적 탐구보다는 실천을 중시했다.

③ 생명 존중 및 자연과의 조화를 강조했다.

④ 개인의 도덕적 자각을 기반으로 바람직한 사회인이 될 것을 강조했다.

해설·정답 수기치인은 통치자 자신이 먼저 인격을 닦고 난 다음에 백성을 다스리라는 뜻이고, 불교의 전미개오는 번뇌로 인한 미혹(迷惑)에서 벗어나 열반을 깨닫는 마음에 이르는 것을 뜻하며, 무위자연은 인위적인 위선과 가식에서 벗어나 타고난 본래의 본성대로 살아가라는 뜻이다. 이들의 공통점은 개인의 도덕적 삶을 위한 수양을 강조했다는 점이다. ❶

1120. 동양 윤리 사상이 현대인에게 주는 사상적 의의가 아닌 것은?

① 자연과의 조화　　　　② 생명 존중

③ 정신적 가치 중시　　　④ 합리적 사고방식

해설·정답 동양 사상은 자연과의 조화를 강조하며 생명을 존중하고 정신적 가치를 중시하나 서양의 합리적 사고방식에 비해 정확성이나 합리성이 부족한 약점이 있다. ❹

1121. 다음은 동양사상을 설명한 것이다. 잘못 설명한 것은?

① 공(空) 사상-무아(無我)를 인식하여 이기심을 버리고 대중과 함께 함

② 바라밀-욕망과 고통으로 얼룩진 이 언덕에서 해탈의 경지를 상징하는 저 언덕으로 감

③ 중도(中道) 사상-깨달음은 지나친 쾌락과 고행의 사이에 있음

④ 선종-혜능에 의해 발전된 것으로 이론과 지식을 중요시함

해설·정답 선종은 개인의 참선과 사색을 통한 깨달음을 중시하고, 교종은 경전 연구와 이론 및 지식

을 강조하는 종파이다. 혜능이 선종을 발전시킨 것은 사실이지만, 이론과 지식을 중요시하는 것은 선종이 아니라 교종이다. ❹

1122. 유학의 충서(忠恕)에서 충(忠)은 자신의 참된 마음을 다하는 것이고, 서(恕)는 그 참된 마음을 바탕으로 다른 사람들의 입장을 헤아려서 배려한다는 뜻이다. 이 덕목이 담고 있는 동양 윤리 사상의 특징은?

① 동양 윤리 사상은 개인의 도덕적 삶을 위한 수양을 강조했다.

② 이론적 탐구보다는 실천을 중시했다.

③ 생명 존중 및 자연과의 조화를 강조했다.

④ 개인의 도덕적 자각을 기반으로 바람직한 사회인이 될 것을 강조했다.

해설·정답 다른 사람의 입장을 헤아려서 배려하는 사람은 사회생활을 성공적으로 할 수 있을 것을 가르쳐준다는 점에서 충서는 바람직한 사회성과 관련된다. ❹

※ 다음 물음에 간단히 답하라.

1123. 맹자가 말하는 중요한 네 가지 덕목은 무엇인가?

해설·정답 맹자는 인간의 본성(本性)에서 우러나오는 네 가지 마음씨로 측은지심(惻隱之心)·수오지심(羞惡之心)·사양지심(辭讓之心)·시비지심(是非之心)를 들었는데, 그것은 인의예지(仁義禮智)의 단초이다. ☞ 인의예지(仁義禮智)

1124. 양명학에서는 인간이면 누구나 옳고 그름을 즉각적으로 알 수 있는 선천적인 능력을 가지고 있다고 본다. 그것을 무엇이라 하는가?

해설·정답 ☞ 양지(良知)

1125. 유가, 묵가, 명가, 법가 등의 사상을 흡수하여 청정 무위를 주장하면서 황제(黃帝)와 함께 노자를 숭상했던 한말의 도교 사상은?

해설·정답 ☞ 황로학파

※ 다음 상자 안의 글들을 잘 읽고 (   )에 가장 적당한 말을 써 넣으시오.

성리학에서는 성인이 되는 것을 학문의 목표로 삼았다. 이를 위해서는 자신을 포함한 세계의 참모습에 대해 밝게 알아야 하는 (1126.   )와(과) 양심을 보존하고 본성을 함양하면서 나쁜 마음이 스며들지 않도록 잘 살펴서 단호하게 물리치는 (1127.   )을(를) 강조했다.

해설·정답 ☞ 1126.격물치지(格物致知) / 1127.존양성찰(存養省察)

동양 윤리 사상이 이론적 탐구와 함께 실천을 중시했음을 보여주는 근거로 공자의
(1128.   )와(과) 맹자의 (1129.   )을(를)
들 수 있는데, 이들은 모두 자신의 생명보다 도덕적 가치를 구현하라고 가르쳤다.

[해설·정답] 유가(儒家)의 중심사상은 인(仁)이며, 인은 공자(孔子)가 가장 중요시했던 덕목이다. 공자는 인을 충(忠)과 서(恕)라고 규정하였다. 다시 말해 타인에 대한 자비와 인간애, 동정심이라는 것이다. 이것은 우주만물의 본질인만큼 군자(君子)가 먼저 익혀야 할 덕목이기도 하다. 살신성인은『논어(論語)』의 [위령공편(衛靈公篇)]에 나오는 말이다. 공자(孔子)께서 말씀하셨다. "뜻 있는 선비와 어진 사람은 살기 위하여 인(仁)을 해치는 일이 없고, 오히려 자신의 목숨을 바쳐 인(仁)을 행할 뿐이다(志士仁人, 無求生以害仁, 有殺身以成仁)." 살신성인은 반드시 목숨을 바치는 것뿐 아니라 자신의 고통을 감수하며 이웃에 봉사하거나 자신의 이익을 양보하여 남을 위하는 경우에도 사용할 수 있는 말이다. 사생취의는 공자(孔子)가 말한 살신성인(殺身成仁)과 같은 뜻으로 목숨보다도 인(仁)과 의(義)를 더 중시하여 정의(正義)를 위해 목숨을 희생한다는 유교사상을 담고 있다.『맹자(孟子)』의 [고자편(告子篇)]에 나오는 이야기로서 세상에 목숨보다 더 중요한 것이 없지만 비록 목숨을 잃을지언정 옳은 일을 해야 함을 이르는 말이다. ☞ 1128.살신성인(殺身成仁) / 1129.사생취의(捨生取義)

인도 및 불교철학

1129. 인도철학의 전반적인 특징을 설명한 것이다. 옳지 않은 것은?

① 지식만을 위한 지식을 구하는 경향이 강하다.

② 철학과 종교가 분리되지 않고 일치된다.

③ 종교적 절대자의 성격이 합법적이고 합리적이다.

④ 진리의 실천방법으로 지각과 추론 외에 명상, 즉 요가의 방법을 쓴다.

[해설·정답] 지식을 위한 지식보다는 믿음(信)을 위한 지식, 행(行)을 위한 지식, 다시 말해서 해탈을 위한 지식을 추구한다. 이밖에도 인도철학의 특징으로는 다양성 속의 통일성과 해탈지향성을 들 수 있다. ❶

1130. 삼신일체(三神一體)의 종교관을 가진 힌두교에서의 3신에 해당되지 않은 것은?

① 브라흐만　　② 루드라　　③ 쉬바　　④ 비쉬누

[해설·정답] 삼신일체(트리무르티) 개념은 일자(一者)인 신이 창조(브라흐마), 유지(비슈누), 파괴(쉬바)의 각기 다른 역할로 드러나는 것을 상징한다. 그렇기 때문에 각각의 신은 역할 면에서는 서로 다른 신인 동시에 궁극적으로는 일자이다. ❷

1131. 인도철학에서 창조와 보존만큼 긍정적인 의미를 지니는 죽음과 파괴를 다스리는 신은 누구인가?

① 브라만　　② 크리슈나　　③ 시바　　④ 비쉬누

[해설·정답] 인도철학에서의 삼신 가운데 창조의 신은 브라흐마, 유지의 신은 비슈누, 파괴의 신은 쉬바이다. ❸

1132. 인도인들이 전통적으로 인간이라면 마땅히 추구해야 할 가치라고 여겼던 4가지가 아닌 것은?

① 욕망　　② 부　　③ 의무　　④ 고행

[해설·정답] 욕망(카마), 재물(아르타), 의무(다르마), 해탈(모크샤)의 네 가지 가치 가운데 욕망과 재물은 각기 성욕과 식욕 또는 생존욕과 소유욕을 상징하며 이것은 인간이 태어날 때 기본적으로 가지고 태어나는 것으로 간주된다. 이 두 가지는 철저하게 이기적이기 때문에 의무를 통해 사회적인 가치로 나아가도록 해야 한다. 그리고 마지막의 해탈은 인도적인 특징을 가장 잘 드러내는 가치로 개인으로 태어난 인간이 사회적인 존재로 성장하고 나서 그것들마저 모두 벗어 던진 철저하게 자유로운 존재로의 도약을 의미한다. 이 모두는 인간 존재 자체가 필연적으로 지니고 있는 욕구에 바탕을 두고 있다. ❹

1133. 인도철학의 입장에서 인간의 삶은 괴로움이며 그러한 삶은 해탈에 이르기 전까지 계속해서 이어진다고 간주한다. 이렇게 생이 연속적으로 이어진다는 사상을 무엇이라고 하는가?

① 업(業, 카르마)　　② 무아(無我)　　③ 윤회(輪回)　　④ 아트만

[해설·정답] 인도인들은 삶이 일회적이 아니라 연속적으로 이어지며 해탈에 이르러서야 비로소 삶의

고리를 벗어난다고 생각한다. 이 때 각각의 삶을 이어주는 요소를 업(카르마)이라고 하며 이어지는 삶의 연속을 윤회라고 말한다. ❸

1134. 인간의 의무, 정의, 행위의 규칙과 행동지침을 가리키는 인도철학 용어는?

① 다르마   ② 아르타   ③ 카마   ④ 모크샤

[해설·정답] 다르마는 자신이나 사회, 국가에 대한 의무와 책임, 윤리적 질서 등을 가리키고, 아르타는 물질적인 풍요를 의미한다. 카마는 인간의 본능적인 성적 즐거움과 만족을 추구하는 것이고, 모크샤는 인간이 유한한 삶을 넘어서서 영원한 사람을 향유하려는 종교적 갈망에 바탕을 둔 것으로 근본적인 무지로부터 해방된다는 의미이다. ❶

1135. 인도 최고(最古)의 문헌이자 바라문교의 근본 성전(聖典)으로서 힌두교 최고(最古)의 경전으로 여겨지는 것은?

① 베다   ② 브라흐마나   ③ 우파니샤드   ④ 상히타

[해설·정답] 베다는 오랜 세월 동안(기원전 1500-1200년경부터 시작) 성립된 것으로 스승으로부터 제자에게 암송되어 전해졌다. 베다는 본집인 상히타, 브라흐마나, 아란야카, 우파니샤드로 구분된다. 본집인 상히타는 주로 신들에 대한 찬가를 모은 것이고, 브라흐마나는 상히타에 부가된 산문문헌으로 베다의 종교적 설명 가운데 주로 제례의식에 관한 부분을 다루고 있다. 아란야카는 사회적인 삶을 완수한 사람이 숲 속으로 은둔하여 보다 높은 진리를 추구하기 위한 철학적 문제를 다루고 있는 부속문헌이며 우파니샤드는 베다의 끝 또는 결론으로서 궁극의 철학적, 초월적 사유가 여기에서 개화된다. ❶

1136. 베다가 완성된 후 베다 본집에 대한 설명과 해석한 주석서로서 주로 제사의 방식과 의미에 관한 것을 내용으로 하는 문헌은?

① 상히타   ② 브라흐마나   ③ 우파니샤드   ④ 아란야카

[해설·정답] 브라흐마나는 베다의 만트라에 대한 종교적 설명을 담고 있는 문헌인데, 제사 만능적 사고가 나타나 있다. 즉 우주를 지배하는 것은 신들이 아니라 올바른 제사의 행위 자체이므로 누구든 정확한 형식을 갖추어 제사를 드리기만 하면 신은 반드시 그 소원을 들어준다는 것이다. ❷

1137. 베다 가운데 대우주의 절대적 원인인 브라흐만과 소우주의 본질인 아트만의 합일 또는 일치에 관한 이론을 드러내고 있는 부분은?

① 상히타   ② 브라흐마나   ③ 우파니샤드   ④ 아란야카

[해설·정답] 우파니샤드는 종래의 최고신에 대한 추구보다 비인격적 추상적 일원적 원리에 대한 추구가 일차적 관심이며, 더 나아가 그것을 인간의 내적 자아(아트만)와 일치시킴으로써 인간의 문제를 심도 있게 추구하고 있다. ❸

1138. 윤회를 믿은 인도인들이 한 생에서 다음 생으로 계속 이어지는 과정에서 각각의 생들 사이의 연속성을 맺어주는 법칙을 무엇이라 하는가?

① 카르마(업)　　　② 브라흐만　　　③ 아트만　　　④ 삼사라

해설·정답 카르마는 행위를 의미하는 산스크리트어로서 이 때의 행위는 구체적인 행동뿐만 아니라 말과 생각까지 모든 부분을 포함한다. 또한 카르마는 우주의 인과적 존재법칙이 도덕적 가치적 측면으로 전환된 것이다. 다시 말해서 카르마의 법칙은 선한 원인에서는 선한 결과를, 그리고 악한 원인에서는 악한 결과를 낳는다는 우주의 절대적 인과법칙을 상징한다. 그러므로 한 생에서 다음 생으로 이어지는 과정에서 두 생 사이의 연속성은 카르마에 의해 유지된다. ❶

1139. 우파니샤드 철학의 중심 문제는 무엇인가?

① 제사의식의 중요성　　　　② 도덕 부정론

③ 무아론　　　　　　　　④ 자아와 우주의 본질

해설·정답 우파니샤드 시대에 이르러서 세계의 근원과 우주의 통일적 원리에 대한 검토가 구체화되었다. 물론 이 같은 사상은 베다 초기부터 그 기원을 찾을 수 있지만 그것이 브라흐만이라는 외적 절대자와 아트만이라는 내적 본질과의 일치 또는 합일을 통해 본격적으로 드러나는 것은 우파니샤드에서라고 할 수 있다. ❹

1140. 우파니샤드 철학에서는 우주의 제일원리요 궁극적 실재를 외적 절대자와 내적 자아로 나누어 양자 사이의 합일성을 통해 해탈의 의미를 드러내고 있는데, 여기에서 외적 절대자이자 자존적 존재이며 그로 인해 만물이 생성하고 유지되다가 다시 그로 되돌아가는 불변의 실재를 무엇이라 하는가?

① 브라흐만　　　② 아트만　　　③ 프라자파티　　　④ 만트라

해설·정답 브라흐만은 언어 표현을 떠나 있으며 볼 수도, 들을 수도 생각할 수도 없는 절대 존재이며 동시에 인간의 내면에 존재하는 본질로서의 자아와 동일하다. 이 브라흐만(중성)이 창조를 위해 구체적인 형태를 취할 경우 그는 브라흐마(남성) 또는 이슈와라라고 불린다. ❶

1141. 우파니샤드 사상의 두 가지 핵심적인 원리는?

① 브라흐만과 아트만　　　　② 윤회와 업

③ 운명과 자연법칙　　　　　④ 신과 윤회

해설·정답 우파니샤드에서 아트만은 만물에 내재하는 실체 혹은 인간의 본래적 자아를 가리킨다. 또한 아트만은 개인 또는 개체의 본질인 동시에 외적이고 보편적 최고실재인 브라흐만과 궁극적으로 동일하다고 주장한다. ❶

1142. 우파니샤드는 인간의 참자아를 무엇이라 하는가?

① 브라흐만　　　② 아트만　　　③ 프라자파티　　　④ 만트라

해설·정답 아트만은 어떤 차별성이나 개별성을 용납하지 않는, 모든 인간에게 공통된 자아로서 지성이나 감각 또는 추론을 통해 파악되는 존재가 아닌 개별적 실재인 동시에 보편적인 브라흐만이다. ❷

1143. 우파니샤드의 중심 사상은?

① 업에 의한 윤회　② 운명에 의한 삶　③ 범아일여　　④ 자연친화적 삶

[해설·정답] 우파니샤드의 근본 사상은 만유의 근본원리를 탐구하여 대우주의 본체인 브라흐만(Brahman:梵)과 개인의 본질인 아트만(Atman:我)이 일체라고 하는 범아일여(梵我一如)의 사상으로 관념론적 일원론이라고 할 수 있다. ❸

1144. 불교의 특징과 거리가 먼 것은?

① 해탈의 추구를 궁극적인 삶의 목표로 내세웠다.

② 자비와 관용을 실천의 기본정신으로 한다.

③ 합리적 사유가 아니라 맹목적 신앙을 요구했다.

④ 인간을 존중하고 계급을 부정했다.

[해설·정답] 불교는 맹목적 신앙을 요구하지 않고 합리적 사유를 통한 깨달음을 가르친다. 그렇기 때문에 신과 같은 외적 절대자에 의존하기보다는 철저하게 자신과 진리를 깨닫기를 주장한다. ❸

1145. 불교의 중요한 특징을 열거한 것이다. 잘못된 것은?

① 신을 내세우지 않는다.

② 현실을 직시(直視)하는 경향이 강하다.

③ 모든 일에 집착과 구애를 갖지 않는 실천만이 강조된다.

④ 공(空)사상을 통한 허무주의적 세계관을 가지고 있다.

[해설·정답] 불교의 공(空)사상을 허무주의로 생각하는 것은 오해이다. ❹

1146. 다음 중 불교사상의 특징으로 볼 수 없는 것은?

① 인과론의 무용성　② 무신론적 종교　③ 무상(無常)의 연속　④ 실천적 윤리

[해설·정답] 불교는 윤회와 같이 인과적 응보의 개념을 매우 중시한다. ❶

1147. 불교의 삼보(三寶)가 아닌 것은?

① 불(佛)　　　　　② 법(法)　　　　　③ 승(僧)　　　　　④ 경(經)

[해설·정답] 불(佛)은 깨달은 존재, 법(法)은 불교의 가르침, 승(僧)은 승단을 가리킨다. 초기 불교에서는 세 가지에 대한 귀의(三歸依)를 선언함으로써 불교에 입문할 수 있었다. ❹

1148. 원시불교의 삼법인(三法印)에 해당하지 않은 것은?

① 제행무상(諸行無常)　　　　　② 제법무아(諸法無我)

③ 일체개고(一切皆古)　　　　　④ 열반적정(涅槃寂靜)

[해설·정답] 제행무상은 지어진 모든 법, 즉 존재하는 모든 사물은 불변하는 것이 아니라 시간적으로 항상 변화한다는 의미이며, 제법무아는 각각의 사물에는 불변하는 실체 또는 본질이 없다는 의미이고, 일체개고는 모든 사물 무상하고 무아이기 때문에 덧없는 것임을 의미한다. 여기에 열반의

궁극성을 의미하는 열반적정을 더하면 사법인이 된다. ❹

1149. 불교의 육바라밀(六波羅蜜)에 대한 설명이다. 잘못된 것은?

① 보시－무조건 베푸는 것
② 지계－계율을 지키는 것
③ 선정－실천하려고 노력하는 것
④ 인욕－고난을 감당하여 참는 것

해설·정답 불교의 6바라밀이란 보시(무조건 베푸는 것), 지계(계율을 지키는 것), 정진(실천하려고 노력하는 것), 선정(정신을 집중하는 것), 인욕(고난을 감당하여 참는 것), 지혜(깨달음을 얻는 것)를 말한다. 따라서 ③은 정진에 대한 설명입니다. ❸

1150. 사물들이나 우리 자신들도 시간적으로 항상 유전, 변화하며 영원하지 않다는 불교의 진리는?

① 제행무상(諸行無常)
② 제법무아(諸法無我)
③ 일체개고(一切皆苦)
④ 열반적정(涅槃寂靜)

해설·정답 제행(諸行)이란 모든 현상을 가리키고, 무상(無常)은 인간이든 사물이든 모든 현상계가 끊임없이 변화한다는 것이다. ❶

1151. 인간을 포함한 모든 사물이 시간 공간적으로 실체가 없고 끊임없이 변화한다는 불교적 관점에서는 사물이 어떠한 법칙 속에서 존재한다고 하는가?

① 업
② 운명
③ 자연법칙
④ 연기법칙

해설·정답 연기의 법칙은 '이것이 있으므로 저것이 있고 이것이 없으므로 저것이 없다'는 상호의존성의 법칙을 의미한다. 즉 모든 개별적 사물은 스스로 독립 자존하는 것이 아니라 서로서로 상보적인 관계에서 존재한다. 연기의 법칙에 의해 현상이 존재하는 한, 일체의 모든 현상은 그 어느 것도 영원하지 않다. ❹

1152. 만유가 다 인연(因緣) 생기(生起)로서 유전 변천하여 어느 개체도 항구 불변한 실체가 없다는 불교의 진리는?

① 제행무상(諸行無常)
② 제법무아(諸法無我)
③ 일체개고(一切皆苦)
④ 열반적정(涅槃寂靜)

해설·정답 제법(諸法)이란 인간을 포함해서 현상계에 존재하는 모든 사물을 가리키고, 무아(無我)란 내가 아닌 것, 나를 갖지 않는 것 또는 무실체를 의미한다. ❷

1153. 무아설을 주장하는 불교의 입장에서 인간이 어떻게 구성되어 있는지에 대해 설명하고 있는 이론은?

① 오온설(五蘊說)
② 연기설(緣起說)
③ 응보설(應報說)
④ 사제설(四諦說)

해설·정답 원시 경전에서는 무아설을 오온설로 설명한다. 인간은 오온, 즉 색(色), 수(受), 상(想), 행(行), 식(識)의 결합에 불과하며, 그 어디에도 인간의 실체나 영원한 자아는 없다는 것이다. 여기

서 색은 물질적 질료를 나머지 네 가지는 주로 내적 인식의 부분을 가리킨다고 볼 수 있다. ❶

1154. 인간의 현실적 생존의 생사고의 궁극적 원인을 추적하게 되면 12연기에 따라 어디에 이르는가?

① 무명(無明)　　　② 행(行)　　　③ 식(識)　　　④ 촉(觸)

[해설·정답] 어리석음과 번뇌와 탐욕에 싸인 인간의 어두운 심상인 무지가 바로 무명(無明)이다. 하지만 엄밀한 의미에서 무명은 앎이 전혀 없다는 의미의 무지가 아니라 알긴 알되 어렴풋이, 다시 말해서 희미하게 알고 있을 뿐이라는 의미에서 밝지 않음 또는 흐릿함이라는 의미이다. 따라서 인간이 고뇌에서 벗어나는 길은 무명을 없애 밝고 환하게, 즉 명백하게는 아는 것에서 시작된다. ❶

1155. 불교의 사법인(四法印)에 대한 설명으로 옳지 않은 것은?

① 모든 것은 변하며 영원하지 않다.

② 사물에는 항구 불변한 실체가 없다.

③ 집착을 버리면 고뇌에서 벗어나 해탈할 수 있다.

④ 인간은 윤회한다.

[해설·정답] ①은 제행무상, ②는 제법무아, ③은 열반적정을 의미한다. 윤회설이 불교의 사상이기는 하지만 4법인에 들지는 않는다. ❹

1156. 불교의 네 가지의 성스러운 진리인 사성제(四聖諦)에 들지 않는 것은?

① 고제　　　　② 집제　　　　③ 멸제　　　　④ 성제

[해설·정답] 고제는 인간을 포함한 존재하는 모든 것은 괴로움 또는 불완전하다는 진리이며, 집제는 그러한 괴로움에는 그럴 수밖에 없는 원인이 분명하게 있다는 진리이고, 멸제는 괴로움의 원인을 분명하게 알면 그 괴로움을 없앨 수 있다는 진리이며, 도제는 괴로움을 없애는 방법(8정도)에 대한 기술이다. 이 사성제는 고대 인도에서 의사들이 환자를 진료하면서 병의 원인을 추적하여 그에 따른 적절한 처방을 했던 방법에서 유래된 것이다. ❹

1157. 사제설 가운데 인간의 생존이 고뇌에 빠지게 되는 원인과 현실의 고통의 삶을 설명하고 있는 것은?

① 고제, 집제　　② 집제, 멸제　　③ 멸제, 도제　　④ 멸제, 고제

[해설·정답] 사성제는 고집멸도의 순서로 현실세계의 결과와 원인, 이상세계의 결과와 원인의 구조로 되어 있다. 즉 고제는 고뇌에 찬 현실세계, 집제는 그 원인을 설명한다. 또한 멸제는 가장 바람직한 이상세계, 도제는 거기에 도달하는 방법을 제시하고 있다. ❶

1158. 인생을 고해(苦海)로 진단한 불교가 고의 현상, 고의 원인, 고가 없는 이상적 상태, 그리고 고를 벗어나는 방법을 차례로 제시한 것은?

① 3법인　　　　② 4법인　　　　③ 4성제　　　　④ 8정도

해설·정답 12연기설이 유전연기에 초점을 둔 것이라면, 환멸연기에 중점을 둔 것이 사제설이다. 그것을 간단히 도식화하면 다음과 같다. ❸

사성제	묘사하는 세계	인과관계	내 용
고제(苦諦)	현실세계	결과 (상태)	일체개고(一切皆苦)
집제(集諦)		원인 (이유)	무명(無明), 갈애(渴愛)
멸제(滅諦)	이상세계	결과 (상태)	열반적정(涅槃寂靜), 해탈(解脫)
도제(道諦)		원인 (이유)	팔정도(八正道)

1159. 바람직한 이상세계인 해탈, 열반으로 가는 불교의 구체적인 실천 방법은?

① 사제설   ② 팔정도   ③ 삼법인   ④ 사법인

해설·정답 부처는 팔정도를 고행주의도 쾌락주의도 아닌 불고불락의 중도설이라 했다. ❷

1160. 다음 중 팔정도에 들지 않은 것은?

① 정견   ② 정업   ③ 정명   ④ 정성

해설·정답 팔정도는 다음과 같다. 붓다의 깨달음을 올바로 깨닫는 정견(正見); 옳게 생각함. 탐욕과 어리석음, 번뇌 없는 올바른 사고방식과 마음가짐 정사유(正思惟); 옳게 말함. 거짓말, 욕, 이간질, 쓸데없는 말 등을 하지 않는 올바른 언어 행위 정어(正語); 옳게 행동함. 살생, 도둑질, 불륜 등의 그릇된 행위를 하지 않는 진실하고 바른 신체적 행위 정업(正業); 옳게 벎. 기만, 사기, 점술 등의 부정한 생활을 하지 않는 올바른 생활 정명(正命); 옳게 노력함. 선을 증진시키고 악을 물리치는 올바른 노력과 올바른 용기 정정진(正精進); 옳게 마음을 씀. 항상 자신을 반성하고 바른 의식으로 행동하며 정법을 유지하는 올바른 생각 정념(正念); 옳게 마음을 집중함. 올바른 선택, 정신통일의 지속 정정(正定). ❹

1161. 불교의 기본적인 세계관 또는 인생관은 무엇인가?

① 윤회   ② 번뇌   ③ 12연기   ④ 업

해설·정답 불교의 기본적인 세계관과 인생관인 윤회는 생사윤회 또는 생사유전이라고 하는 태어나서 늙고 병들어 죽는 것의 반복을 말한다. 반면에 인생과 우주를 설명하는 가장 근원적인 이법(理法)은 연기(緣起)이다. ❶

1162. 대승 불교의 이상적 인간상으로서 위로는 부처의 진리를 구하고 아래로는 중생을 구제하는 사람을 무엇이라 하는가?

① 지인(至人)   ② 보살(菩薩)   ③ 군자(君子)   ④ 대장부(大丈夫)

해설·정답 지인(至仁), 진인(眞人)은 도교, 군자(君子)는 유교, 그리고 대장부(大丈夫)는 맹자가 말한 이상적 인간상이다. 보살(菩薩)이란 구도자(求道者) 또는 지혜를 가진 사람, 지혜를 본질로 하는 사람 등으로 풀이할 수 있는 불교의 이상적 인간상이다. ❷

1163. 불교에 관한 다음 설명 중 옳지 않은 것은?

① 공(空)사상이란 자아의 아집에서 벗어나 세상이 공허하다는 허무주의를 말한다.

② 중도(中道) 사상은 우주의 본질과 현실의 양면을 객관적으로 관찰하는 것이다.

③ 보살이란 바라밀(波羅蜜)을 실천하는 이상적인 인간상이다.

④ 교학(敎學)을 중시하는 교종(敎宗)에 비해 선종은 직관적인 종교체험으로서 선(禪)을 중시한다.

[해설·정답] 중도의 '중'(中)이란 팔정도의 '정'(正), 즉 '바른 길'이라는 뜻이다. 이는 실제 인간생활에 적용되는 요긴한 도리로서 공리공론(空理空論)이 아닌 정도(正道)를 말하는 것이다. 또한 중도는 자유로운 자연성을 뜻한다. 즉 있는 그대로 보되 걸림(선입견, 편견 등)이 없는 상태이다. ❶

1164. 보살의 실천도를 강조하면서 그 어느 것에도 집착하지 않는 마음(空)의 자세를 강조하는 불교의 경전은?

① 반야경   ② 화엄경   ③ 법화경   ④ 정토경

[해설·정답] 반야경은 대승경전 중에서 가장 먼저 성립된 것으로 추정된다. ❶

1165. 공(空) 사상에 근거하면서 부처의 본질에 대한 구명과 보살의 존재방식을 설명하는 경전은?

① 반야경   ② 화엄경   ③ 법화경   ④ 정토경

[해설·정답] 화엄경에서는 부처와 중생이 모두 마음으로 인해 이루어진다고 한다. 즉 마음이 미혹하면 중생이 되고, 깨달으면 부처가 된다. ❷

1166. 반야경의 공(空) 사상을 근본으로 하면서 찬불과 불탑 숭배를 계승하여 새로운 불타관을 수립한 경전은?

① 반야경   ② 화엄경   ③ 법화경   ④ 정토경

[해설·정답] 법화경은 법을 주제로 하면서 일체 중생을 구원의 대상으로 한다. ❸

1167. 이 세계를 사바세계로 보고 여기를 떠난 곳에 이상세계인 정토가 있다고 하면서 정토에 왕생할 것을 강조하는 경전은?

① 반야경   ② 화엄경   ③ 법화경   ④ 정토경

[해설·정답] 정토신앙은 오래 전부터 인도에 유포되어 있었다. ❹

한국철학

1168. 왕실 중심의 귀족화된 불교를 민중불교로 바꾸고 종파주의적인 불교 이론을 고차 원적인 입장에서 회통시키려는 화쟁사상(和諍思想)을 제창한 사람은?

① 원측   ② 원효   ③ 의천   ④ 지눌

[해설·정답] 원효의 화쟁사상은 그의 일심사상(一心思想), 무애사상(無碍思想)과 함께 원효의 사상을 가장 특징적으로 나타낸 것으로 평가되고 있다. 원효의 사상은 항상 '하나라는 구심점을 향하였고 화쟁과 자유를 제창하였다. ❷

1169. 고려의 불교가 교종(敎宗)과 선종(禪宗)으로 갈라져 대립하던 당시에 교선일치(敎禪 一致)를 역설하고, 화엄종인 규봉(圭峰)의 학설로 고려의 교종을 통일한 후, 선종의 교리에 입각하여 천태종을 개창한 사람은?

① 원측   ② 원효   ③ 의천   ④ 지눌

[해설·정답] 의천은 선종의 종파를 통합하고 원효의 중심 사상인 일불승(一佛乘) 회삼귀일(會三歸一) 의 원리에 입각하여 고려 불교의 융합을 실현했다. ❸

1170. 중생을 떠나서는 부처가 존재할 수 없다고 설파하면서 돈오점수(頓悟漸修)와 정혜쌍 수(定慧雙修)를 주장하고 선(禪)으로써 체(體)를 삼고 교(敎)로써 용(用)을 삼아 선·교 의 합일점을 추구했던 사람은?

① 원측   ② 원효   ③ 의천   ④ 지눌

[해설·정답] 의천(義天)이 교로써 선·교의 합일점을 모색한 반면, 지눌은 종래의 구산선문(九山禪門) 을 조계종에 통합, 종풍(宗風)을 떨쳐 의천의 천태종(天台宗)과 함께 고려 불교의 양대 산맥의 내면 적 통일을 기했다. 돈오점수란 돈오(頓悟), 즉 문득 깨달음에 이르는 경지에 이르기까지에는 반드 시 점진적 수행단계가 따른다는 말이고, 정혜쌍수란 선정(禪定)과 지혜(智慧), 즉 교학(敎學)을 함 께 닦는 불교의 수행법을 말한다. ❹

1171. 16세기 조선의 성리학의 철학적 조류를 대표하는 주기론(主氣論)과 주리론(主理論)의 대표적 선구자는?

① 이황과 이율곡   ② 이율곡과 이황   ③ 서경덕과 이언적   ④ 이언적과 서경덕

[해설·정답] 16세기에 이르러 조선의 성리학은 관념적인 이기론 중심으로 발달하였다. 당시의 철학적 조류는 크게 두 계통으로 나뉘는데, 하나는 서경덕을 선구자로 하면서 경험적 세계를 중요시하는 주기론이며, 다른 하나는 이언적을 선구자로 하면서 원리적 문제를 중요시하는 주리론이다. ❸

1172. 이(理)와 기(氣)에 관한 서경덕의 철학적 입장은 무엇인가?

① 이기일원론   ② 이기이원론

③ 주리론적 이기이원론   ④ 주기론적 이기이원론

[해설·정답] 서경덕은 "기 밖에 이가 없으며 이는 기를 주재하는 것"이는 이기일원론적 입장을 취하 였다. ❶

1173. 서경덕과 이언적의 주기론과 주리론의 뒤를 이어 조선 성리학을 대성시킨 두 사람은?

① 이황과 이율곡　② 김장생, 정구　③ 김성일, 김장생　④ 유성룡, 조헌

[해설·정답] 이황은『주자서절요』,『성학십도』등을 지어 주자의 이기이원론을 더욱 발전시켜 주리철학을 확립하였다. 그의 사상은 우리나라뿐만 아니라 일본의 성리학 발전에도 큰 영향을 끼쳤다. 이들은 경험적 세계의 현실 문제보다는 도덕적 원리에 대한 인식과 그 실천을 중요시하여 신분질서를 유지하는 도덕 규범의 확립에 크게 기여하였다. 이황의 학통은 김성일, 유성룡 등의 제자에 의하여 영남학파를 형성하였다. 반면에 이이는 주기론의 입장에서 관념적 도덕 세계를 중요시하는 동시에 경험적 현실 세계를 존중하는 새로운 철학 세계를 수립하였다. 그는 주자와 이황의 이기이원론에 만족하지 않고 한 걸음 더 나아가 일원적인 이기이원론을 주장하였다.『동호문답』,『성학집요』등은 그의 대표적인 저작들이다. 그의 학통은 조헌, 김장생 등으로 이어져서 기호학파를 형성하였다. ❶

1174. 퇴계 이황과 거리가 먼 것은?

① 이기이원론(理氣二元論)　　② 도덕규범 확립
③ 영남학파　　④ 이기일원론(理氣一元論)

[해설·정답] 이황은 주리론적 이기이원론이다. ❹

1175. 사단칠정(四端七情)에서 말하는 칠정(七情)에 들지 않은 것은?

① 희(喜)　　② 노(怒)　　③ 애(哀)　　④ 락(樂)

[해설·정답] 사단이란 맹자가 말한, 측은하게 여기는 마음(惻隱之心), 부끄러워하고 미워하는 마음(羞惡之心), 사양하는 마음(辭讓之心), 시비를 가리는 마음(是非之心)을 말하며, 칠정이란『예기』에 실려 있는 기뻐하고(喜), 성내고(怒), 슬퍼하고(哀), 두려워하고(懼), 사랑하고(愛), 미워하고(惡), 욕심내는(欲) 일곱 가지 감정을 말한다. ❹

1176. 사단칠정에 관한 이퇴계의 주장은?

① 이기호발설(理氣互發說)　　② 이기공발설(理氣共發說)
③ 기발일도설(氣發一途說)　　④ 이발일도설(理發一途說)

[해설·정답] 사단(四端)과 칠정(七情)을 각각 이(理)의 발현과 기(氣)의 발현으로 구분하는 이황(李滉)의 학설을 이기호발설이라고 한다. ❶

1177. 이퇴계의 사상과 거리가 먼 것은?

① 우주의 현상을 이(理)와 기(氣)의 이원 (二元)으로 설명했다.
② 이(理)는 기(氣)를 움직이게 하는 근본 법칙이고 기는 이의 법칙을 따라 구상화되는 형질이다.
③ 이(理)와 기(氣)는 서로 다르지만, 기(氣)는 이(理)에 종속된다.
④ 이기이원론을 주장하면서도 이(理)를 보다 근원적으로 보았다.

[해설·정답] 이황은 이기이원론(理氣二元論)을 주장하면서도 이(理)를 보다 근원적으로 보았지만, 이(理)와 기(氣)는 서로 다르면서 동시에 상호 의존하는 관계로 파악했다. ❸

1178. 이퇴계와 8년여 동안 사단칠정론으로 논쟁을 벌인 사람은?

① 이이　　　　② 서경덕　　　　③ 유성룡　　　　④ 기대승

[해설·정답] 기대승은 스승이라고 할 수 있는 퇴계 이황과 12년 동안 서한을 주고받으면서 8년 동안 사단칠정(四端七情)을 주제로 논란을 폈다. 사칠이기론(四七理氣論)의 변론 후 이황은 그의 학식을 존중하여 대등한 입장에서 대하였다. ❹

1179. 사단칠정(四端七情)에 관한 퇴계의 사상을 잘못 설명한 것은?

① 4단은 이(理)에서 나오는 마음이고, 칠정은 기(氣)에서 나오는 마음이라는 이기공발설(理氣共發說)을 주장했다.

② 인간의 마음은 이와 기를 함께 지니고 있지만, 마음의 작용은 이의 발동으로 생기는 것과 기의 발동으로 생기는 것 두 가지로 구분된다.

③ 이가 발하여 기가 이에 따르는 것이 4단(端)이다.

④ 기가 발하여 이가 기를 태[乘]는 것이 7정(情)이다.

[해설·정답] 4단은 이(理)에서 나오는 마음이고, 칠정은 기(氣)에서 나오는 마음이라는 이퇴계의 사상을 이기호발설(理氣互發說)이라고 하며, 이기공발설(理氣共發說)은 퇴계의 견해에 반대한 기대승의 주장이다. ❶

1180. 이퇴계의 사단칠정론에 관한 설명 중 잘못된 것은?

① 인간의 본성에도 본연지성(本然之性)과 기질지성(氣質之性)이 구별되듯이 이(理)에 관계하는 것과 기(氣)에 관계하는 것이 구분된다.

② 4단은 이(理)에서 나오는 마음이고, 칠정은 기(氣)에서 나오는 마음이다.

③ 순선(純善)인 사단(四端)은 이발(理發)의 결과이고, 유선악(有善惡)인 칠정(七情)은 기발(氣發)의 결과이다.

④ 이보다는 기, 사단보다는 칠정에 역점을 두었다.

[해설·정답] 이황은 기(氣)보다는 이(理), 칠정(七情)보다는 사단(四端), 인심(人心)보다는 도심(道心)에 역점을 두었다. ❹

1181. 한국 성리학의 핵심적 논쟁 과제가 된 사단칠정 논변에서 이퇴계와 이이의 논적은 각각 누구였는가?

① 기대승, 성혼　　② 기대승, 유성룡　　③ 성혼, 기대승　　④ 유성룡, 성혼

[해설·정답] 퇴계(退溪) 이황(李滉: 1501~1570)과 고봉(高峯) 기대승(奇大升: 1527~1572)이 1559년부터 8년에 걸친 서신 왕래를 통하여 사칠논변을 전개하고, 율곡(栗谷) 이이(李珥: 1536~1584)와 우계(牛溪) 성혼(成渾: 1535~1598)이 1572년부터 6년에 걸친 서신왕래를 통하여 사칠논변을 전개한 이래 사칠논변은 한국 성리학의 핵심적인 과제가 되었다. 퇴계와 고봉의 논변에서는 퇴계의 이론이 더

철학, 쉽게 풀자!

치밀하였으나 율곡과 우계의 논변에서 퇴계의 입장에 선 우계보다 고봉의 입장에 선 율곡의 이론이 더 치밀하였으므로, 퇴계와 율곡을 정상으로 하는 양대 학파가 형성되었다. 이를 그들의 출신 지역에 근거하여 영남학파(嶺南學派)와 기호학파(畿湖學派)로 분류하기도 한다. ❶

1182. 사단칠정(四端七情)에 관한 이이의 주장은?

① 이기호발설 ② 이기공발설 ③ 기발일도설 ④ 이발일도설

[해설·정답] 이이는 서경덕의 기 위주의 주기론에 대해서는 이의 중요성을 들어 비판하고, 이황의 이 위주의 이기이원론 이기호발설에 대해서는 기의 중요성과 이기불리를 들어 기발일도설(氣發一途說) 이기지묘(理氣之妙)를 주장하였다. 그런 점에서 이이는 서경덕과 이황 등 당대 성리학자의 상이한 주장을 균형 있게 아우르며 그의 독특한 성리설을 전개시켜 나갔다고 평가된다. ❸

1183. 이이의 사상에 대한 설명중 잘못된 것은?

① 이발(理發)을 인정하지 않고 발하는 것은 기(氣)이며 발하는 까닭이 이(理)라고 하여 기발이이승(氣發而理乘)의 한 길만을 주장했다.
② 칠정은 정(情)의 전부이며, 사단은 칠정 중에서 선한 것만을 가려내 말한 것이라고 하여 칠정이 사단을 포함한다고 했다.
③ 이와 기는 논리적으로는 구별할 수 있지만 현실적으로 분리시킬 수 있는 것이 아니다.
④ 모든 사물에 있어 기는 이의 주재(主宰) 역할을 하고, 이는 기의 재료가 된다.

[해설·정답] 이황은 모든 사물에 있어 이는 기의 주재(主宰) 역할을 하고, 기는 이의 재료가 된다는 주리론적 이기이원론을 주장했다. ❹

1184. 이기론(理氣論)에 관한 한국 성리학자들의 견해를 연결한 것이다. 잘못된 것은?

① 서경덕－이기일원론 ② 이황－주리론적 이기이원론
③ 이이－주기론적 이기이원론 ④ 기대승－이기일원론

[해설·정답] 기대승(奇大升)은 이기호발설을 주장하는 이황과는 달리 이와 기는 관념적으로는 구분할 수 있으나 구체적인 마음의 작용에서는 구분할 수 없다는 이기공발설(理氣共發說)을 주장했다. ❹

1185. 실학(實學)의 이념이 아닌 것은?

① 실사구시 ② 이용후생 ③ 경세치용 ④ 홍익인간

[해설·정답] 홍익인간은 단군신화의 이념이다. ❹

1186. 정치기구의 전면적 개혁과 지방행정의 쇄신, 농민의 토지균점과 노동력에 의거한 수확의 공평한 분배, 노비제의 폐기 등을 주장한 실학의 집대성자는?

① 유형원 ② 이익 ③ 정약용 ④ 박지원

해설·정답 정약용의 학문체계는 유형원(柳馨遠)과 이익을 잇는 실학의 중농주의적 학풍을 계승한 것이며, 또한 박지원(朴趾源)을 대표로 하는 북학파(北學派)의 기술도입론을 받아들여 집대성한 것이다. ❸

1187. 동학(東學)에 대한 설명이 잘못된 것은?

① 최시형이 민족의 주체성과 도덕관을 바로 세우고, 국권을 튼튼하게 다지기 위해 구세제민(救世濟民)을 목적으로 세운 종교이다.

② 동학이란 서학에 대응할 만한 동토(東土) 한국의 종교라는 뜻이다.

③ 종래의 풍수사상과 유(儒)·불(佛)·선(仙)의 교리를 토대로 한다.

④ '인내천(人乃天)'과 '천심즉인심(天心卽人心)'이 주요 사상이다.

해설·정답 동학의 개창자는 최제우이고, 최시형은 동학농민전쟁을 이끈 2대 교주이다. ❶

1188. 최제우(崔濟愚)를 교조(敎祖)로 하는 동학(東學)을 1905년 제3대 교조 손병희(孫秉熙)가 개칭한 종교는?

① 천도교   ② 증산교   ③ 원불교   ④ 대순교

해설·정답 천도교는 현세주의적인 종교로서 모든 사람이 한울님처럼 대접받을 수 있는 정치·경제·문화 체제가 이루어지도록 힘써 지상에 천국을 건설하자는 종교이다. ❶

철학, 쉽게 풀자!

지 은 이 윤 병 운
발 행 처 리 빙 북
발 행 일 2008년 9월 5일
주   소 ☎ 443−817
         경기도 수원시 영통구 영통동 1046−5
전   화 031) 205−0675
팩   스 031) 203−1009
홈페이지 http://phnth.com
E−mail   imssg@paran.com
         ybwssg@hanmail.net

ISBN 978-89-961423-0-0 13100

값 18,000원

리빙북 온라인 계좌번호

국민은행 272502 04 023244 (예금주 윤병운)